中央大学社会科学研究所研究叢書……12

現代社会理論とメディアの諸相

早　川　善治郎　編著

中央大学出版部

まえがき

本書の内容は、中央大学社会科学研究所の研究チーム「現代社会理論と社会的現実」(二〇〇〇年度−二〇〇二年度)に参加・共同研究した研究者の個別論文集である。

研究チーム名が示すように、研究対象は広範囲にわたり、またその方法も極めて多様である。したがって、研究チーム全体として一つの結論に到達することは出発点において目指さなかった。社会学もしくは社会学的研究とその発想のスタイルは、そのような一面を内包しているといえるのではなかろうか。この研究チームに参加した研究者は、個人的には相当にストイックな自己規制力の持ち主ではあるが、他方では多分に溶融的な感性を共有していたということを特記しておきたい。

本書に『現代社会理論とメディアの諸相』のタイトルを付したのも右記の事情と無関係ではない。

本書に収録されている論文は全部で九本。それらを大別すると、①社会学的理論(第一−第三章)、②文化とコミュニケーションの関連(第四−第六章)、③諸メディアの実状(第七−第九章)、に分類されよう。

なお、右記「現代社会理論と社会的現実」の研究チームのメンバーの氏名を以下にアルファベット順に記しておく。浅岡隆裕、加藤裕子、原田美樹、早川善治郎、林　茂樹、平川モーリス・あずさ、前田征三、松本和義、鍋山祥子、岡村圭子、武川正吾、種村　剛、田野崎昭夫、時井　聡、の一四名である。メンバーは複数の大学・研究機関に所属している。このうち、九名の論文が本書に収録されている。

最後に、二〇〇〇年度から三年間にわたり、われわれの研究チームに対して研究費を計上してくださった中央大学社会科学研究所に心からお礼を申しあげる。

二〇〇四年七月

研究代表者　早川善治郎

目　次

第一章　二〇世紀から二一世紀への現代社会学の課題

田野崎　昭夫

第一節　二〇世紀前半の社会学を総攬して

ジョルジュ・ギュルヴィッチとウィルバート・E・モーアが編集した『二十世紀の社会学』（*Twentieth Century Sociology*, 1945）という本がある。これは、原著は二五章からなるが最後章を二分して二六分冊にして邦訳されて、一九五八（昭和三三）年一〇月から一九六〇（昭和三五）年六月にかけて四回に分けられて誠信書房から刊行されている。各冊は当時の第一線の社会学者で東京社会科学研究所の所員であった人たちによって訳出されている。しかし分冊になって訳出刊行されたためか、その序文は訳されていない。けれどもその序文は、この書の性格からみて重要な文章であるといってよい。そこでは冒頭「一九世紀の社会学は、多少教条的に信じられて、それぞれ対立しあう『諸学派』に分別されていった若干の諸問題によって特徴づけられた」と述べて、さらに「二〇世紀の社会学は、本書の読者がみてわかるように、何よりも第一に前世紀の社会学者たちをなやませた無批判的に受け容れた全ての諸問題を徐々に取り除いていったことによって特徴づけられている」と述べている。

この『二十世紀の社会学』は、大戦の帰趨がもはや定まって、戦後の勝利を見据えて当時アメリカに在住した社会学者たちが当時の社会学研究の成果を述べた論文集であって、当時アメリカに亡命してニューヨークにある New School for Social Research に籍をおいていたロシア出身のフランスの社会学者ギュルヴィッチが企画して構想編集し、実際の作業をムーアが遂行して刊行したものであった。まだ戦時下のあわただしいなかでの出版であるため序文のギュルヴィッチの名が CURVITCH となっているほどで索引もついていない。しかし困難な情況下にありながら内容はしっかりしたもので、戦前すでに社会学界で著名なマッキーヴァー、ズナニエツキ、ソーロキンや、戦後になって大きく活躍するパーソンズやマートンたちも執筆しており、また、ギュルヴィッチ同様に、J・ヴァッハ（宗教社会学）、レヴィ－ストロース（人類学）、ザロモンといった有力なヨーロッパからの亡命学者も寄稿している。執筆者たちは、第一部で社会学の学問的位置、研究方法、理論、特定諸領域について一六章にわたって考察し、第二部で各主要国、主要地域（南米や東欧）にわたって九章で、しかも最終章は四カ国を取り上げているので実質一二章で考察している。それらの各章は、（一）課題に関する主要な現況と動向について述べ、（二）しかもそれらを批判的に検討して、（三）さらに研究課題の現況と問題点について論じている。

その序文にはつぎのように書かれている。「われわれの意図は、百科辞典的なものをつくろうとしたのではない。しかしながらわれわれは考察の及んだ範囲は殆ど全体にわたっていると思う。もっとも、専門的な研究者たちは、もしかしたら社会学研究の様々の主要分野に大いに注目して論議しているかもしれないけれども、そう思うのである」と。

この意味でそれは、戦時下にありながらも戦後に備えて、それまでの社会学の研究成果を総括して集大成したものといってよいであろう。そしてこれはある程度成功している。

これにつけて思いおこされるのは、新明正道編著『社会学辞典』（一九四四年）刊行の意義である。世界的にみて本格的な社会学辞典は一九三一年刊行の Vierkandt 編集による *Handwörterbuch der Soziologie* 以来久しくなかったが、新明正道の『社会学辞典』は、Vierkant のそれが語彙順であるのに対して体系別で全体の編成自体が新明社会学の理論体系を組織的に構成している点で、その当時での社会学研究水準の成果の集成であるという点で、しかも部分的な協力を得たもののほとんど個人独力による編著であるという点で、また日本が一九四四（昭和一九）年八月という戦局の憂色濃い時における刊行という点で、その刊行の意義を究明する課題がなお残されていることを忘れてはならないであろう。

以上のような意味で、新明正道の『社会学辞典』は、二〇世紀前半の社会学の成果の集大成であるとともに、その学史編にみるように日本の社会学を欧米諸国の社会学と対等に位置づけて考察しており、総合社会学としての新明社会学の一つの理論的到達点であるということができる。

第二節　二〇世紀後半の社会を展望して

他方、大戦中ヨーロッパにとどまって、ファシズムと戦う社会学を展開していたのはカール・マンハイムであった。彼は一九二九年『イデオロギーとユートピア』（*Ideologie und Utopie*）を著してその名を馳せ、フランクフルト大学教授として活躍していたがナチスの台頭によってイギリスに亡命しロンドン大学にあって『再建期における人間と社会』（*Mensch und Gesellschaft im Zeitalter des Umbous*）（一九三五年独文版、一九四〇年英文改訂増補版）や『現代の診断』（*Diagnosis of Our Time*）（一九四三年）を著し、文章によってナチス・ドイツ、ファシズムと戦っていた。

こうして、戦局の帰趨が定まってきて、一九四三年九月八日にはイタリアが連合国に降伏し、ドイツや日本も敗色を一層濃くして一九四五年の降伏へとむかっていった。その頃マンハイムは、既に戦後をみつめて、文化、思想、教育にわたって戦後社会の平和を構想すべく著作の執筆をすすめていた。

ところがマンハイムは、第二次世界大戦が終わって疎開していたケンブリッジ大学からロンドン大学にもどって一九四五年教育学の主任教授になり、翌年末にはあらたに発足したユネスコのヨーロッパ部長に予定されるが、就任をまたないで一九四七年一月九日急逝する。

ユネスコは、第二次大戦後の国際平和機構として一九四五年一〇月二四日に発足した国際連合（United Nations）の専門機関の一つとして、その名称UNESCO、すなわちUnited Nations Educational, Scientific and Cultural Organization の示すように、教育・科学・文化を通じて国際協力を推進し、世界の平和と安全に貢献することを目的とする機関であって、一九四六年一一月にパリに本部をおいて発足している。それはさかのぼれば、第二次大戦中にロンドンに亡命していたフランスなど九カ国の文部大臣によって開催された連合国文相会議で戦後を予想して教育上の諸問題を検討したことに基づいて、戦後国際連合の発足をうけて一九四五年一一月国際連合教育文化会議が四四カ国の出席でユネスコ憲章を起草、採択し、その一年後に憲章が発効したことによるのであるが、ある意味ではマンハイムが執筆をすすめていた著書の精神を実現したものということができる。

それはマンハイムの遺著として、『自由・権力・民主的計画』（*Freedom, Power, and Democratic Planning*, 1950）という書名でハンス・ガースとアーネスト・ブラムステドの編集で刊行された。この本は、①状況の診断（Diagnosis of the Situation）、②民主主義的計画と変動する諸制度（Democratic Planning and Changing Institutions）、③新しい人間―新しい価値（New Man － New Value）の三部からなり、それぞれ、二章、四章、七章の合計一三章に分けて記述されているが、ほとんど完成に近く、マンハイム自身亡くなる数日前に序文を書いている。

マンハイムは、現代が産業的大衆社会の進展、社会技術の発達によって権力が少数者の手へ集中し、従来の家族やコミュニティの伝統による社会は解体に瀕しているという危機の時代にあり、これに対処するには過去の体制の手直しだけでは間にあわないのであって、根本的治療が必要とされる状況にあると診断する。そしてそのためには自由放任主義ではなくて計画（Planning）による対応が必要であるが、それは全体主義ではなくて民主主義的な計画であると主張する。それは自由放任主義と全体主義とも異なる第三の道（The Third Way）であるという。

マンハイムはこの第三の道である民主主義的計画を実現するに当たって、民主主義における権力の問題を考察し、特に国家的権力の国際的乱用である戦争に対して、合理的組織の展開、とりわけ大国の理性的態度による防止が重要であるとして、この意味で国際連合を評価し、また教育的手段による常時の予防機構としてユネスコの真の課題を主張する。

そして民主主義的権力の問題に関連して、その権力を行使する当事者である指導者をどのようにして養成するかという問題についてマンハイムは、いかなる社会でも社会的差異や権力的分化が生じていることに鑑みて、大戦中における軍で開発された科学的選抜方法や従来の伝統的方法を参考にして指導者階級を育成することを提唱する。

さらにマンハイムは、自由のための民主主義的計画は予防的計画（Preventive Planning）でなければならないとする。それは国家による干渉を制限し種々の不適応を予防する計画による統制形態であって、それは社会構造、経済、軍隊、公務員制、マス・コミュニケーション、社会意識等の諸領域にわたって慎重に民主主義的に運用されなければならないとする。

ところで計画的社会においては民主主義的統制のある政府が重要であって、その具体的な制度としては代議制、特に議会制が発達してきた。しかし他面では、官僚制が発達し政府の統制力が強くなり、また独裁化も生じてきたので、これに対抗して議会による予算統制の手段が行使されるが限界がみられるようになってきているのは問題である。そこでマンハイムは、代議制が限界をもちながらも人民の側からする民主主義的統制手段として重要であるとして、その強化策を民主主義の真の実現のために提唱する。

第一に、選挙において大衆の意志が政治へ吸収される機構としての参政権が、群衆行動へと退行化するのをたえず注意してこれを防止するために、政治教育によって民衆の質と意識を高めるようにつとめることが必要である。第二に、政党を通して政治的に意志を統合するのには、二大政党制が計画的社会にとって、部分的計画化、予防的計画化として有効ではあるが、政党による意見の具体的表明は、民主主義の拡大によって複雑に多様化した現代社会の諸意見を忠実に表明しえないという限界がある。そこで第三に代議制のほかに、厳選された成員によって構成された計画実施の専門的機関が必要であり、これによって計画の一貫して継続した実現が確かなものとなる。かくして議会においても本会議のほかに専門的各種委員会が分化して、両者は調整しあいつつ運営されていくのである。

ところでマンハイムは、民主主義的計画のためには、代議制その他の制度的側面における改革の問題に対応して、計画の主体である人間と人間行動そのものの計画的社会にふさわしい在り方へとの改造のために、さらに教育方策と基礎的価値判断の考察がなされなければならないとする。

マンハイムは、均衡のとれた民主主義的パーソナリティをつくる社会的教育を、自由放任主義的でも権威主義的でもない第三の道の型の教育として首唱する。それは社会学、心理学、歴史学を総合した人間行動学によって実現される社会的環境を重視する教育である。

またマンハイムは、民主主義的整合の基礎として寛容と協働をもって他者の意見を摂取していく統合的行動を重視する。そしてその頂点に要請されるのは民主主義的責任制であるが、それは抽象的自由における主観的責任論と制度や組織を強調する客観的責任論とのいずれにも偏らないものであるとともに、主観的責任における自発性と客観的責任における共同性と一貫性とを積極的な面として評価する。

統合的行動は民主主義的なパーソナリティに根ざしており、それは自主独立的な徹底的個人主義（rugged individualism）にその原型を求めることができる。パーソナリティは環境との相互依存関係において発達するという観点にたってマンハイムは民主主義的人格主義（democratic personalism）の概念を提示する。それは社会化と個性化の二方向において実現され、しかもそれが過度の因習的社会化や利己的個性化におちいらないように両者の平衡を保つものなのである。

新しい人間は新しい教育によって形成されなければならない。この意味で学校は、社会生活の基盤を準備する家族と国家との中間にある社会として捉えられる。学校教育は現代社会の変容に適応した教育を施すものでなければならない。かくして現代社会においては、特に継続的教育の観点から成人教育が重視され、さらに関連してマンハイムは、民衆大学（People's University）などの展開を中心として大学改革の必要性を主張し文化の民主主義化、計画的文化の実現の方向へと展望する。

かくして民主主義化された教育によって形成される新しい人間は、新しい価値を実現するものでなければならない。それはまず、人間生活の二大領域である仕事と余暇についても、独占資本主義から計画化の段階へ移行した社会においては、新しい観点から解釈される。仕事＝労働については金銭的報酬の追求にのみ堕することなく、協働、規律、名誉、熟練の誇りと喜びを促進し、失業防止に留意すべきであるとする。また余暇については、自由放任にまかせることなく、また全体主義的な管理干渉にゆだねることなく、人類福祉の観点から適切に統制しつつ、個人の創造的エネルギーの発展を民主主義的計画のなかに統合していくようにするべきであるとする。

さらに自由と規律の関係についても、新しい価値の観点から捉えなければならないとマンハイムは主張する。それらは具体的には集団組織との関連において論じられるべきであって、厳格な全体的拘束におちいるのでなく、個人的プレーを偏重するのでもない。自由と規律の捉え方は民主主義的計画に沿うものでなければならない。それは小集団にあっては人格的自由と自己表現を保障するものであり、大集団や大衆組織にあってはサンジカリズムや組合協同体のやり方が参考とされる。かくして計画的社会における自由と規律は、公共の福祉への貢献と個人の能力の発展と活用への寄与という基準から評価されなければならないのである。

このように考察してきてマンハイムは、民主主義的計画社会において社会秩序を究極的にどのように統合するかという問題に対して、彼が首唱する第三の道においては、社会の基本的統合を保持しつつ、しかも社会を創造的に変動発展させるものでなければならないとする。

マンハイムは現代社会の問題的状況として、思想的な面では、知的機能の細分化、思想の組織的教条化、精神の基盤からの分離とひとり歩き、暴露的態度の横行、思考の操作などをあげ、また人間存在の面では大衆社会の非合理性、道徳の二重性、価値判断の危機、自我の不安などを指摘する。

そしてマンハイムは、これらへの対処としては科学的解釈では十分でないとして、一方でパーソナリティの解体的激変に対しては、「回心」によって新しい人間が形成されるのであり、他方で社会の解体的激変に対しては、集合的指導によって、現代の社会を診断し、そこでの重要な課題へ集中的に注目するように導いて、そうして現代における人間の行為を統合する進歩的な動的宗教（dynamic religion）を提唱している。

マンハイムの原稿は末尾のところは未完成であるがほぼ全体は出来上がっていたとみてよい。しかし、それにしても最後の辺で宗教に到達しているのは意外の感がないわけではない。オーギュスト・コントの後年における人類教

(religion de l'hamanité）を思いおこさせるものがある。けれどもマンハイムにあっては、動的宗教の考え方は最後でわずかに提示されているだけでその内容についてはほとんど展開することなく他界しているのでこれ以上言及する必要はないであろう。

それよりも、前述したようにマンハイムが戦後社会に臨んで世界の平和維持機構としての国際連合に注目し、また教育、科学、文化の専門機関であるユネスコを重視して自らもそのヨーロッパ部長になろうとしていたことを評価したい。なぜなら、このユネスコがその後、社会学者の国際的世界組織である国際社会学会（International Sociological Association，略称ＩＳＡ）を創設させる原動力となったのであり、このことはマンハイムが社会学における英語文献の普及を画期的に拡大させた「社会学・社会再建国際叢書」(International Library of Sociology and Social Reconstruction, Routledge & Kegan Paul Ltd）の編集における中心的活動とともに、今日の世界の社会学界への計り知れない貢献であるということができる。

第三節　国際社会学会の成立をめぐって

国際社会学会（ＩＳＡ）は、「ＩＳＡの創設過程は一九四八年に、ユネスコの社会科学部（Social Science Department: SSD）からの発議（initiative）で始まった。[(1)]」と述べているように、少なくともその成立過程ではユネスコとの関連がふかい。

「第二次世界大戦の戦勝国は、ファシズムを生み出した諸環境をなくして、諸国民間の戦争やその他の社会的紛糾をひきおこす諸事態をつくらないように、戦後の状況を確立しようとするのに熱心だった。社会科学はそれ自体が民主主義を推進し、社会科学の研究成果は広汎な社会的諸目標に役立つものと考えられた。」(2)

このように当時は考えられていたので、

「ユネスコはISAについて、ユネスコがより広汎な役割を遂行するのに一定の役割を担うものという明確な考え方をもっていた。そのことは、ISAを創設する会議の報告書の文言に次のように反映されている。すなわち、『ISAは、国際連合とユネスコが関心をもつ諸問題に対し、その解決策を見出し、社会学がその解決に貢献するために世界の社会学者の英知と機略を動員することによって、ユネスコと国際連合に協力することを願っている』と述べている」(3)。

このようなISAの初期における立場は、その財政的基盤がユネスコに支えられたものであったことによって裏づけられていた。「ISAの運営費はユネスコ基金に大きく依存していた。ユネスコ基金は社会科学部自体の議事日程に密接な諸活動に一層有効に利用できるようになっていた。ユネスコの社会科学部とISAとの境界は、初期の頃は必ずしも明確に区分されていなかった。社会科学部は暗黙裏に、ISAが単に社会科学部の仕事の延長として扱われ、社会科学部の優先権に追随すべきであると考えていた」(4)。と述べているのは今から考えてみると今昔の感をおぼえる。

ともあれ以上のような背景のもとに、ISA設立のための最初の会議は、ユネスコ本部のあるフランスのパリで一九四八年一〇月一四日にユネスコの社会科学部で企画組織されてその部長代理アーヴィド・ボーダーセンを議長として開催された。出席者はフランス・パリのジョルジュ・ダヴィ、ジョルジュ・ギュルヴィッチ、ガブリエル・ル・ブラ、オランダからアリエ・デン・ホランダー、スイスからルネ・ケーニヒ、アメリカからルイス・ワース、ポール・ラザースフェルド、ノルウェイからエリック・リンデ、そしてオットー・クラインバーグ（彼はアメリカからだがユネスコの国際緊張問題計画の主任の資格で出席した）といった人たちであった。なお、イギリスからT・H・マーシャルが招待されていたが欠席している。戦火の余燼なおのこるヨーロッパでは、他の用事で訪仏中のラザースフェルド以外は大戦中連合国側であったフランスの近隣諸国からの参加者での会議であったが、ほぼ四項ほどの国際学会としての活動宣言が起草された。すなわち、①社会学の学問としての、また実践活動としての発展の促進、②国際的な共同研究の奨励、③研究成果、資料、刊行物等の国際的な情報の交換、④国際会議、教師・学生の交換、国際的共同研究など研究者個人の相互接触などである。

ＩＳＡの設立にはノルウェーのＥ・リンデの尽力が大きい。彼が中心になっての準備委員会の報告によれば一九四九年初期で社会学会が明確に組織されているのはベルギー、ブラジル、中国（中華民国）、ドイツ（旧西ドイツ）、イタリア、日本、オランダ、アメリカ（ＡＢＣ順）の八カ国にすぎなかった。とにかく、一九四九年九月にノルウェーのオスローで、ユネスコの援助のもとに国際社会学会ＩＳＡの設立会議（The Constituent Congress）が開催され、二一カ国からの社会学者が参加した。彼らはそれぞれ国の代表とみとめられて参加し、国名をＡＢＣ順にあげると、オーストリア、ベルギー、イギリス、カナダ、キューバ、デンマーク、エジプト、フィンランド、フランス、インド、イスラエル、イタリア、オランダ、ノルウェー、ポーランド、スウェーデン、スイス、トルコ、ウルグアイ、アメリカの二〇カ国で、やはりヨーロッパが一二カ国で圧倒的に多い。ただドイツは個人の資格ということでレオポルド・

フォン・ヴィーゼが参加しており、日本はまだ参加していない。L・ワースを会長とする暫定理事会がきまり、会則がきめられ、リンデが事務局長となり事務局をオスローにおくこととなって翌一九五〇年の第一回大会への準備に取組んでいった。

かくしてISAの第一回大会、世界社会学会議（World Congress of Sociology）がスイスのチューリヒでルネ・ケーニヒの尽力で一九五〇年九月四―九日に「国際的関係に関する社会学的研究」という大会主題で、新しく創設された国際政治学会（International Political Science Association）との一部共催で開催された。

この第一回ISAの世界社会学会議については、日本からの代表として参加した林恵海日本社会学会常務理事（東京大学教授）の詳細な報告が『社会学評論』[5]に分載されている。林恵海は日本社会学会会長戸田貞三とともに日本学術会議から日本側代表として派遣されたのだが、戸田は飛行機の都合や天候などのため参加できず林のみが会議第二日から出席した。会議は招請に応じた三〇カ国から各一名が評議員（Council）として出席して学会の執行部にあたる理事会（Executive Committee）を構成する理事を投票によって選出した。日本から尾高邦雄（東京大学助教授）を当選させている。ただ、尾高はこの会議には出席していないので、この会議の理事会に林は尾高の代理として出席して会長や副会長の選出にも参加している。

また、一九五三年八月二三―三一日の第二回世界社会学会議（リエージュ、ベルギーで開催）については尾高邦雄が「リエージュ日記――第二回世界社会学会議に出席して――」[6]として、一九五六年八月二一―二九日の第三回世界社会学会議（アムステルダム、オランダ）については武田良三が「世界社会学会議の印象」に、および有賀喜左衛門が「国際社会学会連合第三回世界会議に出席して」[7]に、そして一九五九年九月八―一五日の第四回世界社会学会議（ストレーザ、イタリアで開催）については福武直が「第四回世界社会学会議について」に、および尾高邦雄が「第四回世

表1－1　Executive Committees of the ISA

1949–1950 [Provisional E. C.]	**1950–52**
President:	**President:**
Louis Wirth, U.S.A.	Louis Wirth, U.S.A. [died 1952]
Vice-Presidents:	**Vice-Presidents:**
Georges Davy, France	Fernando de Azevedo Brazil
Morris Ginsberg, U.K.	Morris Ginsberg, U.K.
	Georges Davy, France
Members:	**Members:**
I. Ganon, Uruguay	Robert C. Angell, U.S.A. [coopted 1952]
Theodor Geiger, Denmark	Pierre de Bie, Belgium
J. N. Khosla, India	Theodor Geiger, Denmark
René König, Switzerland	G. S. Ghurye, India
Stanislaw Ossowski, Poland	René König, Switzerland
A. Zaki, Egypt	Kunio Odaka, Japan
	Stanislaw Ossowski, Poland
	A. Zaki, Egypt

出典：J. Platt, *A Brief History of the ISA; 1948–1997*, 1998, Bibliothèque nationale du Québec, p. 65.

界社会学会議に出席して[8]」においてそれぞれ報告している。

しかし、それ以降は『社会学評論』誌上でのISAの大会である「世界社会学会議」についての報告は掲載されなくなっている。このことは、日本社会学が世界社会学会議に関心を次第にもたなくなったのではなくて、むしろその逆だからである。それは、日本の社会学者ないし日本社会学会会員がより多く世界社会学会議に参加するようになって、特に日本社会学会の機関誌『社会学評論』に世界社会学会議の報告を掲載する必要性が少なくなったからであり、むしろそれよりも、日本の社会学者が世界社会学会議に参加するのに必要な事前の情報を、日本社会学会が並行してより回数を多く出している『日本社会学会ニュース』で知らせていることで十分だからである。

ところで別掲表1－1の左側のように、この前述した暫定理事会（Provisional Executive Committee）の顔ぶれをみると、一九四八年一〇月でのISA設立準備会議の参加者のうちL・ワース、G・デヴィ、R・ケーニヒの三人だけが入っている。すなわち、暫定理事会は会長L・ワース（アメリカ）、副会長二名、G・デヴィ（フランス）、M・ギンズバーグ（イギリス）、その他理事六名、I・ガノン（ウルグアイ）、T・ガイガー（デンマーク）、J・N・コースラ（インド）、R・ケーニヒ（スイス）、S・オッソフスキ（ポーランド）、A・ザーキ（エジプト）、であり、このうちガイガーとケーニヒは実際はドイツの社会学者といってよく、それぞれの戦時中の亡命国からの代表となっている。

そして第一回の国際社会学会の世界社会学会議での総会で承認された正規の理事会は、別掲表1－1の右側のように会長一名、副会長三名をふくむ一一名の理事によって構成されているが、この顔ぶれをそれまでの暫定理事会と比較してみると、会長と副会長はそのまま再任され、一名ふえた副会長にはブラジルのF・アゼヴェドが新任され、そのほかの理事では、デンマークのガイガー、スイスのケーニヒ、ポーランドのオッソフスキ、エジプトのザーキはそのまま再任されたがインドはコースラに代わってG・S・ギューリエが新任されたほか、日本から尾高邦雄が、ベルギーからP・ド・ビーが新任されたが、ウルグアイの暫定理事はその席を失った。なお会長L・ワースは一九五二年任半ばで没してアメリカの枠の後継としてロバート・クーリー・エンジェルが選出されているので別掲表1－1の右側は重複して一二名が掲げられてある。

とにかくユネスコの立場としては、ISAの会員は正式の会員（regular member）は全国的社会学会としての団体であると考えていた。ところがISAの設立準備会議が開かれた一九四八年の時は前述したように八カ国しかなかった。それで急遽、オーストリア社会学会が一九五〇年に設立されてすぐ加入し、メキシコ社会学会が一九五〇年に設立されて翌一九五一年に加入し、イギリス社会学会が一九五一年に設立されてすぐ加入し、ISAが発足した頃は前述の八カ国の学会と合わせて一一の全国的社会学会がつくられ、このほか一八の社会学の研究諸団体が連携会員(affiliate member)というのが当時の現況であった。

このようにして、前述のように一九四九年九月オスロ―に二一カ国から社会学者がISA設立会議に集まって、それらの代表者が評議員会を構成して暫定理事会を選出したが、そこでは暫定的ということもあって理事定員一一名のうち九名を選出したにとどまり、副会長も定員三名のうち二名が選出されただけであった。

そして一九五〇年の第一回大会で本格的に理事会が定員一杯に選出構成されたが、定員一一名の地域別の枠は、ヨーロッパ州六名、南北アメリカ州二名、その他アジア、アフリカ、オセアニア州三名という内規であったが、その結果に対してC・ジニ(イタリア)評議員から異議が出されている。すなわち、ヨーロッパでも地中海沿岸あるいはスペイン語系の中南米州から出されていないこと(ブラジルはポルトガル語系であるから)、またポーランドは欠席したのに理事となっていることなどであったが、受け入れられなかった(9)。

ISAはその学会としての中心的な活動は大会である世界社会学会議における主題に沿った諸報告をめぐる討議であるが、これについては前述した林恵海の報告(10)に第一回大会の主題「国際関係に連関する問題の社会学的調査研究」をめぐる報告者と報告課題が紹介されている。

そしてまた、第一回世界社会学会議で承認された社会成層と社会移動に関する研究がユネスコ社会科学部の要請と特別な財政的援助によって遂行されることになりT・ガイガー(デンマーク)を研究委員長とし、尾高邦雄(日本)も研究委員として参加してこの国際的共同研究を進めていった。その経過は尾高邦雄「国際社会学会パリ会議に出席して」(11)に、またその日本における成果は尾高邦雄・西平重喜「わが国六大都市の社会的成層と移動」(12)および日本社会学会調査委員会「わが国における社会的移動」(13)として発表されており、その後はISAを離れて日本社会学会内の組織として、さらには日本社会学会員の共同研究として、SSM調査(Survey of Social Stratification and Social Mobility)として一九五五年から一〇年間隔で遂行されている。

ところで、社会学研究者の国際的組織は、ISAよりはるか以前に、一八九三年にルネ・ウォルムス(フランス)によってパリに創設された国際社会学協会(または機構)(L'institute International de Sociologie, International Institute of Sociology, 略称IIS)がある。両大戦中は一時活動を中断していたが、第一四回大会は本来一九三九年ブカレスト(ルーマニア)で開催予定だったが第二次世界大戦がドイツ軍のポーランド侵攻で始まったため中止となり、そのときに予定されていた七課題にさらに加えて二三課題とし、しかも一九五〇年にISAの第一回大会(九月四日―九月九日)の前にくりあげて八月三〇日から九月二日にわたって開催されたのである。

ともに社会学者の国際組織であるISAとIISの相異を比較してみると、IISが格段と古い歴史を有していることはいうまでもないが、両者の創設の基本的相異は、IISが社会学者個人を単位とする会員制であるのに対して、ISAはいわゆる国連方式の各国の全国的社会学会を正規の単位会員(regular member)とし、その他社会学の国際的な地域学会や研究機関を連携会員(affiliate member)とし、そして特別な場合にのみ個人としての加入を認めている。もっとも、個人会員についての基準はのちには緩和されてきてその会員数は著増してきている。

また、IISが社会学者の自主的な国際的組織として運営され、またその経費を会費や寄付による一般的なやり方で行ってきたのに対して、ISAは前述したようにその発足とその後のある時期まではユネスコの社会科学部の指導や財政的援助をうけていた。そしてなお加えるならば、IISが二年毎(当時)の大会開催が中心であるのに対して、ISAは大会開催(三年毎、のちに四年毎)のほか各種委員会(Committee)を通してのそれぞれの常時の活動も重要であることで、もちろん両者ともそれぞれ定期刊行の機関誌をもっている点は共通である。

ＩＳＡが設立された初期の頃、実際のところは必ずしも順調な発足とはいえない面がＩＩＳとの関係でみられた。ＩＩＳの復活再開に際しては準備委員会が組織されＣ・ジニ（イタリア）が委員長となり委員にはＩＳＡの暫定理事になるＩ・ガノン（ウルグアイ）やＩＳＡの副会長になるＦ・アゼベド（ブラジル）もいてＩＳＡと友好的にみえ、一九五〇年のＩＩＳの第一四回会議で会長にＣ・ジニが就任し、副会長の一人にＷ・Ｆ・オグバーン（アメリカ）が就任したりしたのであるが、ジニが当初はイタリア代表のＩＳＡ評議員（Council）として一定の役割を果たしながらも、前述したようにＩＳＡに非協力的ないしは反対的な行動をしたことが一九五一年のＩＳＡ理事会で問題とされ、彼の推薦者にその反対的行動を改めさせるかほかの人を推すかを理事会が決議したが、その回答がなく結局ジニを更迭することとなった。

このジニ更迭に象徴されるＩＳＡとＩＩＳの関係の背景には、ＩＩＳ復活に積極的な人たちのなかにナチスやファシスト的団体に関わった人がいたり、他面ユネスコ社会科学部は親イスラエル的とみられてアラブ諸国のＩＳＡへの反発があったことも否定できず、これらは戦後状況の尾をひいている政治の問題でもあろう。(14)

ところでこのジニ問題では、日本社会学会との関係が一九五一年ＩＳＡ理事会で取り上げられたことが尾高邦雄の報告(15)に書かれている。これは、ＩＩＳ第一四回会議に日本社会学会会長戸田貞三と同常務理事林恵海が日本代表として招請されたが、結局旅程の都合がつかず二人とも欠席し、後日林恵海のみがＩＳＡ第一回会議に参加したあとローマでジニＩＩＳ会長と個人的に会見して、ＩＩＳ会議でアジア代表委員国として日本が指名され、林恵海がその委員として会長以下七名で構成する総務部の一員としてつぎのＩＩＳ第一五回会議の計画と運営に当たることになったのを事後了承していることを指す。しかもそれが、チューリヒのＩＳＡ第一回会議の評議員会で評議員ジニが、評議員会長Ｒ・ケーニヒの理事推挙案に強い批判を加えてかなり紛糾させた場に、林恵海も出席していたこともあっての了承であるだけに、一層パリでのＩＳＡ理事会で、日本社会学会とジニＩＳＡ評議員とのことが問題になって、尾高ＩＳＡ理事は苦しい説明をする立場におかれたのであった。これについては林恵海「二つの国際社会学会議について」でも報告されている。(16)

とにかく、戦後ようやく戦禍のあともおさまってきて、各種の国際的諸学会が発足あるいは再出発するにあたって、日本社会学会はそれらの情況を十分に把握しえなかったために、たとえばこのＩＳＡとＩＩＳの立場がある面で対立する場合にいささか戸惑ったことに鑑みて、その後日本社会学会では渉外委員会（Liaison Committee）を設けて適切に対処するようになったのである。(17)

なお、その後ＩＩＳは、一九五二年にユネスコ社会科学部を介してＩＳＡと協調する意向を示してきたがＩＳＡでは条件不十分としていったんことわり、一九五三年に至って両者の歩み寄りが実現して会議や委員会の日程を調整して両学会に参加している社会学者が困惑することのないようにし議事内容の報告書も交換するようになった。ただ一九五四年にフランスの新聞がＩＩＳが「唯一の」国際的な社会学者の団体であるような報道をした一幕もあったが、(18)ＩＳＡの基盤も確立してきて戦後政策のしがらみも消えてきて、今日ではＩＳＡとＩＩＳの関係は全く問題がなくなってきて、むしろ両者が異なった点に特徴を有して相互に補い合って発展してきているとさえ考えることができる。

第四節　国際社会学会の展開と変容

ＩＳＡは今日まで二一世紀に入っても最大の国際的社会学組織として発展してきているが、これまでに入手しえた資料でその展開を概観するならば表１－２のように示されよう。

表１－２　国際社会学会・世界社会学会議　諸指標

世界社会学会議	開催年期間	開催地	開催国	個人会員数（人）	全国学会会員数（団体）	研究委員会数（団体）	世界会議参加者数（組）	理事会員定数（人）	研究委員会委員数（人）
準備会議	1948.10.14	パリ	フランス						
設立会議	1949. 9. 9	オスロー	ノルウェー					暫定9	
第１回会議	1950. 9. 4-9	チューリヒ	スイス				154	11	
2	1953. 8. 23-31	リエージュ	ベルギー	53	53		281	11	
3	1596. 8. 29-29	アムステルダム	オランダ	47	29		487	11	
4	1959. 9. 8-15	ストレーザ	イタリア	40	35	7	867	11	34
5	1962. 9. 2-8	ワシントン D.C.	アメリカ	26	37	11	1196	11	48
6	1966.	エビアン	フランス	29	41	17	2074	11	90
7	1970. 9. 14-19	ヴァルナ	ブルガリア	?	25	23	3014	15	201
8	1974. 8. 19-24	トロント	カナダ	435	27	35	2681	15	307
9	1978. 8. 14-19	ウプサラ	スウェーデン	2907	29	37	約4000	17	378
10	1982. 8. 16-21	メキシコシティ	メキシコ	約900	30	40	約4500	17	442
11	1986. 8. 18-22	ニューデリー	インド	1929	34	50	約2500	17	589
12	1990. 7. 9-13	マドリード	スペイン	3060	36	54	4730	17	672
13	1994. 7. 18-23	ビーレフェルト	ドイツ	3069	45	57	3678	21	690
14	1998.7.26-8.1	モントリオール	カナダ			59		21	
15	2002. 7. 7-13	ブリスベン	オーストラリア			58			
16	2006		南アフリカ						

出典：J. Platt, *A Brief History of the ISA: 1948-1997*, 1998, Bibliothèque nationale du Québec の諸表を主とし，他の諸資料で補って作成した。

この表１－２でみると、まず開催年の間隔が、三年毎であったのが第五回以後四年毎になっている。これはISA大会である世界社会学会議が制度の変更もあって参加者数が増加して大会が大規模化してきたことによるものといえる。

また、開催の時期と期間は、開催地の気候にもよるが大まかにみて初期には九月初期ないし八月末期に多く開催され、第八回からは八月中旬に移行して、最近では第一二回からはさらに早まって七月中下旬に移行して開かれている。これは日本は例外的であるが、世界的には大学などは学年の区切りが夏休みをはさんで設定されているので、当初は夏休みの後半に会議を開催していたが、世界的に航空路線が発達し通貨も安定してきて海外旅行がしやすくなってきたので、会議に参加した後をゆっくり旅行を楽しむようになってきたためであろう。そして開催期間は、初期は九日間もあったが、第一一回、第一二回の五日間は別とすれば大体一週間程度となってきている。

ところで開催地、開催国をみると、その変遷自体が国際社会学会（ＩＳＡ）、世界社会学会議の動向をある意味で示しているということができる。すなわち、当初はヨーロッパ（とくに西ヨーロッパ地域）で開催されていたのが第五回にアメリカのワシントンD.C. とはじめてヨーロッパ以外で開催されるようになり、さらに第七回では冷戦構造の枠をこえてブルガリアのヴァルナで開催されるに至った。そして第一〇回メキシコのメキシコシティでの大会は、中南米、すなわちラテンアメリカではじめての開催であるが、これははじめてのスペイン語使用国開催でもあり、のちにＩＳＡ大会公用語にスペイン語が加わる契機となるのである。

続く第一一回のインドのニューデリーでの大会は、はじめてのアジア州での開催であり、第一五回のオーストラリアのブリスベンでの大会は、大洋州での開催ではあるが、それ以上にはじめての南半球での開催であるという意義が大きいといえる。そして来る二〇〇六年に予定されている第一六回の南アフリカ共和国での大会は、はじめてのアフリカでの開催であり、これが実現すれば世界諸大陸各州のうちで残すのは南アメリカ州での開催だけとなる。

ところで、指摘したように一九七〇年の第七回世界社会学会議はブルガリアのヴァルナで開催された。大戦後間もなく冷戦構造、米英仏特に米を中心とする西欧諸国とソ連を中心とする東欧諸国の対立、アジアなどそのほかの地域でも資本主義国群と社会主義国群との対立があり、Ｗ・チャーチルのいう冷戦（Cold War）は、一九四八年六月のベルリン封鎖に象徴されるが、少なくとも一九五三年三月のスターリンの死までは冷戦の対立はきびしく、社会主義国群では社会学はブルジョア科学として排斥されていた。しかし、それにもかかわらずポーランドなどでは社会学者の活動は制約をうけながらも遂行され、ＩＳＡの設立会議や第一回会議でもＳ・オッソフスキは理事として活躍して、さらに一九五九年の第四回会議では副会長になっている。そして一九六二年の第五回会議ではソ連のＦ・Ｖ・コンスタンチノフも理事になり、さらに一九六六年の第六回会議ではポーランドのＪ・スチェパンスキがＩＳＡ会長になっている。

社会主義国側の社会学の研究は家族社会学や産業社会学など経験的な調査研究が発展してきており、一九五六年のアムステルダムでの第三回会議では、スターリン没後のこともあってか東欧圏側の報告者数こそ一七と少なかったが参加者数は総数の約四五％にも達したと報告されている。[19] とにかくこのようないきさつがあって、一九七〇年にブルガリアのヴァルナで第七回世界社会学会議が開催されたのであった。

「一九七〇年はＩＳＡの歴史においてきわめて重要な画期をなしている。というのは、その年に一九五〇年以来それまで基本的に変わらなかった会則に大きな変更がなされたからである」。[20]

この意味で、国際社会学会の五〇年余にわたるこれまでの歩みは、設立から一九七〇年までと、一九七〇年から今日までと大きく二期に分けて捉えられる。

前期のＩＳＡの活動のなかで、いくつかの要望が生まれてきたが、それは財政上や国際化の推進のための会員の拡大、各国の社会学会と国際的共同研究グループである研究委員会（Research Committee 略称ＲＣ）とのバランスの問題、そしてそれらの研究委員会内の民主的な運営の問題などであった。これらの要望は、一般的な個人会員制の導入と研究委員会の開放化とのための会則の改正に実現されていった。

このことは表１－２における第八回大会以降の個人会員数の著しい増加、研究委員会数の漸増において明確にみることができる。また世界社会学会議への参加者数の数千人にもなる増加という大会の大規模化は理事定員数の増加を徐々にもたらし現在では二一人へと倍増しており、また研究委員会数の増加に伴う委員数の増加に加えて、一研究委員会当たりの委員数も平均五人程度であったのが、民主化的な運営により一〇人ないし一二人程度へと倍増して、研究委員会委員の合計も現在では七〇〇人近くになっていることが表に示されている。

ところで、この研究委員会の開放の問題は、ＩＳＡがユネスコ社会科学部の指導のもとに発足した事情に由来する面をもっていた。前述したように、ＩＳＡはユネスコが関心をもつ諸問題の解決に貢献するところにその使命の一つがあったわけで、ＩＳＡの発足の頃から社会成層と社会移動の調査研究が特に課題とされて「社会的成層と移動に関する国際研究協議会」(International Research Conference on Social Stratification and Mobility) が設置され、日本の尾高邦雄理事もその委員として活躍し、日本社会学会の側における協働研究の成果は前述したように『社会学評論』に発表されている。このＳＳＭ研究委員会がうけもった研究調査は一九五三年までは日本、デンマーク、スウェーデンで進められた。その後一九五九年には研究委員会が複数分立設置されて、当初はこれら新設のものは研究小委員会 (Research Subcommittees) として軽く位置づけられ、ＩＳＡ設立時からの「社会成層と移動」のそれは "the RC on Social Stratification and Mobility" として別格に位置づけられていた。それらの新設の研究委員会としては家族、産業、宗教、マスコミュニケーション、都市村落社会学、心療社会学 (Psychiatric Sociology) がつくられて、やがて結局ＳＳＭのＲＣと合わせて七研究委員会となったのである。(21)

この研究委員会、すなわち Research Committee (略称ＲＣ) のほかに、その予備的な段階のものに Working Group (略称ＷＧ) という研究グループが編成されて研究活動を行って大会 (世界社会学会議) で報告をＲＣと同様に行って、その研究活動が持続して確立してくるとＲＣにいわば昇格する。最近の例では、一九九八年モントリオールの第一四回大会でＷＧ１の "Sociocybernetics and Social System Theory" は一九八二年のメキシコシティでの第一〇回世界社会学会議で結成された研究グループであるが、二〇〇二年ブリスベン (オーストラリア) での第一五回大会では本格的にＲＣ51として位置づけられている。

そしてさらに予備的な試図的な研究グループとしてはThematic Group（略称ＴＧ）とよばれるものもある。このなかには最近の例ではモントリオール大会で報告したＴＧ４“National Movements and Imperialism”が、ブリスベンの大会では報告論文が集まらなかったためか設定されず、休止か解散かしたものであろう。そしてさらに継続性の少ない試図的な研究グループは、Ad Hoc（略称ＡＨ）を冠した部会でモントリオールの大会では一七組、ブリスベンの大会では九組が報告しているが、それらの番号とテーマには一貫性は全くなく文字通りad hocな部会である。

そのほか、言語圏別や国別の部会も設定されるが一定したものではない。たとえばブリスベンの大会では、日本社会学会部会（ＮＡＪＡ）で“Learning to be a Sociologist in Asia: Problems and Potentialities of the Globalising Academic Market”という課題で五名が報告している。

ともあれ、表１－２の研究委員会数は、Research Committee（ＲＣ）、Working Group（ＷＧ）、Thematic Group（ＴＧ）の合計である。しかしこれら三種の研究グループのうち圧倒的に多いのはＲＣで、モントリオール大会ではＲＣは五〇組、ＷＧは五組、ＴＧは四組であり、ブリスベンの大会では、ＲＣは五三組で三組ふえたが、それはＷＧの三組が昇格したもので、その代わりＷＧは二組に減り、ＴＧは一組休止して三組に減じている。なお、ＲＣの間では共通テーマで共同報告部会（Joint Sessions）を設定しているが、これは統計上扱いにくいので除外されている。

さて、前にふれたように、ＩＳＡはパリに本部のあるユネスコの社会科学部の指導で発足した事情から、公用語として英語、フランス語を使用しながら展開してきたのであるが、第一回世界社会学会議の評議委員会での理事選出にスペイン語使用国の代表が入っていないことを問題とするいきさつがあった。その後一九八二年メキシコシティでの第一〇回世界社会学会議では同時通訳設備が不十分で現地の社会学専攻学生の不満が多く、またラテンアメリカの伝統からみて社会学は純粋なアカデミックな学問ではなくてもよいと考えられて、当時のメキシコ経済の混乱からくる社会諸問題への取組みを社会学はもっと試みるべきだとの意向が主張された。そしてスペインのマドリード大会でも同様な抗議がなされてついにスペイン語がＩＳＡの公用語に加えられることとなった。[22] またＩＳＡ事務局もインドのニューデリー大会のあとマドリード大学におかれていることも無視できないであろう。

思うに、筆者が世界社会学会議に参加したのは第一〇回のメキシコシティ大会からで、その経験からみると、インドのニューデリーの大会には参加しなかったが、国家元首が世界社会学会議の開会式に臨席したのはメキシコの大統領とスペインの国王だけで、いずれもスペイン語公用語国である。このことは、あまり使われない表現ではあるが、「中進国」では社会学が社会の政策的実践の学問としてみられていることを証しているといえよう。

第五節　国際社会学会と言語的影響力[23]

さて、ＩＳＡの会則で付則第二条に「英語、フランス語およびスペイン語が学会の公用語（the recognized languages）である。但し学会の事務運営上の用語（the administrative language）は英語とするものとする」[24] とあるように、世界社会学会議の案内書やプログラムなどは英語、フランス語、スペイン語の三言語で併記されている。そして大会における各 Research Committee、Working Group、Thematic Group などの報告においては、若干のものがフランス語あるいはスペイン語のものがみられる。

そこで、第一四回世界社会学会議（一九九八年、モントリオール、カナダ）と第一五回世界社会学会議（二〇〇二年、ブリスベン、オーストラリア）とにおけるＲＣ、ＷＧ、ＴＧの各部会報告におけるフランス語とスペイン語による報告数を、各報告総数（英語、フランス語、スペイン語の合計）と比較して示したのが別掲の表1－3である。なお、対応比較がかえって不便になるので題名は邦訳せずそのままで示した。そして表を左半分をブリスベン大会、右半分をモントリオール大会とに分けて項目を対応させ、比較してみやすくしてある。そのため右側モントリオール大会の研究委員会の名称はブリスベン大会と同一の場合は空欄にしてあり、異なる場合のみ標記してある。なおRC35のタイトルはモントリオール大会の方が正しくてブリスベン大会の方は誤記かもしれないが、異なるものとして扱った。

表1－3において、Sesは部会の会場数である。ただし報告部会のほか、打合せ会議（Board Meeting）や懇談会（Reception）も含まれることがある。A&PはAuthors and Papersで報告論文数であり、報告者数ではない。一報告論文で共同報告者数が極端なものには九人（モントリオール大会、RC28社会成層）や八人（モントリオール大会、RC36疎外理論研究）というのもあるがちょっと問題である。日本の研究者の報告でも五人（モントリオール大会、RC27スポーツ社会学）という共同報告がある。

また研究委員会よりの報告総数をみると、ブリスベン大会での一四三報告が最多で、これはRC34青年社会学である。また一部会会場当たりの最多数の報告数をみるとRC19社会福祉のSession6（一七時三〇分－一九時一五分）およびRC52職業社会学のSession4（一三時三〇分－一五時一五分）の一八報告がみられる。時間が何れも一時間四五分、すなわち一〇五分間で報告するのであるから一報告約六分間で不可能に近い。それで実際は、必ずしも全報告が行われるわけではなく、欠席による中止もみられる。例えば、筆者が経験したのでは、RC21地域・都市発展のSession 5ではプログラム記載は一一報告であるが、実際は五報告が発表されたのであった。そしてもちろんフランス語での報告はFで示し、スペイン語での報告はSで示した。

ところで、部会会場によっては、口頭での報告発表だけでなく、配布したり、会場の一隅において希望者がもって

表1－3　1998：2002年世界社会学会議研究課題別論文数比較

XV World Congress of Sociology, Brisbane, 2002									XIV World Congress of Sociology, Montrēal, 1998								
Nos	Title	Ses	A&P	F	S	DP	F	S	Nos	Title	Ses	A&P	F	S	DP	F	S
RC 1	Armed Forees and Conflict Resolutin	14	64	1	1				RC 1		14	59					
2	Economy and Society	19	83	1		17			2		19	76	4		19		
3	Sommunity Research	10	33			1			3		22	82	1	4			
4	Sociology of Education	19	117		10				4		17	79	2		49	1	2
5	Ethnic Race and Minorituy Relations	20	68			7			5		17	73	1		22	1	
6	Family Research	19	103		4	8			6		16	71	6		32	1	1
7	Futures Research	9	21						7	Future Research	12	45	1				
8	History of Sociology	15	48						8		13	65	1	1	6		
9	Social Practice and Social Transformation	8	41	1					9		14	64	1	1			
10	Participation and Self-Management	18	82	10	6				10		18	85	20	17			
11	Sociology of Aging	14	63			31			11		19	97	1		21		
12	Sociology of Law	15	67						12		15	53	8	8			
13	Sociology of Leisure	9	36						13		14	52					
14	Sociology of Communication, Knowledge and Culture	20	52	1	5				14		17	60	23	5			
15	Sociology of Health	18	65			58		1	15		11	56	1		22		
16	Sociological Theory	19	45			9	1		16	Social Theory	15	77					
17	Sociology of Organization	17	44	6					17	Sociology of Organizations	17	78	32	7			
18	Political Sociology	13	38	1		15	1		18		13	61	1		17	2	
19	Poverty, Social Welfare and Social Policy	15	78	1		12			19		14	56			4		
20	Comparative Sociology	17	57						20		6	26	1				
21	Regional and Urban Development	17	104		17				21		26	103	1	1			
22	Sociology of Religion	15	99	7		4			22		13	65	5				
23	Sociology of Science and Technology	15	72			5			23		12	57	1	1			
24	Environment and Society	19	89						24		19	107	3	1			
25	Sociolinguistics	8	32			16			25		15	89	7				
26	Sociotechnics, Sociological Practice	7	19		1	1			26		11	37		1			
27	Sociology of Soprt	13	56			2			27		23	105					
28	Social Stratification	18	63			11			28		18	70			38		
29	Deviance and Social Control	10	60						29		17	61	2	2			
30	Sociology of Work	18	83	3	1				30		16	94	16	7			
31	Sociology of Migration	18	83		2				31		10	52	1				
32	Women in Society	28	119	5	6	2			32		17	97					

33	Logic and Methodology in Sociology	14	59			3			33		14	63					
34	Sociology of Youth	15	143	4	5				34		13	119		2			
35	Conceptual and Terminological Analysis	4	15						35	Conceptual and Terminological Analysis	11	31					
36	Alimation Theory and Research	11	30			2			36		15	64	1				
37	Sociology of Arts	13	59	8					37		16	75	24				
38	Biography and Society	10	34						38		16	82			2		
39	Sociology of Disasters	9	46						39		13	59					
40	Sociology of Agriculture and Food	13	71		1				40	Sociology of Agriculture	21	70		1			
41	Sociology of Population	9	53						41		16	51	1				
42	Social Psychology	10	43						42		12	42	2				
43	Housing and Built Environment	7	28						43		14	63		1			
44	Labor Movements	13	43						44		14	63	3	1			
45	Rational Choice	8	28						45		15	45					
46	Clinical Sociology	7	18	11					46		15	63	36				
47	Social Classes and Social Movements	13	46	10	1				47		16	70	4	8			
48	Social Movements, Collective Action and Social Change	16	62			22			48		20	75	2	5			
49	Mental Health and Illness	9	36						49		13	54	2				
50	International Tourism	9	25						50		14	47	4				
51	Sociocybernetics	17	57	4	3				WG1	Sociocybernetics and Social System Theory	17	94	5		8		1
52	Sociology of Professional Groups	13	58	13	1	29	2	1	WG2	Spciology of Occupotional Groups	9	103	27	1			
53	Sociology of Childhood	11	62	1					WG3		10	70					
WG5	Famine and Society	6	9						WG5		6	20					
WG6	Social Indicators	8	26						WG6		10	33					
TG1	Time Use Research	1	4						TG1		5	22					
TG3	The Body in the Social Sciences	5	23	8					TG3		5	31	9				
									TG4	National Movements and Imperialism	3	15					
TG6	Sociology on Local-Global Relations	6	25						TG6	Sociology of Local-Global Relations	5	23					
JS	Joint Sessions of Research Committees	33	165	3	11	24											
Total		784	3352	99	75	279	4	2	Total		838	3799	260	75	240	5	4

出典：*Programme du XIVe Congrés Mondial*, Montrèal, 1998 および *Program of XV World Congress of Sociology*, Brisbane, 2002 から作成。

いく、といったその部会に関連した研究論文の専門分野を同じくする研究者への論文の発表ないし公告の仕方がある。これらの論文名と発表者名はプログラムに記載されており、それらはSessionによって、Distributed Papers, Supporting Papers, Tabled Papers, Postersなどの表示で書かれているが、表の欄でDPとあるのがそれにあたる。ブリスベン大会でのRC15健康での五八論文、モントリオール大会でのRC4教育での四九論文がそれぞれほかを大きく抜いている。

これらの指標から大体において指摘できるのは、近年において発表報告が多いのは都市社会学（RC21）、青年社会学（RC34）であり、そのほかブリスベン大会で著増したのは教育社会学（RC4）、家族社会学（RC6）、女性社会学（RC32）などである。

また、報告のうちでフランス語使用が比較的多いのは臨床社会学（RC11）と専門職社会学（WG2から移行したRC52）であり、スペイン語使用では教育社会学（RC4）と都市社会学（RC21）である。そしてフランス語、スペイン語の報告がともに比較的多いといえるのは、「参加と自主管理」（RC10）であり、この意味で社会学における国際的多元化的傾向がゆたかな研究分野であるということができよう。

全体としてみると、ISAの世界社会学会議という大規模な学会大会は、約八〇〇の部会会場で三、五〇〇－四、〇〇〇に近い報告発表がプログラムに掲載されて、そのうち二％から三％はフランス語やスペイン語による報告である。ただしモントリオールでの大会では、歴史的にフランスの植民地であったのでフランス語も公用語にされているケベック州での開催という特殊事情によって、フランス語使用の報告がやや多くて約七％を占めていた。そして口頭報告ではなく配布などによる報告論文も二五〇ないし三〇〇程度提出されているということも付言されよう。

二〇世紀から二一世紀にわたる第一四回世界社会学会議（一九九八年、モントリオール、カナダ）と第一五回世界社

表1－4　ISA個人会員国別会員数(10人以上)

国名	会員数	国名	会員数	国名	会員数
アメリカ	533	スウェーデン	75	ベネズエラ	26
カナダ	235	メキシコ	72	オーストリア	21
ドイツ	193	フィンランド	65	ハンガリー	18
イギリス	169	ノルウェー	50	スロベニア	18
日本	131	イスラエル	47	トルコ	18
ブラジル	116	スイス	46	ブルガリア	14
オランダ	113	ポルトガル	46	韓国	14
スペイン	111	ベルギー	45	台湾	13
フランス	110	アルゼンチン	39	エジプト	13
イタリア	106	ギリシア	35	中国	12
ロシア	104	ポーランド	34	ナイジェリア	12
オーストラリア	103	南アフリカ	32	コロンビア	10
インド	92	デンマーク	30	チリ	10

出典：1998年ISA会員名簿から作成。

会学会議（二〇〇二年、ブリスベン、オーストラリア）の両大会を比較してその動向をみると、国際化ないし世界化（グローバリゼーション）の一層の進展が指摘される。それはいわゆる先進国や「中進国」だけでなく、さらには途上国にも社会学の研究者がふえて会員となる者が少数ながら漸増の方向にあることにも指摘されることである。そして前述したように、世界社会学会議の開催地も北半球だけでなく、二一世紀になって南半球ですなわちオーストラリアで第一五回大会が開催されたのであり、そして来る第一六回大会も南半球の南アフリカ（連邦共和国）で開催されるように広く全世界各地にわたっていることである。

ISAの個人会員名簿によって各国別の会員数を一〇人以上に限定して示したのが表1－4である。これによってみると、日本は会員数第五位である。これによってみると、日本は会員数第五位である。世界的にみても有数の社会学研究の盛んな国である。日本は既に一九七〇年代に世界社会学会議の

表1－5　ISA 個人会員　国・地区別、公用語別構成

	英語	フランス語	ドイツ語	スペイン語	ロシア語	中国語	
アメリカ	533						
カナダ	(235)	(235)					
中国						12	
台湾						13	
シンガポール	5						
フィリピン	(4)						
インド	(92)						
オーストラリア	103						
ニュージーランド	4						
アルゼンチン				39			
ウルグアイ				5			
グアテマラ				1			
コスタリカ				5			
コロンビア				10			
チリ				10			
トリニダード・トバコ	4						
ハイチ		4					
バルバドス	1						
ベネズエラ				26			
ペルー				9			
メキシコ				72			
ロシア					104		
イギリス	169						
オーストリア			21				
スイス		(46)	(46)				
スペイン				111			
ドイツ			193				
フランス		110					
ベルギー		(45)	(45)				
マルタ	3						
ルクセンブルク		(1)	(1)				
ガーナ	1						
カメルーン	(1)	(1)					
ケニア	2						
ジンバブェ	1						
スワジランド	1						
セネガル		3					
ナイジェリア	12						
南アフリカ	32						
モーリシャス	1						
＊プエルトリコ	3						
＊西インド諸島	1						
＊レユニオン		1					
＊香港						9	
☆424	876	118	214	288	104	34	2058人
	1208	446	306	288	104	34	2386人
	50.6	18.7	12.8	12.1	4.4	1.4	100%

(注)　(　) 公用語が複数ある国、ただしインドは準公用語。
☆は (　) 内数字の二重記載を調整した数字。
＊の4つは独立国ではないが、名簿上では国に準じて区別されて記載してあるもの。
出典：1998年 ISA 名簿から作成。

表1－6　主要言語別公用国数・面積・人口構成比

言語数	公用国数		面積		人口	
	実数	%	実数/㎢	%	実数/万人	%
英語	55	37.2	39,743,685	31.0	173,091	38.9
フランス語	26	17.6	21,370,803	16.7	28,616	6.4
スペイン語	21	14.2	11,987,361	9.3	34,711	7.8
ドイツ語	6	4.1	515,455	0.4	10,637	2.4
ロシア語	12	8.1	22,100,000	17.2	28,443	6.4
中国語	2	1.4	9,636,190	7.5	124,542	28.0
アラビア語	19	12.8	12,200,000	9.5	25,600	5.8
ポルトガル語	7	4.7	10,700,000	8.3	19,530	4.4
計	148	100	128,253,494	100	445,170	100

（注）　1．公用語複数の場合、該当箇所で重計算する。
　　　2．インドは英語を補助公用語とするが計算にいれる。
　　　3．ロシアを中心としてCIS（独立国家共同体）は準公用語としてのロシア語も計算にいれる。
　　　4．公用語と記していなくても、該当する場合は計算にいれている。
出典：集英社編『イミダス』1999年版から作成。

開催を打診されているがいまだに開催を引受けていない。[25] その頃から大会は参加者が著増して大規模化しているが、日本よりも会員数の少ない国でも大会がつぎつぎと開催されている。

ところで、ＩＳＡで公用語としている英語、フランス語、スペイン語、それから社会学の文献が最も多い言語の一つであるドイツ語を加え、さらに国際連合の公用五言語に入っているロシア語、中国語の二つを加えた合計六言語で、それらを公用語ないし準公用語としている国別のＩＳＡ個人会員数を示したのが表1－5である。

これによってみると、何といっても英語が一、二〇八人で圧倒的で、あとはフランス語四四六人、ドイツ語三〇六人、スペイン語二八八人の順である。しかし複数公用語の国を除いて比較すると、スペイン語公用国の二八八人はドイツ語公用国二一四人、フランス語公用国一一八人よりも多いことは注目されるべきであろう。

ところでさらに、ＩＳＡの個人会員という社会学研究者の視点をこえて、世界の人類の言語とその使用人口の地域的広がりという点からみると、さらにアラビア語、ポルトガル語も考えなければならない。アラビア語は歴史的にイスラムの展開によってエジプト、アルジェリア、モロッコ、スーダン、イラクなど九カ国が公用語として約二億五、〇〇〇万人が使用しており、ポルトガル語は大航海時代にポルトガルがスペインとともに海外に植民地を支配して、ブラジル、モザンビーク、アンゴラなど七カ国の公用語として約二億人が使用している言語である。これらを表にして比較したのが表1－6である。

ＩＳＡの成立の冒頭でふれたように、ＩＳＡは国際連合とその専門機関であるユネスコの影響があったが、やはり国際的な学会であるＩＳＡは国際関係をぬきにしては発展できないであろう。たとえば、ＩＳＡの理事を選出する評議員会においても、投票によって選出されるので正規の会員である全国的社会学会を代表して集まる評議員の資格が問題とされることがある。

以前に一九六一年にインドの二つの全国社会学会、すなわち Indian Sociological Society と Indian Sociological Association とがあってともに national association たることを主張して問題となって調整されたことがあった。[26] また筆者が日本社会学会から評議員として投票に参加した一九九八年のモントリオールの会議では、ＩＳＡ成立当初から評議員として代表権をもっていた台湾（中華民国）からの評議員と中国（中華人民共和国）の評議員をあらたに認めようとの要請に対して、議長Ｉ・ウォーラスティンの調整によって二人とも評議員として承認されて投票に移ったことがあった。国連方式といわれるが、国連の常任理事国のような制度はなく評議員は平等に選挙権を行使されるので、同じ言語を公用語とする国家からの評議員が多い場合はＩＳＡの運営に何らかの影響力をもつことを考えねばならないであろう。また宗教や民族の要因も何程かある場合も考えられる。これらは世界の国際社会の現実であり、社会学はその学説を例えば英独仏などの文献から学ぶことと同時に、ひろく世界諸地域の社会そのものを社会学的に調査研究することを通して国際的に相互に理解し合うことが二一世紀ではさらにさらに重要となってくるであろう。

そしてこのような情況から、日本の社会学研究にとってはどのような外国語が重要であるかについて、以前「社会学における外国語の意義」（田野崎昭夫、三谷郁子共同執筆）において考察を試みたことがある。[27]それによれば、社会学専攻生への意識調査の結果とあいまって、社会学の学説、歴史、理論の研究に関しては英語、ドイツ語、フランス語が最も必要であるが、さらに現代世界社会の現実を研究するのには、そのほかに必要度が高いのはスペイン語である。これは、スペイン語を公的に使用する社会が諸大陸の広い地域に多数の諸国にわたっているからである。そしてつぎに、面積的には広いがひと続きの地域に定まっていること、使用人口も多いこと、日本に近接していること、資源が豊かであることなどの条件でみて、日本にとって重要であるのは中国語使用の中国、ロシア語使用のロシアである。しかも中国語はいわゆる華僑など在外中国人が多いこと、またロシア語は、かつてソビエト連邦が存在していた時代はもっと広域にわたっていたことから、日本の地政学的位置からみて重要な言語であるといえる。そしてさらになお、二一世紀の今日においては、世界諸国が関わりあっていることから、アラビア語が必要度を高めてきていることも指摘されなければならないであろう。

（1）　Jennifer Platt, *History of ISA: 1948-1997*, Bibliothèque nationale du Québec, 1998, p. 13.
（2）　ibid. p. 13.
（3）　ibid. p. 13.

（4） ibid. p. 21.
（5） 林恵海「二つの国際会議について」（上）『社会学評論』第三号、一九五〇年、同（下）『社会学評論』第四号、一九五一年。
（6） 尾高邦雄「リエージュ日記——第二回世界社会学会議に出席して——」『社会学評論』第一六号、一九五四年。
（7） 武田良三「世界社会学会議の印象」、有賀喜左衛門「国際社会学会連合第三回世界会議に出席して」『社会学評論』第二七・二八号、一九五七年。
（8） 福武直「第四回世界社会学会議について」、尾高邦雄「第四回世界社会学会議に出席して」『社会学評論』第三七号、一九六〇年。
（9） J. Platt, op. cit., p. 101, および林恵海、前掲報告文書（下）、『社会学評論』第四号、一一三ページ。
（10） 林恵海、前掲文書(下)、一一五―一一八ページ。
（11） 尾高邦雄「国際社会学会パリ会議に出席して」『社会学評論』第八号、一九五二年、八七―九三ページ。
（12）『社会学評論』第一二号、一九五三年。
（13）『社会学評論』第二五号、一九五六年。
（14） J. Platt, op. cit., p. 27.
（15） 尾高邦雄、前掲論文、『社会学評論』第八号、一九五二年、九九ページ。
（16） 林恵海、前掲論文（下）、『社会学評論』第四号、一〇九ページ。
（17） 尾高邦雄、前掲論文、『社会学評論』第八号、一〇一ページ。
（18） J. Platt, op. cit., p. 28.
（19） J. Platt, ibid., p. 28.
（20） J. Platt, ibid., p. 31.
（21） J. Platt, ibid., pp. 23–24.

（22）J. Platt, ibid., p. 37.

（23）言語的影響力の概念は、特に一九二〇年代アメリカ社会学で有力だった社会力説に基づく概念である。社会力を構成する重要な要素の一つとして言語があげられる。

（24）By-Laws of the Internotional Sociological Association; 2, Working Languages, 田野崎昭夫・三谷郁子「社会学における外国語の意義」『紀要』社会学科第九号、中央大学文学部、一九九九年、九月、三二一-三三二ページ。

（25）J. Platt, ibid., p. 36.

（26）J. Platt, ibid., p. 29.

（27）田野崎昭夫・三田郁子「社会学における外国語の意義」『紀要』第九号、中央大学文学部、一九九九年九月。

第二章　パーソンズのパターン変数図式とシンボリズム

松本和良

はじめに

パーソンズ（Parsons, T.）理論は一言でいえば「社会的行為」（social action）の理論である。その一般概念図式の重要な一つであるパターン変数図式とは理論の特質となっている社会的行為の具体的な探究そのものから導出されたものである。(1) それは、シンボリズムを中心とした彼の価値志向の社会学や知識社会学的な「信念体系」（belief system）の研究と直接・間接に深い関係があった。さらに、それはテンニース（Tönnies, F.）のみならず、デュルケーム（Durkheim, E.）の影響を受けていたことが知られる。特にテンニースのいうゲマインシャフトとゲゼルシャフトの結合形式の類型化がパターン変数図式の基礎にあることはこれまでよく知られていた。しかし、デュルケームが主張した社会統合の連帯性の差違についての機械的連帯と有機的（組織的）連帯の類型化などはまたパーソンズのパターン変数図式の構想に役立つことができたのである。さらに、この図式の基礎となるものは、パーソンズが一九三〇年半ば以降、マサチューセッツ総合病院そのほかにおいて医師やクライエントの社会的行為に対する現実的経験的探究の際に発見した事実に基づいたといえる。(2)

パーソンズの行為理論とシステム理論の間には連結がなくばらばらな展開があったと批判するひともいるが、パーソンズ理論は、人間行為の解明をめざしたむしろオーソドックスな社会的行為の理論であって、その一般概念図式は、いわば実証科学的に全てではなくても今日でも経験的調査研究を導くことができる。パターン変数図式は、特にパーソンズの行為理論を理解する上で重要であって、動機志向ないし価値志向の選択肢として彼の機能的システム論を展開するための役目を果たし、行為者－状況図式や単位行為図式と行為システム概念の理論的整合をとおしてやがて創造的なＡＧＩＬ図式（四機能パラダイム）に結びついていった。(3) パターン変数図式の構想が成立する前には、すでにウェーバー（Weber, M.）の手段－目的図式から多分に影響を受けていた行為者－状況図式と単位行為の図式が策定されていた。すなわち、パーソンズの単位行為の一般概念図式は、個々の行為者の行為と社会的な人間行為を分析するために策定されたもので、行為者とその状況を前提において、目的・手段・条件・規範が類別され、それらの構成要素は統一されて一定のシステムをなすものと判断された。(4)

しかしながら、パーソンズの行為理論における一般概念図式についての関心はそれ以上のもので、テンニース、デュルケーム、ウェーバーの結合形式や相互行為様式の視圏よりも広く、人類における社会的行為の全てにかかわらせてその社会学の対象にしようとするものであった。さらに彼は理論構築の過程においてその論文でパターン変数図式に再度立ち返り吟味しようとした。小論は、このように彼の社会的行為理論、そして、機能的システム論の基礎にあって重視されながら、これまで意外にあまり検討されなかったパターン変数図式の諸特徴とデュルケーム理論との関連に注意しながら、パーソンズは近代性の理論家であるとしても、さらにその背景には本来の社会的行為理論家があるとして特徴づける見地から検討してみることにする。

第一節　パターン変数図式の構築

パーソンズが構築した一般概念図式のなかで、一九五〇年代に、初期の単位行為の図式と中期以降に展開された有名なＡＧＩＬ図式のほぼ中間に成立した「パターン変数図式」（pattern variables schema）は、両者を媒介する彼の社会的行為理論における基本的に重要な役割を果たした。パターン変数図式は、彼の機能的システム論における四機能―構造部門のＡ、Ｇ、Ｉ、Ｌのいずれともかかわるものとみなされたのであって、特に類縁性のあるものが特定された。ＡＧＩＬ図式はいわば一面でパターン変数図式を行為理論に連結したものであって、諸変数の配分をとおして、その図式におけるＡ―Ｇの構造と機能はシステムの対外的環境面に、Ｉ―Ｌの構造と機能は対内的環境面にかかわりをもち、また、ＡとＧの構造と機能は手段的用具的性質をもち、ＩとＬの構造と機能は目的的完結的性質をもつとされたのである。

社会学の「対象世界」（object world）を個別化的認識と普遍化的認識によって捉えようとした方法は綜合社会学的立場であって新明正道博士（以下恩師であるが新明と略記）とタルコット・パーソンズに共通したものであった。われわれはそこに人間の社会的行為を綜合社会的に把握しようとした思想史的な行為理論との関連をみる。しかし、その際にパーソンズの立場には対象世界を分析するための明確な一般概念図式がともなわれたのである。彼の行為理論と機能的システム論とを連結する「シンボリズム」（symbolism）の理論的図式としてパターン変数図式が推敲されていったといえるのである。シンボリズムとは一般にしばしば象徴体系とか象徴性と訳されている。ここではそのまま用い、社会学的にそれをシンボルと社会的行為の関連ないしシンボルの社会的行為の意味関連と仮定することができると思われる。

パーソンズによれば、秩序があり組織化の見出された具体的経験的な対象世界はほとんどそのまま具体的経験的システムを構成するものであって、あらゆる社会事象は人間行為の所産であるという前提のもとで分析的研究がなされていった。彼の強調した「行為理論」(action theory) とは、社会的行為の理論と読み替えることができるもので、それは社会科学的理論の内容部分と対象論・認識論・方法論の部分を含むいわば総称であって、行為の準拠枠や概念図式のみならず社会行動の理論一般をも意味したのである。彼は行為理論を、一面でまた、小論の対象となったパターン変数図式をも含んだ一般概念図式そのもののように考えていた。彼は、行為理論を微視的から巨視的にいたる行為過程の如何なる個々の「レベル」の研究にも拘束されないきわめて一般的な概念図式であると主張していた(5)。

パターン変数図式が一般概念図式として確定するのは、ベイルズ (Bales, R. F.) とシルズ (Shils, E. A.) との共著『行為理論作業論文集』(*Working Papers in the Theory of Action*, 1953) においてであった。そこにはそのほかの知識社会学的に重要な論文が含まれていて理論上重要な意義を有すると考えられるが、それには人間の行為と、文化的な「シンボル」(symbol) ないし「シンボリズム」(symbolism) との行為的関連が科学的に正しく認識されることが必要であった。パーソンズは、複数人の相互行為の過程と関係のシステムであるところの社会システムは、一般化されたシンボルと意味のシステムであるところの文化システムによって影響を受け、その作用は、合意に近づくにつれその意味が双方に理解されてくる一つの共通に分有されるシンボルのシステム、すなわち、共通文化によって媒介・安定化されると考えた。彼はシンボルと人間行為は分析的にしか区別することができないとみなしながら、その深い相即不離の関係に注目していたのである。

パーソンズは、分析的に文化とシンボルの観念を、できるだけ相互行為のシステムである社会システムと、個人的な行為システムとみなされるところの人格システムとに引き寄せて、その内在化ないし内面化として解釈している。さらに、行為者の動機志向と価値志向との行為的関連としてシンボルとシンボリズム、あるいは、共通文化を理解したのである。たとえば、パーソンズは子どもと母親の相互行為の関係は情緒的なシンボルとシンボリズムの関係であるとみた。

このように分析的にみてくると、文化ないしシンボルや意味は、社会システムに対して規範的なもの、あるいは、それを情報的に制御するものとみなされた。そして、同時にそれは社会システムの制度化、もしくは、秩序化ないし安定化の機能を有するとされたのである。特に本書は社会化を始め文化社会学ないし知識社会学的関心に顕著な著作であった。

パーソンズが「文化」(culture) のなかで特に関心を示したのは、社会集合体の成員に共通に分有されたシンボルのシステムである「共通文化」(common culture) についてであった。共通文化は、これまで新明の場合、社会の一部分とされ社会と区別されずにきたが、文化は「伝達」が可能である。他方、社会システムは相互行為の過程および関係であるから「伝達」はできなく「持続」するのである。しかし、文化は行為しないといっても、共通文化の場合は人間行為と相即で不離の関係にあって、人間とは切り離せない関連にあり、社会とも意味的に関連するので、一般行為システムのなかの一部として把握することができるとみなし、さらに、文化に着目しないと社会システムを適正に科学的に分析することはできないと考えたといえよう。文化は行為しないから行為システムと考えることはできないというのは、共通文化を分析的に捉えていないからである。

パターン変数は行為者が社会的行為の選択の際に直面する動機志向ないし価値志向上のジレンマを問題としたものであった。その背後には心理学的ないし文化人類学的問題意識もあったと判断される。この一般概念図式は、人格システムにおいて選択の習慣として、社会システムにおいて役割規定の局面として、そして、文化システムにおいて価値基準の側面として、これらの三システムのいずれをも一般化して説明できるものとみなされた。パターン変数は「対象範疇化（カテゴリー化）の変数」(object-categorization variables)（o）と「態度の変数」(attitudinal variables)（a）の二つに基本的に分けられていたのである。その区別は文化社会学的ないし知識社会学的性質の問題でもある人間の価値志向にかかわる認識についてであった。

そして、人間行為のシンボルの世界である対象範疇化の変数（o）では「普遍主義－特殊主義」(universalism-particularism)と「資質－遂行」(quality-performance)の二つが区別されており、態度の変数（a）では「情動性－情動的中立性」(affectivity-affective neutrality)と「限定性－非限定性」(specificity-diffuseness)が区別された。行為者を中心におき、状況における対象の取り扱いにおいて認知か表出かを考えて、行為者によりシンボルの認知的意味を区別するのが対象範疇化の変数（o）であり、対象に対するシンボルの表出的意味を区別するのが態度の変数（a）であった。しかしながら、五組のパターン変数のうち「自我志向－集合体志向」(self-orientation-collectivity-orientation)の一組だけは別で特殊な類別であり、個々の行為よりも個人的ないし集合体的行為者のシステム自体に関係し、それは対象範疇化の変数（o）と態度の変数（a）が収斂するに至ったものとされた。[6]

このようなパーソンズが機能的システム論を構築する努力によって、パターン変数図式はベイルズによる小集団の社会システムにおける相互行為の観察結果から発見された四つの機能上の問題と理論的に結びつくこととなった。[7] ベイルズの述べた四つの機能上の問題は、適応、用具的制御、表現、そして、社会的統合であったが、パーソンズはそれらの用語の表現を再考し、適応（A）、目標達成（G）、潜在性（L）、そして、統合（I）の機能的先行用件という風に改め、システムのA、G、I、Lの各機能的先行要件に、これまで述べてきた対象範疇化の変数（o）と態度の変数（a）のなかからとりわけ類縁性のあるものを選んで結びつけた。行為理論の観点から、行為者の価値志向であるシンボル的意味に準拠してそれぞれのA、G、I、Lの機能的先行要件に結びつけたのである。

五組のパターン変数における各組のペアは、人間が社会的行為においてしばしばいずれかを選択しなければならなくなる行為における二者択一のジレンマである。それはもちろん個人的行為者のみならず集合体的行為者もこのジレンマから逃れられないが、既に述べたように、パターン変数図式は一般行為システムのあらゆる下位システム、すなわち、文化システム・社会システム・人格システム・行動システムの如何なるレベルにも拘束されない全てに当てはまる一般概念図式なのである。このようにパーソンズは、人間の社会的行為の現象を行為の価値志向として文化社会学的にシンボル的意味に準拠して分析し理論的に一般化していった。

図２－１　変数とAGIL図式

L（潜在性活動）	A（環境適応活動）
情動的中立性（a、1） 資質（o、1） 非限定性（a、2） 普遍主義（o、2）	限定性（a、1） 普遍主義（o、1） 情動的中立性（a、2） 遂行（o、2）
I（システム統合活動）	**G（目標達成活動）**
非限定性（a、1） 特殊主義（o、1） 情動性（a、2） 資質（o、2）	情動性（a、1） 遂行（o、1） 限定性（a、2） 特殊主義（o、2）

a…態度の変数
o…対象カテゴリー化の変数
1…第一群
2…第二群

出典：松本和良『パーソンズの行為システム』恒星社厚生閣，1989年，102ページ。

人間は社会的行為において対象を認知し、表出し、そして、評価する。あるパターン変数の形をとって行為に表現されたシンボルは、認知の意味か表出の意味、〔あるいは時に評価の意味〕をもたらし、表象の世界において人間行為のシステム化に役立たせられる。そこに典型的なシンボリズムを見出すことができる。パターン変数図式によって示される人間行為の価値志向や動機志向は、組織化されると文化・社会・人格・行動という行為の各下位システムにおけるA、G、I、Lの機能—構造部門の先行要件を構成することになるのである。このようなパーソンズの思想は、社会的行為そのほかの人間行為の例示として、図2—1においてAGIL図式とパターン変数図式の整合によって示される。(8)

しかしながら、このような理論的整合は成功したであろうか。行為システムに見出されるA、G、I、Lの機能—構造部門の位相は、継起的であるとはいえ所与の期間に見出されるいわば一時的な一様性である。システムは構造分化による過程的性質をもつのに対して、パターン変数図式は、かえって意思決定による選択的な固定化を求めるものとなっている。社会的行為の分化と決定というその性質を異にするものが結びつくといった事態になるといえるであろう。

図2—1には、A、G、I、Lの機能—構造部門によく馴染むところのパターン変数がそれぞれ整理され秩序的に配分され、むしろ静態的な構造分析の傾向を帯びているとはいえないだろうか。システムの機能や活動が環境適応、目標達成、システム統合、価値—コミットメント（潜在性）に分けられていることを考えると、結果的に割り当てられたパターン変数はその部門にはよく見出され、傾向としてその類縁性はある程度の説明がつくようにみえる。しかし態度の変数（a）と対象範疇化の変数（o）をより深く考えてみると、継起的な機能や活動にとってそのように意思決定を固定的に考えてしまうことはできないのではないかと思う。機能部門はより過程的である。全ての変数が各

部門において必要に応じてしばしば用立てされているのであり、そして、特に自我志向―集合体志向のパターン変数だけは、特定の機能―構造部門に関係なく、当てはまるものとみなされるのである。

パターン変数は社会的行為の分析に役立つ一般概念図式であるのは疑いない。とはいえ、ＡＧＩＬ図式のそれぞれの機能―構造部門においてペアとなっているパターン変数の類縁性は傾向を示すだけのものである。しかし、一般行為システムの下位システムにおけるシンボリック・メディアとされる知性・遂行能力・感情・状況規定とパターン変数の類縁性とか、社会システムの下位システムにおけるシンボリック・メディアとされる貨幣・権力・影響力・価値―コミットメント（信奉）とパターン変数の類縁性を考えても、メディアは相互交換過程をとおしてシステム内を循環し、その類縁性は傾向を示すだけのものであって、微妙な傾向の一致はある程度捉えられているだけに過ぎないのである。

その理論的分析的な有効性となると、社会の実態と時代の趨勢とを的確に歴史的に把握する必要もあり、パターン変数のもとになったテンニースやデュルケームの類型化を考えなければならないのである。分析的により精緻化されたとされるパターン変数などよりも、むしろテンニースによるゲマインシャフトとゲゼルシャフトのマクロな類別とか、デュルケームによる機械的連帯と有機的連帯のマクロな類別の方が具体的な分析において端的に社会学的にすぐれた成果をもたらしたといえるのではないかと思われる。しかし、今日の個々の社会的行為に照らした分析となると、パーソンズのパターン変数図式には、文化社会学的な精緻な要素もあり、人間行為としてのシンボリズムの特徴が現実的によく反映される結果となっているといえるのである。

しかしその成功は、パーソンズにすでに行為理論的なシンボリックなパターン変数図式があったからこそ、ベイルズの述べた四つの機能上の問題を検討した結果、その後、彼の有名なＡＧＩＬ図式が成立することを可能としたのである。ＡＧＩＬ図式の前提条件になったパターン変数図式は、いわば文化的な人間の社会的行為における現代のシンボリズムの探求によって出来上がったものである。そうみてくると、彼のその後における独自の機能的システム論の構築と行為理論の展開過程においてパターン変数図式の地位はきわめて重要であった。やがて彼がデュービン（Dubin, R.）の批判に答えてパターン変数図式の再検討に乗り出したのは当然であった。

第二節　パターン変数図式の吟味

「パーソンズの行為者——社会理論の論理的一貫性」[9]（Parsons' Actor: Continuities in Social Theory）というデュービンの批判論文に対してパーソンズが反論を加えたのは、「パターン変数への再訪——ロバート・デュービンへの応答」[10]（Pattern Variables Revisited: A Response to Robert Dubin）という論文においてであった。デュービンもパーソンズもその批判の態度はカント（Kant, I）的であったともいえる。つまり批判対象に対して存在の理由をただして妥当と考える範囲と限界を見定め、それにふさわしい地位と役割を与え越権や専横を抑止しようとして論述を加えることを目的にしたからである。

デュービンは、社会的行為にかかわるパーソンズの分類体系は行為過程に関する陳述としてみることが生産的であるとする。彼は個々の「社会的行為」（social act）に注目する。そして、彼はパーソンズのそれを特に社会的行為を精緻化した有望なモデルI、および、社会的行為の過剰な一般化の特色づけを産む社会構造の要素を単位として用いるモデルIIに分け、前者をより好ましいとする[11]（表２－１参照）。彼が社会的行為に着目してパターン変数を捉えたことは全くただしいといってよい。しかし、彼の社会的行為の概念形成は狭く、システム論的展開に欠けており、文化

表2－1　パーソンズの社会的行為（モデルⅠ）

対象の様相				行為者の対象評価
行為者				情動性－中立性
	社会的	資質	分類的	特殊主義－普遍主義
			関係	資質－遂行
		遂行	分類的	限定性－非限定性
			関係	自我志向－集合体志向
パーソン				
	非社会的	資質	分類的	
			関係	
		遂行	分類的	
			関係	
集合体	?			?

行為者の対象志向				対象
動機志向		価値志向	行為志向	
認知的	＋	認識的	＝知性的行為	自我
カセクシス的	＋	観賞的	＝表現的行為	他我
評価的	＋	道徳的	＝責任的行為	集合体
{カセクシス的 評価的}	＋	{観賞的 認識的}	＝用具的行為	有機体
				物的
				文化的
		?		?

出典：Parsons, T., *Sociological Theory and Modern Society*, Free Press, 1967, p. 524)

ないし知識社会学的により広いシンボリズムへのパターン変数図式の関連には論及が不十分ではなかったろうか。

デュービンによれば、パーソンズは行為者にとって意義のあるとされる対象[12]の属性を「様相」(modality) とよんでいるとされているが、彼は、「対象の様相とは心理学者の『刺戟』をパーソンズが翻訳したものである」[13]と述べる。彼によれば行為者の対象志向を、パーソンズは動機志向と価値志向と名づけるものの基礎の上に定式化している。詳細にみればそのとおりだと思う。さらに、人間の行為志向を、動機志向と価値志向の組み合わせにおいて捉え、知性的・表現的・責任的・用具的行為志向を区別しているとする。そこではデュービンが創作したと考えられる知性的行為志向とは、認知的動機志向と認識的価値志向の組み合わせ、パーソンズによるものである表現的行為志向とは、カセクシス的[14]と観賞的の組み合わせ、責任的行為志向とは、評価的と道徳的の組み合わせ、そして、これまでもしばしば社会学の分析において用語として援用される用具的行為志向とは、やや曖昧な形式で動機志向のカセクシス的・評価的と価値志向の観賞的・認識的の組み合わせであると整理している。[15]

さらに、デュービンは、パーソンズのいう行為者の対象を自我・他者・集合体・有機体・物的・文化的対象に類別できるとしており、パーソンズの文化的対象のなかにシンボル・信念体系・行動基準といった項目が含まれるとみなしている。また、「動機志向と価値志向という構成要素は、〔社会的行為の〕志向にかかわる根源的な要素であると解されることを明瞭にしなければならない」[16]とも述べている。このように彼はパーソンズのパターン変数図式を社会的行為と関連させてさらに分析的道具として役立つように精緻化し的確に整合しようとしたのである。

こうしてデュービンはパーソンズのパターン変数図式にみられる諸変数のさまざまな関連からさらに原理や法則を発見しようと努力した。たとえば、「パーソンズは、パターン変数のあいだで情動性が選択されれば、自我志向−集合体志向とか普遍主義−特殊主義の間における選択の可能性を除去するものと決定している」[17]とも、「資質−遂行の〔変数のあいだの〕決定は社会的対象と有機体にのみ当てはまるというパーソンズ決定[18]〔がなされている〕」とも、「表現的行為は情動性の選択を必要とし、知性的志向は情動的中立性の選択から生じており、そして、表現的志向と関係的対象様相〔対象範疇化の変数（o）〕とは釣り合い、さらに、責任的志向はパターン変数のあいだにおける〔情動的〕中立性と限定性の選択の産物であると決定をくだすのはもっともなことと思う」[19]などを指摘している。

人間の行為にかかわるパターン変数をパーソンズはやや固定的に捉え過ぎていた。そのために動態的なＡＧＩＬ図式との適正な理論的整合に難点を見出す結果となってしまったが、対して、デュービンはパターン変数図式によって社会的行為を中心にして過程的に捉えることを提案しているのは妥当なことのように思われる。この点、パーソンズはデュービンへの反論において図式を過程的に修正しているものの、デュービンが、上述したようにパターン変数に表象される人間のもろもろの「社会的行為」(social act) を何らかの指示対象に傾向としてではなく、一方的に決定論的に結びつけたことは行過ぎた措置のようにも思える。

さらに注目すべきことは、パーソンズがパターン変数図式の構築の際に立ち上げた基本的で適正と考えられる対象範疇化の変数（o）と態度の変数（a）の区別を彼の論文のなかで用いず無視していることである。シンボルの認知的な意味とシンボルの表出的な意味の類別である。その点、デュービンの論文はさまざまな不明確さをもたらしている。このことは彼が心理学的なものへの偏倚から抜け出ることができずシステム論的発想に欠け、妥当と思われる社会学的志向を見失い、さらにモデルIIを軽視している点などとともに彼の論文に問題と難点をもたらしているのである。

個々の社会的行為に焦点をあわせたデュービンによるパーソンズのパターン変数の整理と一般化は、本当にそれまでのパーソンズによる社会的行為の分析を前進させるのに役立つことができたであろうか。行為理論的に人類の社会的現実における社会的行為や活動をこれまでにも多くの社会学者は分析を行っており、その作業のために多様な類型論を立ち上げて社会的現実を分析し、その一般化を遂行してきたのである。たとえば、テンニースのゲマインシャフトとゲゼルシャフトの類型化、デュルケームの機械的連帯と有機的連帯の類型化、ウェーバーの目的合理的行為と価値合理的行為の類型化、そして、今日、ウェーバーの目的合理的行為やパーソンズの機能的システムの概念形成に批判的であったハーバーマスの成果志向型行為と了解志向型行為の類型化はそれらの事例であった。

それらに比較するとパーソンズのパターン変数は複合的な手続きによって心理学的動機志向と文化人類学的価値志向とを組み合わせ、特に社会的行為という視角から社会学的性質のものを作り上げたのであって、対象範疇化の変数

（o）と態度の変数（a）、および、両者の収斂するものとしての自我－集合体志向の変数という類別は、ほかに比較して歴史的性質はやや弱いが、後述するように優れた類型化であったというべきであろう。

「パターン変数への再訪」におけるパーソンズは、このパラダイムは一般行為システムの統合の下位体系つまり〔とくに〕社会システムに帰属し取り扱われるだろうと述べ[20]、パターン変数図式のAGIL図式に対する積極的な社会学理論への関連を求めたのである。これはデュービンが動態的にパターン変数図式を個人の社会的行為の過程を中心に取り上げた措置とは対照的であった。しかし、パーソンズ理論は、その反論において、より過程的視角に立つに至り、その後、社会学的に社会的行為、行為システム、そして、環境におけるシステムの特性とますます過程的にその論述を進めていったのである。つまりますます動態的視角に立ったAGIL図式が出来上がり、歴史的な社会システム進化の諸過程となって、機能分化（G）→適応的上昇（A）→包括（I）→価値の一般化（L）の形式をとるようになり、GAILの諸位相と改められていったのである。

こうしてパーソンズはデュービンが単位行為を積立てブロックとして用いることは正しいと認めたものの、パターン変数図式が、最初、社会学的な経験的研究に基づき社会システムにおける専門職である医師の役割タイプの分類として実業との相違を類別する際に現れ、その図式はやがて『行為の一般理論に向けて』（*Toward a General Theory of Action*, 1951）において修正され全タイプの行為システムの分析へ広げられたといえるのである[21]。やがてパーソンズは、一般行為システムの観点から、行為を行為者－状況システムにおける過程として捉え、行為者には役割における個人の人格のみならず集合体、行動有機体、そして、文化システムまでも含められると考えていた[22]。

このようにデュービンとは違った広い視点に立って、「パターン変数への再訪」においてパーソンズは、パターン変数の構成要素の特殊な部類の属性として、改めて「志向」（orientations）と「様相」（modalities）を区別したのである。彼によれば、志向とは状況における対象に対する行為者の関係にかかわり、非限定性－限定性と情動性－情動的中立性というこれまでの二つの態度の変数（a）によって概念化される。他方、様相とは行為者にとっての対象の意味にかかわり、資質－遂行と普遍主義－特殊主義というこれまでの二つの対象範疇化の変数（o）によって概念化されるのである。これまで述べてきたところから、デュービンの理解は狭く、システム論としての視角に欠け如何にパーソンズと異なっていたことかがわかるであろう。(23)

しかし、パーソンズは、行為システムが行為者の対象に関する「志向」すなわち表現的な態度の変数（a）、および、「様相」すなわち認知的な対象範疇化の変数（o）によってのみ特徴づけられるのではないとする。構造化されたシステムの場合には規範なども考えなければならないから当然であろう。そして、彼は、デュービン論文「パーソンズの行為者」のなかの表1（本論文中表2－1）における「対象の様相」欄は明らかに冗長なものとみていたが、しかし、彼の反論「パターン変数への再訪」に表示されている図1、図2のかなりの部分もまた冗長なところのあるように思う。(24)さらに、パーソンズは、「本論文で使用されている『カセクシス』『同一化』『欲求』」のような心理学的用語は他の分析レベルにおける行為者と対象に適用可能とされた概念より一般化されたものを表す。その参照は心理学のレベルに限定されない」と新しい社会学的概念規定について述べ、同時にデュービンの心理学的偏倚についてその論及の限界を示唆しているのである。(25)

さらに、パーソンズの指摘は、デュルケームが社会的脈絡における「道徳的権威」の態度の発生として語るものとは、対象の様相つまり対象範疇化の変数（o）に照らし合わせると普遍主義と資質の組み合わせのタイプに相当するとしている。(26)そしてまた、社会システムのパターン維持の過程とは、〔指示対象の〕「尊敬」を維持して回復させ、関連するシステムをひとつの対象として尊敬によって保とうとするものであって、ここにデュルケームのいう「道徳的

図２－２　行為システムの構成要素

(適　　応)A　手段的　　　　完成的　(目的達成)G

対象の「象徴的」意味によって代表された適応的緊急事態			対象の諸様態		
				普遍主義的	特殊主義的
外部的	→遂行 ↓中立性 認知的象徴化	→特殊主義 ↓限定性 表現的象徴化	遂行	効用の対象	情意の対象
内部的	→普遍主義 ↓非限定性 存在的解釈 手段的	→資質 ↓情動的 道徳的－評価的範疇化 完成的	資質	「一般化された尊敬」の対象	同一化の対象
対象への志向			志向のための統合的規準		
	中立性	情動性			
限定性	手段的利用への関心	完成的欲求	外部的	↑普遍主義 ←限定性 適応	↑遂行 ←情動性 目的達成
非限定性	作動への欲求	関係への欲求	内部的	↑資質 ←中立性 型象維持 手段的	↑特殊主義 ←非限定性 統合 完成的

(型象維持)L　　　　　　　　　　　　　　　　(統合)I

出典：パーソンズ『型象変数再検討』(*American Sociological Review*, Vol. 25, No. 4, 1960, p. 470.)（新明正道『ゲマインシャフト』新明正道著作集第３巻、1992年，274ページ）

権威の保全」があるとも述べている。(27) そこにも社会的行為のデュルケーム的な特徴を示すシンボリックな解釈がみられるのである。

さらにまた、AGIL図式における各機能－構造部門の諸パターン変数には統合をめぐる相互交換による〔一種の〕回転が見出されとしており、LとGの構造－機能部門〔のあいだの位相変化に〕デュルケームのいう機械的連帯がみられるとしている。そして、〔G→A→I→Lの位相変化のジグザグ過程における〕A－Iの構造－機能部門〔の位相変化に〕有機的連帯にみられる軸のより進化した〔かたちの〕社会的連帯性が対応していると発見している。[28] さらにまた、LとGのセルは〔AとIのセルより〕基本的に大切なパターン変数のペアをなす構成要素として特徴づけられているとしているのである。[29] デュルケームの類型論における機械的連帯とは、過程的にみれば常に社会的連帯の基本としてあり、有機的連帯は、より進化した複雑な位相をともなうものと考えていたことがわかる。すなわち、有機的連帯によって機械的連帯が消滅するのではないのである。パーソンズの理論がデュルケームの理論から非常に大きな影響を受けていたことは明らかなことである。

さらに、本論文においてパーソンズは、中期以降の理論展開において重要な位置をしめる「シンボリック・メディア」（"symbolic" media）の特にシンボルの意味機能について〔パターン変数との違いに〕触れている。シンボリック・メディアとは〔一般に〕適応のメカニズムとして対象の意味を普遍主義的に範疇化する仕方として解されねばならないとする。つまりシンボリック・メディアとは〔意味領域にあるものとして〕、様相や志向における〔ように〕対象を所与のシステムに包括することとは無関係であるとしている。それはプロトタイプとしての言語を含んでおり、さらに、経験的知識とか、貨幣・その他〔権力・人格的影響力・価値―信奉など〕を含んでいる。メディアの使用とは〔パターン変数とはやや異なっており〕正にその事実によってある特殊な関係へそのまま包括するとかそれから排除するとかに行為者をコミットさせない。その使用によって意味はシステムへ内的なものとして扱われることになるが、対象自体はそのまま外部に残るかもしれないのである。これは対象自体が内的なものと規定される意味であるといえる「様相」とは基本的に違うところである。おおよそこのように述べるのである。[30]

おわりに

このパーソンズのパターン変数図式は再訪され深く吟味された後にようやく完成したものであった。だからそれは現代社会分析のためにおおくの適用例をもち、理論的命題を成立させる素地ともなり得た。[31] パーソンズはパターン変数を準拠の枠組み、理論であるところの一つの概念図式であるとしているが、その経験的な立証には、「常識」ではなく、一連の連結された歩みをとおした注意深い技術的な分析を要すると述べた。理論の経験的な立証には、実験的小集団とか社会システムの下位タイプとか、より低いレベルにおける明確化が必要であって、その体系化には、同じような特徴が操作的に研究される各種タイプのシステムにおいて一様に現れるかぎりにおいて、一般法則として厳密な経験的立証に近づく見通しをもつことができるとした。行為理論とは、このような明確化をうまく遂行すると同時に、逆に低いレベルの一様性から高いレベルへ移る一般化を行う手だてを準備するとしたのである。[32] このような方法論上の主張とは、社会的な行為理論を基礎として、普遍化的認識と個別化的認識の有機的統一を説いた新明の綜合社会学の立場と非常に近いものであった。

こうして社会学に関するこれまでの社会的行為のタイポロジーと比較して、パーソンズのパターン変数図式は行為やシステムに関する幾つかの点で優れた成果をあげ得たのは、図式自体には歴史性よりも分析科学の方法を重視した結果が反映していたとはいいながら、その一般概念図式は、これまでのテンニースやデュルケームそのほかの社会学者によるタイポロジーを参照した上で、歴史的に今日の時代の趨勢に即応したものを作りあげようとしたからである。社会システムと一般行為システム、社会的行為の分化と進化とによって、現代における社会的現実は、従来の社会と違う多面的な変化を示しており、いちだんと高度情報化社会のシンボリズムを高めながら[33]、流動性の激しい高度で複雑な様相を呈するに至り、いま、それにふさわしい措置を求めより精緻な分析的把握や類型化を経験的に要請しているといってよい。一言でいえば、今日の複雑な多くの問題をはらむ社会的進化こそがこのようなパーソンズの優れた創造的パターン変数図式の成立をもたらした。しかしながら、なお近–現代社会はポストモダンの状況において時代的枠内にあるといえるのである

とはいっても、パターン変数図式は現代の一般概念図式としてそのままであってはいけないであろう。社会学の対象・認識・方法として、われわれはさらにそれをアノミー化の様相を示す現実の多様な社会的行為の分析のみならず、パーソンズのいう機能的システム論における文化システム・社会システム・人格システム・行動システムの研究に適用して、経験的な立証を行い、さらに一般化して、贅言とはいいながら、ポストモダンの社会学のより以上の研究の要請にも応えることができなければならないのではなかろうか。

（1）松本和良『パーソンズの行為システム』恒星社厚生閣、一九八九年、八二–一〇六ページ参照。

（2）高城和義『パーソンズ–医療社会学の構想–』岩波書店、二〇〇二年、四七–四八ページ参照。

（3）中野秀一郎『タルコット・パーソンズ–最後の近代主義者–』東信堂、一九九九年、六三–七一ページ参照。

（4）松本和良、前掲書、一九八九年、一〇–一一ページ参照。

（5）Cf. Parsons, T., R. F. Bales and Shils, E. A., *Working Papers in the Theory of Action*, Free Press, 1953, pp. 63, 106.

（6）Cf. *ibid*., pp. 65–67.

（7）*Ibid*., p. 64. パーソンズは次ぎのように述べている。「基本のアプローチは小集団を機能する社会システムと考えるこ

とであった。このシステムは以下の主要な四つの「機能上の諸問題」をもつと考えられた。すなわち、外部状況に対する「適応」(adaptation)の問題、目標志向の課業遂行について状況部分に関する「用具的な」(instrumental)制御の問題、成員の気持ちや緊張を「表現」(expression)する問題、そして、連帯する集合体について成員相互の社会的「統合」(integration)を保持する問題である。」。

(8) 松本和良、前掲書、一九八九年、六〇－六一ページ参照。

(9) Dubin, R., "Parsons' Actor: Continuities in Social Theory," in *American Sociological Review*, vol. 25, No. 4, August 1960, reprinted in Parsons, T., *Sociological Theory and Modern Society*, Free Press, 1967, pp. 521-536.

(10) Parsons, T., "Pattern Variables Revisited: A Response to Robert Dubin," in *Sociological Theory and Modern Society*, Free Press, 1967, pp. 192-219.

(11) Cf. Parsons, 1967, *op. cit*., pp. 521-522.

(12) パーソンズは、行為者の対象と考えるものを物的、社会的、そして、文化的対象の三種類に分類しており、対象問題は行為システムの環境への関係において扱われるのが好都合としている(cf. *ibid*., pp. 208-210)。

(13) *Ibid*., p. 525.

(14) Cf. Parsons, T. and E. A. Shils (eds.), *Toward a General Theory of Action*, Harvard Univ. Press, 1951, pp. 5, 10n. 「カセクシス」(cathexis)とは、欲求充足を与える対象に愛着をもち、害を与える対象を拒絶する有機体の状態をいうとされている。

(15) Cf. Parsons, 1967, *op. cit*., 524-525. この陳述はだいたいパーソンズの分析に沿うものであって有意義であるが、やや疑問となるのは用具的行為志向がカセクシス・評価的動機志向と観賞・認知的価値志向の組み合わせとなっているところにあり、それは評価的動機志向と認知的価値志向の組み合わせではないかと思われる。

(16) *Ibid*., p. 528.

(17) *Ditto*.

(18) *Ditto.*
(19) *Ibid.*, p. 529.
(20) Cf. *ibid.*, pp. 192–193.
(21) Cf. *ibid.*, pp. 193–194.
(22) Cf. *ibid.*, p. 194.
(23) Cf. *ibid.*, pp. 194–195.
(24) Cf. *ibid.*, pp. 195–198, 208, 528.
(25) *Ibid.*, p. 197.
(26) Cf. *ibid.*, p. 202.
(27) Cf. *ibid.*, p. 210.
(28) Cf. *ibid.*, p. 212.
(29) Cf. *ibid.*, p. 215.
(30) Cf. *ibid.*, p. 206.
(31) Cf. *ibid.*, pp. 215–218.
(32) Cf. *ibid.*, pp. 219–219.
(33) 松本和良『組織体系の社会学』学文社、一九九三年、第一－四章参照。

参考文献

阿閉吉男『ウェーバー社会学の視圏』勁草書房、一九七六年。
佐藤慶幸『生活世界と対話の理論』文真堂、一九九一年。
新明正道『ゲマインシャフト』恒星社厚生閣、一九七〇年。

鈴木幸壽・山本鎮雄・茨木竹二編『歴史社会学とマックス・ヴェーバー』上・下、理想社、二〇〇三年。

高城和義『パーソンズ—医療社会学の構想—』岩波書店、二〇〇二年。

田野崎昭夫『パーソンズの社会理論』誠信書房、一九七五年。

ディルク・ケスラー著、山本鎮雄訳『社会学的冒険』恒星社厚生閣、二〇〇三年。

中　久郎『デュルケームの社会理論』創文社、一九七九年。

中野秀一郎『タルコット・パーソンズ—最後の近代主義者—』東信堂、一九九九年。

野口隆『動的社会学』晃洋書房、一九七五年。

松本和良『パーソンズの行為システム』恒星社厚生閣、一九八九年。

江川直子・大黒正伸編『システムとメディアの社会学』恒星社厚生閣、二〇〇三年。

田村穣生・江川直子・大黒正伸編『シンボルとコミュニケーションの社会学』恒星社厚生閣、二〇〇四年。

三上剛史『道徳回帰とモダニティ—デュルケームからハバーマス-ルーマンへ—』恒星社厚生閣、二〇〇三年。

Black, Max (ed.), *The Social Theories of Talcott Parsons: A Critical Examination*, Southern Illinois University Press, 1976.

第三章　帰納と機能　二つのシステム論

――複雑系・オートポイエーシス・内部観測をめぐって――

原田美樹

はじめに

構成要素の偶然性を制御するために、上から、トップダウン式に、情報＝プログラムを構成要素に押しつけることによって均衡秩序が成立し、その均衡秩序からの逸脱を「ネガティブ・フィードバック」（事後の逸脱解消作用）によって制御していくという一九五〇－一九六〇年代のシステムモデル（サイバネティクスモデル）に対して、このシステムモデルの延長線上に、一九六〇年代後半、「フィードフォワード」（事前の逸脱解消作用）を中心とする「現代制御理論」（カルマン）が構築された。ウィーナーのサイバネティクスは、「古典的制御理論」の位置を占めるようになったのである。

さらに、一九七〇年代、構成要素の偶然的で局所的相互作用と「ポジティブ・フィードバック」（逸脱増幅作用）によって、下からボトムアップ式に「おのずと」全域的秩序が生成していくというシステムモデルが出現する。フィードバック制御とフィードフォワード制御を中心とするシステムモデルを「制御工学的システム理論」とよぶならば、ポジティブ・フィードバックを中心とする理論は、「自己組織化的システム論」として流布されたわけであった。一九八〇年代に入って、この自己組織化的システム論の延長線上に、「カオス理論」との融合が生じ、構成要素の偶然的「局所的」相互作用を、「初期条件の鋭敏性」と理解し、この初期条件の鋭敏性（偶然、ゆらぎ、ノイズ）によって、構成要素がボトムアップ式に、ポジティブ・フィードバックを通じておのずと全域的な均衡ならざる秩序（非平衡秩序）を形成し、かつ、この非平衡的秩序が構成要素をトップダウン式に影響を与え、再び構成要素の偶然的相互作用を引き起こすという構図が出現するにいたる。(1) ゆらぎ＝ノイズ＝偶然が「あるがゆえに」出現する「秩序」によってゆらぎ＝ノイズ＝偶然がそれ自身再び、再生産されるという自己言及的システム論（自分たちが生産したものによって自分たちが再組織化されるという自己による自己の組織化）である。この理論のポイントは系全体の様相を変えていく条件が系内部からフィードバックを介して組織されるという点である（したがってインプットもアウトプットもないという主張になる）。この自立分散的な複数の構成要素からボトムアップに生成するシステムが、再び構成要素へとフィードバックするという意味での自己言及的システムモデルとは、複雑系のラングトンがいうようにコネクショニズムに対する「コレクショニズム」の主張であり、マツラナ＝バレラがいうような「オートポイエーシス」の主張になる。このような一九九〇年代に入って、顕在化される形で語られる「複雑系」(2)（ホランド、カウフマン、ラングトン等）、「セカンド・オーダー・サイバネティクス」（フェルスターやアトラン）やその潮流に含まれる形での「オートポイエーシス」（マツラナ、バレラ）やあるいは、「内部観測」（松野、郡司、コンラッド、レスラー等）など一連のシステム論の動きは、人工生命、カオス理論、遺伝的アルゴリズム、クラシファイヤー、ニューラルネットワークなど、脳科学や脳工学、情報理論や数学、生科学（特に発生学や免疫）などなどの新しい理論革新とかみあっておりそれぞれの立場は異なった外観にもかかわらず、内在的に通底するものであることは、個々の文献の人脈を確認するまでもなく明白である。たとえば、英米系の（狭義の）「複雑系」における「静的秩序」と「ランダム状態」の間に位置づけられる「カオスの縁としての生命」（ラングトンなど）というアイデアは、大陸系の「セカンド・オーダー・サイバネティクス」における「結晶とけむりの間としての生命」（アトラン）に明白に呼応するし、大陸系の「ノイズからの複雑性」も、ことさらに「ボトムアップ」を強調する複雑系の議論と呼応するものである。またこの議論が一九六〇年代の構造主義革命、ポストモダニズムなど哲学上の認識論的態度変更と同一のものであることもすでに常識に部類することであろう。偶然性にもかかわらず秩序が形成される、のではなく、偶然性があるがゆえに秩序が形成されるという特色をもつシステム論である。以下、これらの諸潮流を一括して「新しいシステム論」とよんでおく。

本稿は、こうした「制御工学的システム論」と、「新しいシステム論」の差異を明確にしながら、社会理論にシステムモデルが導入されるときに前提とされなければならない諸条件を明確にすることである。たとえば、パーソンズは制御工学的システム論を社会理論に導入したと知られる。均衡を保存するシステムを設定し、そこからの逸脱を「ネガティブ・フィードバック」（事後の逸脱解消作用）と「フィードフォワード」（事前の逸脱解消作用）によって制御していくという制御工学の構図に対応させるならば、パーソンズにおいて、均衡を維持する秩序としての社会システムを所与のものとして前提にし、そこからの逸脱を「社会化と学習」と「社会的コントロール」によって制御していくという構図に変換されていた。既に成立している「社会秩序」を前提にして、「いかに秩序は可能か」を考えるわけである。この場合、「社会化と学習」が「フィードフォワード」に対応し、「社会的コントロール」が「ネガティブ・フィードバック」に対応するのはみやすい道理であろう。それに対して、カオス、自己組織化、ポジティヴ・フィードバック、再帰性といった「新しい」とされるシステム論は、どのように社会理論に導入されているのか、また導入されていくべきなのであろうか。

第一節　諸前提と準備作業

一　制御工学的システム理論

サイバネティクスは、システム論の原理として組み込まれている。システム論の概観をみるためには、まずはサイバネティクスについて多少なりとも考察しておかなければならない。サイバネティクス的システム論は、ウィーナーによって創始されたが、一九六〇年にルドルフ・カルマンが「現代制御理論」を構築し、第二次大戦頃のウィーナーを含めたベル研究所周辺の理論は「古典制御理論」とよばれるようになった。とはいえ、ウィーナーにおける「古典制御理論」でも「現代制御理論」でも「目標値・基準値」（日本版の構造―機能理論ならば機能要件）の存在が基本原理になっている。有名な例ならば、サーモスタットやホメオスタシスである。サーモスタットには、「目標値・基準値」が組み込まれており、温度がこの「目標値・基準値」からはずれると、基準値に戻そうとするように温度調節がなされる。あるいは、「ホメオスタシス」（生体恒常性維持機能）の例では、身体（システム）の「構成要素」（自律神経系・内分泌系・免疫系などのサブシステム）の作動は、たとえ環境が変化しても身体システムの体温、血液濃度、血糖値、体液濃度、酸性度などが、常に一定の状態を保とうとする働きを示す。たとえば身体運動によって体温は上昇する。約一五分で体温は約三八度に上昇し、それ以上は体温が上昇しない。体温が三八度まで上昇し、それ以上に身体運動によって発熱すると自動的に汗腺から汗を分泌しその気化熱で体温が調節される。だが、しかし、ほとんどの論者は、「サーモスタット」と「ホメオスタシス」を同様のものとして扱う。もともと生理学と工学を結び付けようという志向性の中でサイバネティクスが発展してきたからでもある。しかし、実は、サーモスタット（工学）とホメオスタシス（生理学）では、「目標値・基準値」のあり方をめぐって深刻な対立が存在している。たとえば、前記のホメオスタシスの例では、体温の三六度から三八度というものがサーモスタットの「目標値・基準値」にあたるものなのであろうか？　つまり、ホメオスタシスシステムの場合、体温が三七度から三八度という「許容基準」をもっていると考えることはできるのだろか？　いや、そうではない。三六度から三八度という基準は、ホメオスタシス（恒常性維持）の「結果」において現われているのであって、生体システムのどこかに三八度―三八度という数値が設定されているわけではない。初歩的な生理学の教科書などで述べられているように、「生命には内部環境の恒常性を保つという唯一の目的しかもっていない」のである。[3]ホメオスタシスにおいての「目的」とは「恒常性の維持」のみである。他方、サーモスタットでは、目標値・基準値は、人為的に自由に複数設定可能である。この違いは、社会理論にシステム論を導入するときの大きな違いになってくる。議論を先回りしておく。われわれの理解では、「日本版の構造―機能理論」と「パーソンズの構造―機能主義」の違いは、この「工学」と「生理学」の違いにかかわっている。日本版の構造―機能理論の場合、この「目標値・基準値」は「機能要件」とよばれる。小室直樹は、機能要件を「社会システムの目標」であるとはっきり明言する。すなわち、社会システムの場合、「社会体系の目標すなわち機能的要件」[4]である。するとシステムの存立（維持）以外のさまざまな目標が出現してしまう。小室の議論を検討する論者たち（第二項以降参照）は、この定式に依拠する形で「機能要件の複数性」が不可能であることを問題にした。しかしパーソンズにおいては、ウィーナーの著作の出版以前に「構造―機能主義」が打ち出され、キャノンのホメオスタシスをモデルとして議論を構築している。故に生命システムがモデルであるため、システムの目標は、「恒常性の維持」（システムの自己保存あるいは「社会秩序の成立」そのもの）だけである。パーソンズにとって「機能要件」（機能的命令）とは、あくまで構成要素の作用（作動）を表すものであり、「システムの維持」（自己保存）という唯一の「目標」に対するシステムの構成要素（サブシステム）の「作用」を表す概念である。システムが維持されていること（社会秩序）を前提にそれが「いかに可能か」を考えるときシステムの構成要素の「貢献」がなされると考えるわけである。小室直樹は、ある種の計画犯的な誤解（読み込み）をしてパーソンズにAGILは、社会システムのそれぞれのサブシステムの「目標」であると述べているが、実はそうではなく、AGILは、正統にも、ルーマンがパーソンズを批判する文脈で述べるように、システム維持という「唯一の目的」に対する構成要素（サブシステム）の貢献作用、作動を表すのである。(5) この点も、次項で問題にする。ともあれ、サーモスタットにしろホメオスタシスにしろ、システムには「目標」が存在しており、システムの構成要素の「因果的な諸連関」（相互連関）が存在している。そうしたシステムの「目標」から構成要素が逸脱した場合、「ネガティブ・フィードバック」が生じ、「目標」の水準にまで戻す。ウィーナーは、こうしたネガティヴ・フィードバックの原理を主張していた。先に述べたようにカルマン以降の現代制御理論では、この「ネガティヴ・フィードバック制御」（事後の逸脱解消作用）に加え、「フィードフォワード制御」（事前の逸脱解消作用）も主張されている。フィードフォワードとは、システムの構成要素が逸脱することを「事前的」に予想し、目的に沿う入力値をあらかじめ求めておくことを意味する。つまり、逸脱を事前に避けるプログラムを構成要素に組み込んでおく形の制御である。システムの構成要素は「カルマンフィルター」（濾過装置）をもち、逸脱をもたらす条件を最初から濾過するように働く。「カルマンフィルター」(6) は、アポロ計画の宇宙船軌道決定のためのノイズ除去に使用されたのを初めとして、人工衛星の軌道決定や気象予報、ロボットのみならずカーナビにまで埋め込まれ、ほとんどの機械に入っているとまでいわれるようになっている。分野を越えて、宇宙工学、制御工学、通信工学、土木工学、経済学、統計学、オペレーションズ・リサーチにまで多くの応用がなされている。そしてカルマンの構図は、ネガティヴ・フィードバックとフィードフォワードが巧妙に組み合わされている。たとえば「目標」と「現在値」がある。「現在値」(外部データ)は「センサー」によって与えられる。その誤差(逸脱)から逸脱を解消するような制御入力が決定されるわけだが、この制御入力値を「フィードバックゲイン」とよぶ。そしてこのフィードバックゲインを負荷しすぎると目標以上に行きすぎ、少なすぎると目標に達しない。制御入力の決定は、「現在値」が無限にあるため、非常に難しいのである。つまり、外部のデータ(センサーの現在値)からネガティブ・フィードバックによって目標値との誤差(逸脱)を計算し制御するのだが、誤差があまりに多く、これでは、高速に運動するロケットなどは、常に遅れてしまう。カルマンの基本となる原理は、ニュートンの運動方程式に基づいてフィードバックゲインを計算する方法であった。ロケットの重さとエンジンの推力は解っているので、運動方程式によって位置と速度が決定される。すると現在値(外部からのデータ)はこの運動方程式モデルに漉過される形で取り込まれる。この漉過されたデータと目標値との誤差を縮小するようにネガティブ・フィードバックが作用するわけである。これが「カルマンフィルター」である。システムの「構成要素」に「モデル」(カルマンフィルター)をもたせ、この「モデル」によって外部データは運動方程式に濾過されるように働く。センサー上にある外部のデータにフィルターがかかるのである。外部からのデータはフィルターに濾過されてはいってくる。ウィーナーのように、外部のデータが出現してからフィードバックをかけるのではなく、既にセンサー上の外部のデータは、ある程度決定ずみの形で入力される。フィードバックされるべき無限のデータが、あらかじめ選択されているわけである。外部データは、無限にあるのでは、決定的に処理が遅くなるので、ある程度数が決められ「選択」されている。これは、因果論として理解されているニュートン方程式を目的論に変換したものだといえ、因果論とは目的論の特殊ケースになる。[7] まず、「カルマンフィルター」(運動方程式に基づく将来の誤差計算)があり、事前に制御されるようにフィードフォワードが働く。それでも逸脱(外乱)が発生する。するとネガティブ・フィードバックが働き誤差が修正される。カルマンフィルターは、このネガティブ・フィードバックの結果を利用する「循環的な修正機構」が存在していることがポイントである。過去の誤差修正の価（フィードバックゲイン）は、カルマンフィルターに組み込まれ、「修正された」将来の誤差計算が作成される。すると最初よりよりいっそう外乱を避けるように制御が働くわけである。この過程が反復的に繰り返されるとほとんど逸脱や外乱に会うことはなくなり、正確な制御が実現するというわけである。この二つの制御の循環性は人間の社会化をモデル化したピアジェの認識に近い。ピアジェ(8)は、人間のなかに「主観モデル」を仮説する。人間は、外界のデータをこの主観的モデルに「同化」(assimilation) させようとする。この主観的モデルによって可能の限り「事前」に予想しようとする。しかしこの予想がくり返し裏切られると逆に、主観的モデルを改訂して外部のデータに合わせようとする。この改訂こそが「適応」である。したがって「同化」と「適応」の反復が社会化を定義づける。社会化（同化）と学習（適応）のくりかえしが、カルマンフィルター、つまり「フィードフォワード制御」の最適な具体例である。カルマンフィルターとはフィードフォワード制御にネガティブ・フィードバックの修正データが組み込まれているものなのである。

「制御工学的システム論」には、さらに三つ目の要素がある。システムの構成要素は時間的に順序だって動くようにプログラム化されている。これは「シーケンス制御」（プログラム制御）とよばれる。シークェンス（シーケンス）が時間的にプログラム化されている。したがってシステムの構成要素はプログラム化されているのであるからこそ「相互連関」を形成するのであり、その意味でフィードバック作動であれフィードフォワード作動であれ、それはプログラム化されており「シーケンス制御」（プログラム的に制御）されて動く。その意味で「シーケンス制御」のもとで「ネガティヴ・フィードバック制御」と「フィードフォワード制御」が働いている。システムの構成要素は、事前に逸脱を解消するようにプログラムされて動き、逸脱が出現したとしても解消するようにプログラムされていることになる。以上の三つの特長を暫定的ではあるが、社会システムと個人という単純な事例のもとにまとめておこう。社会システムはシステムの存立（恒常性の維持）を「目標」としており、諸個人は、この維持に適合的な「相互連関」を形成している。相互連関が形成されるためには、諸個人に同型的な「構造プログラム」が共有されている必要がある（シーケンス制御）。諸個人に同型的な構造プログラムの共有によってのみ社会システムの相互連関が形成される。[9]「目標」に適合的な「相互連関」からの構成要素の逸脱に対処するため諸個人は、目標をもつ相互連関から逸脱しないための社会化と学習のような「フィードフォワード」（事前の逸脱解消作用）が運動方程式のように最初から組み込まれており諸個人は目標にむけて働く。その結果、安定した相互連関をもつシステムが成立する。しかし安定性を獲得したかとみえても逸脱が生じるだろう。そこで権力のような「ネガティヴ・フィードバック」（事後の逸脱解消作用）が働き目標に適合的な方向に引き戻そうとする。このフィードフォワードとネガティブ・フィードバックの反復的循環（カルマンフィルター）によってますますシステムは安定性にむかうのである（第二節六　図3－7参照）。この二つの作用は「構造プログラム」（シーケンス制御）の特殊ケースとして存在している。加えて「目標」は、諸個人の「相互連関」を「妥当なもの」（正機能）と「非妥当なもの」（負機能）を「区別」し割り振り、妥当なものを「指し示す」働きをもち（第一節の四参照）そしてシステムの存立（維持）にとって非妥当な相互連関は、逸脱解消作用（ネガティヴ・フィードバック）の対象になる。吉田民人が明確に指摘していたように「要件論的アプローチ」（目標）「相互連関アプローチ」（フィードフォワード制御とフィードバック制御を行う構成要素の連関）「情報論的アプローチ」（シーケンス制御）の三つの統合アプローチが構造－機能理論の中核を構成するものであると同時にこれは制御工学的システム論の中核を摘出したものであるともいえる。[10]いうまでもないことだが、相互連関アプローチは、経済学の需要－供給モデル（これはフィードバックの原理である）が代表的であり連立方程式で記述されるものとされている。しかし第二節の六で確認するようにカルマンフィルターの循環性は、オートポイエーシスの循環性とは全く別個の原理に基づく。

二 「現代制御工学的システム論」の社会理論への導入

「現代制御工学的システム論」の社会理論への導入は、パーソンズ型のものであれ、日本版のものであれ「構造―機能」を語ることから始まる。先に述べた理由によってわれわれはパーソンズのものを「構造―機能主義」とよび、日本版のものを「構造―機能理論」として区別しておくことにする。まず後者の「構造―機能理論」は、日本の富永健一・吉田民人・小室直樹に至るまでの議論を、その弟子筋にあたる橋爪大三郎、志田基与志、恒松直幸が、パーソンズやマートンの文脈にまで関係させ、明確に整理している。構造―機能理論のモデル化である。彼らの議論は、どちらかといえば小室の議論をベースとして論じられ、そこでは、「構造―機能理論」の失敗が宣言されている。(11) 我々も彼らの議論を使用してみよう。システムの構成要素は、集合体でも個人でも、細胞でも、有機体でもかまわないが、便宜のため、システムの構成要素を個人行為において説明してみる。つまり、さしあたってパーソンズ流に理解して、構成要素（部分）を集合体ではなく人間の行為において記述することにする。「構造―機能理論」の出発点は「社会状態」である。パーソンズ流にいえば、諸行為の「ランダムネス」、バラバラな諸個人の運動状態が出発点である（ホッブス問題）。「社会秩序」が成立しているならば、その秩序を可能にするために、バラバラな構成要素の運動を「拘束」するものが必要とされなければならない。「構造―機能理論」では、この社会システムの構成要素（諸個人）の行為の可能性を拘束するものが「二つ」あるとされる。これが「社会構造」と「機能要件」である。この場合、社会構造とは、連立方程式体系で記述することができる「相互連関体系」であり、ランダムな運動を行う構成要素（諸個人）は、第一段階では、こうした「相互連関」によって拘束されていると考えるのである。相互連関は、数学的には、吉田がいうように「共変関係」（一方の変化が他方の変化になる関係）として記述することができ、社会学上では、フィードバック的サンクションをもつ「地位－役割」を想定している。（実は、経済学を加えると共変関係は、投資や貯蓄などになる）。またこの「社会構造」（相互連関）における「構造」とは、これは、ルーマンの「構造」の定義のように「関係の限定」として語ることもできる。ランダムな関係を限定するというわけである。

構成要素としての諸個人のランダムな動き（行為の可能性）が「相互連関」（共変関係）によって拘束され成立する社会構造は、第二段階においては、社会構造それ自身がもつとされる「機能要件」（目的）によって拘束される。つまり社会構造は、「機能要件」（目的）を保存するように「相互連関体系」を構築するのである。諸個人は、「目的」（機能要件）によって「拘束」された「相互連関」（社会構造）によって「拘束」される。諸個人は、「機能要件」（目標）をもつ「社会構造」の担い手として運動していることになる。この考えによれば、企業システムならば、利潤極大化という「目的」によって拘束された「相互連関体系」（役割体系）を形成しており、諸個人の行為の可能性（ランダムネス）は、この「相互連関体系」に拘束される。諸個人は、「機能要件」と「社会構造」の「担い手」として行為している。以上の二つの段階を集合論的に語ることもできる。諸個人のランダムな動きを「変数」と考えるならば、「社会構造」とは、変数の間に制約を課すことであり、それは、諸個人のランダムな動きの状態（社会状態空間）の「部分集合」を指定することである。こうした部分集合（制約条件）は、多数個考えられるから社会構造をSとすると、$S=\{S_1, S_2, \cdots Sm\}$ この制約条件をすべてみたすことが「均衡領域（X）」である。$X=\{S_1 \cap S_2 \cap \cdots \cap Sm\}$。第二段階において、「機能要件」が設定される。これは、志田が主張するように、数学的には「弱順序」（反射律・連結律・推移律）をあてがうこと、機能要件（目的）の達成度に応じて「均衡領域にある社会状態」（社会構造）に順番をつけることである。[12] この順番は、「許容域」と「非許容域」を区別することである。つまり、均衡領域（X）のそれぞれに順番を与え、その順番に応じた許容域（＋）と非許容域（－）を区別することである。「機能要件」（目標）が充足されているということは、許容域に入る均衡領域である。機能理論の特徴とは、「均衡領域にある社会状態」としての「社会構造」が、「機能要件」が与える順序構造のなかで評価されることである。この目標としての機能要件に相互連関の可能性が制御され、さらにこの「相互連関」に個人の行為の可能性（ランダムネス）が制御される。別ないい方をすれば、「目標」（機能要件）によって「相互連関」の「複雑性が縮減」され、さらに「相互連関」によって「行為」の複雑性（ランダムネス）が縮減される。しかし社会全体として見る場合、社会内部のサブシステムが複数あるように目的（機能要件）も複数あることが想定される。たとえば、小室の解釈では、パーソンズの場合、機能要件は、ＡＧＩＬの四つである。すると困った事が起こる。複数の機能要件によって異なった判断がもたらされると複数の社会構造同士に矛盾が生じてしまうのである。従って説明を完全にするためには、機能要件（目的）を集計する手続きがなければならない。しかし、アローの定理に抵触するためそのようなものは存在しない。彼らの構造－機能理論批判の第一は「複数の機能要件」（と機能要件の集計）という設定が、アローの不確定性理論に抵触するため維持しがたいというものである。アローの「一般不可能性定理」はロールズらのリベラリズムの議論でよく語られる議論であるが、ようするに諸個人の「自由」としての選好（目的）を「平等」に全部満たすことができるか（選好の集計）という問いに対して、そんなものは存在しない。平等と自由は矛盾するからという議論である。ここから複数の機能要件を同時に満たすことは不可能であるということが帰結する。あるいは複数の機能要件を集計することは不可能である。だが、しかし、機能要件が一つであるならば問題を生じない。それゆえ、大澤真幸がいうように、機能要件それ自体の間に選好順序（優先順位）を考えれば、機能要件は、常に一つで、複数のシステムごとに順番に充足されていくことになるから、一の批判は全く妥当しなくなる。複数の機能要件それ自体の間に「選好順序」を仮定すれば矛盾は生じない。そもそもパーソンズの場合、システムの目標は、「恒常性の維持」ただ一個でありそもそも複数問題は生じないはずなのである。また小室の場合も複数の機能要件（諸目的）に順番をつけたものを「機能評価関数」[13]とよび、状態空間から評価空間への写像、正確にいえば「均衡領域にある社会状態」（社会構造）に順番（線形順序）を構成するものとされる。この場合でも目標そのものは、順番ごとに実現されていくと考えることが可能であり、矛盾ではないように思う。

さて、彼らの構造―機能理論の第二の批判は、社会変動が取り扱えないというものであった。彼らによれば小室・吉田・富永にとって社会変動とは、機能要件（目標）が充足されない場合、社会変動が起こるというものである。（橋爪の表記では、複数の相互連関の均衡値がXだとすると「機能評価関数」は、「FR＝FR（X）＞$\overline{\mathrm{FR}}$？」であり、ノーならば社会変動が起こりイエスだと維持される。）彼らの批判は、「FRの存在とSCRとが無関係である」、つまり、機能要件（FR）の仮説と社会構造変動の法則（SCR）が独立しているということにある。[14]機能要件は、社会構造とそれに従属する社会状態に許容・非許容を割り振るだけで、社会変動の含意はない。社会変動とは「追加的な仮説」であり構造―機能理論とは別個の補助仮説であるという主張である。実際、機能要件が充足されない場合、確かに社会変動するだろう。だがどのような変動を行うことが述べられていないということになる。この批判について、大澤真幸は、「構造―機能理論は社会変動の最小限の必要条件のみを限定し、それ以上の説明は追加的な仮説によって補足するということも不可能ではない。橋爪、志田、恒松が行う第二の批判は、第一の批判のように理論の矛盾が生じうる可能性を述べているのではなく理論はまだ弱いということを指摘しているに過ぎないからだ。[15]」という。だから、橋爪、志田、恒松の行う社会変動を扱えないという批判は、まだ批判になりきっていないというわけである。しかし、われわれはさらに別の難点も見出す。たとえば、「機能要件」が充足されずに「社会構造」(複数の相互連関)が変動したとしよう。社会変動の終わりには、再び機能要件に制御された「社会構造」が出現するはずである。「機能要件」(目的)が充足されなくなると「構造」が「変動」し、再び「機能要件」が充足する状態に復帰するという構図にはなる。しかしこれでは、「同一の目標」に制御された「社会構造」からの「逸脱」とネガティヴ・フィードバックによる逸脱解消という最も古典的で最も静態的な「構造－機能主義の理論」になってしまう。「長期の逸脱」を「変動」とよんでいるだけではないのか？ これでは、社会変動論と社会維持論の区別が「長期」と「短期」の違いにしかすぎず維持論と変動論の原理的違いを主張することができない(16)。だが、しかし、もし変動する以前と変動する以後に「機能要件」が〈異なっていれば〉、はっきりと社会変動ということができる。変動前と後が全く違う社会システムであることになるからである。ところが、大澤真幸は、われわれの疑問を氷解する形で、日本版「構造－機能理論」の枠組みでの「社会変動の不可能性」を「数学的に」証明してしまう(17)。既に述べたように機能要件にしたがって、社会構造(相互連関)が制御されているのだから、「機能要件それ自体の変化」を導かなければ本来の意味での「社会変動の理論」たりえないはずである。それでは、構造－機能理論の枠内で、「機能要件の変化」を導くことが可能であろうか？ 大澤真幸は、「機能要件」の「変化」を導くことが不可能であるという。構造－機能理論とは、簡単にいえば、「機能要件」(目的)によって制御された「社会構造」(相互連関)によって制御された「社会状態」(行為のランダムネス)、そして「社会状態」の機能要件による評価(ネガティブ・フィードバックに対応する)、これが、構造－機能理論の全てである。もし、社会変動に不可欠な機能要件の変化は、アドホックな補助仮説の追加という形をとらないならば、システム内部状態から生み出されねばならない。これは、機能要件に制御されたシステムが、機能要件を制御するということに等しく、ちょうど自分の靴ひもを引っ張って自分を宙に浮かせて空を飛ぶようなものである。

機能要件に制御されたシステム（機能要件に規定され構造に規定される社会状態）それ自体を制御するためにシステム内部状態から生み出される機能要件を大澤は「メタ評価関数g」（メタ機能要件）とよび、これが存在しえないという数学的な証明を与えてしまった。つまり、大澤の証明では、「自己言及のパラドックス」に陥いるために、社会変動は不可能である。おそらくこれは、アトランやアシュビーの古典的帰結、「純粋な自己組織化の論理不可能性」と同様の証明であるが、大澤は、これを「ローベルの不動点定理」を利用することで遂行している。これは「構造―機能理論」の歴史のなかで画期的なものである。ここで大きな主張が出てくる。日本版の「構造―機能理論」では、「機能要件の変化」が導けない、これである。「機能要件」（目標）が変化しなければ、「社会構造」は変化しないことになる。このジレンマをどのようにすればいいのだろうか？　「社会変動」は、どのように考えたらいいのだろうか？

以上、日本版構造―機能理論の問題点は、したがって三つに還元できる。一、機能要件の複数性　二、社会変動三、機能要件の変化である。つぎに、この三つの問題を解消しているようにみえるルーマンを検討してみよう。

三　「機能と因果性」の逆転

興味深いことに初期のルーマンの理論「機能―構造主義」は、パーソンズの「構造―機能主義」の批判から始まっているがゆえに、その特徴は、「日本版の構造―機能理論」と驚くべき一致点をもつ。字面で考えても、日本版、「構造―機能理論」とは、「機能」（要件）によって「構造」が制御されていると考えるのだから本来、「機能―構造主義」とよぶべきものだったとさえいえる。日本版の構造―機能理論においては、「機能要件」とは、システムの「目標値・基準値」であったが、先に述べたようにこの概念の生みの親であるパーソンズにおいては「機能要件」とは、システムの「構成要素の作用」であり、ルーマンは、このことを保留つきだがよく理解している。だからこそ彼は、

「機能概念は、おおむね内部的な働きに、とりわけサブシステムの貢献に縮小している。それゆえ、この機能概念は、〈全体〉に対する〈諸部分〉の関係を問題にするシステム内的カテゴリーになっている」[18]と述べる。つまり、パーソンズの機能概念は、構成要素（サブシステム）の全体（の維持）への貢献であり、だからこそ、機能は、全体に含まれてしまうものだというのである。そこで初期の重要な論文『機能と因果性』においてパーソンズ型の「因果論的機能主義」とルーマン本人の「等価機能主義」の違いを主張する。パーソンズ型の「因果論的機能主義」とは、「システムが錯乱された場合、システムを安定せる状態につれ戻すのに有効となる原因がシステムに装備されている」[19]ものでありホメオスタシスがその例としてあげられている。ネガティブ・フィードバック原理もそこで現われている。しかし、「もし、われわれが、因果論的機能主義を等価機能主義に置換するならば、ここに決定的な一歩を踏み出すことになる。その場合、検証の目的は、もはや一定の原因と一定の結果とをもった合法則的連関を確定することではなく、むしろ確定すべきは、多くの均等に組織された因果要因（変数）の等価である。問題なのはAは常に（もしくは支持されうる蓋然性でもって）Bをひきおこすかということではなく、ACDEは、その特性において機能等価的にBを実現することができるかどうかである。」[20]このようにルーマンは、機能を「等価機能主義」として議論する。システムの複数の構成要素の相互連関（因果要因）が、機能的に等価な目標に制御されている、ないし、機能的に等しい結果にむかっているわけである。これはベルタランフィの等結果性と同様の意義をもつ。「等結果性すなわち異なった初期条件と異なった仕方からも同一の最終状態に達しうるということ」[21]とベルタランフィは述べている。この場合、ルーマンは、「機能」に特殊な意味を付加する。「機能は、原因となるべき作用ではなく、むしろ等価な諸作用の比較範囲を組織化する意味図式」あるいは「機能は、さまざまな可能性を一つの統一的な観点のなかにとらえることができる特別な立場」[22]である。したがって機能とは「機能的準拠点」[23]である。これはまぎれもなく日本版構造－機能理論の「機能評価関数」そのものを含意している。しかも、日本版構造―機能理論が「選好順序」を割りふる「機能要件」によって、「相互連関」（因果連関）が制御されていると考えるのと全く同様に、ルーマンも「つまり機能は因果関係の特殊な性質ではなく、むしろ因果関係が一つの機能的順序の一つの適用例である」(24)と述べる。ルーマンにおいては、「機能」概念が、日本版構造―機能理論と同様に、相互連関（因果関係）を制御するもの、「機能的準拠点」によって構造（相互連関）を制御するものと現われている。つまり、「機能」が「相互連関」の複雑性を縮減するものとして現われている。ルーマンにおける「機能―構造主義」（等価機能主義）とは、システムの構成要素同士の「相互連関」（ルーマンならばコミュニケーション）が共通の「目的」に拘束されていることを含意し、奇妙にもみえようが、日本版の「構造―機能理論」は、実はルーマンの主張する「機能―構造主義」に最も接近している。ルーマンは、パーソンズにとっての「機能」（構成要素の作用）のように「システム内的カテゴリー」になってしまうことを避けるために、構造より「機能」の優先性を持ち出し、当の機能（構成要素の作動）それ自身が、自分たち自身を制御するという循環性を主張している。構造（相互連関）に制御されているパーソンズ型の「機能」（構成要素の作動）が、「機能的等価な準拠点」の形成によって、構造（相互連関）を制御するという循環である。ただ、ルーマンにおいての「機能的準拠点」は、日本版・構造―機能理論の「機能要件」のように、対象側にあるシステムの構成要素（諸個人）とは別個に研究者によって外在的に社会システムの目標として与えられるものではない。対象の側にあるシステムの「構成要素」が自身で生み出すという存在論的仮定が導入されている。つまり、「機能的準拠点」は、システムの構成要素それ自身が生み出し、この生み出された「機能的準拠点」によってシステムの構成要素同士の相互連関が制御（正機能と負機能に区別）される。これが後のオートポイエーシスの原型である。あくまで、システムの構成要素が、自己を制御するはずの機能的準拠点（機能要件）を生み出すという存在論的仮定である。ルーマンの機能概念は、パーソンズと同様にあくまで構成要素の作動なのであるが、この作動は、自己自身を制御するものと現われている。ゆえにこの機能的準拠点（等値機能）は、後期のルーマンにおいて、「観察」とよばれることになるわけである（今、自分自身を制御すると述べたが、この場合、「構成要素」と「機能要件」は別のものであり循環はしているが、大澤のいうようなパラドックス（矛盾）ではない。「帰納的多義性」の議論がこれを証明する。第二節四を参照せよ）。ルーマンは、この「観察」を日本版構造－機能理論の「機能要件」と同様に、相互連関を「正機能と負機能」に分割する性能を備えたものとして把握する。つまり、ルーマンは「観察」を、スペンサーブラウンに依拠しながら「区別」と「指し示し」であると定義する。[25] この「区別」と「指し示し」とは、システムの構成要素が、自分たちをシステムそのものとして観察し環境と区別する。さらに構成要素によって出来上がる相互連関（コミュニケーション）を「正と負」（コード）に「区別」し、その一方を「指し示す」ものとして理解される（自己描写）。この「観察」（区別と指し示し）が、システムの複雑性を縮減する。システムの構成要素が、システム自体を全体として観察し、この観察が、システムの構成要素の同士の複雑性を縮減する。別言すれば、「観察」は、ルーマンにおいては、様相論的に理解され、まさに「正負の区別」（「コードの正／負の値」[26]）を行うものと理解されているのである。他方、日本版の構造－機能理論では、ルーマンの「観察」は、「機能要件」（機能評価関数）として表現されている。これを存在論的に理解すればシステムの構成要素（社会状態）から機能評価された機能要件（目標）が、システムの構成要素の相互連関（ルーマンならコミュニケーション）を「正機能」と「負（逆）機能」に割りふると理解することができる。ルーマン流に表現するならば、まさに機能要件が、システムの構成要素の「複雑性を縮減」（相互連関と社会状態の制御）するものと現われる。しかし、ルーマンにおいては、「機能要件の複数性」問題は生じない。ルーマンはまったくパーソンズに忠実に、システムの維持（システムの存立）ただそれだけをシステムの「目標」と位置づけているようにみえるからである。これが有名な「システムと環境」の区別である。環境と区別されてシステムが存立するというルーマンの出発点は、システムは、存立（維持）を目標とすることで環境と区別され、この維持を目標にすることによってシステムの構成要素が制御される（ホメオスタシス）というパーソンズの主張を言い換えただけの定式である。ただ、パーソンズに違う所は、認識論的問題に踏み入れてしまったことである。システム維持によって環境が出現するならば、環境は、システムの成立と同時に相関的に出現するものになる。すると「環境」とは、実はシステムの存立によって構築されたものになってしまう。すると複数のシステムが成立しているならば、複数のシステムごとに別々の「環境」が出現してしまうことになる。だから複数のシステムの外部にあるとされるものが、たとえ同一のデータ（世界）であっても、複数のシステムごとに異なった環境解釈（データ解釈）が生じる。それぞれのサブシステム内部にいる構成要素が一致してつくりあげた環境解釈という「他者言及」を基盤にして構成要素たちは自己自身をシステムとして「観察」（日本版の機能評価）するという「自己言及ないし自己描写」が生じる。そして自分たちの相互連関（コミュニケーション）と「環境」を正と負（コード）に分割していく。さらにサブシステム同士の関係は、「変換関係」として把握される。あるサブシステムにとって、ほかのサブシステムや自己を含めたシステム全体性そのものも「環境」である。あるサブシステムは、ほかのサブシステムからの影響を直接的なインプットではなく、自己の枠組みのなかで変換する（他者言及）。ルーマンはこの変換関係を「相互浸透」とよぶ。相互浸透とは、サブシステムと環境がお互いに複雑性を「提供しあっている」[27]ことなのであるが、この提供は直接的ではなく「変換」[28]を媒介にして与えられるため、あくまでサブシステム同士の直接的関係は切り離されている。システム同士は別個に自立的に作動し、あるシステムの外部のデータは、そのシステムのみの「環境」として解釈的に変換されるのである。複雑性は、変換関係を通じて提供されあう（相互浸透）だけなのである。システムは、環境の存在によってはじめてシステム足りうるのであり「環境／システム」の区別によって存立しうる。ゆえに、環境とはシステム相関的につくられ、システムからみられた解釈なのである。これは「社会の全体認識」を志す社会理論にとってかなり厳しすぎる規定である。あるシステムにとっての「環境」とは、同位水準にあるほかのシステムだけではなく、複数のシステムでつくる全体もまた「環境」である。すると「社会全体」とは、複数のシステムごとに複数出現してしまう。これを適切にも馬場は「二つの社会全体[29]」とよび、部分システムが形成した「社会全体」と理論上、想定される複数の部分システムの作動結果としての「社会全体」を区別し、後者は、想定されるだけで、記述不可能なものとされる。この問題は、最終節で扱うことにする。さしあたっては、システムを観察するのはシステムを形成する構成要素なのであるから機能評価する視点は単一であり、このことで、少なくとも「一、機能要件の複数性問題」は解消される。それでは「二、社会変動問題」はどうか？　後期のルーマンにおいて、サブシステムの内部で、システムを二層化することで対応する。つまり「観察の観察」である。システムは「観察」（本稿では日本版の機能要件）によって制御されたシステムをさらに「観察」（区別と指し示し）する別のシステムを設定する。フェルスターの「サイバネティクスのサイバネティクス」である。サイバネティクスを行うシステムをさらに制御しうるようなシステムをもう一つ仮説するのである。これによってシステム分化（社会変動）を説明しようとする。例えばダイオキシン問題は、政治システムにとって意志決定をふるうことができる「リスク」とされ、家族システムにとって（ないし抗議運動システムにとってでもいい）意思決定のおよばない「危険」になる。ところが、「政治システム」はダイオキシン問題を自分が「リスク」と「観察」しているということ（ファーストオーダー）だけでなく、家族にとって「危険」として「観察」されているということをも「観察」する（環境のシステム内部のテーマ化＝再参入）。つまり、「システム（政治システム）／環境（家族）」（リスク／危険）という区別として観察する。これがセカンドオーダーの観察である。この観察は政治システム内部でサブシステムを分化させ、この政治システムのサブシステムが「政治システム／家族」として観察するのだからシステムは二層の水準に分化している。セカンドオーダーの観察とシステム分化が重なっている。「政治システム」は自己にとっての「リスク」が家族システムにとって「危険」として現れるということ自体をメタレベルに立って解釈を行う「サブシステム」を自分の内部でもう一個構築することによって「危険」というテーマを構築する。ところがこのテーマ化は、政治システム内部での「危険」というテーマであるにすぎず、その場合、システムの外部にあった家族システムの視点からの本来の「危険」は「盲点」になり対処されないといった実践的指摘がなされる。環境をつぎつぎ内部テーマ化（観察の観察）していくことはサブシステムの分化過程でもあり、政治システムは、システム相関的に構築された「環境」の複雑性に対抗するためにシステム内部をますます複雑化させなければならないというアシュビーの必要多様度の法則が確認される。ここでのシステム内部の複雑化とは、システムの二層化、三層化でありセカンドオーダーのシステムを作り出すことなのである。つまり、機能要件（観察）によって制御されたシステムをさらに制御する機能要件（観察）をもったシステムを仮説する。すると、大澤のいうような機能要件によって制御された構造を制御するメタ機能要件gといった「自己言及のパラドックス」は、避けられている。システムは二層化しているわけであるからこれはパラドックスではない。しかも機能要件は、変化はしていないが、観察を繰り返すことは、複数の機能要件とそれに対応した複数のサブシステムがつぎつぎに生み出されることでもあり、このことによってシステム自体が分化していく。複数の機能要件といっても、単一のシステムで、複数の機能要件をもつのではなく、複数のシステムごとに複数の機能要件（観察）が生み出されるのである（第二節六の図3－5参照）。こうしたシステム分化が構造変動とよばれる事態と類比的になる。（二、社会変動問題の解消　三、機能要件の変化問題の解消）。ルーマンについては述べたいことが多々あるが、正確さを犠牲にして、ここでは暴力的に単純化して述べてきた。しかし前記の記述だけではほとんど理解されまい。そこで、まず、「機能要件」概念を新しいシステム論の文脈に定義しなおし（次項）、さらに内部観測の議論を使って、ルーマン的含意を考察してみよう（第二節）。すると、一見、驚くべき完全さをそなえたルーマン的理論のある欠落部分が明瞭になるはずである。

四　目標値・基準値の意味

いままで、暫定的に述べてきた「目標値・基準値」の意味を明確にしておこう。サイバネティクスを採用するシステム論であるかぎりこの「目標」は不可欠である。モランのシステム論の基準に従うならば「情報論∨サイバネティクス∨システム論」である。ならば、サイバネティクスの「目標」のないシステム論は、システム論としての資格を放棄するに等しいともいえる(30)。何度も述べてきたように、「目標値・基準値」は、日本版の構造―機能理論における「機能要件」に対応するものであった。他方、パーソンズの場合、恒常性の維持（自己保存）という目的に制御されて「構造」が生み出され、システムの構成要素の貢献作用が生み出されるが、この構成要素の作用のありかたが「機能要件」であった。さらに、ルーマンの場合、システムの構成要素が機能的等価な目的（観察＝区別と指し示し）を生み出し、自分たちを全体として観察することによって、構成要素が制御される。ルーマンの対比でいうならば日本版の構造―機能理論では、システムの構成要素の運動（社会状態）を全体として評価する機能要件（機能評価関数）を生み出し、これが構成要素どうしの相互連関を制御する。われわれは、以上の記述から概念的差異のある「機能要件」をまずは日本版の構造―機能理論の側から定義し「目標値・基準値」としよう。第二にこの目標値に、パーソンズの特徴を加味し、「恒常性の維持」（システムの存立）だけをシステムの「目的」にするという正統的な理解を負荷しよう。この場合、システムの目標値とは、小室が定義するような「システムの目標」なのではなく、パーソンズのようにシステムの「構成要素」（サブシステム）にとっての目標値である。したがって、システムの構成要素の目標は、構成要素の作動の「結果」を先取りして示すものであるといえる（ベルタランフィの「等結果性」）。「恒常性の維持」とは、システムの構成要素がシステムの自己保存をめざすことなのである。この点は次節で重要になる。第三にこの「恒常性の維持」という「目標・標準値」は、ルーマン的な「観察」（区別と指し示し）の働きをもっていることを論じることができる。したがって、システムの複数の構成要素は、単一の目標値・標準値（システム維持）に照らして観察（区別と指し示し）を行うものとして定式化できる。「観察」が「機能要件」というならば、ルーマンと同じようにスペンサーブラウンに準拠した大澤真幸の「第三者の審級」概念も付け加えることができる。大澤は、あとで述べる自己組織化やオートポイエーシスと親和性のある「新しいシステム論」の視点から「第三者の審級」という概念を提出している。「第三者の審級」とは、システム論としての形はおそらく「新しいシステム論」の型であるが、その「第三者の審級」という概念自体は、サイバネティクスの「目標値・基準値」つまり、日本版「機能要件」とほぼ同様の意味をもっている。「第三者の審級」と「機能要件」を等値するという主張に奇異なイメージをもつものもいようが、「第三者の審級」は「機能要件」と全く同様の特徴をもっているのである。大澤によれば、「第三者の審級」は、システムの構成要素（人間）の運動を「妥当な形式（肯定的形式）と非妥当な形式（否定的形式）[31]」へと分割する。したがってシステムの構成要素は、「第三者の審級」によって許容される「経験可能領域」をもつといわれる。大澤によるわかりやすい具体例を示せば「例えば授業中に私語をすることは、不適切ではあるが、経験可能領域に属する行為だ。しかし授業中に銃を乱射することは規範の想定の外部にあり経験可能領域に属していない。[32]」つまり、社会システムの要素である諸個人の行為は、「第三者の審級」に照らして「適切（妥当）／不適切（非妥当）」という区別が与えられ「経験可能領域」をもつ。この定式は、社会システムの諸個人の行為連関は、「機能要件」（目標値・基準値）に照らして「正負の機能」（正機能と逆機能）を与えられるという構造－機能理論の問題構成とほとんど同一の意味をもっている。「目標値」が、「相互連関」の複雑性に正負の機能を割り振るのである。また、この「第三者の審級」は、ルーマンの「観察」同様に、（大澤自身が訳している）スペンサー・ブラウンの「区別と指し示し」と等価である。[33]つまり、社会システムの諸構成要素を妥当と非妥当に「区別」し妥当を「指し示す」志向性である。システムの諸個人は、当事者の視点から「間身体的連鎖」（構造－機能理論なら「相互連関」）を形成する。この「経験的」当事者の視点から間身体的連鎖それ自体を観察する「超越的」な志向性が生みだされる。つまり複数の「当事者」視点から生みだされる単一の「観察者」視点が「第三者の審級」である。この諸個人当事者による観察者の視点は、自己自身たち自身の行為の「妥当と非妥当」（正機能と負機能）を評価する志向性である。ここまでは、「日本版・構造－機能理論」と全く同一の問題構成をもっている。日本版構造－機能理論の「機能要件」を大澤は、「（複数の）当事者による（単一の）観察者視点」という角度で論じていると理解可能である。他方、ルーマンも、やはりスペンサー・ブラウンに依拠しながらこれを単に、「観察」とよぶ。「観察」とは、システムのみえるものとみえないものを分割し、かつ、コード（区別）の一方を選択（指し示す）するものとされる。つまり、コード（法と不法、真理と非真理、支払いと不支払いなど）を選択する。ルーマンの機能－構造主義とは、日本版の構造－機能理論の別名であった。ただ、日本版構造－機能理論においては「機能要件」は、研究者が恣意的に仮説可能なものであるか、対象の側にあるのか混乱しがちであるのに対し、大澤の「第三者の審級」やルーマンの「観察」は、実在論的存在論的仮定を明解に主張しており、あくまで対象の側に存在している。システムは、対象の側に存在論的に存立している。彼らの議論は、「機能要件」概念の精緻化としても理解できるということである。つまり、大澤やルーマンの場合、対象の側にシステムがある。さらに対象の側にあるシステムの構成要素、つまり具体的には当事者としての主体がシステム全体を観察したときに生じる準拠点であり、複数の当事者たちの相互連関（身体の連接）から投射されるものだとされる。「当事者視点からの観察者視点における区別と指し示し」である。だが、あくまで実在論的立場ならばと留保すれば、構造–機能理論の「機能要件」と「観察」や「第三者の審級」概念は、さほど異なるものではないことを強調したい。だが、しかし後期のルーマンや大澤真幸の議論のもっともラディカルな特色は、「観察」「第三者の審級」「機能要件（実在論的に理解された）」に制御された相互連関や行為全体としてのシステムをさらに「観察」するシステムを想定するという地点にある。つまりシステムが「二層化」しているのである。「日本版・構造–機能理論」的に理解されたシステムそれ自体を観察するシステムである。これがフェルスターのいう「サイバネティクスのサイバネティクス」である。この「構造–機能理論」（現代制御工学的システム論）それ自体を観察する「新しいシステム論」という二層化である。あるいは大澤の場合、第三者の審級の「抽象化」（普遍化）の末に出現する第三者の審級の二次的な投射である。これらを議論を理解するためには、この二層のシステムを最も明瞭に理解している「内部観測」の議論をみておく必要がある。以上で準備作業を終え、ようやく本稿のテーマである「二つのシステム論」(34)を語るべき段である。

第二節　演繹システムと帰納システム

一　物理現象における内部観測システム

おそらく、「現代制御工学的システム論」と「新しい（とされる）システム論」の違いを原理として最も鮮明に打ち出しているものが「内部観測」のシステムモデルである。「制御工学的システム論」と「新しいシステム論」の差異は、「内部観測」の二つのモデル（一対一対応モデルと一対多対応モデル）の違いとして取り出されている。それでは、この「内部観測」とは何なのだろうか？　そして「制御工学的システム論」と「新しいシステム論」の大きな違いはどこにあるのだろうか？　松野孝一郎は『プロトバイオロジー』においておおむね、つぎのような主張を展開している。物理学の記述様式は、通常、ニュートン力学的な決定論の形態を採用する。つまり、「運動法則＝規則」と「状態」（空間＝境界条件と時間＝初期条件）が、区別され、法則に具体的な数値としての空間（境界条件）と時間（初期条件）が代入されるわけである。その場合、法則に時間的、空間的な値を代入すれば、自動的にt時間後の時間的空間的な「状態」も決定される（予見されるといってもよいだろう）。時空の「状態」が決まれば、未来の「状態」は、「法則＝規則」によって必然的に決定されるのである。この論理は周知のように「演繹」とよばれるものである。これは古典力学でのニュートン運動方程式でも非相対量子力学でのシュレディンガー運動方程式でも認められるもので、運動変数の時間発展を一意に定め運動方程式が表す法則は、個々の運動変数の軌道を一意に決定する[35]という意味で松野は、これを「1対1型写像」とよぶ。現代制御理論などのサイバネティクスは当然、この通常の物理学的記述様式にしたがっているわけである。

この物理学の記述様式には、暗黙の仮定が存在している。この暗黙の仮定を松野は問題にする。まず、大方の物理学者達は、法則が、観察者の恣意的な観念ではなく、「対象の側」にあるという「存在論的な」（実在論的な）仮定を採用していることが理解されなければならない。法則とは、研究者が仮設する「認識論」的水準にあるものではなく「対象の側」にあり、「存在論（実在論）」的な水準に想定されている。だが、そう考えると擬人法的な議論が生じてしまう。つまり、観察される系の内部にある物質は、運動法則という規則にしたがって動いている。物質は、法則＝規則をいわば「知っている」ことになる。「物質」という「当事者」がなんらかの「規則」にしたがって「行動」しているということが前提されてしまうのである。この立場を徹底化した場合、物質という当事者の視点に立つことになり、これが、「内部観測」とよばれる。物質は、「運動法則」という「規則」にしたがって動いている。しかも運動=行為するためには、物質は、他の物質を「検知」することによって己の「位置」を確定していると考えることができる。「法則」に時間、空間の値（初期、境界条件）の値を代入することによって時空的な値が即座に決定されるということは、対象の側にある系内部の物質の時空上の位置を、運動する「物質自身」が己の位置を「光の速度で一瞬に」決めていることを意味している。物質は、自己拘束能力をもち合わせ、光の速度で法則を実現する。社会システム（人間のシステム）に比喩的に言い換えれば、ランダムに動く物質は、法則という「共同主観的構造」を「同型的に」共有し光の速度でその時空的な位置を決定しているということになる。システム内部の構成要素は、法則にしたがって一瞬に自己の位置（初期条件と空間条件としての時空の測定値）を決めていることになる。物理学の相対論にしたがって、ある物質のほかの物質に対する「検知速度」が「無限大」（光速に近似）であり、当の物質は光速のように「一瞬に」己の位置を確定しているわけになる。松野によれば、他の物質の検知速度を無限大と仮定しているのが量子力学やニュートン力学であり、現在の物理学である。現在の時空的位置と未来の時空的位置は「一対一対応」（1対1型写像）しているということの意味がここにある。いままでの文脈でいうとシステムの構成要素と結果（目的）は、一対一対応である。

以上のように、物理学のいう「演繹」記述、「法則」が前提とされ、この法則に時空上の構成要素の測定値（初期条件、境界条件）が代入されると考えるのが「外部観測」とよばれる。それに対して、法則が対象の側、物資の側にあり物質は、法則という「規則」にしたがって、運動していくと考えるとき「内部観測」といわれる。ここまでは、法則が観察者のモデルとして扱われるか、対象の側にある物質が、法則に従って動くと考えるかの相違である。でてくる結果は同じである。説明上の違いにすぎない。

さらに、松野は、上のようなニュートン古典力学の内部観測だけでなく、量子力学を背景にする統計力学における内部観測も考察し、この統計力学の「ある欠如」に松野は注視している。[36] たとえば、「熱力学第一法則」(エネルギー保存則)とは、例えば、蒸気機関で機械エネルギーが熱エネルギーに変化するが、エネルギーは、常に様態を変化させているにもかかわらず、その量は一定であるというよく知られた法則である。機械エネルギーは、量として観測できるし、熱エネルギーも量として観測できる。前者の量が減れば、後者の量は増加する。エネルギーが質的に変化する前と後を比べてもエネルギーの量は同じである。しかし、この当たり前のように語られている事態が問題であると松野はいう。この法則は、単一のエネルギーが、機械エネルギーから熱エネルギーへと「質」が変換されることを論じていながら、実は、どのような「変換機構」があるのかを全く無視した法則であるということである。つまりエネルギーは、「量」(熱エネルギーと機械エネルギー)として語られ、「結果として」エネルギーが保存されていることが観測され測定され理解されるが、この量として測定されるエネルギーが、どのように別様の「質」(熱や機械エネルギー)へと変換されているかを語らないということである。質の変化とは、言い換えれば、エネルギーを構成するとされるエネルギー「量子」の運動の軌跡である。機械エネルギーが、どんな姿で熱エネルギーへと変身してしまうのか、その運動の軌跡(変換機構)が無視されてしまっている。つまり、統計力学一般は、構成要素としての物質の運動を語らないことになる。測定される機械エネルギーや熱エネルギーとは、要素(量子)が運動した「結果」であり、実現された大局的で「マクロ的な量」である。したがって、熱エネルギーから機械エネルギーへの変換とは、複数の局所的で「ミクロ的な」大量にある量子の運動様態の変化ということになるであろう。エネルギーの「変換機構」を語るためには、この個々の量子の運動を語らざるをえないことが要請されるわけである。

この立場では、河本秀夫がいうように、エネルギー保存則は、ミクロなレベルではいつでも破られていると想定することもできる。しかし、マクロのレベルでは常に、「保存則」は成立している。局所的ミクロの水準で相反する量子の動きは打ち消しあい[37]、全体として、結果として、常に「保存則」は維持[38]されているということになる。したがって量子の水準で保存則が破られうる可能性がいつでもあるにもかかわらず、保存則は破られていない。とすれば物質の側に、つまり量子の側にみずから拘束を課す能力が要請される。この物質の「自己拘束能力」が「内部観測」とよばれる。物質は、人間のように他の物質を認知し、行為するという物活論や擬人法ぎりぎりの議論である。量子は、人間のように、「保存則」を「目的」にして自分を拘束し、他の量子を認識して行為すると考えなければならないということである。松野はこの物質（構成要素）の自己拘束的行為能力を「被験」「変換」「提示」とよぶ。物質は、他の物質を含めた環境を検知（被験）し、その検知されたものを「変換」することによって行為を「提示」するというわけである[39]。しかし、構成要素の自己拘束能力とは何なのか？　それは複数の構成要素が「保存測」、言い換えれば、システムを保存するための「目的」をめざして運動しているということである。「内部から積み上げていく粒子の観点に立つならば、エネルギー保存側は、微視的相互作用をそれへと駆動する一つの目的因としての働きを示す[40]」のである。保存側は、ニュートンの運動方程式と変換可能であるから、熱力学的システムにおいては、光の速度で一瞬にこの「目的」が実現されていることになるのである。

結論的にいえば、実は、ここまでの議論は、サイバネティクスの論理（構造–機能理論）と全く同一である。サイバネティクスでは、孤立したシステムには「目的」（機能要件・観察）が存在し、この目的に拘束される限りで構成要素は、自分を拘束する「相互連関」を形成する。ホメオスタシスでは、この目標は「恒常性の維持」（システムの自己保存）である。内部観測では、自己拘束能力（被験・変換・提示）があり、この自己拘束能力をもつ量子は、マクロな

図３－１

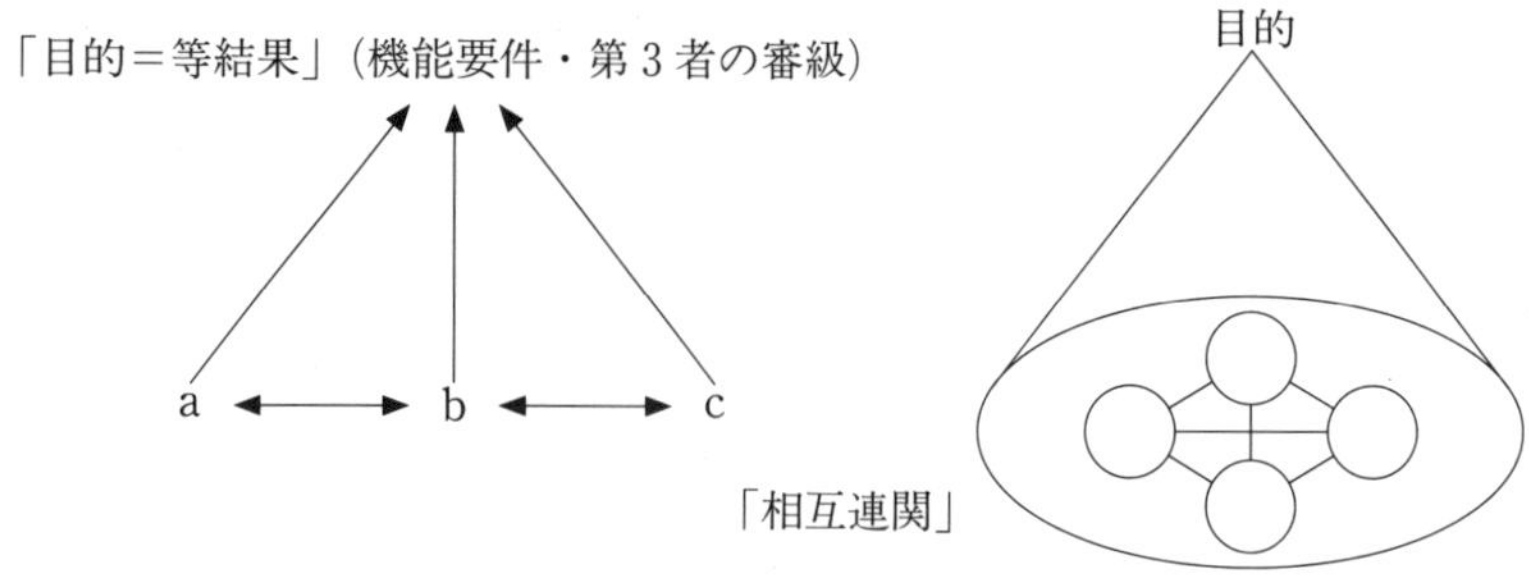

水準で保存側という目的に光の速度で達している。たとえば、吉田民人は、構造－機能理論（サイバネティクス）における「目的」（機能）による説明と「相互連関」（構造）による説明を人文科学のみならず自然科学にも貫通する二つの説明方式と主張している。二つの説明方式とは「構成構造型」（可能域指定）と「順序構造型」（最適域指定）である。前者が「相互連関」（因果関係）による説明（相互連関アプローチ）で、後者が「目的」による説明（要件論的アプローチ）に対応する。吉田は「構成構造＝可能域」のみの説明として、たとえばニュートンの運動法則をはじめとして、一般に機械論的説明といわれるものをあげ、他方、順序構造＝最適域のみによる説明はエネルギー最小化やエネルギー最大化による力学的説明などをあげる。これは、内部観測の議論が、古典力学と熱力学に区別されていることに対応している。吉田民人が、「構成構造型」（相互連関アプローチ）と「順序構造型」（要件論的アプローチ）を可能にするものとして「構造プログラム」（情報論的アプローチ）を考えるのと同様に、内部観測の議論では、古典力学と熱力学が区別され、これを可能にするものとして物質の「内部観測」を考えるわけである。わかりにくいだろうか？　図示してみよう。この二つのアプローチを組み合わせると図３－１のような単純な図を描くことができる。日本版の構造－機能理論（ルーマンの機能－構造主義）と物理現象での内部観測の同一性を図示したものである。

　物質ａｂｃは、目的（保存則）にむけて運動するが、この目的はニュートンの運

図３－２　(浅田1985：12-15)

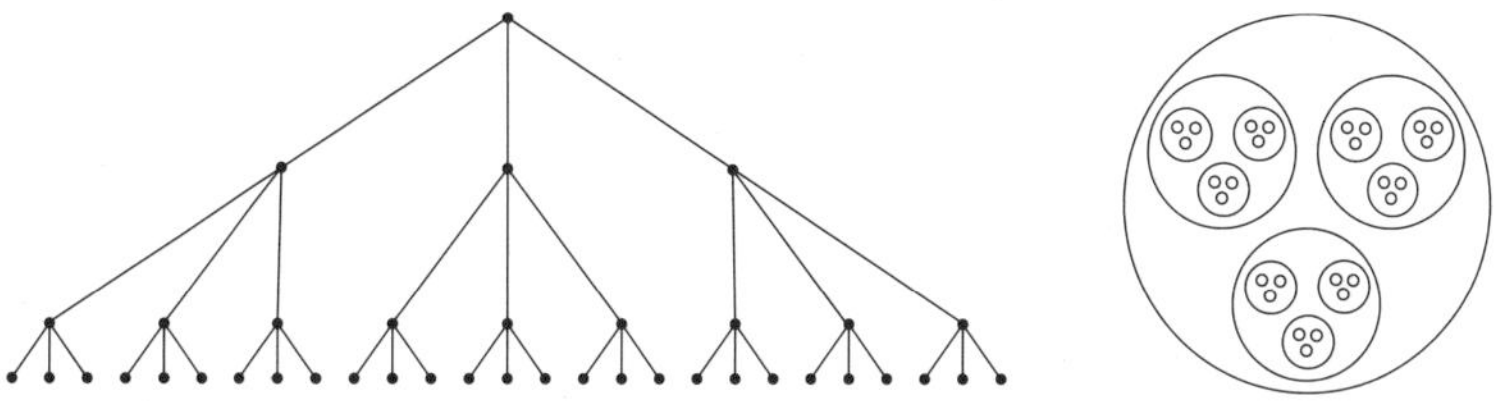

動方程式（相互連関）にかなう限りにおいてである。逆にいえば、目的によって可能域を構成する相互連関の一部が実現される。われわれは、このシステムを、「内部観測型演繹システム」（単一の目的をもつ演繹システム）とよぶが、これは「制御工学的システム論」の特徴を含意する。もちろん、ここでいう「目的」とはベルタランフィの「等結果性」を含意する。システムの構成要素の初期条件、空間条件がどうであれ、等しい結果を実現する。目的とは、「結果」、構成要素にとっての等しい結果を意味している。さらに、図３－２では、機能要件をシステム維持のみに限定するとパーソンズの構造－機能主義と一致し、階層関係を示すことができる。それぞれの水準でシステム維持（秩序）という目標が目指されている。（別な文脈で浅田彰の描いた図式を借用する。これはパーソンズのシステム論の図式化としても理解できる）(41)

図３－２のような階層関係が成立するのは、実は「同型的再帰性」によっているのだが、これは第二節六で扱うことにする。

二　生物現象における内部観測（一対多対応）

さて、純粋な物理学的対象を問題にしている限り観察者が「法則」を設定し、法則に「状態」（初期条件と境界条件）を代入するという「外部観測モデル」を考えても、「状態」の側にある物質当事者が「法則」という規則にしたがって運動するという「内部観測モデル」と考えても結果はかわらないのであった。問題は生じないのである。「法則」に「状態」が代入されると考えても、現在の「状態」が「法則」を選び出すと考えても結果は同じである。法則の解（目的＝結果）は一意に決まる。松野がいうように「1対1型写像の運動方法則の形をとる古典力学では、内部測定そのものが不要になる」[42]。ところが、生物現象を対象とするとき困った様相が出現する。松野によれば、内部観測（当事者視点）で考えると生物現象の場合、物質が他の物質を検知する速度は、光速に比べ、一〇桁も遅くなるという。光の速度を仮定すると問題はないが、この検知速度が極端に遅くなると、そして、遅くなればなるほど複数の「状態」（a、b、c）が出現してしまうことになる。するとこの「状態」に対応した保存側も複数出現してしまうのである。物質は、時空（初期・境界条件）を検知する行為＝運動によって、そして運動しながら、当の空間的境界条件そのものがつぎつぎと変化していく。そのため保存則をめざした軌道が複数成立する。確かに複数の物質は運動法則に従い運動するが、複数の保存側（目的）が成立してしまうのである。ここでは、構成要素の現在の状態と未来の状態は、一対一対応ではなく、一対多対応である。一組の構成要素（状態）の目的が、複数になる。複数の現在の「状態」に対応して同一の「法則」（規則）にしたがう軌道と結果が多数出現するのである。先ほどの物理学的システムにおいては、多数の要素（物質）は、単一の目的にむけて運動しており、この目的に適合するように物質の相互間の関係が決まり、相互連関は、ニュートンの運動方程式（因果法則）が当てはめられるべきものであった。ところが、生物現象では、「状態」（構成要素）が「法則」を選びだして運動し、その目的（結果）の状態は、複数出現してしまう。多数の要素は、複数の目的にむけて運動する。「状態」（初期条件・境界条件）が決まれば「法則」にしたがって未来の「状態」が決まるのではなく、現在の「状態」が決まり、「法則」にしたがっていても、未来の「状態」は原理的に予測不可能なのである。ある一つの構成要素の運動をみれば、現在と未来の状態は「一対一」対応ではなく「一対多」対応をしている（図3－3右図）。

三　「内部観測」と「複雑系」

この「生命における内部観測」の議論は、「複雑系」の議論をよりよく説明する。複雑系におけるカオスの特徴とは、「決定論的」な過程にしたがって「偶然性」を生みだすという奇妙な事態であった。周知のように、ニュートン以来の古典力学では「決定論」であった。それに対して、同時期、パスカルにより「偶然性」を扱う「確率論」が数学において確定され、それが物理学に適用され統計力学が形成され、特にボルツマンが熱力学を定式化する。物理学は、「決定論」を扱う古典力学と「偶然性」を扱う統計力学に二極化したわけである。第二節の一・二で述べたように、物質を対象とする限りこの二つは一致する。[43] システムの構成要素は、決定論的な法則にしたがい単一の軌道を動き同一の目的（結果）に到達する。ところが生物現象を対象とするとある物質の位置（境界条件・初期条件）が決定されたとたん、ほかの物質との相互作用によって、すぐさま当の物質の時空的位置が変化してしまい、境界条件、初期条件は、どんどん、すぐさま変化していくのだった。これは、カオスの特徴である「初期条件（と境界条件）の鋭敏性」に対応する。物質の現在の「状態」は、すぐさま複数の将来の「状態」を生み出し、この二つに分岐したわずかな違いが、予想もつかない複雑で巨大な違いとなって結果していく。逸脱が増幅される「ポジティヴ・フィードバック」が働くわけである。確かに物質は、ニュートンの運動法則にしたがうが、その結果は、「複数の軌道」を形成し、エネルギー保存にしたがう多数の状態（目的＝結果）が生みだされてしまう。この結果として出現する偶然の多数の状態を物質の目的であるとすれば、目的は多数に出現してしまうのである。つまり決定論的な偶然であることを述べることができる。これを吉田民人の構図で述べれば、「相互連関（因果連関）アプローチ」（可能域指定）においては決定論にしたがい、要件論的アプローチ（最適値指定）においては偶然が出現していることになる。

物理を対象とするとき物質aは、単一の目的（等結果）を目指す（図3－3左図）。つまり「単一の目的をもつ演繹

図３－３

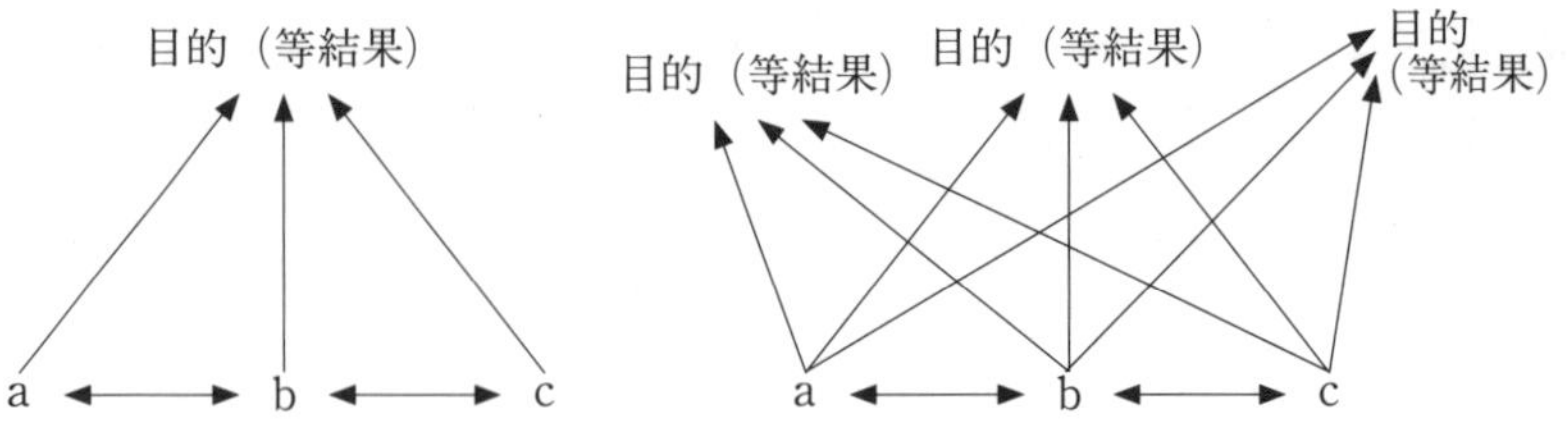

１対１対応システム　　１対多対応システム

※ a,b,c は「法則」の水準
矢印は軌道

システム」である。それに対し、生物を対象にするとき物質ａは「一対多」対応する目的へと分岐していく（図３－３右図）。これは、実は、演繹の逆、つまり次節で述べる「帰納」である。このシステムは、「内部観測型・帰納システム」（複数の目的＝結果をもつ帰納システム）である。左図は、今までの議論で了解できるように、「制御工学的システム論」を表現しており、右図は、「新しいシステム論」の作動のあり方の前半部の構図を表現している（後半部は第二節六）。

左図の一対一対応システムにおいては「法則」（軌道）があり、その法則に「状態の価」（ａ、ｂ、ｃ）が代入され同一の結果（目的）が実現する（古典力学）。あるいは物質ａｂｃが、保存側という「目的」にむけて光速で到達する（熱力学）。（周知のようにニュートンの運動法則と保存側は変換可能である。）物質はどのような時間でもどんな位置でも光の速度で同じ結果を実現する。それに対して、右図の生物学的システムでは、確かに法則に状態が代入されて結果が実現するのだが、しかし、生物現象では、伝播速度があまりに遅いため、ある結果を実現しているころには、すでに状態の値がズレていってしまう（なぜズレるのかは第二節二つの再帰性参照）。そのため、新しい結果が再び引き起こるということが繰り返される。そのため、システムは複数成立してしまう。同一の構成要素（ａｂｃ）から複数の全体が形成されるのである。つまり、「法則」にしたがった現在の「状態」は同一の結果（将来の状態）をもたらすのが制御工学的システム論であり、法則にしたがった将来の状態＝結果＝目的が複数個出現するのが新しいシステム論である。構成要素（物質）が、「法則」をどのように実現していくのかを考えることが「内部観測」である。そして内部観測においては二つの形があった。一対一対応のシステムにおいて、対象の側に実在する法則が構成要素（初期条件と境界条件）を決定すると考えるのに対して、一対多対応のシステムにおいては、初期条件と空間条件の位置にある「構成要素」が、「法則」を複数個実現し決定していく。「法則」と「状態」（初期条件＋境界条件）の区別ということなら「状態が出現したあとに、その状態が規則を規定するどのような集合（軌道）に含まれていたか、ということが決定されているのだ」。(44)ヴィトゲンシュタイン風にいえば、規則（法則）が、行為を決定するのではなく、行為が規則（法則）を複数個創発させるのである。規則はそのたびごとに「でっちあげられる」わけである。ホランドは、これを存在論的な帰納法であるという。「帰納のプラグマティズム」である。全称命題（普遍言明・法則）に、個々の命題をはめこむことによって予言を与えるのが「演繹」であり、個々の命題から全称命題を導き出すのが「帰納」であるとしたら、初期条件と空間条件の位置にある「構成要素」が、「法則」を創発していくと考えることは「帰納」を考えることなのである。「一対一対応」と「一対多対応」の違いとは、「演繹」と「帰納」の差異として取り出せる。ホランドがいうように「帰納の実在論（プラグマティズム）」が「複雑系」の原理として取り出せるのである。（ちなみに複雑系では、構成要素の水準で基本方程式が適用され、その法則が適用された結果が方程式の解になる。物理法則とは目的論と対立するというような意見が多いが、法則とは、本来目的論的なものであり、法則とは未来の予見であり、結果が目的、原因が手段であるという目的論を含意する。）

図３－４

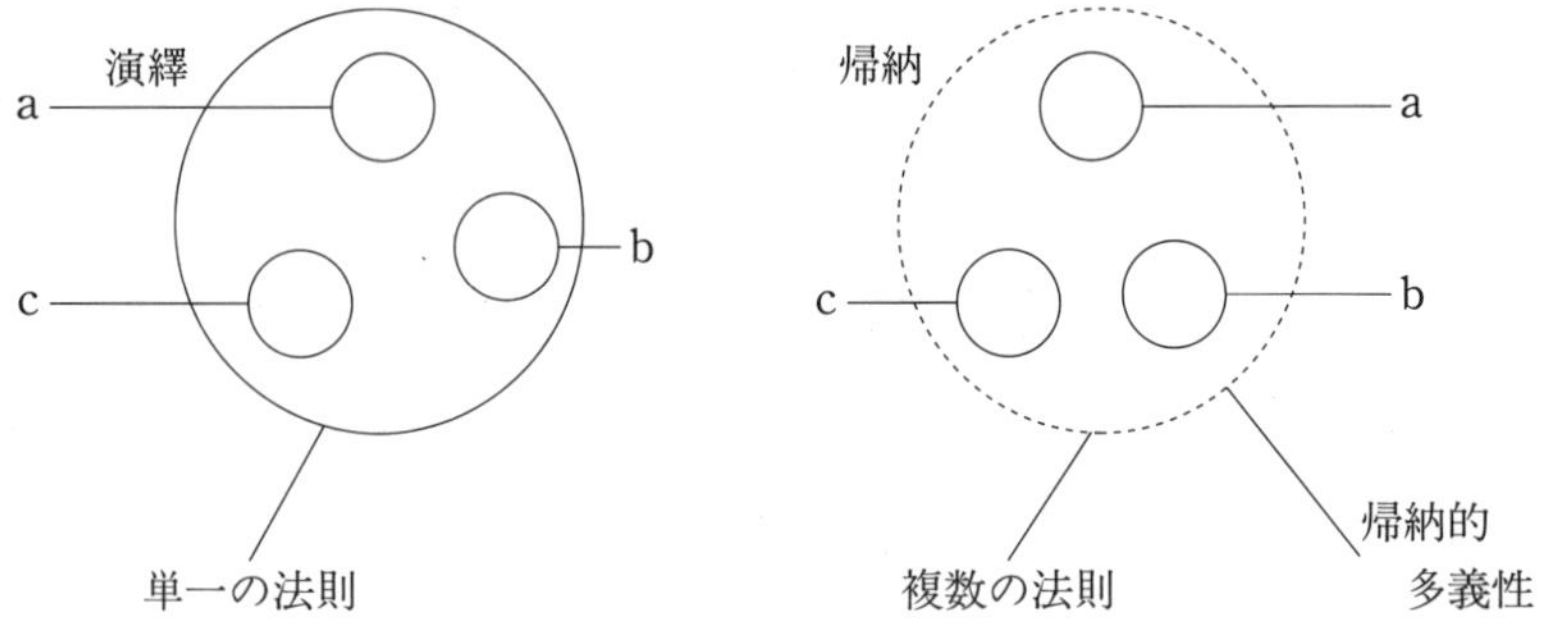

四　帰納と演繹

生物現象における内部観測は、一対多対応であり、構成要素の局所的な相互作用から「法則」にしたがう軌道が複数生成し複数の結果（目的）の創発を記述する様式であった。今述べたように「新しいシステム論」の記述様式を明確に『帰納法』[45] として定式しているのが複雑系の理論家としてのホランドである。それでは、そもそも演繹、帰納とは何か？　演繹とは、「普遍言明（全称命題）H＝全ての人は死ぬ」(x) Fx∃Gx と「特殊言明A＝このソクラテスは人間である」（∃x）(Hx・Fx) とから「結論D＝このソクラテスは死ぬ」（∃x）(Hx・Gx) を導くことで、これは論理的であり、必然的推論である。Hとしてニュートン方程式をとり、Aとして初期条件（時間）、境界条件（空間）をとれば、その後の運動Dが得られる。普遍言明から特殊言明をあてはめて、新しい特殊言明を導く操作である。他方、帰納とは、その逆でDとAからHを推論することである。我々は、「ソクラテスの死をみた経験」（結果）から、「この新しくみせられた人間」（初期条件・境界条件）も死ぬのであり、「全ての人は死ぬ」（法則）というのである。特殊言明から、新しい特殊言明をあてはめ、一般法則として定立するのである。ようするに帰納とは、有限個の実例から一般的な法則を導き出すことで、百匹の鳥が黒いという実例（特殊言明）から「全ての鳥は黒い」という一般法則（全称命題・普遍言明）を導き出すことである。「演繹・帰納の論理学」の創始者パースの解釈でハーバーマスなどがいうように[46]演繹と帰納の関係は、哲学的認識論における「普遍」から「特殊」を導出するか、「特殊」から「普遍」を導出するかの問題に還元される。集合論的に考えれば「メンバー」（特殊）と「クラス」（普遍）の問題に還元される。したがって図3－3とパラレルな関係として示すことができる。

図3－4で、左の演繹の場合、法則の内部で、aやbをあてはめ、それ以外のcを予言する。右の「帰納」の場合、cの観察結果から、b、aを推測し、法則を導出する。特殊な構成要素（メンバー）から全体（クラス）を導き出すのである。すでにヒュームが、感覚、知覚、判断といったものと、帰納を同列に扱い、帰納的な導出には論理的な必然性がなく、慣習に依存することを指摘していた。フレーゲとラッセルらの努力によって演繹が、公理体系の中で厳密に展開可能であることを示されて以来、帰納的推論においても厳密さが要求され、カルナップの「確率の論理的基礎」やベイズの確率論など形式論理を用いて帰納的推論を明確にしようとする試みも出現してきた。しかし、帰納的推論がさまざまなパラドックスを引き起こすことが、ヘンペル（カラスのパラドックス）やグッドマン（グルーのパラドックス）に指摘された。ポパーが、帰納を「社会学や心理学の便利なくずかご」に放り込み、純粋科学方法論は、演繹のみであり、演繹されたものの反証こそが科学であることを主張したことも有名である。つまり帰納には「論理的な必然性」がないのである。帰納とは「偶然的な過程[47]」である。つまり帰納された一般法則には、「帰納的多義性[48]」とよばれる事態が出現する。導出される一般法則は、「複数個」生じてしまうのである。いわば、構成要素（単称言明）から、法則（普遍言明）が「複数の創発」がなされるのである。先に述べたように有名な「ヴィトゲンシュタインのパラドックス」（規則が行為を決定しない）は、数学的推論の水準でこの帰納的多義性が出現してしまうことを語ったものと考えることができる。（規則は、行為を決定せず、逆に、行為から複数の規則が創発する）。図3－4のように、演繹とは、法則に初期条件と境界条件（構成要素の時空の位置）をはめこむ形であるのに対して、帰納とは、

構成要素から多数の法則を論理的必然性なしに（偶然に）導出する試みである。したがって、法則の選択は、偶然的であり複数生じる。図3－4右図で考えるならば、メンバーの視点から考えていくために、もし、aやbやcの他にeやgが出現したとき、eやgを包摂しようとするため法則は別様のものになってしまう。複数の法則が出現してしまう。ここで帰納や演繹を論じたパースの重要性が浮上する。内部観測や複雑系や生物記号論の論者がパースを強調するのもゆえないとはいえない。とりわけホランド自身がパースを強調している。パースは、演繹と帰納を分割するだけでなく、帰納の特殊事例として「アブダクション」（創造的帰納）を論じている。だが、パースは帰納とアブダクションの区別を論じているが、最終的には、両者はさほど区別がなく、むしろ、帰納のなかに含まれるものであることをパースは認めている。(49) ここでは、パースの迷宮的議論へ入りこむことは避けるが、本稿でも「帰納とアブダクション」をあえて区別しないことにする。帰納が「強く」創発的特徴をもつときアブダクションが語られるといういい方で満足しておこう。

五　部分の法則は全体の多義性

しかし、こうしたパラドックスは、あくまで、公理体系のなかで出現してきたものであることに注意が必要である。こうした論理内部での帰納の原理を複雑系の理論家であるホランドは、「形式論的アプローチ」とよび、「形式論的アプローチは、人間がどのようなできごとについて推論しようとするのかとか、どのような目標のために推論するのかといったことを全く無視している」(50) と述べ、我々が日常において、なんの無理もなく「帰納推論」を行い生活していることの意味を問い尋ねている。実際、われわれの認識は、帰納法の原理で行われている。たとえば、我々は、二、三の犬をみた経験から新しくみせられた動物を犬であるとか、そうではないとかいうのである。ヒュームが、日常的な感覚、知覚、判断を帰納として論じたように、大森庄蔵が人間の認識が「全般的帰納法」によって生じることを主張するときも、あるいは、認知科学でいう「パタン認識」も、みな実在論的に考えられた帰納法であることが強調されている。さらにホランドは、「帰納」が必ず実用に役立つ「目的」を達成するために生じることが強調されている。たとえば、人間は、認識にとって役立つ目的を達成するために帰納を行うのである。帰納法が「実用論」的に変換されると、メンバーは、さまざまな目的をもっており、複数の法則（クラス）のどれかを選択するという形になる。ホランドは、帰納と演繹を対立するものとしては考えていない。演繹は、帰納に含まれるものとして理解される。演繹（法則）とは、帰納システムを構成するメンバーの水準に位置づけられる。したがって、図3−3右図においては、帰納過程のメンバーが「演繹」を行うものとして位置づけられる。これはどういうことか？

　演繹、つまり、全称命題（法則）とは「全てのFがGである」の形をとる。ところが、ホランドは、演繹としての「法則」、つまり〈全てのFがGである〉という形の文は〈もし、Fならば、Gである〉という条件−行為ルール（IF−THENルール）に翻訳することができることは明白である[51]として、演繹は、純粋な科学方法論上の概念ではなく、我々が行為に用いる実在的な「プログラム」であることを主張する。これは、内部観測と全く同一の議論である。このルールは、図3−3右図における「帰納的システム」の構成要素（部分）に演繹が組み込まれることを意味している。帰納法は、実用論的に理解された場合、「条件−行為ルール」（演繹）が、構成要素の作動ルールへと変貌する。研究者のもつ操作ではなく、対象の側のシステムの「構成要素」がもつ「ルール」に変貌しているということである。すなわち、帰納法のなかで、「条件−行為ルール」を抱えた多数のエージェントのなかから、一方が削除され一方が強化されるという局所的相互作用から、帰納的におのずとシステムが立ち上がるのである。多数のエージェントの抱える「規則」自体は、単一であるのだが（決定論）その相互作用によって複数の「結果」（構成要素にとっての将来における複数の「目的」）が出現するのである（偶然性）。この議論は、二節の二で論じた内部観測の議論とぴったり符合している。図3－3の「一対多対応システム」は実は、「部分」に「演繹」を組み込んだ実用論的「帰納システム」だったのである。ホランドは、この実用論的帰納システムに「クラシファイヤー」の議論を結びつける。クラシファイヤーは、帰納過程に組み込まれる。すなわち、帰納とはa、bからcが未知数でも全体としてのHを推論する。この未知数cを、条件－行為ルールの条件部に埋め込み「#」として表現される。したがって、条件－行為ルールは、Ｉｆ部は、「#0011 ##」といった形で表現され、行為部は、4433ある。したがって、#0011 ##/4433（スラッシュは、条件と行為を区別する標識）となる。[52] 普遍言明（全章命題）をIf-thenルールに変換した場合、実在論という立場に立つことを含意する。一対多対応の内部観測が、物質が法則にしたがい複数の目的を創発するシステムであったのと同様、ホランドの帰納の実在論（帰納のプラグマティズム）においても、構成要素が、「法則」（If-thenルール）にしたがい、複数の「結果」（目的）へと（帰納的多義性）到達することが主張される。

六　二つの再帰性

「新しいシステム論」の後半部の作動特徴としての「再帰性」も論じておかなければならない。「再帰性」は特に生物現象において生じるものであり、すでにホフスタッターなどが、遺伝情報によって形成されたたんぱく質のデータが遺伝情報に入り込むという形で紹介していた、が、こうした議論をカオスと結びつけているのが、金子邦彦の議論である。彼の議論を若干、本稿の文脈に合わせて再論してみる。その前に分子生物学の基本的な常識を確認しておこう。周知のように、遺伝情報にしたがって有機体の構造が形成される。人間という有機体は六〇兆個の細胞から形成され、その細胞には塩基対にして三〇億個ビットに概算可能な遺伝情報が貯蔵されている。足の爪にも脳細胞を形成するための情報が貯蔵されており個々の細胞にある遺伝情報は大部分読み取られずに終わる。なぜ爪や脳細胞といった異なった細胞が形成されるのか？　ジャコブとモノーは、オペロン説を主張し遺伝情報にはリプレッサー（抑圧因子）が働いて、読み取りのスイッチが切れ（OFF）、一部の情報だけが読み取られる（ON）と考える。「構造遺伝子」に対してオンとオフをもつ「調節遺伝子」が制御を加えていくわけである。それでは、この、オンとオフがいかなる条件で発動するのであろうか？　複雑系の金子邦彦の「結合系カオスでのクラスター化」に関する議論[53]を若干敷衍してみる。これは、「全く同一の要素の相互作用を考えるとそのカオスと結合の度合によって、同期して振動する集団に分化しそれぞれの集団ごとで動的なふるまいが異なってくる」ものであり、自発的多様化をモデル化したものである。全く同型的な要素（ユニット）が、内在的に多様化を示すという「isologousu diversitification theory」（同型的多様化理論）である。この理論のポイントは、「同型性」と「多様性」という対立するものが結合している理論であるということである。

たとえば、培地に培養された複数の細胞が存在しているとしてみよう。個々の細胞は、栄養を常に供給された培地と物質代謝を行っている。細胞内部は科学反応が起きており、一定の周期で振動している。この時点では、「一つの細胞」と「他方の細胞」の科学反応は「同期化」している。「同型性」が保たれている。そこでこの「複数」の細胞は一斉に細胞分裂をおこす。どうなるか？　細胞の数が増えていくにつれて、諸細胞内部の科学反応の同期化は失われ、異なる位相で振動する細胞の束（クラスター）に分離していく。とはいえ、この時点までは各々の細胞の化学成分は等量等質である。しかし、さらに細胞分裂が進行すると、さまざま異なったクラスターばかりか、「化学成分」の質量も異なり始め、細胞分裂の速度もクラスターごとに異なり始める。さらに化学成分の異なった細胞クラスターごとに、化学成分が少し異なったサブグループに分かれていく。つまりB成分をもった細胞クラスターはb1, b2成分へ、A成分をもった細胞クラスターは、a1, a2と分化していく。たとえば、大腸菌では、酵素活性の高い諸細胞と、低い諸細胞の分化であり、体細胞では、細胞分裂の活発な生殖細胞とそうでない体細胞の分化などの事例があてはまる。ここでの意義は第一に、同一の構成要素なのに低濃度の化学物質が二つの細胞で「微小」だけ違うことがひきがね（初期条件の鋭敏性）となって細胞間の差異が指数関数的に増幅していくという意味で典型的なカオスの効果を示している。つまりこのカオスの過程は同一の構成要素同士の複雑な相互作用により、ポジティブ・フィードバック（逸脱増幅作用）を通じておのずと複数の秩序が成立していくことを述べている。ここまではこれはカウフマンが、お互いの遺伝子を互いにオン／オフするようなネットワークを作り、最初に0と1のパターンを与えランダムなプール代数で発展させると、安定的な固定点が多数出現するという議論に対応している。[54]したがってここまでは、図3－3右図の「一対多対応システム」に対応し、複数の目的（結果）とは、「維持されている細胞」でありこの維持を目的にした細胞が複数化しているのである。さて、この複数の細部の分化過程は最初に遺伝情報によってプログラムされていると説明のつかない事例が多数出現するという。だから、金子はこの分化過程が最初に遺伝情報によってプログラムされているのではなく、細胞が分化するための情報が細胞間相互作用を通じて「記憶」されていくのだという。初期の「調節遺伝子」（プログラム）のオンとオフによって細胞は形成されるが、その後の「調節遺伝子」のオンとオフを決めるプログラムが細胞間の相互作用によってダイナミックに決まっていくのである。この出来上がった複数の結果（秩序）がデータとして要素に入り込み、遺伝子のオンとオフを制御するという「再帰性」が含まれているということである。図3－3右図を図3－5のように書き換えれば、出現した結果（構成要素の目的）が、データとして要素a、b、cに再帰していることが理解できる。

図3－5は、無時間な過程ではなく「時間的」な過程として理解されなければならない（特に強調したい）。細胞分

図３－５　差異的再帰性

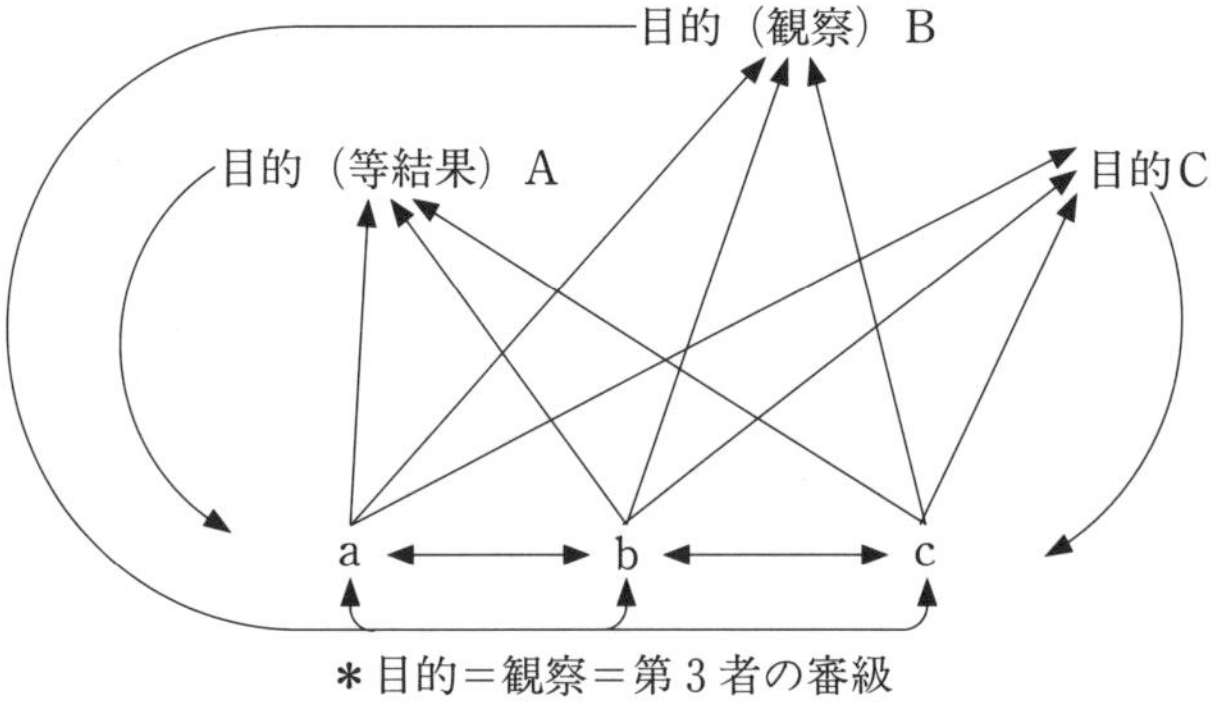

図３－６　（浅田1985：12-15）

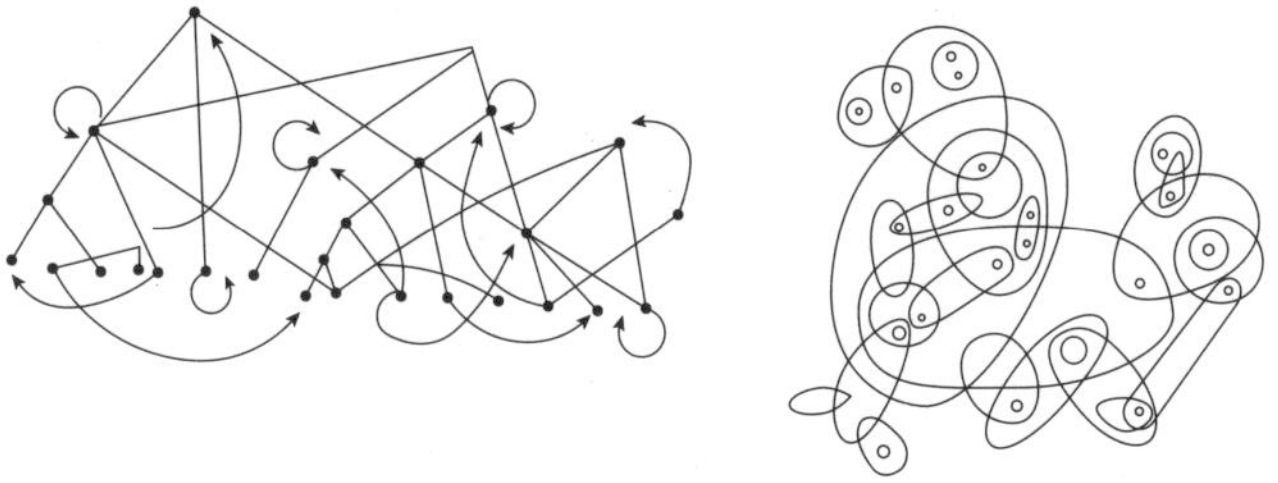

化過程は、細胞a、b、cの相互作用によって調節遺伝子がオンにされ結果（A）（a、b、cの内部観測の立場なら目的）が実現する（例えば化学成分の異なる6分割）。この細胞分化のデータは、細胞a、b、cの調節遺伝子をオンにし、つぎは、結果＝目的B（化学成分の異なる一二分割）を生産する。この結果＝目的が、再び、細胞a、b、cの調節遺伝子をオンにし、さらなる分化を帰結する（化学成分の異なる二四分割）。つまり指数関数的に細胞分化が複雑化していく。細胞は「再帰」するのであるが、「多様化」する。「再帰性」を「自己言及性」と言っては「言いすぎ」（河本英夫）であり、自己言及性では、論理的パラドックスに陥る。構成要素が生みだす結果が、構成要素にフィードバックされるとき、構成要素は、異なったものになり、したがってその目的（結果）も別のものになり新しいシステムが成立していくと理解

できる。ルーマン流にいうならば「観察の観察」である。システムの成立を観察するシステムがもう一個生じるのである。「再帰性」と「多様化」は、方向が逆の過程であるにもかかわらず、再帰性を保ちながら多様化が実現している、つまり、細胞の「増殖」的再生産としては同型的な過程であるが、その「成分」において多様化が見出されている。重要なことは、目的が多数生成しても志田などがいうような「機能要件の複数性」といった議論に抵触しない。なぜなら、目的＝等結果＝観察は、システムが設定するものではなく、ボトムアップにシステムの「構成要素」が生成させるものであるため、それがいくつになってもかまわない。また大澤のいうような「自己言及のパラドックス」（機能要件の変化の不可能性）には陥りもしない。このシステムにおいては、A（a、b、c）システムを観察するB（a、b、c）システムを観察するC（a、b、c）システムという形で、「観察の観察」が繰り返されるからである。つまりシステムを二層化（図3－5では三層化）することで自己言及のパラドックスを避けることが可能になるわけである。金子はこの過程を①「内在的多様化」②「集団レベルの安定性」③「再帰性」の力学モデルとして整理している。つまり、細胞同士のカオスを通じた相互作用的な「内在的多様化」（複数の目的とそれに対応したシステムの多様性）と、出来上がった集団の水準で、細胞クラスターが「集団レベルの安定性」を保つという事態である。目的は複数でも、時間的に構成要素は、あくまで同一の「目的」（システム維持）をめざしているシステムであるわけである。そして出来上がる複数の細胞諸クラスターが、データとして再び、要素の水準に入り込み、内在的多様化を生産するということである。遺伝子のオンとオフが、突然変異ではなく、集団（分裂細胞群）の生産（複数のシステムの成立＝複数の目的の生成）そのものによって制御されているということになる。これは要素からの創発という点で、一対多型の内部観測モデルと同型であり、また、集団分化（多様化）が成立するメカニズムはひとつひとつのシステム間では、閉鎖的であり、かつ、再帰性（観察の観察）をもつという主張は、オートポイエーシスと同一の機構をもっている。しかし金子はこうした意味での「再帰性」の欠如が、ガン細胞や老化や細胞死のメカニズムに生み出すという。通常の細胞分化（再帰性）においては、要素（単一の細胞）同士の相互作用による記憶化によって集団（増殖した細胞）を形成するが、この出来上がった集団（増殖した細胞）が、データとして要素（単一の細胞）に入り込み、要素の再生産を保証する（再帰性）が、そのとき、最初の要素とデータがはまり込んだ要素では、物質の成分が「異なっている」。異なった構成要素になっている。他方、ガン細胞や細胞老化などでは、爆発的に分化は起こっているのであるが、「同一の」化学物質成分の細胞が増殖しつづける。これはどういうことか？　単に循環するという意味なら再帰性は生じている、しかしガン細胞は、「構造―機能理論」のように、複数の細胞が、同一の目的（結果）をめざし、その結果にしたがって構成要素を制御しているだけなのである。この場合の「再帰性」であるが「自己言及のパラドックス」には陥っていない。この場合でもあくまでシステムの構成要素が絶えず新しい目的（機能要件）を産出しているので同一のものが同一のものを形成しているわけではない。ただ、前の目的（機能要件）と後の目的（機能要件）が、前と後で同一なのである。絶えず新しい生成であるが、同一物の再生産なのである。したがってこの再帰性は、構造―機能理論の原理であるともいえる。システムの構成要素は、Aという目的にむかうように事前に規制されてプログラム化されており、つぎに、この目的＝結果のデータが構成要素に再帰するのであるが、多様性な目的の生成に規制が加わっている。この再帰は事後の規制（ネガティヴ・フィードバック）として理解できる。つまり逸脱には、事前にフィードフォワードが、事後にはネガティブ・フィードバックが働いている構図を示していることになる。一節で述べた「カルマンフィルター」のようにフィードフォワードとネガティヴ・フィードバックが繰り返されることによってシステムは階層分化するが、システムの構成要素（サブシステム）は同一である（図3―2参照）。図3―7で考えると、A、A′、A″と同じシステムが単純に複数個つくられていく。

図3－7　同型的再帰性　図3－1の変形

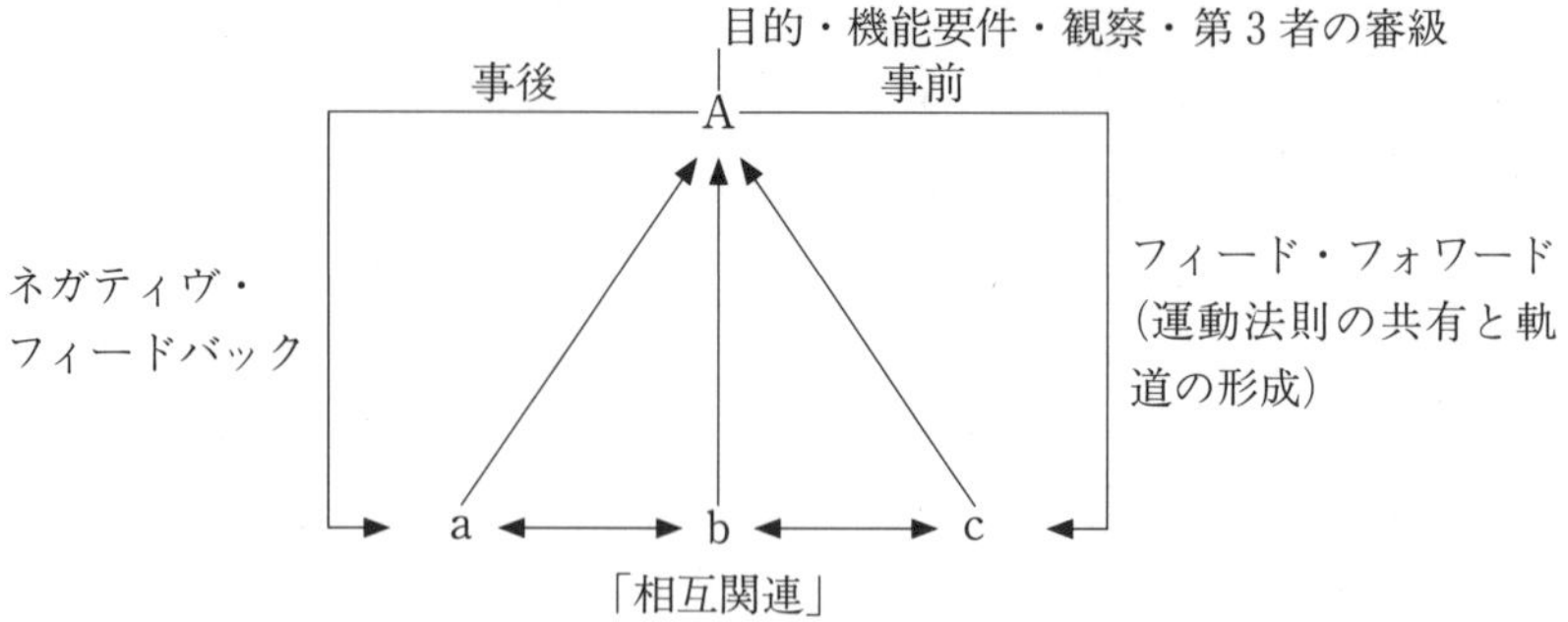

あえてルーマン理論との対比を考えると、ルーマンにおいては「観察の観察」が繰り返すことによって多様な構成要素と多様なシステムが成立する（図3－6）[55]。ところがガン細胞においては、「観察の観察」（再帰性）を繰り返しても同型の構成要素と同型のシステムが内部に繰り返して現われる。したがってこれは、単一のシステム内部の分化になる。したがって図3－7は、一種の「監視」に近いものになるであろう。われわれは、上の図3－7で示されるような再帰性を「監視の監視」とよぶことにしよう。監視が繰り返されることによって単一のシステム内部に同型のサブシステムがくりかえすマンダラのようなものが現われる（図3－2）。事実上、この同一的再帰性は、一節の「カルマンフィルター」の循環性を述べているものである。同型的な諸規則（法則）の共有（フィルター）によって構成要素（a、b、c）は、目標（結果）にむけて軌道を描く。この目標（観察・機能要件・第三者の審級）からの逸脱は、構成要素の自己監視（ネガティブ・フィードバック）によりもとに戻される。このフィードフォワードとフィードバックのくり返しがますますシステムを安定させる。構成要素によりシステムが成立し、そのシステムを観察する構成要素が再び同型であるが別個のシステムを形成する。このくり返しが階層分化（ガン細胞の増殖）である。これは比喩的にいえば、これは、「再帰性」（観察の観察）とは区別された「自己言及性」（監視の監視）とよんでも誤解をうけないであろう。

七　「機能要件」と「帰納要件」

さて、図3－5に帰ってみよう。通常の細胞の分化過程には「複雑適応系」(56)の典型事例がある。複雑系における、よく引用されるレイノルズが記述した「ボイド」(鳥もどき)の事例では、環境内のほかの鳥の位置を最小値にする、速度をあわせる。目標へむかう、構成要素にこの三つの簡単なプログラムを内臓させただけで複数の鳥(構成要素)たちは、「群れ」をつくり、全体のパタン形態を自在にかえながら行為する。「群れ」は創発している。それだけでなく、「群れ」という全体に自己の位置を適応させる形で行為する。これが「複雑適応系」である。鳥たちは、共通の目的(機能要件)を目指して運動する。この機能要件に制御される形で自己の位置を確定する。確定された位置で複数の「構成要素」は、再び「第二の機能要件」を生成させる。つまりシステムを観察する第二のシステムが出現する(観察の観察)。この「観察の観察」のくり返しは、機能要件は変化しないが、絶えず時間的に一個一個違う形で順番に複数個産出することによって多様な秩序が生み出されていることである。これはボトムアップ的な秩序の生成という意味で「帰納」の過程であり、われわれは、この帰納システムの「機能要件」を「帰納要件」とよび、それが循環しているという意味で「帰納的循環」(観察の観察)とよぶことができる。循環し再生産がなされた時点で構成要素は、以前のものと異なったものとして再生産されている。また生じる全体性は、常に、多様性を示すため、多様な全体が構成要素に回帰していくため、図3－6のように統合的な秩序だった階層を形成せず、水準同士が奇妙な交錯をみせる階層関係を取る。複数の構成要素は、帰納によってさまざまな「目的」に同時に帰属するのである。図3－6の階層は、ベルタランフィの一般システム論以来、馴染みとなっているシステムの階層関係を帰納的に変化させたものとしてみるべきであり、階層は事実上、崩壊している。ホランドは、この帰納的多義性を示す階層形成を「デフォールト階層」(ボトムアップな階層形成)とよぶ。

他方、図3－2で理解できるように、「一対一対応」の演繹モデルでは、頂点の「目的」から「システム内カテゴリー」になりながら、下の階層が形成される。内部観測的に考えれば構成要素が、同一の目的をめざす（図3－1）。当然、それぞれの地点が「保存則」を含意している。われわれは、これを「機能要件」とよぶ。そしてシステムの構成要素が生みだした単一の目的による事前と事後の監視の遂行（ネガティブ・フィードバックとフィードフォワード）によって構成要素への反映が生じる。システムの構成要素は同型的に再生産されると同時にシステム分化が生じる。われわれはシステムの構成要素が法則にしたがって同一の結果を示すという意味でこれを「演繹的循環」（監視の監視）とよぶ。

八　「制御工学的システム論」における「構成要素」の作動原理

図3－2のように通常、このサイバネティクス的な階層の形成は、上から下へサブシステムが分岐していくように理解される。有機体は、器官の集まりであり、器官は組織の集まりであり、組織は、細胞の集まりであり、細胞は分子の集まりであり、分子は原子の集まりである。有機体の保存（恒常性維持）という「目的」が頂上にきて、下位分化していくサブシステムは、この「目的」によって最終的に制御されている。構成要素としてのサブシステムの作動は、「システム内カテゴリー」（ルーマン）になっている。こうした階層を前提にすると、システムの「構成要素」がもたなければならない原理とは何であろうか？　まず、システム階層における構成要素の原理を語る言説は、上位のシステムに対して「従属」しているが、この従属しながらも下位の構成要素（サブシステム）は、自立している。「自立」と「従属」の原理というものであるといったものであろう。しかし、この表現は、全体と部分という異なる水準を同位に捉えてしまっている。上位のシステムからみると「従属」しているが、下位のシステムからみると「自立」

しているという表現は、統一の表現であるべきの階層原理を観察者の視点と当事者の視点という異なった視座で定義してしまっている。こうした理解とちがい、ベルタランフィは、システムの構成要素の作動を「異化」と「同化」とよぶ。システムの構成要素の視点（内部観測の視点）で作動原理を把握している。システムの成立とは、「異化と同化のバランス」であるとされる。ケストラーは、さらにわかりやすく、あくまで、システムの構成要素の視点から二つの原理を記述する。これが、「自己主張傾向」（異化）と「統合傾向」（同化）という原理である[57]。システムの構成要素は、上位のシステムに「統合」しようとする傾向性と、上位のシステムから離れて「自己主張」していこうとする性質があるとされるのである。そして、システム内にある多数の構成要素のうちある部分が、統合傾向を「過剰」に発揮した場合、このシステムは、緊密にまとまりすぎ、他のシステムに対して「過剰」に「自己主張」することになる。構成要素の統合傾向の過剰は、システムの水準では自己主張傾向の過剰として現れる。たとえばガン組織は、複数のガン細胞（構成要素水準）が緊密にまとまり統合傾向を過剰に発揮した状態であり、するとガン組織（システム水準）は、他の組織に対して「自己主張」が過剰な状態であるということになる。有機体が統一、健全な状態を保つためには、システムの「構成要素」の「自己主張傾向」と「統合傾向」が「バランス」よく保たれていなければならないのである。つまりシステムの「恒常性の維持」の成立とは、システムの構成要素の「異化と同化のバランス」である。われわれは、このケストラーの用語を借りてシステムの最も原理的な二つの作動を「構造プログラム」（吉田民人）として、この二つを「自己主張傾向を示す構造プログラム」と「統合傾向を示す構造プログラム」とよぶ[58]。（吉田由来の用語では「当体包絡構造プログラム」と「脱当体包絡構造プログラム」ともよぶこともできよう）。システムの部分形成の原理と全体形成の原理を示しているという意味で、あらゆる種類の構造プログラムのなかでこの二つのプログラムは特権的である。自己主張傾向と統合傾向とはあくまでシステムの構成要素の作動であり、ケストラーは、統合傾向を「自己超越傾向」とも言い換えている。つまり、構成要素は、現在からみて超越的な対象（目的）へむかう傾向性を有しているということである。

九　二つの構造プログラムのバランス

ケストラーの論述の欠陥は、この二つの原理がどのように調節されているかということある。これは、サイバネティクスの議論（カルマンフィルター）を参照にすれば簡単に述べることができる。システムの構成要素に備わる二つの構造プログラム（自己主張傾向と統合傾向）は、システムの「恒常性の維持」としての機能要件（目的）によって調整されるのである。図3－7をみてみよう。内部観測的にサイバネティクスを理解するならば、「目標値・基準値」に達するために、システムの構成要素は、自己拘束の形で制御入力値を決める。しかし構成要素が自分で加える制御入力値（フィードバックゲイン）の出力を加えすぎると（統合傾向の過剰）、「目標・基準値」を通り過ぎる。出力が、少なすぎると（自己主張傾向の過剰）目標に到達しない。そこで運動法則に基づいたカルマンフィルターを加えフィードフォワード（事前の逸脱解消作用）をもたせる。このフィルターの働きでシステムの構成要素は、目標値に暫定的に到達する。それでも逸脱が発生しつづけるので、今度は事後的に逸脱を解消するようなネガティヴ・フィードバックがかかる。この制御入力値が、次のカルマンフィルターに組み込まれる。システムの安定性と循環性は、より正確になっていく。目標がポジティブに設定され、そこからの逸脱が制御されていくのではなく、システムの構成要素自身が、目的に向けて出力（フィードフォワード）と入力（ネガティブ・フィードバック）を繰り返すわけである。結局、システムの維持は、この循環性に基づいており、自己主張の原理と統合傾向のバランスが、調整されていくのである。保存側とは、エネルギーの増減のバランスの維持である。保存側を目的にするとは、自己主張傾向と統合傾向のバランスを維持することなのである。「バランスシートの維持」[59]こそ唯一の機能要件（目標）である。たとえば、精神分析に詳しいものならば、これをジジェク的なラカンの構図を想起するであろう。サイバネティクスに対応させて単純化を施せば「想像的他者ｉ（ａ）への同一化」（統合傾向）と「想像的自我ｍへの同一化」（自己主張傾向）というシーソーのようなアブジャクシオン（魅了＝棄却）の繰り返し（鏡像段階）のなかから「象徴界Ａ↓ｓ（Ａ）」（カルマンフィルター）が加わることによって「象徴的同一化Ｉ（Ａ）」（機能要件＝第三者の審級）が成立し、「二つの想像的同一化」は、「象徴的同一化」に従属するにいたる。フィードバックゲイン（入力値としての自己主張と統合傾向）が「目的」のもとに従属するに至るわけである。しかしこの従属から逃げ出し逃れた「残余」（逸脱）が欲動ｄを形成し、これは「空想の公式＄◇Ｄ」によって隠蔽される（ネガティブ・フィードバック）。がこの隠蔽は同時に象徴世界の穴（「現実界」・「物」ないし「享楽」）をふさぐことであり、この隠蔽は「自己言及のパラドックス」（Ｓ（Ａ））を禁止するために要請されるものである。これはわれわれの制御工学的システムが、常に観察の観察を繰り返すことによって自己言及のパラドックスを避けつづけることに対応しているわけである。したがって制御工学的システム論は、「否定神学」的特長を濃厚にもつシステムであることになる。[60]

一〇　「新しいシステム論」における構成要素の作動原理

他方、「新しいシステム論」、つまり複雑系や内部観測モデルでは、この「自己主張傾向」（異化）と「統合傾向」（同化）は、どのような形で現れるのであろうか？　実際、複雑系の理論家ラングトンは、構成要素の相互作用において、二つの傾向性を指摘している。たとえば、構成要素の作動における初期値の鋭敏性（偶然性）のよってポジティブ・フィードバックを通じて秩序が形成されるとき、全くのランダムな状態へむかう傾向性と、安定的でかつ多様な集合体の形成へむかう可能性の二つの傾向性である。「ポジティブ・フィードバック」（逸脱増幅作用）は二つの傾向性をあわせもっている。全くのランダム性では「カオス」は出現しない。カオスは、反秩序（まったくのランダムネス）と「多様秩序」の「間」に存在する。ラングトンのいうように全くのランダムネスと多様秩序の間に「カオスの縁」としての生命が出現する。あるいは、アトランがいうように、「けむり」（反秩序）と「結晶」（多様化した秩序）の「間」に「生命」が出現するのである。(61) ラングトンの指摘する二つの傾向性は、「新しいシステム論」においても部分（構成要素）の二つの原理（統合傾向と自己主張傾向）が存在していることを示している。「新しいシステム論」は、まず、「帰納的多義性」ゆえに、複数の構成要素を取り集める目的が、複数あり、したがって複数のシステムが創発するのであった。そのため、複数の目的をもつシステムの状態に対応して、構成要素の「統合傾向」が過剰な状態であるシステムと、構成要素の「自己主張傾向」が過剰な状態であるシステムという少なくとも二つの状態が出現している。前者を「物理秩序」（構成要素の過剰統合）とよび、後者を「カオス」（構成要素のランダムネス）とよんでみることができる。「物理秩序」においては、複数の構成要素は、単純な同型性が実現している。「カオス」においては、完全なランダムネスが出現している。ラングトンは、この秩序とカオスの「間」を「カオスの縁」とよび、アトランは、「結晶」と「煙」の「間」とよび、「生命」の状態を比喩的に名づけている。してみればこの統合傾向と自己主張傾向がバランスよく結びつけられている地点を「カオスの縁」とよんでみることは間違いでもあるまい。この水準の構成要素は、単純さと崩壊の中間、崩壊に近くにあるながら秩序が実現している。即ち「複雑さ」が実現している。この「自己主張傾向」と「統合傾向」の二原理は、松野や大澤も指摘している。松野ならば「近接化作用」と「遠隔化作用」の二原理であり、大澤ならば「求心化作用」と「遠心化作用」である。松野の場合、これがニュートンの力学的システムの第三法則から見出していることが興味ぶかい。松野は生物現象における内部観測的「一対多対応」のシステムにおいて、「保存則」の成立の過程を「部分の作動」から説明しようとしている。複数の構成要素は、「遠隔化作用」と「近接化作用」をもつものとされる。この例として古典的なクーロン力をあげる。クーロン力とは物質のもつ「排斥力」と「引く力」のことである。静電気が発生するときみられるもので、磁石でいうならプラスとマイナスなら「くっつく力」、プラスとプラスなら「離れる力」である。運動する物質なら、定義上の「可能性として」離れるベクトルかくっつくベクトルの二つしかないことにもなる。これを構成要素の力として理解すると引く力と排斥力であり、「近接化作用」と「遠隔化作用」という表現になる。もちろんこれは「力学第三法則」(作用・反作用の法則)でもある。松野は、この概念を使用しながら「保存性の内部伝達」を論じる。「保存性の内部伝達は、ある種の物理的相互作用であって、事後に保存側をもたらす」ものであり、生物学などの場合、「エネルギー保存性の実現にあずかる現実の相互作用は、光速を越えない速度で進行する」[62]。システムの成立が「力均衡化」とよばれ、この力均衡化は、構成要素の「近接化作用」(つまり統合傾向)が中心になり「保存性の伝達」がつぎつぎに伝達されるが、同時に「遠隔化作用」(つまり自己主張傾向)が働いており、保存性の伝達はすぐ乱され、新しい保存性の伝達がなされていく。その結果、「任意の点Aで生起した相互作用が任意の点Bに到達すると、以前の相互作用は乱され、点Bのまわりで保存側を回復すべく新たな相互作用変化が誘起される。その後、再びBに起因する相互作用変化が点Bに起因する相互作用が点Aに到達すると点Aの周りで保存側を回復すべく新たな相互作用変化が誘起される。この継起は際限なく進行する」[63]したがって、保存側をもつシステムは多数出現するのであり、「目的」自体がシステムによって際限なく、生み出される。観察によって生じたシステムを観察するシステムの生産のくり返しで多様な諸システムが創発する。ここで強調すべきはつぎの点である。「制御工学的サイバネティクス」(一対一対応の内部観測)が、全体の維持(保存側)という「単一目的」を組み込んでおり、かつ「遠隔化作用」(自己主張傾向)は、近接化作用のもとで限定される。松野にとっても「近接化作用」による目的の実現こそがシステムの成立をうながすものであり、内部観測における目的性をくりかえし、語っている。「保存性実現過程は事後的に保存側を成り立たせようとする過程である。そのため保存側実現過程にある内部測定は、その作用の仕方が目的志向型となる。事後に保存側を成り立たせようとするのがそこでの目的である。ただしこの目的の起源はあくまでも物質的であり人為的であるのではない」[64]。「演繹システム」(サイバネティクス)においても「帰納システム」(複雑系、自己組織化システム)においても、システムの構成要素は、二つの原理をもっている。これが「自己主張傾向」と「統合傾向」である(大澤真幸は、これを現象学的な水準で「求心化作用」と「遠心化作用」の二つの原理として定式化していると考えることもできる)。ただ、演繹システムと違い、帰納システムにおいては、上位システムの取りうる状態が三つ(秩序、間、カオス)に分かれていることに気づかされる。先に述べたように、内部観測の議論においても複数の構成要素は、「遠隔化作用」と「近接化作用」をもつものとされる。それは古典的なクーロン力(排斥力と引力)を指示しており静電気が発生する時などにみられるものであった。ミクロの水準における構成要素の排斥力と引力の相互の打ち消しあいがマクロの水準においてシステムを形成するものであった。そして、運動する複数の構成要素の排斥力(自己主張傾向)と、引力(統合傾向)の二つの力の打ち消しあいは、おのずとシステムが成立するのだが、その場合、細胞分化の例で述べたように、複数の構成要素どうしのシステムの成立結果(記憶)という帰納要件(目的)が生まれ、この記憶がデータになりその後の構成要素の動きを決定するのであった。故にこの記憶を「帰納要件」とよんだのである。

二 「演繹的循環」と「帰納的循環」

ここで、演繹システム(制御工学的システム論)と帰納システム(新しいシステム論)の違いをまとめておこう。「新しいシステム論」において構成要素は法則（規則）に導かれるが、複数の全体が形成され。その複数の全体ごとに構成要素へとフィードバックしているわけであった。もっと正確にいうならば、「構成要素」（部分）は、「全体」を組織化する「複数」の「目的」へと向けて運動し、「帰納的多義性」を示す。古典力学的な法則にしたがう「軌道」の集合が複数「目標」を目指して選択される。これは構成要素の選択は多数の軌道集合であるというカオスの特徴である。そこで出現した複数の目的に従属する「複数の全体」が形成される。つまりボトムアップ的な複数の全体の形成である。そして、今度は、この複数の全体を構成要素が観察することによって再び別のシステムが立ち上がる。その時点でシステムの構成要素は、異質なものに変化している。こうした、構成要素から創発し複数の創発がなされるという意味で存在論的な「帰納主義」である。この循環を「帰納的循環」（差異的再帰性）とよぼう。他方、「制御工学的システム論」では、複数の構成要素が、法則に導かれ同一の結果を実現する。うらがえした表現なら「構成要素」に、「法則」が代入されて、いついかなるところでもあてはまるような同一の結果が生じる。そしてこれが反復的にくりかえされ同一システムが複数形成される。マンダラのようなサブシステム分化である。これを「演繹的循環」（同型的再帰性）とよぶことができる。われわれは、表題の「機能」（演繹）と「帰納」に対応させてシステムの二つの形を定義したのである。図3－1、図3－2、図3－7は、機能要件が単一であり、システムは「監視の監視」を繰り返すことでシステム分化が形成されるが構成要素（サブシステム）は常に同一である。他方、図3－3右図、図3－5では、機能要件は複数であり、「観察の観察」をくりかえすことによってシステム分化が生じる。システムの構成要素（サブシステム）は、そのたびごとに複数化している。

第三節　機能と帰納

一　サイバネティクスのサイバネティクス（構造の2重性の2重性）

「制御工学的システム論」は、「実在論的な演繹システム」であり、かつ「一対一対応システム」である。構成要素は、単一の目的を目指し、逆に単一の目的に制御されて相互連関が形成され、これが繰り返される（監視の監視）。他方、「新しいシステム論」は、「実在論的な帰納システム」であり、かつ「一対多対応システム」である。複数の目標を目指し、逆に複数の目標がシステムの構成要素に再帰し（観察の観察）、複数のシステムがオートポイエティックに創発する。

この二種類のシステム論を結びつけうる原理はないのであろうか？　ウィーナーのサイバネティクスは、その後、カルマンの現代制御理論において完成されたとされる。それに対して、複雑系やオートポイエーシスなどアイデアの最初の提唱者は、ウィーナーの直系の弟子ともいえるフォン・フェルスターによっている。彼は「セカンド・オーダー・サイバネティクス」を主張し、この二つのシステム論を結び付けている。そして、この議論のテーゼは「サイバネティクスのサイバネティクス」であった。周知のように彼の議論を考察すると多様な「新しいシステム論」の同型のアイデアがみてとれる。まず社会システムの場合、構造－機能理論では、目標・基準値を「機能要件」とよんでいた。あらゆる集団は、なんらかの目標をもち、この目標に拘束されるように「相互連関」（役割体系）が形成されている。そこからの逸脱は、逸脱解消的な力（例えば権力）が働く。フェルスターは、こうしたウィーナー型のサイバネティクスを「観察されたシステム」とよぶ。しかし、この「観察されたシステム」（サイバネティクス）を「観察するシステム」（セカンド・オーダー・サイバネティクス）もあるという。そしてこの「観察するシステム」もまた「サイバネティクス装置」が組み込まれている。それではどのようにむすびついているのか？　まず、二つのシステムを明確に分割しているということである。つまり師のウィナーによる「同型的再帰性」のシステム論（ファーストオーダーサイバネティクス）と、「差異的再帰性」を組み込んだシステム論（これはバレラから示唆を受けたオートポイエーシス型の再帰的システム）としての「セカンドオーダーサイバネティクス」（二階のサイバネティクス）が区別される。われわれの用語では「制御工学的システム論」と「新しいシステム論」の二層化である。フェルスターにおいては、システムの構成要素（部分）は、二つのシステムの間に共有され、同一であるということである。どういうことか？　同一の構成要素が、ファーストオーダーシステムもセカンドオーダーシステムも同時に形成する（とわれわれは理解する）。フェルスターはつぎのように述べている。

「私はセカンドオーダー（二階）という考えが、ダイナミクスを扱うために創案されなければならないことを提起する。観察されたシステムのサイバネティクスとはファーストオーダーのサイバネティクスであるのに対して、セカンド・オーダーのサイバネティクスとは観察するシステムのサイバネティクスである。これは、ゴードン・パスクによって与えられた別の定式に一致するものである。彼も分析上の二つのオーダーを区別する。観察者が、システムの目的を明記することによってシステムに入り込むもの、我々は、これを〈ファーストオーダーの規定〉とする。〈セカンドオーダーの規定〉は、観察者が自分自身の目的を明記することによって入り込む。ここから社会サイバネティクスは、セカンドオーダー・サイバネティクス――サイバネティクスのサイバネティクス――でなければならないことは、明瞭であるようにみえる。システムに入り込む観察者は、自分自身の目的を明記することを可能にする。つまり彼は自立的である」[65]。この定義で理解できるようにファースト・オーダーのシステムとは、システムの複数の構成要素が自分たち自身を全体として観察して共通の機能要件を設定している（演繹）という「機能－構造主義」や「日本版の構造－機能理論」と同様のシステムである。「監視の監視」をくりかえし階層を形成する。それに対して、セカンド・オーダーのシステムとは、確かにシステムの複数の構成要素が、自分たち自身を観察するのだが、全体としてではなく、それぞればらばらに観察し自分自身の目的を明記する。したがって複数の目的が創発する（帰納）。本稿のいい方ならばシステムは演繹と帰納という二つの原理に分割されており、かつ、「帰納システム」も「演繹システム」もそれぞれ「観察の観察」と「監視の監視」を行うのだが、「機能要件をもつ演繹システム」それ自体を「帰納要件をもつ帰納システム」は観察するのである。ギデンスのいい方を変形していうならば「構造の二重性」の「二重性」が社会の認識に不可欠であるということである。観察者（当事者）としての複数の部分（構成要素）は、システムの目的に対して自己拘束することによってシステムに入り込んでいるというのがファーストサイバネティクスであり、他方、このファーストサイバネティクスを「観察」する構成要素は、同時に、自分自身の目的を明記することによって、それぞれ多様に、このファーストサイバネティクス・システムを観察する。この多様な観察によってセカンド・オーダーのシステムが立ち上がるというわけである。ここで重要なポイントは、二つのシステムの構成要素は同一であり二つのシステムを同時に立ち上げるという点である。同一の構成要素が二つのシステムを同時に成立せしめるのである。このアイデアの源泉は、一種の疎外論的認識である。サイバネティクスの支配する経済や国家システムで生きるわれわれは、そのシステムを観察することによって拘束され、疎外されている。そうであるが故に、ファーストオーダーのシステムの観察とは別個の「観察」というものを持ち出しているわけである。そして彼はいう。「もし我々が自立していなければ、だれかがわれわれにとっての目的を決定する。その上、もし自立していないと言うならば、我々は、誰かに対して自分自身の行為の責任を転嫁したいと思っている人びとに弁解理由を与えてしまうことになるだろう。〈私は、自分の行為に責任がない、つまり、だれかの命令（オーダー）にしたがっただけだ〉というわけである。もし我々がお互いの自立性を認識することに失敗するならば、体面だけを気にかけ、その責任を忘却してしまう社会へとむかってしまうだろう。」とフェルスターは述べている。しかし、フェルスターは、単なる疎外論には陥っていない。この疎外された部分（行為者）自身が別種のシステムの住人であることが理解されており、構造主義的（物象化論的）である。この「ファースト・オーダーのシステム」（制御工学的システム論）と「セカンドオーダーのシステム」（新しいシステム論）の二層構造は、おそらく吉田民人が全く独自の公案した「一次の自己組織化（システム）」と「二次の自己組織化（システム）」の二層構造に完全に一致する。しかも、吉田の処女論文で理解できるように疎外論的な立場から出発して二層化するシステム論に到達しているという意味でもフェルスターと奇妙な一致点をもっている。他方、ルーマンも「観察の観察」という形でシステムを二層化しサイバネティクスのサイバネティクスを議論に取り入れている。また大澤も「第三者の審級」とその二次的投射という形でシステムを二層化している。その意味で三者は、同一の地平に到達している。(66) しかし、ルーマンや大澤の場合、全てが「帰納型システム」であるため、帰納型システム（差異的再帰性）と演繹型システム（同型的再帰性）との相違が考慮に入りきれていないと考えることが可能である（それが悪いといっているのではなく）。たとえば大澤の場合は、微妙なのだが、ルーマンの場合、二つのシステム原理が考慮に入れきれていない。図３－５をみればわかるように、目的は順番に生じ、複数の目的が生成する。目的が生成するたびに再帰し別の目的が生み出され、目的に制御されたシステムは多数生成していく。ルーマンのいう「観察の観察」によって複数のシステムがつぎつぎ出現していくことが理解できる。したがってルーマンが多様な社会のみがあり統一性が存在していないと主張するのは、「帰納原理」の論理上、必然的に要請されるものなのである。結果として現れる「認識不可能」な「社会全体性」（これを「全体性A」とよぼう）と部分システムごとの「社会全体」（全体性B）という馬場がいうような「二つの全体社会」の分裂は「帰納原理」の要請から出現していると考えることができるのである。ところが、ルーマンの議論では、第二節の六で述べたようなガン細胞のようなシステムが考慮に入らない（としよう）。正常な生命システムの作動こそオートポイエーシスだからである。ガン細胞（制御工学的システム）は、正常な細胞（帰納的システム）を観察することから正常な細胞を犯していくシステムである（と考えてみよう）。すると「セカンドオーダーのシステム」（新しいシステム論）を「ファーストオーダーのシステム」（制御工学的システム論）が観察するという奇妙なことが生じていることになる。ファーストオーダーのシステムは、同型的な再帰であり、システムの構成要素は常に同一である。複数のサブシステム（部分）が環境を観察するときシステムごとに環境が構築されるのだが、「環境」そのものが部分システムにおいて同一である。「同一の環境」が現われることによって、奇妙にもルーマンにおいて失われていたあの「社会全体性A」が出現してしまう。このようなセカンドオーダーがファーストオーダーシステムによって逆観察されているシステムをわれわれは知っている。いうまでもなく資本主義である。これはオートポイエーシスではなくアポトーシスのようなシステムなのである。よく議論されているように、貨幣（帰納要件＝第三者の審級）は、本来は「新しいシステム論」の特徴である「差異的再帰性」（帰納的循環）の形を採用している。本来はセーの法則（フィードバック）が働かない不均衡累積過程として実現されるべきものであった。ところがフィードフォワードやネガティブ・フィードバックを人為的に構築し「貨幣賃金の下方硬直性」のような帰結をもたせた場合、ここで同型的再帰（演繹的循環）が実現されている。このことによって資本主義はガン細胞のように拡大していく。あくまで比喩的ではあるが、こうした考察は、ルーマンの観念論を唯物論的に転倒させるような意味をもっている。本稿でいう意味での「同型的に再帰するシステムが行う観察」（監視の監視）というものを導入することによってルーマンの立脚点を疑うことができる。

逆に「監視の監視」を「観察」し、「観察の観察」を「監視」するようなモデルを組み込めばルーマンの議論と整合的になるであろう。こうした作業は、システム論的には、貨幣（資本）[67]はサブシステムの作動を貫いて存在しうる「機能要件（のコード）」（帰納ではなく）[68]であるとすることによって、方法論的にはルーマン的色彩をもつ「概念の共約不可能性」（ファイヤーベント）ではなく「概念のアナロジー転写」（メアリ・ヘッセなど）を論拠にして、ルーマンの立脚点を脱構築することになるのではなかろうか。またこれは「プログラムサイエンス」（吉田民人）の立場に立つことを要請し、ここにおいて、機能と帰納の問題性は昨日（きのう）のことへと変貌し新たな地平が開示されることになるのではなかろうか。

（1）「初期条件の鋭敏性」とは、カオスにおけるバタフライ効果で有名であるが、複雑系では、システムの「多様で多層な複数の構成要素」の作動を初期条件の鋭敏性として理解する。また本稿冒頭の表現の仕方は、自己組織化やオートポイエーシスを、わずか二ページで誰よりも包括的にかつ簡明に要約している浅田彰の驚嘆すべき記述を参考にした（浅田彰「ヴァレラと遭遇する」『現代思想：特集　免疫と自己組織化』vol. 12-14　一九八四年　一五二ページ）。この記述は、私見では、少なくとも社会諸科学において（本稿でいう）「新しいシステム論」の日本での出発点になっているかと思う。

（2）複雑系の啓蒙書として目配りの効いた服部桂『人工生命の世界』（オーム社一九九四年）をあげておく。有名なワールドロップ著、田中三彦・遠山峻征訳『複雑系』新潮社、一九九六年には、「帰納法」の記述（三五一－三八一ページ）はあるが、ボトムアップだけが強調され、ラングトンのいう「コレクショニズム」（ボトムアップとトップダウンの相互作用）の記述に欠いている。これはリューイン著、糸川英夫監訳『コンプレクシティへの招待』徳間書店、一九九三年の五三ページで図式として示されている。

（3） http://www.kobegakuin.ac.jp/~p_admin/curri1/Kseiri1.html ないし http://square.umin.ac.jp/homeo/abstracts/session2.html などでも述べられている。

（4） 小室直樹「機能分析の理論と方法」『社会学評論』二〇－一（77）一三ページあるいは「社会動学の一般理論構築の試み（上）」『思想』五〇八、一六ページ。

（5） これに関してはルーマンの整理が最も正確である。『社会システムのメタ理論』新泉社、一九八四年七ページなどを参照。

（6） 片山徹『応用カルマンフィルタ』朝倉書店、二〇〇〇年や、木村英紀『制御工学の考え方』講談社、二〇〇二年などをみよ。

（7） この点はあとで（七節）で問題にする。

（8） ピアジェの応用としては、経済理論における岩井克人『不均衡動学の理論』岩波書店、一九八七年の五四－五五ページで賃金や価格の「予想均衡」モデルで使用している。

（9） 本稿では、「プログラム制御」について全く述べていないので若干でも述べておく。現代制御工学的システム論の社会理論への適用において、「共同主観的構造」が「構造プログラム」（シーケンス制御）に対応している。社会学において、ハーバーマスのウェーバー解釈や、ギデンスのデュルケム解釈、ミュンヒのパーソンズ解釈などで強調されているように、社会学において、共同主観的構造は、カント的枠組み（新カント派）が基本的諸前提である。諸個人はカント的に認識（理論理性）・行為（実践理性）・思考（反省的判断力）の三つの水準において同型的な「先験的形式」（構造プログラム）を共有することによって「相互連関」が結果として実現すると考えるわけである。「共同主観的存在構造」（同型的な意味構造としてのプログラム制御）は固定的であるわけである。それに対して、「新しいシステム論」においては、この先験的な意味構造が、ドイツ観念論的な擬似的先験的な構造であり、コミュニケーションによって変容すると考える。つまり「文化的に伝承され言語的に組織化された解釈範疇のストックとしての生活世界」（ハーバーマス）「記憶痕跡としての構造」（ギデンス）「イデオロギー一般」（アルチュセール）などは、ヘーゲル的な「普遍と個別」の二重性を示す。しかし「観察の観察」を行うシステムそれ自体を二層化するということはギデンスのいう「構造の二重性」の「二重性」を考えなければならないということである。逆にこれらの巨人たちには「二重性の二重性」を考慮に入れる枠組みを発見できることもまた確かである。例えばブルデューの「ハビトゥス」は、認識から行為へ行為から思考への「移調」する「共同主観的構造」（構造プログラム）であるが、「場の構造」を考えて「場とハビトゥス」という形で二層化している。「場」の構造に適合的なハビトゥスは選別され不適合なハビトゥスは、排除されるというわけである。しかしここでは、「構造の二重性の二重性」を読み込むことは難しい。またカントの認識・実践、反省的判断力の三分法は、ハーバーマスの三世界概念（客観的・社会的・主観的）やルーマンの意味の三次元（事象的・社会的・時間的）、フーコーの三分法（知・権力・主体）、遡ってハイデッガーの三分法（下で、中で、先立って）などに対応し、主体の「構造プログラム」による構成という点でカントの三分法は基本である。

(10) 吉田民人『情報と自己組織性の理論』東京大学出版局、一九九〇年、一二九－一三五ページ参照。

(11) 橋爪大三郎・志田基与師・恒松直幸「危機に立つ構造－機能理論－わが国における展開とその問題点」『社会学評論』三五巻一号、一九八四年。

(12) 「構造は、社会状態を一意にわりあてるから、（社会状態）Xに弱順序を割り当てることは構造空間Sに弱順序をわりあてることになる」（『ソシオロゴス　NO5』一九八一年、一五七ページ）と述べられており、これは結局「均衡領域にある社会状態」（社会構造）に順番をつけることになる。また「$FR=FR(X)>\overline{FR}$?」（機能評価関数）の表示は、橋爪大三郎「構造とシステム」『岩波講座　社会科学の方法　第一〇巻　社会システムと自己組織性』岩波書店、一九九四年、特に二四ページ以降参照。

(13) 小室直樹「社会動学の一般理論の試み（上）」『思想』五〇八、一九六六年、一六ページ。

(14) 構造－機能理論の数理的側面と変動論批判は、橋爪大三郎・志田基与師・恒松直幸「機能要件と構造変動仮説」『ソシオロゴス　NO5』一九八一年。

(15) 大澤真幸「失敗に内在する成功」『岩波講座　現代思想一二巻　生命とシステムの思想』岩波書店、一九九四年、三一一ページ。

(16) 富永の「構造―機能―変動理論」であるが、暴力的に単純化すれば、「機能要件」(目的)が充足されなくなると「構造」が「変動」し、再び「機能要件」が充足する状態に復帰するという構図にはならないか？ だが、大澤がいうように「機能要件の変化」が論理的に不可能であるならば、社会構造の「変動」とは、「逸脱」の一種になってしまう。結局、「社会構造」からの「逸脱」とネガティヴ・フィードバックによる逸脱解消というもっとも古典的でもっとも静態的な「構造―機能主義の理論」にしかすぎなくなってしまうのではないか？ つまり富永の議論では、「構造―機能理論」と「構造―機能―変動論」の原理的な違いを主張することはできないのではないか？ 違いは、「構造」からの「逸脱」が、ふたたび現状に戻る過程が「短期」か「長期」かの違いにしかすぎなくなってしまうのではないか？ (富永健一「行為と社会システムの理論」一九九五 東京大学出版会 特に二一二ページ参照)。だが、われわれはそれが失敗しているといっているのではない。(本稿一〇節)。他方、パーソンズの社会変動論は、もっとシンプルで完全であるようにみえる。システム維持(保存)という目的に貢献するような構成要素(サブシステム)を考え、構成要素の作動がシステム維持に対してボトムアップの形で過度の拡大した場合、システム全体の維持に対してバランスをとるように他の構成要素も拡大する。例えば前近代的社会の「社会的共同体」から、経済システムがボトムアップに拡大し(産業革命)、その拡大のバランスをとるように政治システムが拡大し(市民革命)、そのバランスをとるように社会的共同体が再構造化され(国民的ネイションの形成)、そのバランスをとるように信託システムが拡大する(教育革命)。パーソンズの場合、上(全体)から下(部分)へとシステム分化が生じるのではなく、下(部分)から上(全体)へと、ボトムアップにシステム分化が生じる。ポジティヴフィードバックという新しいシステム論の議論が組み込まれているとみることができる。

(17) 大澤 前掲書。

(18) ルーマン著、土方昭監訳「社会システム理論としての社会学」『法と社会システム』新泉社、一九八三年、一二七ページ。ただし、ルーマンは、パーソンズにとっての社会システム「目的」がシステムの存続(維持)であると同時にシステムの構成要素（サブシステム）の目的でもあるという混乱を指摘している。「目的定式と存続定式の関係」が明らかにされていない。「存続をシステム基準一般と用いているし、目的という考えをシステムの下位機能ともみなしている」（ルーマン著、馬場靖雄訳『目的概念とシステム合理性』勁草書房、一九九〇年、一〇二ページ）。

(19) ルーマン著、土方昭監訳「機能と因果性」『社会システムのメタ理論』新泉社、一九八四年、九ページ。

(20) 前掲書、三五ページ。

(21) また「等結果性」についてはベルタランフィ著、長野敬・太田邦昌訳『一般システム理論』みすず書房、一九七三年、七三ページ参照（三七ページ、三八ページも参照）。

(22) 前掲書、一五ページ。

(23) 前掲書、一六ページ。

(24) 前掲書、一九ページ。

(25) ルーマン著、馬場靖雄訳『近代の観察』法政大学出版局、二〇〇三年、四七ページ、七〇ページ。

(26) 前掲書、一六―一八ページ。

(27) ルーマン著、佐藤勉監訳『社会システム理論』恒星社厚生閣、一九九三年、三三八ページ。

(28) 「変換」に関してルーマンは「システムは外的なすなわち支配しえない複雑性を内的なつまり支配可能な複雑性へと変換し、それを徹底的に利用する」と述べている（『目的概念とシステム社会合理性』一三〇ページ参照）また「変換」を丁寧に議論しているのが小松丈晃『リスク論のルーマン』勁草書房、二〇〇三年、一〇七ページ。豊富な文献解釈に支えられた精緻な読解である。

(29) 馬場靖雄『ルーマンの社会理論』勁草書房、二〇〇一年、一四六―一六二ページ。

(30) モラン編著、荒川幾男ほか訳『基礎人間学（下）』平凡社、一九七九年ロワイヨーモンのシンポジウム記録。ここで初めてマツラナがオートポイエーシスを発表している。

(31) 大澤真幸「主体性の転位（上）」『思想』一九九四年一二月号、三八―四二ページ。この箇所は、特に「第三者の審級」が存在論的な「機能要件」（目的性）であると解釈しうる。

(32) 大澤真幸『文明のうちなる衝突』日本放送出版協会、二〇〇二年、一〇三ページ。

(33) 大澤真幸『行為の代数学』一一二一一一三ページ。

(34) 二つのシステムと聞いて論者は、ほとんどの社会理論に登場する「社会の二層構造」を想起するだろう。「システムと生活世界」（ハーバーマス）、「システム統合と社会統合」（ロックウッド）、あるいは、二つの対象領域も重なり合う「社会構造（諸構造）と社会階級（諸実践）」（アルチュセール学派）、これをフランスの文脈で置き換えた「場とハビトゥス」（ブルデュー）や近年では「帝国とマルチチュード」（ネグリ&ハート）などである。しかし、たとえばブルデューのように「構造」（場）と「階級」（ハビトゥス）を対立させた上で「構造」（場）による階級（ハビトゥス）の選別・排除を考えるにしろ、カルチュラルスタディーズのように、「構造」（コード）が上から供給する支配文化と「階級」（デコード）による下からの文化が結合し、保守的にあるいは革新的に「アーティキュレーション」（接合）していくような「多声性」による文化生産を考えようと、これらの理論は二つのシステムの観察関係があいまいであり、「盲点」の記述も弱い（批判しているのではなく）。また二つのシステムがそれぞれ構造の二重性（構造プログラムの二重性）をもっており（構造の二重性の二重性）さらに、この「二つの構造の二重性」自体が「二重性」を持っているという二つのシステムの自己組織化関係も不透明である。（本稿第三節以降参照）また拙稿「資本制下におけるマスコミュニケーションしと情報メディア」（中央大学社会科学研究所　第七号　二〇〇三年）は、メディア論の観点から二層構造を簡単に考察している。

(35) 松野孝一郎『プロトバイオロジー』東京図書、一九九一年、三ページ。

(36) 松野孝一郎・三浦博之「物は感受する」『現代思想　特集　感覚の論理』九九－〇九、一九九－二〇〇ページ。

(37) 河本英夫「メタモルフォーゼ　四」（『現代思想：特集メディオロジー』青土社、二〇〇〇年七月号、二二一ページ。すでにスタンダードになっている観のある『オートポイエーシス－第三世代システム』青土社、一九九五年も明快である。

(38)　保存側とは、構成要素の逸脱と同調のバランスがとれている状態を含意し、ホメオスタシスの恒常性の維持と同様の意味をもっている。単純化すれば保存側はE（エネルギー）＝K（運動エネルギー）＋U（位置エネルギー）で定義され、構成要素の運動エネルギーと位置エネルギーのバランスを意味している。エネルギーの保存を目的として、システムの構成要素の運動エネルギーが増加すれば、他方で位置エネルギーが減少するという形でバランスしている。エネルギーの保存とは、結局、システムの構成要素のバランス（量子の運動の打ち消しあい）が維持されていることである。

(39)　ホフマイヤー著、松野孝一郎訳『生命記号論』青土社、一九九九年、訳者あとがきを参照。

(40)　松野孝一郎『プロトバイオロジー』東京図書、一九九一年　viページ。また、松野論文の「個別者における無限と自然選択」『内部観測とは何か』二〇〇〇年　二二一ページで、内部観測と帰納原理を結び付けている。本稿の主張は、構造ー機能主義でもオートポイエーシスでも帰納原理の地点から理解すると二つのシステムの差異が明確になるということである。

(41)　浅田彰・K・プリフーラム。・甘利俊一『脳を考える脳』朝日出版社、一九八五年、一二一ー一五ページ図式。

(42)　松野　前掲書六八ページ。

(43)　大澤真幸「社会における複雑性」『大航海　NO. 17 特集＝マクルーハン再考』新書館、一九九七年、一三〇ページ。ただし、大澤の「当事者の視点での偶然と観察者の水準での決定論」という理解ではなく、本稿では、「当事者の水準での決定論、観察者（結果）の水準での偶然性」という逆の理解である。これはわれわれが、物理現象（古典力学）でも生物現象でも両者に内部観測を考えるからである。また柴田・福田『人工生命の近未来』時事通信社、二〇ページでは、構成要素の水準での方程式、大局的な状態での方程式の解であると理解している。

(44)　大澤　前掲論文、一三四ページ。

(45)　ホランド著、市川伸一ほか訳『インダクション：推論・学習・発見の統合理論へ向けて』新曜社、一九九一年。

(46)　ハーバーマス著、奥山次良ほか訳『認識と関心』未来社、一三九ページ。また、ホランドと同様、ハーバーマスもパースが論理規則を存在論的に変換したことを把握している（同一一七ページ）。

(47)「帰納」は特にアナロジー転写にもとづく偶然的な過程であるが実在論的に（内部観測的に）変換すると法則（演繹）に従った偶然という形になる（次節参照）。

(48) 渡辺慧『認識とパタン』岩波書店、一九七八年。帰納的多義性や帰納の偶然性のために帰納を切って捨てたのが反証主義のポパーである。特にラカトシュ著、村上陽一郎ほか訳『方法の擁護』新曜社、一九八六年参照。だが、形式的な方法論ではなく、もともと存在論として（プラグマティズムとして）考察していたのがパースであり複雑系がこれを引き継いでいる。

(49)「帰納」と「アブダクション」は創発の強度のちがいだけであって、ここでは、本稿では、特に区別しないで使用している。ウイリアムH。デイヴィス著、赤木昭夫訳『パースの認識論』産業図書、一九九〇年、特に一章、二章。

(50) ホランド　前掲書　七ページ。

(51) ホランド　前掲書　三七六ページ。

(52) ホランド　前掲書一二二ページや四一七ページ以降参照。

(53) 金子邦彦「相互内部ダイナミクス系としての生命観」『現代思想　特集：思考するＤＮＡ』青土社、一九九五年、vol. 二三―一三一。あるいは、金子邦彦、津田一郎『複雑系のカオス的シナリオ』朝倉書店、一九九六年　二〇一ページ。

(54) カウフマンについては一八ページ。S. A. Kaufman, 'Metabolic stability and epigenesis in randomly constructed genetic nets'J. Theor. Biol 22 (1969) 437も参照。金子らの議論では、もっとポピュラーなのが「カオス的遍歴」の議論である。構成要素がシステムを形成し、このシステムが偶然的要素の相互作用にフィードバックし別様なシステムを形成するという再帰しながら多様に変化していくことを「結果」の観点から記述したものと理解できる。

(55) 浅田彰　前掲書、同ページ。

(56) 複雑適応系は自己組織化と並んで新しいシステム論のキーワードである。特に、佐倉統「複雑系の行動とその予測」『環境研究』No. 90　一九九三年「複雑系」を七つの定義と六つの特徴によって簡明かつ正確に整理している。参照されるべきである。「複雑系」論文は多肢に渡るが「オートポイエーシス」より抜群にわかりやすい。S. Wolfram. "Universality and complexity in cellukar automata" Physica D10, 1-35 1984 カオスの縁がセルオートマンのクラス4に対応するというもの。C. G. Langton "Computation at the adge of chaos: Phase transitions and emergent conputation" Physica D42, 12-37 1989 "Life at the edge of chaos" Articial life II pp. 49-91. Redwood City CA: Addison-Wesley. 1991　二冊はカオスの縁の説明 Articial life II pp. 49-91. Redwood City CA: Addison-Wesley. 1991 などを参照。
C. G. Langton self-reproduction in cellular automata physica D10 120-149 1986 も明解である。

(57)　ケストラー著、長野敬・日高敏隆訳『機械の中の幽霊』筑摩書房、一九九五年、田中三彦・吉岡佳子訳『ホロン革命』工作社、一九八三年。ベルタランフィ『一般システム論』長野他訳　みすず書房　特にベルタランフィの「等結果性」を「等結果性すなわち異なった初期条件と異なった仕方からも同一の最終状態に達しうるということ」として定義づけている（三七、一二八ページも参照）。これはルーマンの「等価機能主義」に対応するとみることが可能である。また「異化と同化」の概念は、一二一ページや一三三ページなどにある。これはケストラーの自己主張傾向と統合傾向に対応する。

(58)　自己主張傾向（異化）と統合傾向（同化）は、人間の水準では、自己主張傾向が自尊心、自己主張、支配欲、利己主義などのネガティブな感情のいっさいを含意し、他方、統合傾向が、愛、信頼、尊敬、利他主義などポジティブな感情の一切を含意する。人間の原理的な二つの志向性である。ケストラーは皮肉にも後者の統合傾向に人間の致命的な欠陥を見出している。人間でなく物質であっても、そもそもランダムの状態を起点とすると「要素の運動」は「離れる」か「くっつくか」のベクトルに極限できる。つまり「粒子か波か」の二元論である。この二元論は精神分析の水準で「肛門性と口唇性」（フロイト）「想像的父と想像的母」（クリステヴァ）「自己拡大と自己放棄」（岸田）、あるいは現象学的水準で、「自己主張・独自性の欲望と模倣・平等化欲望」（ヘーゲル）、「遠心性と遠心性」（大澤）、「成果志向と了解志向」（ハーバーマス）、「当体的包絡と脱当体的包絡」（吉田）、さらには認識論的水準で「説明と理解」（ディルタイ）「事物知覚と表情知覚」（カッシーラ）などなどあらゆる社会理論の対概念にパラフレーズすることができる。階層をもち全体（システム）と部分（環境）をもつシステム論においては必然的に前提せざるをえない原理である。この二原理の矛盾をばねにしてシステムが立ち上がる。社会全体の水準で、ゲゼルシャフト的近代（自己主張）とゲマインシャフト的アンチ近代（統合傾向）の対立として理解できる。この近代（啓蒙主義）とアンチ近代（ロマン主義）の矛盾、つまり近代を否定（アンチ近代）しながらも維持する（近代）ことが強制されるという屈折した心情からパスティッシュとしての「ポスト近代」が生成すると理解も可能である。この場合、「前近代」は、「ロマン主義＝アンチ近代」とも癒着する場合「保守主義」であり「啓蒙主義＝近代主義」と癒着した場合「新保守主義」である。また統合傾向の過剰が上位のシステムで自己主張傾向の過剰になるという論点は、「共同幻想の転倒」（吉本）という議論にも応用できる。

(59) もちろん、ここでは、経済学における「バランスシート問題」（そして不良債権問題）を念頭に置いている。バランスシート（そして営業キャッシュフローなど）を考えることがケインズ的枠組みを越えることになることをハーマン・ミンスキー（ポストケインジアン）などは注視しているのだが、ここで述べる紙面がない。

(60) 東浩紀『存在論的、郵便的』新潮社、一九八八年、特に二三三―二七八ページ。したがって制御工学的システム論は、「否定神学」的特徴をもち、新しいシステム論は「郵便」的特徴を示す。「クラインの壺」（否定神学）とクライン管の複数化によるクラインの壺の動態化（郵便的）である。また、ハイデッガーのシステムは、存在のあり方が二種類に区別されているシステムであると理解できる（木田元『ハイデガーの思想』（岩波書店　一九九三年　特に一六三ページ）われわれの理解では、ハイデガーのシステムは『存在と時間』の頃からすでに二層化しており、そこでは存在者と区別された「存在」も二層化しており、これはわれわれが定義した（内部観測的な）「機能要件」（同型的再帰性）と「帰納要件」（差異的再帰性）の特徴を示していると主張可能である。

(61) アトラン『結晶と煙の間』法政大学出版局、一九九二年。

(62) 松野孝一郎『プロトバイオロジー』東京図書、一九九一年、一五―一六ページ。

(63) 松野　前掲書、七三ページ。

(64) 松野　前掲書、七七ページ。

（65）Heintz von Foerster "Cybernetics of Cybernetics" in Klaus Krippendorff, ed., Communication and Control in Society (New York 1977) p. 7-8.

（66）本稿で、大澤真幸、ルーマンやパーソンズ、日本の構造－機能主義者たち、そして吉田民人の議論などをあえて暴力的に相互に等値し合うという一種奇妙なことを行っているのは、尊敬すべき彼らの議論をより包括的な地平で理解したいがためであり決して批判ではない。すぐれた理論家ならば、ありとあらゆる認識、要素、議論、視角が組み込まれているものである。

（67）本稿最後の部分は特にわかり難くなっているが、われわれの「機能要件」は一節で述べたように社会秩序そのもの（存立維持）であり、機能要件は「構成要素」によるシステム維持目標であり、したがってここでいう「貨幣」とは正確には、システム維持を目指して区別され指し示される観察としての「バランスシート」（負債・自己資本コード）として理解している。もちろんバランスシートは、商法・証券取引法・税法のトライアングルによる法的な構成がなされ安定的に制御されている。ルーマンのような法実証主義のニューバージョンに対する批判（ドゥオーキンやＣＬＳが用いられるであろうが）を検討する紙面はないが、法的な構成をもつ資本主義において「貨幣」は「帰納要件」ではなく「機能要件コード」に変貌している。

（68）拙稿「プログラムサイエンスと社会理論」（未発表）は、その準備作業である。経済学的な金融理論と精神医学や精神分析が主要なテーマになっている。

第四章　9・11以後の武力行使と自衛隊海外派遣に関する日本人の意識変化
――イラク戦争前の世論調査データ（一九九一―二〇〇一年）の二次分析――

種村　剛

第一節　問題提起

「二〇〇一年九月一一日、アメリカ本土で生じた同時多発テロ事件（以後9・11と表記する）以後、世界は変わった」という人がいる。それに対して「変わっていない」という人もいる。おそらく、どちらの主張も間違いではないのだと思う。なぜなら、変化の主語である「世界」という言葉が、多義的だからだ。この「世界」という言葉は何を指しているのだろうか？「世界」概念の内容を「国際関係」、「国内の制度」、そして「社会意識」の水準――マクロの水準とミクロの水準――に区分することができるのではないか。そして、それぞれの水準で、9・11以後の変化について検証することが可能であり、また必要なのではないだろうか(1)。

「9・11以後、国際関係は変わった」。この命題は経験的に正しいだろう。9・11以後、国際政治において、アメリカが、その国益のために、国際協調から単独で離脱し、ともすると、軍事介入を行う状況が現れたといわれている。藤原帰一は、国際政治におけるアメリカの政策方針を「帝国」という概念を用いてあらわしている(2)。

「9・11以後、日本の制度は変わった」。この命題もまた、正しいだろう。特筆すべき国内の制度の変化として、いわゆるテロ対策特別措置法の制定がある。[3] テロ対策特別措置法による、海外における自衛隊の支援活動は、集団的自衛権の行使に一歩踏み込んだものになっているといえるだろう。その意味で、9・11は、日本の外交や国際貢献のあり方に大きな転換をもたらしたといえる。

それでは「9・11以後、日本に暮らす人びとの意識は変わった」のだろうか。9・11以後の国際関係の変化、制度の変化のあり方について、経験的なもの、規範的なものを含めて、多くの言及や考察が行われている。[4] しかし、その一方で、9・11以後の、日本人の意識の変化についての、実証的な研究は、十分に行われているとはいえない。[5] 本稿は、湾岸戦争（一九九一年一月）から、アフガニスタン空爆（二〇〇一年一〇月）までの、自衛隊派遣に関する世論調査データの二次分析を通じて、9・11と意識の変化の関係について考察する。

二〇〇三年、イラク戦争をきっかけにして、自衛隊の派遣を巡る環境は大きく変化した。[6] そのためデータとその分析は少し古くなってしまった感がある。しかし、今後の比較対照という意味において、この分析は重要であると考える。

第二節　問　い

アメリカにおける、9・11以後の意識の変化について確認した上で、問いを提示する。

9・11以後、事件がおきたアメリカ本土における、人びとの意識の変化がいわれている。アメリカにおける意識の変化として、第一に、愛国心の高揚が指摘されている。第二に、テロに対する不安感の高まりがいわれている。第三に、テロおよびテロ支援国家に対する戦争が人びとの支持を集めていることがいわれている。人びとの意識変化を示す、具体的な指標として、事件以後、テロに対する戦争を宣言した、ブッシュ大統領の支持率上昇がある。(7) このことから、つぎの命題を導こう。

命題1　アメリカでは、9・11以後、人びとの意識に大きな変化があった。

それでは、日本でもまた、9・11を契機として、人びとの意識の変化があったといえるのだろうか。9・11以後、テロ後の社会について述べた。言説が流通し、消費された。その背景には、事件に衝撃をうけ、事件に関する言説を求め受容する人びとがいたからだと、考えることはできないだろうか。(8) 言説を求め、受容した人びとは、自らが感じた、言葉にならない事件の衝撃や、これからの日本や世界のあり方ついての漠然とした不安感など——すなわち、9・11以後に生じた意識の変化——を表現した、誰かの言葉を知りたかったのだといえないだろうか。すなわち、アメリカと同様に日本でも、9・11は人びとに衝撃を与え、その衝撃は人びとの意識を変化させたのではなかろうか。このことから、つぎの問いを提示する。

問い　9・11以後、アメリカのように、日本でも人びとの意識に大きな変化が生じたのではないか。

第三節　従属変数

「9・11以後、日本人の意識は変化したのか」という問いを提示した。本稿では、意識変化を図るための指標として、つぎの二つを取り上げることにする。一つは、「アメリカの武力行使に対する支持」である。もう一つは、「自衛隊の海外派遣と後方支援に対する支持」である。以下では、「武力行使に対する支持」と「自衛隊の海外派遣に対する賛否」を、意識変化の従属変数として選んだ理由を述べる。

第一に、「意識は社会制度を変革する要因となる」という命題を認めてよいと考えるならば、社会制度のあり方との関係において、日本における「武力行使支持」「自衛隊派遣の賛否」に関する9・11以後の意識変化を知ることは重要であると考える。たとえば、武力行使を容認する傾向が強まれば、今後、日本の国際貢献の選択肢として「武力行使」への間接的・直接的な参加があがるようになるかもしれない。また、そのことを可能にするように制度を改正すること（憲法の改正や立法）を、望ましいと考えるようになるかもしれない。

第二に、「武力行使支持」や「自衛隊派遣の賛否」は、9・11以後の「戦争観」の変化を知る手がかりになるために、重要である。「武力行使支持」や「自衛隊派遣の賛否」に関する意識は、私たちの「戦争観」の一部を構成するだろう。日本の「戦後」の思想において「戦争観」は重要なファクターであるとされている。(9) そうであるならば、「武力行使支持」や「自衛隊派遣の賛否」に関する意識の変化は、「戦後」思想のあり方の変化をもたらす可能性があるのではなかろうか。

第四節　仮　　説

前に示した問いを受けて、日本人の意識変化について、「転換点仮説」とその対立仮説をたてる。そして、仮説間の真理表を提示する。

転換点仮説　「9・11以後、世界は変わった」といわれるように、日本人の意識は、9・11を転換点として、大き

表４－１　転換点仮説と対立仮説の真理表

	9・11以前の意識変化	9・11以後の意識変化
転換点仮説	－	○
対立仮説1	－	－
対立仮説2	○	○

－：変化なし、○：変化あり

な変化が生じただろう。

対立仮説1　9・11以後も、日本人の意識は変化していないだろう。

対立仮説2　9・11以前から、日本人の意識は変化していただろう。

それぞれの仮説の関係と特徴を述べよう。まず、真理表（表4－1）からわかるように、これらの仮説は、相互に排他的な関係にある。

転換点仮説は、9・11を契機として意識の変化が生じたとする仮説である。ゆえに、9・11以前には意識の変化がみられず、9・11をきっかけにして、大きく意識が変化した場合に、「転換点仮説」が確認できるものと位置づける。この転換点仮説を主仮説として、二つの対立仮説をたてる。

対立仮説1は、9・11以後も意識の変化が確認されないという点で、転換点仮説の帰無仮説に相当する。転換点仮説に対して、対立仮説1を「無変化仮説」と名づけることもできるだろう。対立仮説2は、転換点仮説と同様に、9・11以後の意識の変化が確認できる一方で、9・11以前からも意識の変化があるとする仮説である。すなわち、9・11は日本人の意識に影響を与えたかもしれないが、必ずしも事件がきっかけになって意識が変化したとはいいきれない――なぜならば、9・11以前から意識の変化が確認できるから――とする立場である。転換点仮説に対して、対立仮説2を「緩やかな変化仮説」と名づけることができるだろう。それでは、転換点仮説に基づいた以下の予想は、既存の世論調査データを用いた、二次分析を通じて確認できるだろうか。

表4－2　対テロ戦争におけるアメリカの武力行使準備および武力行使支持率

調査主体名	調査日（2001年）	質問文／回答
読売新聞	9月24・25日	アメリカのテロ組織壊滅のための軍事行動を支持するか
		支持する44%、支持しない27%、どちらともいえない29%
朝日新聞	9月28・29日	アメリカの報復攻撃準備を支持するか
		支持する42%、支持しない45%、答えない13%
読売新聞	10月	アメリカの軍事行動を支持するか
		当然だ23%、やむを得ない60%、容認できない15%、答えない2%
NHK	11月9・10日	アメリカの武力行使を支持するか
		支持する49%、支持しない41%、答えない10%

出典：『読売新聞縮刷版』517 2001年1419-21ページ，『朝日新聞縮刷版』964 2001年1-2ページ，『日本の世論調査』仏文堂　2002年 194ページ，『〝アメリカズ・ウォー〟と世界　America's War and the World　NHK 報道の100日間』NHK 出版編　2002年 132ページより作成。

予想1　武力行使についての日本人の意識は、9・11を転換点として大きく変化したのではないか。

予想2　自衛隊の海外派遣に関する日本人の意識は、9・11を転換点として大きく変化したのではないか。

第五節　検　証

一　武力行使支持

表4－2は、9・11以後のアメリカの武力行使に対する、意識調査の結果である。読売新聞九月調査と朝日新聞調査は、アメリカのアフガニスタン空爆開始前に行われた調査である。読売新聞一〇月調査とNHK調査は、空爆後に行われた調査である。

読売新聞九月調査と朝日新聞調査によれば、9・11以後、日本人の約四割がテロおよびテロ支援国家に対するアメリカの武力行使準備を支持している。

武力行使不支持については、読売新聞九月調査が二九％、朝日新聞調査が四五％と、武力行使支持に比べて差がある結果が出ている。この差が生じた原因として、読売新聞調査が「どちらともいえない」を含めた三値であることが考えられる。

アメリカのアフガニスタン空爆後に行われた、読売新聞一〇月調査とNHK調査では、回答に若干差のある結果が出ている。設問や選択肢の構成が異なるので単純な比較はできないが、読売新聞一〇月調査では、武力行使について約八割の人が肯定的回答（当然だ二三％、やむを得ない六〇％）を行っているのに対して、NHK調査では五割の人が肯定的回答を行っている。読売新聞一〇月調査における「やむを得ない」カテゴリーには、NHK調査で「支持する」と答えた人の約半分と、「支持しない」と答えた人の六－七割が含まれているようである。

この結果を大胆に解釈すれば、つぎのようなことがいえるのではなかろうか。日本では、アメリカの武力行使について、「重大な犯罪行為であるテロに対して、武力を用いた制裁を行わなくてはならないことは、理解できる。しかし、アフガニスタンを空爆することは、できる限り避けるべきではなかったか」と考える人（支持－やむを得ない）と、「理念的に戦争は支持できない。しかし、テロに対する戦争は行わざるを得ないという現実を、認めざるを得ない」と考えている人（不支持－やむを得ない）が、それぞれ少なくない割合で存在するといえるのではなかろうか。

この解釈が、どの程度あたっているかは現段階ではわからない。ゆえに、本稿では、つぎのことを示唆しておくことにとどめておきたい。日本における武力行使についての考え方は、単純に〈肯定－否定〉の一次元の軸で区切れるのではなく、もう一つ別の軸を想定することができそうである（この軸を〈理念－現実〉の軸と名づけることができるかもしれない）。日本における武力行使に関する意識は、これら二つの軸が交差する、二次元の構造をもっている可能性があるのではなかろうか。

表4－3　湾岸戦争におけるアメリカの武力行使に対する支持率

あなたは、多国籍軍側が武力行使に踏み切ったことは当然だったと思いますか、やむを得なかったと思いますか。

読売新聞	1991年2月	1991年3月
当然だった	15%	15%
やむを得なかった	51%	58%
すべきでなかった	30%	24%
答えない	5％	2％

出典：『世論調査年鑑（平成三年版）』1992年，508ページより作成。

湾岸戦争でのアメリカ政府の対応を支持しますか。支持しませんか。

朝日新聞	1991年2月
支持する	51%
支持しない	35%
その他・答えない	14%

出典：『世論調査年鑑（平成三年版）』1992年，454ページより作成。

表4－3は、湾岸戦争時のアメリカの武力行使支持についての、意識調査の結果である。読売新聞の調査（三値）をもちいて、湾岸戦争時と対テロ戦争時の武力行使支持率を比較すれば、武力行使を支持すると回答する割合は、増加している（当然だ一五％⇩二三％）また、武力行使を支持しない割合は減少している（すべきでなかった［容認できない］三〇％⇩一五％）ことを確認することができる。

しかし、その一方で、武力行使支持について二値でたずねた調査と空爆後のＮＨＫ調査を比較すると、武力行使支持の若干の減少（支持する五一％⇩四九％）と、武力行使不支持率の上昇（支持しない三五％⇩四一％）を確認することができる。すなわち、武力行使支持についての既存の調査において、二値のデータと、三値のデータでは、逆の結果が現れている。この結果から、つぎの命題を示す。

命題2　9・11以後の武力行使支持の割合は、湾岸戦

争時と比べて、武力行使支持に傾いたとも、武力行使不支持に傾いたともいえない。

ちなみに、ベトナム戦争における北ベトナムへのアメリカ軍の爆撃について、一九六五年八月に行われた朝日新聞調査によれば、賛成が四％、反対が七五％という結果が出ている（朝日新聞一九六五年八月二四日）。ベトナム戦争時から比較すると、現在の日本の世論が、大きく武力行使支持に傾いていることがうかがえるだろう。

二　自衛隊の海外派遣

つぎに、自衛隊の海外派遣の支持について確認しよう。

表4－4は、それぞれの世論調査による、対テロ戦争における自衛隊派遣の支持率である。調査の結果には差がある。日経新聞調査では七割、読売新聞九月調査では八割を超える人が、自衛隊を用いてアメリカ軍を支援することに賛成している。それに対して、朝日新聞調査では、自衛隊の派遣への賛成は四割にとどまり、賛成と反対を比較すると、わずかに反対が上回っている。

朝日新聞調査では、他の調査と比べて、自衛隊の海外派遣支持率が、低く現れた理由を考えてみよう。まず、第一の理由は、読売新聞調査の回答項目が三値であるのに対して、朝日新聞調査は二値であることがあげられるだろう。しかし、これだけでは、同じ二値の回答項目を設定している、日経新聞調査との差を説明できない。第二の理由は、――後に詳しく触れるが――日経新聞調査が設問で、自衛隊の「後方支援」をあげているのに対して、朝日新聞調査は、単に「自衛隊の派遣」をあげていることが考えられる。ここでは、控えめにみて、少なくとも四割以上の人が自衛隊の海外派遣を支持していると結論しよう。

表4－4　対テロ戦争における自衛隊派遣の支持率

調査主体名	調査日	質問文／回答
日経新聞	9月21・22日	日本政府が、テロに対応するアメリカ軍の自衛隊を用いて、輸送・補給・医療などの後方支援をおこなうこと
		賛成する70%、賛成しない23%
読売新聞	9月24・25日	日本はアメリカのテロ組織壊滅のための軍事行動に協力すべきか
		積極的に協力すべき25%、ある程度は協力すべき62%，協力すべきではない12%
		日本の協力のあり方（協力に賛成と回答した人に対して）
		医療・輸送・補給などの後方支援87%*
朝日新聞	9月28・29日	アメリカ支援としての自衛隊の派遣
		賛成42%、反対46%

（注）　質問票の形式は「日本の協力のあり方」をいくつでも選択できるマルチアンサーである。ほかの選択肢として、資金援助（55%）、情報収集と提供（56%）、戦闘への直接参加（8%）がある（括弧内の数値は結果）。

出典：①『日本経済新聞縮刷版』20509（9月）2001年，1325-26ページ②『読売新聞縮刷版』517（9月）2001年，1419-21ページ③『朝日新聞縮刷版』964（10月）2001年，1-2ページより作成。

表4－5は、湾岸戦争時における自衛隊海外派遣についての支持率である。朝日新聞調査によれば、湾岸戦争がはじまる前の一九九〇年一二月では、自衛隊を派遣すると答える人は、一〇%に満たない。また、湾岸戦争が事実上終結している、一九九一年六月でも、自衛隊派遣を支持する人は、前回調査に比べて倍増したとはいえ、一九%にとどまっている。この割合は、対テロ戦争時における、少なく見積もった自衛隊の海外派遣支持率四割の半分以下である。このことから、つぎのように結論しよう。

命題3　9・11以後、自衛隊の海外派遣の支持率は、湾岸戦争時と比較して、増加した。

表４－５　湾岸戦争時における自衛隊派遣の支持率

中東危機のような、日本にも関係した国際紛争が起きた場合、日本はどんな態度をとったらよいと思いますか。

朝日新聞	1990年12月	1991年６月
資金も人も出さず、外交面で協力する	33%	25%
資金援助にとどめる	29%	25%
民間人に限った支援グループを派遣する	19%	16%
自衛隊を派遣する	９%	19%
その他・答えない	10%	25%

出典：①『世論調査年鑑（平成三年版）』1992年453ページ②『世論調査年鑑（平成四年版）』1993年481ページより作成。

それでは、自衛隊の海外派遣を支持する傾向は、9・11以後生じた変化なのだろうか。そうとはいい切れない。

第一に、湾岸戦争と9・11の間に、国連平和維持活動協力法（一九九二年六月）が成立した。そして、これまで、実際に平和維持活動（PKO活動）として自衛隊の海外派遣が行われている。また、一九九九年五月には周辺事態安全確保法が成立した。この二つの法律は、自衛隊の海外派遣の論拠になる法律である。人びとは、自衛隊のPKO活動や、周辺事態安全確保法の審議を通じて、直接戦闘に参加しない「後方地域」における「支援活動」であるならば、自衛隊を派遣してもよいと考えるようになったのではなかろうか。

自衛隊のPKO参加支持率の推移（図４－１）をみてみよう。

図４－１より、PKO活動の一環として、自衛隊を海外に派遣することについて、人びとの支持が、一九九〇年代の中期から後期にかけて、緩やかに増加していることがわかる。また、表４－４で示した、読売新聞九月調査において、自衛隊を用いた協力として、「医療・輸送・補給などの後方支援」についての支持率が八七％に対して、「直接戦闘」を含めた協力についての支持率は、八％にとどまっている。

人びとは、今回の自衛隊の海外派遣をPKO活動との連続して理解

図４－１　自衛隊のPKO参加支持率の推移

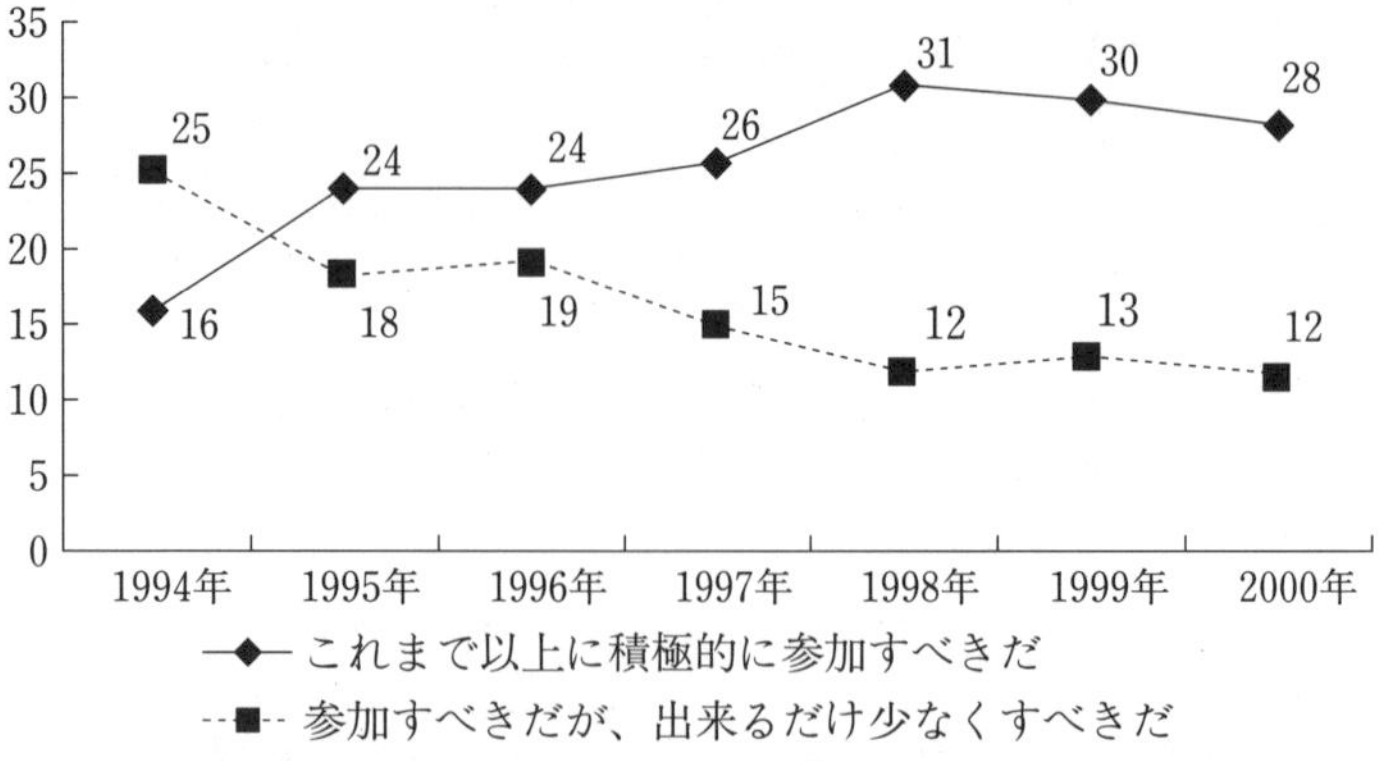

出典：内閣総理大臣官房広報室「外交に関する世論調査」より作成。

し、「後方地域」における「後方支援」ならば、自衛隊の派遣を肯定すると考えているのではなかろうか。

　このことから、自衛隊の海外派遣の支持率が高まったのは、「後方地域」や「支援活動」という概念が、ＰＫＯ法や周辺事態安全確保法の立法過程でつくり出され、法案審議やＰＫＯ活動の実行過程を通じて、これらの概念が人びとの間に浸透していったことと関係があるのではないかと考える。

　第二に、「湾岸戦争における日本の貢献が評価されなかった」ことが、政策決定者だけではなく、私たちの自衛隊派遣についての考え方にも、影響を与えていることが考えられる[10]。

　テロに対する武力行使に、日本も自衛隊を派遣して協力すべきであることがいわれる。そして、その理由としてつぎのようなことが提示される。①国際社会の一員として、国際秩序維持に対する日本の貢献の必要が指摘される。②日米同盟がいわれ、アメリカに対する日本の政治的立場から、アメリカへの協力が必要であることが説かれる。③テロ事件の被害者には日本人が含まれており、日本もテロの被害国であることが述べられる。④武力行使を支援しなければ、「日本はテロに甘い国」と思われ、攻撃の対象となる可能性があることが指摘される。そして、⑤

いためには、経済的な貢献以外に、目にみえる協力が必要であることがいわれる。

前に示したように、私たちが受容する、自衛隊の派遣をすべきであるという主張のなかに「湾岸戦争の貢献が評価されなかった」ことが含まれている。このことは「国際社会から評価を得るためには、湾岸戦争のときとは違って、自衛隊派遣をおこなう必要がある」ということが、自衛隊派遣を肯定するためのロジックになりうることを示している。言説を受容する私たちにとって、この主張が説得のロジックとして成立することは、その前提として「湾岸戦争における日本の貢献が評価されなかった」ことが、私たちの自衛隊派遣についての考え方に、影響を与えていた（与えている）ことを意味するのではなかろうか。この推測を裏づける資料として、人的な国際貢献に対する支持の変化（表4－6）をあげておこう。

表4－6の設問において、人的協力の内容は明確ではない。しかし、調査の時機や文脈から考えて「自衛隊の海外派遣」が「人的協力」の文言に含意されていることは、疑えないだろう(11)。一九九〇年一二月と一九九一年四月を比較すると、人的協力を「積極的にすべきだ」と答える割合が、約二倍になっている（一六％⇩三〇％）ことがわかる。また、すでに表4－5に示したように、この時期、自衛隊派遣支持率も大きく変化している。この理由として、湾岸戦争での経済的な貢献が国際的に評価されなかったことが考えられる。具体的には、湾岸戦争終結後、クウェートの掲載した感謝広告に、日本の名前があげられていなかったこと（一九九一年三月）が、人的協力に対する考え方に――政策決定者だけではなく、世論の水準においても――影響を与えたのではなかろうか。これらのことから、命題3を補足した、命題4を提示する。

表４－６　人的な国際貢献に対する支持率の変化

先の湾岸戦争をきっかけに、日本の国際貢献のあり方として、金やものだけでなく、人的協力もすべきだという意見が出ています。あなたは、人の面での協力を、積極的にすべきだと思いますか、ある程度はやむを得ないと思いますか、それとも、その必要はないと思いますか。

読売新聞	1990年12月	1991年３月	1991年４月
積極的にすべきだ	16%	28%	30%
ある程度はやむを得ない	49%	55%	49%
その必要はない	26%	11%	14%
その他・答えない	８%	６%	７%

出典：①『世論調査年鑑（平成三年版）』1992年498･512ページ，②『世論調査年鑑（平成四年版）』1993年503ページより作成。

命題４　９・11以後、自衛隊の海外派遣の支持率は、湾岸戦争時と比較して、増加した。しかし、この支持率増加は、単純に９・11事件が契機になったものではなく、湾岸戦争後から緩やかに生じていると考えることができる。

おわりに

本稿は、９・11以後の日本における意識の変化について、「武力行使」と「自衛隊の海外派遣」を取り上げ、世論調査の二次分析を用いて、その変化を検証した。本稿の結論をまとめる。

第一に、９・11以後の、アメリカの武力行使に対する支持の割合は、湾岸戦争時と比べて、武力行使支持に傾いたとも、武力行使不支持に傾いたともいえない。人びとの「武力行使支持」の意識変化については「転換点仮説」を積極的に採択できないと結論する。

第二に、９・11以後の、自衛隊の海外派遣の支持率は、湾岸戦争時と比較して、増加した。しかし、この支持率増加は、単純に９・11事件が契機になったものではないと考えられる。自衛隊派遣の支持率増加は、ＰＫＯ法や周辺事態安全確保法の立法過程から生じた「後方地域」や「支援活動」という概念が、人びとの間に広まったことと、おそらく無関係ではない。また、湾岸戦争における日本経済貢献が評価されなかったことも、その当時から、人びとの自衛隊派遣支持傾向に影響を与えていたと考えられる。これらのことより、9・11を転換点にして自衛隊の海外派遣支持が増加したのではなく、むしろ、湾岸戦争以後、人びとは徐々に自衛隊の海外派遣を支持するようになっていったと結論する。

前記の結論から、考察として、つぎの三点を述べる。

第一に、前記の結論から「9・11以後、日本の人びとの意識は変わっていない」という命題を敷衍することはできない。なぜなら、本稿で直接取り上げることのできなかった、意識や感覚があるからだ。たとえば、今ある現実が、非常にもろいものであり、理不尽な暴力であっけなく崩れてしまうということ。そして、今まで、気にとめることのなかったアフガニスタンという地域へのまなざしが、9・11以後生まれたと思う。そのことを否定しない。

第二に、前記の結論は「9・11は、日本人の武力行使や自衛隊派遣についての考え方に、全く影響を与えていない」ことを意味しているわけではない。本稿は、9・11は、当該事象に対する私たちの意識や考え方に影響を与えているかもしれない。しかし、それ以前からの変化に着目すると「9・11は意識の転換点」とはいい切れないことを示している。また、前記の結論は、世論調査の二次分析という、いくらか制約の多い方法から得られた知見である。異なる方法を用いれば、異なる知見が得られる可能性を否定しない。

第三に、「武力行使」や「自衛隊の海外派遣」に関する人びとの意識は――本稿の結論によれば――9・11以後、大きな変化があったわけではない。その一方で、日本では、9・11以後、制度上の大きな変化があった。このことを、つぎのようにいうことはできないだろうか。9・11は日本の制度を大きく変化させた、しかし、9・11は、その制度に関係すると思われる、人びとの「武力行使」や「自衛隊の海外派遣」についての意識を大きく変化させたわけではない、と。

このため、日本においては、今ある現実――テロに対する正当化された武力行使が行われている現実、そのことを支援する日本――と、人びとの意識の間には、まだいくらかの温度差があると思われる。一言でいえば「制度が先行し、意識が追いついていっていない」のである。この意識と現実の差は、どのようにして埋まっていくのだろうか。現実の状況や、その状況に合わせて変化した制度が、意識を変えていくのだろうか、それとも意識が制度を変化させていくのだろうか。

おそらく、前者なのだと思う。人びとの「武力行使」や「自衛隊の海外派遣」についての意識は、これから徐々に――湾岸戦争後から緩やかに自衛隊の海外派遣が肯定されていったように――変わっていくのだろうと予想できる。制度を支持する側はそれを「国民の理解」という、制度を支持しない側は「決まったものは仕方がないというあきらめ」という。この二つの指摘は、両方当たっているように思われる。制度を「理解する」そして、現状を「仕方ないもの」とみることで、私たちは、今ある日本の「武力行使」に対する現状を肯定し続けていくのかもしれない。

私たちは、日本が「テロへの戦争」を肯定する「普通の国家」になることを体験する世代になるのだろうか。そして、「普通の国家」になった日本を、後の世代に手渡すことになるのだろうか。そしてまた、「普通の国家」を引き継いだ未来の世代は、「普通の国家」への緩やかな変化を肯定し続けたこの時代を、何と評価することになるのだろうか。

（1）　つぎのような疑問を感じる人がいるかもしれない。9・11は確かに異様な事件であった。しかし、異様な事件は9・

11だけではない。では、なぜ9・11は他の事件と区別されて、考察の対象になりうるのだろうか？　端的に結論を述べよう。

第一に、9・11は世界全体を「テロに対する戦争」状態にしたからである。第一次世界大戦の原因となった、暗殺事件が、ほかの多くの暗殺事件から区別されて、記憶されている。このことと同様に、「対テロ戦争」を引き起こした9・11は、――すなわち事件の規模や衝撃とは別に――、ほかの事件とは区別されて、記憶される（記憶されるだろう）事件であると考える。世界が戦争状態になるということは、秩序の混乱、貧困や迫害、国家権力による人びとの統制、社会制度の転換などが、世界規模で発生することでもあるし、また、既に生じているのだろうと思う。

第二に、日本人の多くは、一九四五年の敗戦後から、戦争を望ましくないものと考えてきた。しかし、再び戦争は生じ、日本はその戦争に参加する道を選択した。現実的な代替案はほかにないのかもしれない。しかし、一方で私たちは「二度と戦争を行わない」ことを理念としていなかったか？　それにもかかわらずなぜ、あっけなく、後方支援の名のもとに自衛隊の派遣が決定されたのだろうか。また、戦闘地域が残る外国領土に自衛隊が派遣されるのだろうか。理念と現実に差があることが問題なのではない。理念と現実に差があることすら気づかれないでいる――憲法前文を引用して派遣が正当化されるように、「理念と現実が一致している」という言説が真面目に行われる――ことが、不思議なのだ。これらの事柄が、9・11以後の社会意識を社会学の研究対象として考察を行うことの動機であり、理由である。

（2）　藤原帰一『デモクラシーの帝国――アメリカ・戦争・現代社会』岩波新書、二〇〇二年参照。

（3）　正式には「平成一三年九月一一日のアメリカ合衆国において発生したテロリストによる攻撃等に対応して行われる国際連合憲章の目的達成のための諸外国の活動に対して我が国が実施する措置及び関連する国際連合決議等に基づく人道的措置に関する特別措置法」。二〇〇一年一〇月二九日に与党三党の賛成多数で成立する。同年一一月二日に公布、施行される。同月二〇日に行動計画が総理大臣の承認を得る。一二月二日、自衛隊艦船による、インド洋での補給活動が開始される。

（4）　9・11以後の言説は、大量にある。ここでは、社会学者の仕事のみ簡単にフォローしておこう。大澤真幸は、テロに対する戦争に反対する論陣を張る（大澤真幸「大規模な喜捨＝援助が「見えない敵」をあぶり出す」『論座』一二月号、二〇〇一年、九四―一〇五ページ、大澤真幸「文明の外的かつ内的な衝突」藤原帰一編、『テロ後――世界はどう変わったか』岩波新書、二〇〇二年、一五五―一八八ページ、大澤真幸『文明の外的かつ内的な衝突――テロ後の世界を考える』NHKブックス、二〇〇二年）。対して、橋爪大三郎は、テロに対する戦争の有効性、不可避性を強調する（大澤真幸・橋爪大三郎（対談）、「戦争の効力とテロ抑制の道順」『論座』九月号、二〇〇二年、一四―二七ページ）。佐藤俊樹は、9・11以後においても、日本は〈他者〉の欠如という点で、大きく変わっていないことを主張する。佐藤の提示する、「今度の海外派兵は十年前から決まっていた」（佐藤俊樹「日本が消し去った「米国への憎しみ」」『中央公論』一一六（一二）、二〇〇一年、三八ページ）という命題を、本稿は二次分析を通じて実証的に明らかにした。宮台真司と宮崎哲弥は、9・11以後の言説をレビューし、日本の論壇状況を俯瞰する（宮台真司・宮崎哲弥（対談）、「「テロ・戦争」から日本の言論状況が見える!?」『論座』三月号、二〇〇二年、二〇〇―二一七ページ）。

（5）　9・11以後の意識変化の実証的な研究は多くない。大城冝武は、テロ以前（二〇〇一年五―六月）とテロ以後の沖縄の大学生（9・11以前―男性一四一人、女性二一八人、9・11以後―男性八二人、女性一三二人）に対する意識調査を行っている（大城冝武「〈9・11〉と沖縄の若者――アンケート結果から」『あごら』二七五、二〇〇二年、六〇―六五ページ）。この調査によれば、9・11後、戦争に対する不安感を示す割合が増加していることが述べられている（男性、以前四四％⇩以後四八％、女性、以前四〇％⇩以後五〇％）。しかし、この調査では、9・11前後の、戦争に対する不安感の変化には、有意な差はなく、意識の変化に対してテロの影響はないという帰無仮説を棄却できない。また、9・11以前、一九九〇年代中期から後期にかけて、日本の安全に関する不安感が増加傾向にあることを示した（種村剛「二〇〇一年九月一一日以後の日本人の意識変化――安全と国際貢献についての意識を中心として」第五〇回関東社会学会報告レジュメ、二〇〇二年）。

（6）　二〇〇三年三月一九日、米英軍を中心とする連合軍が、国連安保理の決議なしに、イラクを攻撃する。その翌日、日本政府は、米英軍によるイラク攻撃に対し「武力行使を理解し、支持する」見解を発表する。四月九日、開戦二一日で米英軍は、イラクの首都バグダッドを制圧する。五月一日には、アメリカのブッシュ大統領が、イラク戦争の終結を宣言する。しかし、イラク国内でのテロ活動は戦争終結宣言後も継続する。八月二〇日、バグダッドの国連本部に爆弾テロ。一一月二九日には、イラク北部で日本人外交官が銃撃され、殺害される。一二月一四日に、イラクのフセイン元大統領が、米英軍に拘束される。

日本国内では、六月六日に、武力攻撃事態対処法、改正自衛隊法、改正安全保障会議設置法の、いわゆる有事関連三法が、自民党、公明党、保守新党の与党三党、および、民主党、自由党の賛成で可決、成立する。七月二六日に、イラク復興支援特別措置法が、与党三党の賛成で可決、成立する。この法律により、戦闘地域の残るイラクの領土に自衛隊が派遣されることになる。自衛隊の年内の派遣が検討されるが、八月の国連本部に対するテロのため、年明けまで見送られることになる。一〇月一五日に、政府は、イラク復興に一五億ドルの無償援助、四年間で五〇億ドルの支援を表明する。一二月九日、自衛隊イラク派遣の基本計画が決定する。

（7）　9・11以後のアメリカ国内の様子について、たとえば三浦俊章（「揺れるアメリカ社会――法の支配と愛国心」藤原帰一編、『テロ後――世界はどう変わったか』岩波新書、二〇〇二年、七八―九一ページ）、大竹秀子（「「偉大なアメリカ」の硬直したパトリオティズム」『世界』六九八、二〇〇二年、九三―一〇〇ページ）がある。アメリカにおける対テロ戦争への支持率として九月一七日のCNN調査では支持が九三％を占めている、ほかにイギリス（六二％）、フランス（六九％）、各国の対テロ戦争支持率の一覧としてNHK出版編『〝アメリカズ・ウォー〟と世界 America's War and the World NHK報道の一〇〇日間』日本放送出版協会、二〇〇二年、一三三ページがある。大統領支持率について、ニューヨークタイムズ紙とCBSニュースによる「ブッシュ大統領支持率と不支持率の推移」（『朝日新聞』二〇〇二年一月二〇日）によれば、二〇〇一年八月のブッシュ大統領の支持率は五〇％（不支持率三八％）であったのに対し、事件後の九月の支持率は八九％（不支持率七％）と変化した。ブッシュ大統領の支持率は事件後実に三九ポイントの上昇をみせている。また、USA TODAY／CNN／Gallupによる支持率調査（USA TODAY二〇〇二年一月三〇日）では、八月の調査で五六％、一月では八五％に上昇している。

（8）読売新聞調査によれば、九月の調査で、調査対象者の「ほぼ全員」がテロ事件に対する関心があると回答した（読売新聞世論調査部『日本の世論調査』弘文堂、二〇〇二年）。
（9）小熊英二は、「戦後」日本の「公」に関する言語分析を通じて、「戦後思想とは、戦争体験の思想化であった」と結論する（小熊英二『〈民主〉と〈愛国〉――戦後日本のナショナリズムと公共性』新曜社、二〇〇二年）。この結論を、敷衍すれば戦争観が戦後思想の下敷きになっているということもできるだろう。
（10）久江雅彦は、政策決定者が「湾岸戦争の一三〇億ドルの貢献が評価されなかったこと」を反省し、目にみえる日本の貢献としての自衛隊派遣に踏み込んでいった様子を、政策決定過程として詳細にあらわしている（久江雅彦『9・11と日本外交』講談社現代新書、二〇〇二年）。
（11）ちなみに日本の「国際貢献」という言葉に、「自衛隊の海外派遣」という意味が含まれるようになったのは、管見によれば、湾岸戦争以後――それまでは、ＯＤＡを中心とする経済支援が「国際貢献」の意味内容であった――であり、ＰＫＯ法の審議過程を通じて、一般化していったと考えられる。

参考文献

朝日新聞社『朝日新聞縮刷版』九六四、二〇〇一年。

総理府大臣官房広報室編『世論調査年鑑――全国世論調査の概況（平成三年版）』大蔵省印刷局、一九九二年。

総理府大臣官房広報室編『世論調査年鑑――全国世論調査の概況（平成四年版）』大蔵省印刷局、一九九三年。

日本経済新聞社、『日本経済新聞縮刷版』二〇五〇九、二〇〇一年。

橋爪大三郎「その先の日本国へ」『その先の日本国へ』勁草書房、二〇〇二年、一一－一八ページ。

藤原帰一編『テロ後――世界はどう変わったか』岩波新書、二〇〇二年。

読売新聞社『読売新聞縮刷版』五一七、二〇〇一年。

第五章　オーストラリアの多文化主義とメディア

平川モーリス　あずさ

第一節　メディア研究の必要性

なぜメディアの研究をするのか。それは一言でいってしまえば、オーストラリア社会に大きな影響を与える可能性があるからである。もちろん、社会に影響を与えるのはメディアだけではない。しかし、メディアに何らかの力があるのなら、それは研究されるべき対象であると考える。メディア研究者であるD・マクエイルは、メディアによって三つの重要な価値観の基礎がつくられると指摘している。それは、自由（Freedom）、平等性（Equality）、社会や文化的な凝集性（Social and cultural cohesion）である。(1)

コミュニケーション技術が急速な勢いで発達し、メディア産業の占める割合が大きくなってきている現状がある。オーストラリアも情報社会（Information society）の仲間入りをしたといわれている。(2)近年になり、農業や鉱業よりも大きな割合を占めるようになっている。人びとの就労のかたちにも変化が現れた。それに伴いメディア産業に従事している人が多くなり、今後も増加していく傾向にあると予想されている。

では、人びとの日常生活にどの程度メディアが密着しているのかをみてみよう。ここでは、ラジオとテレビのみ紹

表5－1　ラジオ視聴者の特徴　1990年－1994年

・1994年にシドニー、メルボルン、パース、アデレード、ブリスベンの5都市における10歳以上の大人は平均週に22時間45分ラジオを聴いている。
・男性は女性よりもラジオを聴いている。1994年に男性は週に平均25時間ラジオを聴き、女性は平均23時間15分であった。
・1990年と1994年での調査を比較してみると、1990年よりも1994年のほうがラジオの視聴時間は少なくなっている。
・1994年では、アデレードで一番ラジオが聴かれていた。少なかったのはブリスベンである。
・1990年から1994年は、週平均では10歳から17歳と25歳から39歳の視聴者は3時間ほど視聴時間を減らしている。
・55歳以上の人が一番ラジオを聞いている。

出典：S. Cunningham, and T. Graeme, *The Media in Australia* (Australia, Allen & Unwin, 1997).

介する。表5－1でラジオ、表5－2でテレビへの接触時間を表わしている。一九九四年のブリスベンでの退職者にいたっては、週に約四〇時間もテレビの前で過ごしている。週に四〇時間といえば、一日に約五・七時間という長さである。この時間の全てをテレビにしがみつくように熱心に視聴していたのではなく、音楽のかわりとしてスイッチを入れていただけかもしれない。しかし、現実に人びとの生活にこれだけメディアと接する時間が存在することは事実である。もし、テレビやラジオをはじめとするメディアに人びとが何らかの影響を受けていたとしたら、それが社会に及ぼす影響は大きいのではないだろうか。

オーストラリアは一九七三年から、多文化主義政策（Multicultural Policy）を国是として採用している。多文化主義（Multiculturalism）は理念であると同時に、オーストラリアの現実でもある。この国が生き残るための形態なのである。

筆者はメディアにどのような力が存在し、この政策に影響を与えているのか興味深く思う。また多文化主義政策の成功のためにメディアはどのような姿であるべきなのかを模索したい。

表５－２　シドニー、メルボルン、ブリスベン、アデレード、パースにおけるテレビの視聴時間　1991年－1994年

	全体	18歳以上の男性	18歳以上の女性	13歳から17歳までの男女	５歳から12歳までの男女	退職者
シドニー						
1994	20.53	19.57	23.34	19.43	17.37	37.55
1993	20.59	19.46	23.14	19.15	18.22	37.33
1992	22.06	21.12	24.30	19.48	18.30	39.24
1991	22.18	21.06	24.36	19.54	19.30	39.12
メルボルン						
1994	22.31	21.49	24.58	18.33	20.04	39.05
1993	22.02	21.30	24.32	17.50	18.44	38.43
1992	22.12	21.54	24.54	17.36	17.36	39.06
1991	21.48	21.30	24.18	17.00	17.36	38.24
ブリスベン						
1994	22.24	22.24	25.19	16.48	17.58	40.01
1993	22.44	23.27	26.14	17.37	16.47	40.53
1992	23.12	23.30	26.42	17.24	17.48	41.18
1991	22.24	22.06	25.42	17.36	19.00	39.54
アデレード						
1994	23.34	23.06	26.36	18.05	18.26	39.33
1993	21.39	21.09	24.40	18.45	15.52	38.20
1992	21.12	21.00	24.18	20.00	16.00	38.30
1991	21.48	20.30	24.36	20.18	19.00	39.06
パース						
1994	21.42	21.14	24.23	17.58	17.58	38.58
1993	21.43	21.24	24.39	18.30	17.29	39.25
1992	22.06	22.12	24.48	18.48	17.30	39.54
1991	21.48	21.24	24.00	20.00	18.12	39.42
５都市の平均						
1994	21.56	21.21	24.44	18.33	18.33	38.58
1993	21.44	21.12	24.25	18.25	17.51	38.44
1992	22.12	21.54	25.00	18.36	17.42	39.36
1991	22.06	21.18	24.36	18.42	18.36	39.06

（単位：時間.分）

出典：S. Cunningham, and T. Graeme, *The Media in Australia* (Australia, Allen & Unwin, 1997).

第二節　メディアの歴史

まず始めに、オーストラリアのメディアの歴史の流れをみてみることにする。オーストラリアにおけるメディアの歴史は、一八世紀からの植民地時代にさかのぼることができる。初めて刊行された新聞は、『シドニー・ガゼット』であるといわれている。新聞は当初、印刷機や活字、新聞用紙などが全て政府によって供給されていた。これに対し、R・ワーデルとW・C・ウェントワースの二人が一八二四年に創刊した『ジ・オーストラリアン』（現在の同名紙とは異なる）やE・S・ホールの『モニター』は政府の手を離れ、独立の経営を基盤とする最初の商業新聞となった。これらの新聞の登場は「囚人プレス時代」とよばれた時代に終止符を打ち、検閲の廃止を促したと同時に、「プレスの自由」という波紋を投げかけたのである。[3]

その後は、一九世紀半ばまでにはほぼどの植民地にも新聞が登場した。移民による人口の増加や経済力の強化によって、新聞ジャーナリズムは着実にオーストラリアに根付いていった。

一九二〇年代には双方向コミュニケーション（Two-way communication）の技術が生まれ、ラジオの歴史が始まった。T・ミラーはこのラジオの歴史は五つの時代に分けることができると指摘している。[4]

① 一九二〇年代の電信を中心とするコミュニケーションの時代。
② 一九三〇年代の放送媒体としてのラジオの時代。
③ 一九四〇年代の戦争を含む緊急事態においての情報交換の方法としてラジオがとらえられた時代。
④ 一九六〇年代にラジオやテレビを通してポピュラー音楽が社会に影響を与えた時代。

⑤　一九九〇年代に入ってからのＦＭ放送の導入などによる放送形態に変化が現われた時代。

ラジオ放送は、一九二〇年代から人びとの間に着実に定着していった。一九二〇年代の終わりには二九万台のラジオがオーストラリア中に広がり、一二都市に二六の放送局が存在した。ラジオはもはや人びとの「文明的」な生活に必要不可欠なものとなった。その様子をＬ・ジョンソンは以下のように表現している(5)。

“Radio came to stand for modernity and universal progress. It symbolized the bounties of industrial capitalism with its endless production of new and existing commodities freely available to all in the marketplace. Wireless equipment was produced by a magical science for the benefit of all.”

一九三二年になるとＡＢＣ（Australian Broadcasting Commission）が設立され、ラジオ放送は本格的に人びとの生活に根付き始めた。一九三四年に英国とオーストラリアのクリケットの試合が放送されたことにより、ラジオの売上げがさらに伸びていった。当時のラジオ放送の役割をＷ・Ｊ・クリアリーは‘the finer things of life’と表現した。ただ生活のために日々を過ごすのではない。国民の文化的、教育的水準を向上させて人生に潤いを与えるためにラジオはあるという意味である(6)。

その後、第二次世界大戦の開戦にともない、ラジオ放送の内容に変化が生じてきた。ラジオ放送は情報を伝えるだけでなく、世論の支配をも視野に入れて放送されるようになった。ＡＢＣニュースは政府のガイドラインに沿って放送されるようになった。戦争関係の放送は男性の声でなければならないなど、放送に関する規制が生じてきた。これにより、一九七五年まで女性がニュースを読み上げることはなかった。また音楽は放送全体の二・五％までに定められていた。放送の規制を行うＡＢＣＢ（Australian Broadcasting Control Board）[7]が設立されたのもこの時期（一九四九年）である。

一九六〇年代に入ると、一八五六年にテレビ放送が始まっていたこともあり、放送内容に変化がみられるようになった。それまでは、クイズ番組や連続ドラマが中心であったが、音楽やスポーツ中継、トークバック形式の番組に移行してきた。また、購入されるラジオの機種ももち運びの可能なものが多くなってきた。

一九六〇年代は世界各地でみられたように、オーストラリアにとっても社会変化の始まった時期である。本稿のなかでも述べていくことになるが、多文化主義政策にむけて白豪主義を捨て去る動きが起こり始めていた。一九六〇年代のラジオニュースには、英国と国内の情報だけでなく、アメリカ、ニュージーランド、セイロン諸島や南アフリカなど世界のニュースが盛りこまれるようになった。また、流される音楽もロックンロールが中心になり、モラルの変化が指摘されるようになった。この時代のラジオはオーストラリア社会の変化にむけて新しい風を少なからず吹き込んだといえるのかもしれない。

一九四八年から一九七二年の間に、オーストラリアの都市部の人口が急増したのにもかかわらず、ラジオ放送局はあまり増加しなかった。そのため、ラジオ放送の形態が見直されることになり、ＡＭ（Amplitude Modulation）放送だけでなくＦＭ（Frequency Modulation）放送も導入されることになり、一九七〇年半ばから放送局の数が増加していった。一九七〇年代はオーストラリアがインドシナ難民などの受け入れを始めた時期でもある。この時期になり、変化するオーストラリア社会に対応するために、ラジオを利用しようという考えが生まれ、メディア省が一九七二年に設立された。そして、一九七四年にＦＭ放送、一九七八年にＳＢＳ（Special Broadcasting Service）、コミュニティラジオ、先住民や障害者を対象とした放送が始まり、放送が多様化していくことになった。

オーストラリアにおけるテレビ放送は、一九五六年のメルボルンオリンピックにあわせて開始された。ABCとチャンネル7、チャンネル9がシドニーとメルボルンで放送されたのが始まりである。その後一九五九年に、ブリスベンとアデレードで商業放送二社が放送を開始した。同時期にパースでは、一社が放送を開始した。そして、一九六〇年代後半に入ると、ダーウィンとホバートのような小さな地方都市でもテレビ放送が開始した。(8)

その後一九七五年にカラーテレビが登場し、テレビの普及が急速に進んだ。一九八〇年代に入るとビデオデッキ（VCR）が普及し始めた。その影響により、「絵のあるラジオ」的なものではなく、躍動的で色彩豊かな内容へと変化していった。一九九五年には九九％の世帯がテレビを所有している状況にある。

オーストラリアのマスメディアの大きな特徴の一つは、メディア所有権の変化をあげることができる。マードックの率いるニュースコーポレーション社に代表されるように、新聞社やラジオ・テレビ放送局の買収が盛んに行われている。ラジオ・放送法によって放送産業の集中化を防ぐために、放送局の所有を制限したにもかかわらず、可能な範囲で経営権の奪い合いが行われた。一九五六年のテレビ放送の開始により、ますます放送局所有権をめぐる動きが活発化した。一九八六年には六〇％を超えない限りいくつでもテレビ局を所有できるように法律が改正された。これにより、所有権争いが激化することになった。

第三節　多文化主義政策への流れ

メディアの歴史の部分でも少し触れたが、オーストラリア社会は一九六〇年代から一九七〇年代にかけて大幅に変化してきた。この変化がSBS開局のきっかけを与えたように、放送や新聞にも影響を与えてきた。ここでは、なぜ、またどのように社会が変化してきたのか。また、それがどのようにメディアに影響を与えたのかについて触れたいと思う。

多文化主義政策は、カナダで一九六〇年代からマイノリティであるフランス系カナダ人との共存のために語られ始めた。多文化主義の語は一般に、ある単一の社会や集団のなかに複数の文化が共存している状態を示すとともに、そのような状態を好ましいと考え、積極的に共存の推進を図ろうとする、政策や思想的立場を指すものとされている。(9)

オーストラリアにおいては、一九七三年に移民に関する政策を白豪主義から多文化主義政策へと切りかえた。

オーストラリアでなぜ、この政策が導入されたのであろうか。多文化主義政策が導入されるまえは、基本的に英国以外の国からの移住希望者を受けつけないとする考えであった。そのため、オーストラリアは慢性的に人口が増加しないという問題に悩まされていた。経済成長や自衛問題の解決のために人口を増加させる必要があった。それらの問題を解決するために、南欧や東欧からの移住希望者を受け入れるようになった。しかし、この時期には移住者は早く英語を学び、ホスト社会の英国的な文化に完全に溶け込むことが要求されていた。その後、一九七三年に、イギリスがECに加盟した。それにより、オーストラリアも政治的、経済的にアジア太平洋諸国の一員としての道を歩まなければならなくなり、白豪主義時代にできた排他的な国家のイメージを回復させる必要があった。ベトナム戦争への参加の反省と、南アフリカでのアパルトヘイト政策への反対を示すことでこの目的を果たそうとし、一九七〇年代からインドシナ難民の受け入れをはじめた。その結果、一九七五年から一九八四年の六月の間に約八万八、九六九名（移民省の推定では八万八、一一一名）のインドシナ難民がオーストラリアに定住したといわれている。(10)

この結果、オーストラリアの民族構成が多様化した。そのため、今までのように主流派といわれた人たちだけを中心にしていては、政策に現実が伴わなくなっていった。一九七〇年代に多文化主義政策を導入したことは、国内にお

表５－３　オーストラリアの人口

	1986	1991	1996
全人口	15,870,682	17,075,267	17,136,042
オーストラリア生まれ	12,623,300 (79.5%)	13,318,800 (78.0%)	13,227,775 (77.2%)
海外生まれ	3,247,382 (20.5%)	3,756,467 (22.0%)	3,908,267 (22.8%)

出典：G. Hugo, *ATLAS OF AUSTRALIAN PROPLE 1996 CENSUS* (Australia, Department of Immigration and Multicultural Affairs, 1999).

いては文化的差異による問題を回避するために、対外的には白豪主義にまつわる差別的なイメージを払拭するために重要なことであった。

オーストラリアの多文化主義の基礎を固めているものといわれているのが、一九七八年に出された『ガルバリーレポート（*Galbally Report*）』であるといわれている。このレポートは多文化・多言語放送の重要性についても触れていて、後のＳＢＳの開局につながったといえる。このレポートの中で多文化主義政策のことをつぎのように表現している。

"... a society in which people of non-Anglo-Australian origin are given the opportunity, as individuals or groups, to choose to preserve and develop their culture, their languages, traditions and arts… while at the same time they enjoy effective and respected places within one Australian society, with equal access to the rights and opportunities that society provides and accepting responsibilities towards it.[11]"

一九八九年に出された『多文化主義に向けての国家的課題』（*National Agenda for a Multicultural Australia*）という文書がある。（参考資料②参照）この文書は一九七〇年代からの多文化主義政策をまとめたものである。この文書のなかで多文

表5－4　移住者の出身地　1947年－1996年

出身地	国または地域別の人数	合計	%
イギリス、アイルランド	イギリス1,046,000 スコットランド192,900 アイルランド103,400 ウェールズ31,600 その他5,000	1,378,900	29.7
北、西ヨーロッパ	オランダ111,600 ドイツ109,200 スカンジナビア33,000 オーストリア28,300 フランス21,100 その他20,900	327,100	7.0
東ヨーロッパ	ユーゴスラビア206,700 ポーランド125,700 バルト3国31,000 ハンガリー42,400 チェコ／スロバキア25,700 ロシア／ウクライナ59,100 その他18,400	509,000	11.0
南ヨーロッパ	イタリア269,800 マルタ63,100 ギリシャ／キプロス170,700 スペイン15,300 ポルトガル18,500 その他1,300	538,700	11.6
西アジア、北アフリカ	トルコ31,800 レバノン／シリア81,500 イスラエル12,100 その他32,500 エジプト27,600 その他3,500	189,000	4.1
西アジア以外のアジア	南アジア151,600 マレーシア81,700 インドシナ200,600 フィリピン98,700 中国、香港、シンガポール241,300 その他	939,500	20.2
北、南アメリカ	カナダ28,000 アメリカ合衆国59,700 チリ28,800 ウルグアイ11,000 その他54,100	181,600	3.9
アフリカ （北アフリカを除く）	南アフリカ63,000 モーリシャス20,700 その他37,400	121,100	2.6
太平洋諸国	ニュージーランド354,500 フィジー44,000 PNG31,100 サモア15,100 トンガ9,000 その他5,100	458,800	9.9
移　住　者		4,643,700	100.00
オーストラリア生まれ	-53,700		
計		4,106,700	

出典：M. Sergent, N. Pamela and W. Gabriele, *THE NEW SOCIOLOSY FOR AUSTRALIANS* (Australia, Longman, 1997).

化主義政策を三つの側面から基礎づけている[12]。

① Cultural identity（文化的アイデンティティ）　全ての国民に言語および宗教を含めた個々の文化的遺産を表現し、共有する権利を保障すること。

② Social justice（社会的公正）　全ての国民に待遇と機会の平等を保障するということ。また人種、民族、文化、宗教、言語、性差、出生地による障害をなくすこと。
③ Economic efficiency（経済的効率）　全ての国民はオーストラリアの利益を考慮し、経済的向上を目指すこと。

多文化主義が国是となったすぐ後の一九七四年に、テレビ・ラジオ放送法が改正された。それまでは外国語放送はオーストラリア放送管理委員会（Australian Broadcasting Control Board）によって全放送時間の二・五％までと制限されていた。しかし、一九七〇年代以降のオーストラリア社会変容をうけて、多文化・多言語放送の実施が実現した。移住者の必要性に対応するためであり、またホスト社会もテレビやラジオのメディアを利用することによって多文化主義政策をうまく進めていけるという双方の思惑が一致した。

オーストラリア社会に多文化主義政策は必要不可欠な理念であることは確かなことであるが、問題はないのだろうか。この政策は導入されてから約三〇年経過し、現在も人びとの議論の対象になることが多い。それだけこの政策が、人びとの間に良い意味でも悪い意味でも浸透してきたということができる。もしかしたら、多文化主義政策はホスト社会にいるアングロ－オーストラリア人の間では、楽観的に捉えられすぎたのかもしれない。世界中から色々な人が自分たちの国であるオーストラリアにやってくる。彼らはさまざまな言語、慣習、宗教、食文化、伝統をもち込む。街は活気づき、目新しいエスニックレストランが立ち並ぶ。確かに、多文化主義はエスニックレストラン、エスニック音楽などに代表されるように資本主義によって商品化されやすい。ホスト社会にいる人びとが、最初に体験する多文化主義は食べ物やファッションかもしれない。しかし、それがきっかけとなり移住してきた人たちに理解を示すようになれば、この政策の成功のための一つの方法かもしれない。

もう一つ、この政策の問題点としてあげられるのは先住民の問題である。西川長夫は以下のようにこの問題についていっている。

…多文化主義政策や多文化主義をめぐる言説のなかで、最も大きな欺瞞は、〈われわれの土地や文化の横奪者たちはそのことの不正を認めながらも、いまなお何の権利があってこの土地に踏み止まりこの土地を支配しているのか〉、という先住民からの問いに、正面から答えようとしていないということである。多文化主義は、旧植民地の入植者やその子孫たちが、いまなおその地に留まることを正当化するための巧妙な便法ではないか、という疑問もある。アメリカやカナダやオーストラリアの歴史を先住民の物語から書きはじめることは、かつてはヨーロッパ人の入植から書きはじめられたヨーロッパ中心的歴史観を根底からくつがえすものである…[13]

確かに、ガルバリーレポートのなかでも先住民について扱っていない。先住民問題が政府の文書のなかで扱われるのは、一九八二年の『全てのオーストラリア人にとっての多分化主義』(Multiculturalism for All Australians)という文書が初めてである。多文化主義政策への歩みのなかで、先住民はどのように扱われていたのであろうか。

「白いオーストラリアに黒い歴史あり」(White Australia has a black history)とオーストラリアの歴史が形容されることがある。黒い歴史とは、先住民に対する入植者の数々の非人道的行為を意味している。それは、土地の取りあげ、暴行、虐殺、強制移住、性的搾取、固有の言語や宗教の禁止、キリスト教への強制改宗、親子隔離政策などである。先住民の人口は植民が開始された一七八八年に約三〇万人いたと推定されていたが、一九二一年の調査では三万九、三九九人を数えるにすぎない。その後は少しずつ増えて、一九九〇年の時点では約四–五万人になるが、それで

表5－5　先住民族及びトレス諸島人の人口

	1986	1991	1996
人口	227,645	265,458	352,970

出典：G. Hugo, *ATLAS OF AUSTRALIAN PROPLE 1996 CENSUS* (Australia, Department of Immigration and Multicultural Affairs, 1999).

もオーストラリアの全人口の〇・三％に満たない。タスマニアの先住民にいたっては、一九世紀の数十年間の間に絶滅させられている。タスマニア先住民は一八〇四年には推定約二、五〇〇－七、〇〇〇人存在したといわれているが、一八三〇年の原住民掃討作戦で約三〇〇人に減少し、居留地での強制収容生活を経た一八四七年には四七人に減じ、一八七六年に最後の一人が死亡し絶滅した(14)。

一九一〇年代末から一九七〇年代初頭まで実施された、親子隔離政策の犠牲者は「盗まれた世代」(Stolen Generation) や「盗まれた子供たち」(Stolen Children) といわれる。親から強制的に隔離され、英語を話すことを強要され、キリスト教をおしつけられた。

自国にいながら、搾取され続け、小さくなって生活している状況を余儀なくされているのが先住民たちである。このような現状を何とか打開するために政策を取ってきたと政府は主張する。しかし、いまだに先住民たちが喪失感や疎外感を感じながら生活している。

先住民の復権運動は、一九六〇年代からのオーストラリアの社会の変化とともに始まった。一九六二年に選挙権が与えられ、一九六七年から国勢調査の対象となることが認められた。

オーストラリアの先住民の復権運動で特徴的なのは、この運動が土地所有権の問題と大きな関わりがあることである。入植者たちと土地に対する考えは異なっているものの、先住民が土地と深く関わりをもっているということがいわれるようになってきた。それに伴い、土地の所有権をめぐって法的に先住民たちが訴えを起こすようになった。こういった土地に関する問題に大きく進展を促したのが、一九九二年六月に連邦最高裁判所がマボ判決に下した判決である。マボ判決とは、トレス海峡東端の島の所有権をめぐって、先住民とクイーンズランド州が一〇年にわたって争った訴訟のことである。先住民の長老のコイキ・マボ氏の名をとってマボ判決とよばれている。結果はいうまでもなく、先住民の勝訴であった。（参考資料③参照）なぜこの判決が大きな影響を与えたのかというと、オーストラリアの司法が英国による入植、統治の根拠を見直すところまで踏みこんだからである。オーストラリアに入植者たちがきたとき、土地は誰のものでもなかったのではなく、そのときすでにもう先住民たちに所有されていたということを最高裁判所がいいきったのである。この一〇年に及ぶ争いはドキュメンタリー映画にもなり上映された。

この判決をきっかけにして、政府は土地に関する法律を改正し、先住民問題が解決にむかって前進したかにみえた。マボ判決が先住民問題に与えた影響は確かに大きいが、同時にこの頃から先住民政策への不平の声が聞こえ始めてきた。

一九九六年の連邦選挙でクイーンズランド州から出馬したポーリーン・ハンソン氏が無所属で当選し、その後ワン・ネイション党（One Nation Party）を旗揚げした。ワン・ネイション党は、主にアジア諸国からの移民と先住民社会への社会福祉政策を批判する態度をあらわし、一時は一〇%台の支持率を得た。一九九六年当時、オーストラリアの失業率は上昇していた。そのような状況のなかで、移民に仕事が奪われるのではないか。また、なぜ先住民にだけ私たちの税金を使い特別な政策があるのか、という生活への不安をあおりたて、保守派層の支持を集めた。

先住民への公式謝罪という問題に関しては、ハワード首相（自由党）はさらに厳しい態度を示している。人権委員会（HREOC）が一九九七年四月に親子強制隔離政策についての報告書を政府に提出した。しかし、ハワード首相はこの過去の非人道的な行いについての補償も、公式謝罪もしない考えを明らかにしている。親子強制隔離政策について、一九九七年五月に実施した世論調査がある。これによると、公式謝罪が必要であると考える有権者が五〇％、必要ないと考える有権者が四〇％と意見が大きく二つに分かれている。[15]

現在ではワン・ネイション党は姿を消してしまっているが、人種差別的な発言を繰り返す政党がほかにないわけではない。また残念なことに、攻撃の対象となるのは言語や宗教、肌の色などの違いが顕著にあらわれている人たちであることが多い。メディアのなかでも多文化主義政策を否定するような意見が取り扱われることもみられ、この国は依然として多くの問題をかかえている。

第四節　メディアの中の多文化主義

Ⅰ　SBS（Special Broadcasting Service）

一九六〇年代から一九七〇年代にかけての社会の変化をうけて、多文化主義政策を支えるためにメディアの力が利用され始めた。ガルバリーレポートのなかで多文化・多言語放送の必要性が指摘されたことは前述した通りである。一九七五年から実験的に多言語ラジオ放送が開始された。その後一九七八年にSBS本格的に開局され、放送がシドニーとメルボルンを中心にして始まった。ラジオ放送の放送内容は主に多言語でのニュースである。（参考資料④参照）

SBSのテレビ放送は一九八一年から開始された。テレビ放送の目玉番組はニュースと映画である。SBSニュースでは、海外からの移住者の出身地に関係したニュースが扱われることが多い。ワールドカップサッカーの試合結果も、このニュースのなかで多く取り上げられた。もう一つの目玉番組はドラマや映画である。

表５－６　大都市テレビ局の放送番組分類（1986年）　（%）

	ドラマ	軽娯楽	スポーツ	ニュース	子供向け	時事・情報	教　育	その他
ABC	12.2	15.1	12.1	3.8	22.0	10.6	12.5	11.7
民放	41.9	19.4	10.3	8.2	8.0	9.0	0.1	3.1
SBS	49.6	13.4	8.9	5.6	3.8	8.4	2.2	8.1
全局	36.1	18.2	10.6	7.1	10.7	5.4	2.8	9.1

出典：関根政美，鈴木雄雅，竹田いさみ，加賀爪優，諏訪康雄著『概説オーストラリア史』有斐閣選書，1993年。

英語圏以外の地域で制作されたドラマや映画が、英語の字幕をつけて放送されている。これにより、第一言語で番組を楽しみたい人たちだけでなく、第二外国語の習得のためにも利用されている。（参考資料⑤参照）ＳＢＳは主に二つの目的をもって運営されている。

①　ホスト社会に多様な言語、文化、宗教、慣習についての理解を促す啓蒙的目的。

②　多文化社会のコミュニケーションニーズに対応するため。

しかし、ＳＢＳの視聴率は常に低く、一週間の番組視聴率ランキングの一〇位以内に入ることは非常に稀である。全体の視聴率は低いために、経営が危ぶまれることがたびたびある。

二　テレビニュース

テレビの視聴者ランキングをみてわかるように、民放がそのほとんどを占めている。たくさんの人の目に触れる民放番組のなかで、多文化主義政策はどのように扱われているのだろうか。テレビのニュースで取り上げられる題材は、新聞などの印刷メディアに比べると少ない。しかし、情報を映像と共に視聴者に送り出すために、そのインパクトは大きい。したがって、そのような題材をどのような視点から取り上げるのかということが重要になってくる。

表5－7　メルボルンにおける1週間の視聴者ランキング

	番　組　名	視聴者
1	クイズミリオネア（チャンネル9）	673,288
2	ニュース／日曜日（チャンネル9）	655,829
3	フレンズ（チャンネル9）	628,994
4	ホットオークション（チャンネル7）	610,247
5	マルコムインザミドル（チャンネル9）	590,112
6	ニュース／土曜日（チャンネル9）	567,442
7	グランドフォース（チャンネル7）	562,997
8	ニュース／平日（チャンネル9）	539,173
9	ブルーヒーラー（チャンネル7）	508,296
10	E. R.（チャンネル9）	504,074

出典：*The Age*, 20, June, 2002.
※（　）内はテレビ局名

表5－8　テレビニュースにおいて多文化主義に関係した題材

題　材	題材数	%
多文化主義政策	1	1.8
民族関係	2	3.5
移民問題	2	3.5
差別問題	2	3.5
難民問題	6	10.5
社会問題	2	3.5
国際関係	20	35.1
先住民問題	11	19.3
その他	11	19.3
合計	57	100.0

出典：P. Bell, *Multicultural Australia in the Media* (Australia, Australian Government Publishing Service, 1992).

表5－9 テレビニュースにおいてある特定の民族集団に関係した題材

題材	題材数	%
法律	4	9.1
政治	3	6.8
犯罪	23	52.3
スポーツ	1	2.3
文化	1	2.3
個人の人格	7	15.9
国際関係	0	0.0
産業	1	2.3
経済	2	4.5
その他	2	4.5
合計	44	100.0

出典：P. Bell, *Multicultural Australia in the Media (Australia,* Australian Government Publishing Service, 1992).

シドニーのチャンネル9とチャンネル7の民放のニュース番組で扱った題材を六週間にわたって調査した結果がある[16]。調査されたニュース番組のなかで、五七の題材が多文化主義政策に関係したものであった。その内の四四の題材が、ある特定の民族集団について扱ったものであった。その内の二三の題材、全体の五二・三%は特定の民族集団もしくは、その集団に属している人が関係している犯罪について扱っているという結果が出た。いうまでもなく、ここでいうある特定の民族集団というのは、難民としてオーストラリアに移住した人たちや'Japanese-Australian'というように、ハイフンをつけてよばれるマイノリティの人たちである。ドラマティックな映像と共に、マイノリティの犯罪を繰り返しニュースで報道する。実際は、彼らだけが罪を犯す人たちではない。しかし、社会はどのようにこれを捉えるのだろうか。

数年前に難民の問題が大きく取り上げられた。オーストラリアに船で難民としてやってきた人たちをめぐって、オーストラリア社会が揺れた時期である。オーストラリア政府は難民の上陸を許可しようとしなかった。船は上陸許可がおりるまで待っていたが、船が沈みかけ海に人が落ちた。落ちた人は通りかかった外国船に救助された。この一部始終はオーストラリアの海軍によって映像に収められていた。押されて無理に船から落とされたようにみえる角度からの映像だけが、ニュース番組で繰り返し放送された。その結果「上陸許可を得るために仲間を犠牲にした」という印象をオーストラリア世論に与えることになった。しかし、このような歪められた事実を沈黙していることに異議を感じた海軍の一人が口を開き、事実が明るみに出た。ここでいえることは、映像が社会に与える影響は大きいということである。このような社会のなかで、テレビはどこまで真実を伝えることができるのか、問題は多い。

このときにオーストラリアにきた難民は、現在はフィジーにある収容施設で生活をしている。難民をどのように扱うのかということは、いまだに解決に結びつく結論が出ていない。連邦政府は「とりあえず…」という問題解決方法しか見出せていないことは確かである。世論がこの問題をめぐって揺れ動く様子を、作家のクリストファー・ミルンは難民の問題を子ども向けに書いた本のなかでこのようにいっている(17)。

"Girls and Boys, maybe Jonnie was right and maybe he was wrong. Time will tell. However, I am sure about one thing. If we begin to make a habit of saying this person is O. K. but this person is not, this one is in and this one is out, the day will come when we are all out."

三　トークバックラジオ

オーストラリアのラジオ放送の内容については、二〇〇二年六月のメルボルンでの視聴率調査の結果をみてみるとある特徴を指摘することができる。それは、ラジオがよく聴かれている時間帯に、トークバックラジオ（Talk Back Radio）番組が放送されているであるということである。

トークバックラジオでは司会者の話や音楽、ニュースを中心にして構成されている。そして、一番の特徴として視

表5－10 メルボルンのラジオ視聴率（2002年6月）

	ラジオ局	全体	5. 30-9am	9am-noon	Noon-4pm	4-7pm	7pm-12am
1	3AW	14.0	18.4	15.0	10.5	12.7	13.3
2	Fox FM	12.1	12.8	11.6	14.3	12.8	12.0
3	ABC774	11.4	13.6	11.3	8.2	9.6	11.9
4	Nova 100	10.0	8.6	9.6	10.8	12.5	10.4
5	Gold FM 8.2	7.1	8.7	10.3	8.2	5.4	

（単位%）

出典：*The Age*, 20, June, 2002.

聴者と司会者の電話を使っての生の会話が番組のなかに取りこまれていることである。トークバックの話題は、その時々に話題に上っている題材が取り上げられることが多い。そのため、難民問題や移民についての話題も多く扱われている。いくつか例をあげてみる。(18)

（例1）　一九九一年六月二五日2UE放送局より

Caller: Look what I'm ringing about is... last week I came across a situation where I had a young 19-year-old lady who looked more like Britt Ekland than er...than anyone I'd ever seen in my life. But she was claiming Aboriginality to get out exemption from paying um... well to claim exemption from University fees. Now I'm just wondering what do people have to do to prove that they are aboriginal or do...

2UE: I don't think anything at all. I don't think they have to do anything at all.

Caller: You don't...

2UE: No, that's the way I read it, I mean um... I stand to be corrected but don't think they have to do anything at all. Its er... It's allegedly a state of mind, isn't it?

Caller: Well I'm just wondering if you're in a University um... area in which I am somebody comes along and claims a thousand dollars worth of exemptions as far as fees are concerned, um... there's... there's... there's no check at all apparently.

2UE: Yeah, well I don't think so. I mean, I think this has been established over a fairly wide period of time now that er, if someone states that they are then they are, and they don't have to be black in colour.

Caller: No...

2UE: They don't have to prove to you their heritage or offer you a birth certificate showing their heritage. They in fact don't have to offer you any evidence at all, but to state it. That's my understanding of it-I could well be way off-beam-but that's my understanding of it.

Caller: Oh that's very interesting.

2UE: Yeah, it is isn't it.

Caller: Yes it is actually...

2UE: Especially in the case of er... of university fees.

Caller: Well yes... when I said... this lady looked as if she was more Scandinavian... I'm not doubting her for a moment... I'm just wondering whether there are a lot of people going claiming exemptions, either at TAFE or at university.

2UE: Well in the case of someone you felt could have come from out of Australia, you might have to ask them for their ur... ur... papers of er... or indenture to Australia or a passport or something that would be one er... from of evidence but there's nothing to say that... huh... that still wouldn't get out of it.

Caller: Yes... Oh, it's very interesting.

2UE: Isn't it, yeah.

Caller: Yeah.

2UE: Yeah thanks for your call, it's an interesting point. Actually I was just reading this morning too, and you talk on to all of these extremes that have occurred in our society in the last few years. There was a job this morning in one of the papers er... for a property development manager for one of the councils in the Sydney outer metropolitan areas. At the bottom of this rather lengthy advertisement, which read rather well, a property development manager was required. Er... At the bottom of this ad... and obviously this is now compulsory either for government departments or local body departments when they're advertising for new staff. Let me read out for you... I won't go though the whole ad because it's very lengthy ... but there's a special paragraph on the bottom of the ad.

Now listen to this-and this is 1991: 'Applications are considered regardless of sex, marital status, race, colour, nationality, ethnic, or social origin, pregnancy, sexual preference, age, physical or intellectual impairment, religious or political affiliation for any position for which the applicant meets the specified essential requirements. ' And it still gets down to... the bottom line of understanding is that when the person walks into the personnel manager for any job, that person has the right of veto whether you're any of those things or not. It's just amazing. Fancy having to put a paragraph in at the bottom of an ad with all of that staff. Do you want it again? Here we go: (repeat above quote) There you have it.

（例2） 一九九一年一一月一三日2UE放送局より

Caller: I just wanted to talk about the fine figures of unemployment like, round about 900, 000 or something...

2UE: Yeah, keep going.

Caller: Now, I read where ... we had influx of migrants in Australia... cut down, 122, 000 this year.

2UE: Yeah.

Caller: Say over the last four or five years, it would be round 700, 000. How many of these would be in this 900, 000 unemployed? And why are we getting such a big influx when we're having all these people out of work?

2UE: Well, a suggestion is that many migrants end up on the unemployment lists shortly after arriving in Australia, It's also suggested that some arrive with skills and are fairly readily snapped up. I think that figures are conflicting, and sometimes it's very hard to get to the base of those figures.

Caller: Let's say out of 900, 000 we've got out of work there's a hell of a lot of tradesmen in amongst that.

2UE: Sure, yeah, I mean that's obvious; with the downturn in the building industry there's got to be a lot of building trades, for a start.

Caller: This is for sure, but I was just wondering why the high fissures of... we've got to keep it up, why we can't cut it down till we get our own people back to work.

2UE: Well, that's something only the federal Government can answer and of course whenever they're questioned on the issues, they say they're only bringing in a minimal amount of people and all that sort of thing and then they show you all the statistics and figures to back it up. There have been some suspicions about those figures from time to time; they're been discussed and debated. I would think that probably the figures are accurate but whether or not 200, 000 is too many a year instead of 160 or 180, 000 when times are as they are.

Caller: That's right.

2UE: All the other arguments of course come forward about the infrastructure that comes with them-they bring their money, they buy houses, all that sort of stuff, but I don't know whether that's a viable argument. You have to look at...

Caller: Yeah, exactly, you look after your own people first in your own country, before you start... bringing people from other counties in.

2UE: Well perhaps it's a question Australia should have been asking of their pollies 10 or 15 years ago.

Caller: That's right.

2UE: Yep, OK, Thanks for your thoughts from 2ST county-beautiful down the north coast-and you can join us from there on 008 022 880.

（例３）　一九九一年一一月一四日２ＵＥ放送局より

Caller: I'm ringing about an article that was in the Telegraph Mirror this morning. It was an article titled 'Peace: I'm not for sale'.

2UE: Yeah, I saw that... gosh you got a noisy telephone-you'll have to be quick. Go on.

Caller: Sorry,,, it was about a song... a Croatian released record and it had complaints.

2UE: Yeah, 'Stop the war in Croatia'.

Caller: Yeah, that's it. I wanna know what sort of people can complain about money going back to help people... to clothe them and feed them.

2UE: Well... I really don't know, because you would have no idea that it's going back to clothe and feed them, I suppose it's the same way that people worry about raising money for IRA... different people different attitudes and I suppose it would have been difficult for the company involved to be seen to be supporting one side or the other. I mean, we're not directly involved-Australia is not directly involved. If you knew it was fund raising for food and clothing... but how do we know that it's not for bullets?

Caller: Huh... well, there's a lot of hungry people over there-they wouldn't go spending it on bullets if they can feed the people instead.

2UE: We, you know, we have no idea what the money was going to do and I suppose an organization can't appear to be supporting one group... Particularly, when we're not directly involved.

Caller: mm... Well it's like um, when they has the Live-Aid appeal for Ethiopia-what's to say that money didn' t go and buy bullets for the Ethiopian rebels?

2UE: Well, what's to say it didn't?... Nothing's to say it didn't.

Caller: mmm... Thanks anyway.

（例4） 一九九一年一一月一四日2GB放送局より

Caller: Caller: ...and if we let other cultures into our country to live here and work, most of them send money back home because they've got starving people at home. The money is not going into Australia...we have too much Chinese, the Chinese money goes back to China and goods come from Hong Kong and what good are they doing Australia, and there is more Chinese food eaten than anything else. And I don't eat it.

2GB: I love it. What I'd like to know... (continuing talk about the economy without comment on the woman's attitude to immigration).

（例5） 一九九一年一一月一二日2GB放送局より

2GB: Dr Don Weatherburn is the Director of the NSW Bureau of Crime Statistics. Good morning. I don't think it's very safe to live in a country town by the look of these statistics.

DW: Well, I think the figures create a somewhat misleading impression of the risk for most people. The assault in country towns such as Burke, Brewarrina and Walgett are certainly mush higher than they are in the rest of the state. But broadly speaking they are not assaults on strangers, they are assaults which occur in the Aboriginal Community, but also among shearers when they come to town. They are not one-off attacks on strangers minding their own business in the street.

2GB: One in over 30 people has been sentenced for assault in Burke?

DW: I don't know where you got that figure from. We said that the rate is very high, much higher than it is in other areas, but again, it is very high important not to say that one in 30 people has been assaulted. It may mean that one individual has been assaulted many time during the course of the year. In all probability that same individual has been involved in assauting people.

2GB: It would be safer I think for him to leave town.

DW: This is the first time this study has been actually been conducted in NSW.

2GB: So you have nothing to compare with it?

DW: No we haven't. We do know on the basic of overseas research the patterns in NSW are broadly similar to those found in the other countries around the world.

2GB: The socio-economic disadvantage in a particular area is obviously linked to violent crime and property crime.

DW: Unquestionably. Those are the breeding grounds for communities with high proportions of offenders. It needs to be said that even among those communities with high proportions of offenders, most of the citizens are law-abiding and the concentration of attention on high crime rates or high offender rates tends to make everybody feel that everybody in their community might be an offender. That is no true. Most people are law-abiding.

2GB: Thank you Don.

（例6）　一九九一年一一月一二日2GB放送局より

2GB: There is lot of cynicism about sacred sites in the sense that people in the city think to themselves, well maybe it would be better to have a complete register so that we know where they are and they don't pop up conveniently when some development is being planned.
Writer: It's not possible primarily because there are many, many sacred places throughout Australia and they remain sacred until they are under threat and that is the real reason why you have the appearance of a sacred place only after mining development or companies go in.

The Aborigines do not wish to reveal a sacred place unnecessarily and that is why it comes after the fact rather than prior.
2GB: Have Aboriginal people seen the book? What do they think of it?

トークバックラジオ番組は視聴者の意見が、そのまま放送されるというところが一番の面白さである。しかし、誰がどのような意見を述べるのかということを事前に完全に把握できないという怖さも同時に含んでいる。例をみてわかるように、non-ethnic (Anglo-Australia), us に対して them, migrants, immigrants, coloured person, foreigners, NESB (Non-English-Speaking-Background) person, Aboriginals, Aborigines, Asian などの言葉が使われ、境界線が引かれてしまう。このように、言葉によって境界線が引かれた場合、お互いの宗教や慣習を本当に理解し、受け入れることがはたして可能なのだろうか。同時に、オーストラリア的なもの、アジア的なものというステレオタイプを作り出すことになっていないだろうか。

例1では、先住民に対する大学やＴＡＦＥ（Tertiary And Further Education）といわれる専門学校での学費の免除政策への疑問について話している。例2では、移民増加がオーストラリア国内の失業率上昇の原因であると意見している。「私たちの」（our own）という言葉は、移民ではないということを意味している。例3では、デイリーテレグラフという新聞に掲載された読者の意見についての会話である。例4は中国系移民の人たちがオーストラリアで働き、その賃金を中国に送金しているので、オーストラリア経済のためになっていないといっている。そして、この番組の司会者はこの意見について何もコメントしていない。例5では、ＮＳＷ州の犯罪統計局の責任者へのインタビューである。シドニーで初めて犯罪に関する統計が出されたことについて話されている。しかし、司会者はこの統計にない数字をもち出しながら話しを続けている。例6は、先住民の聖地についてこの本の作者と話している。

例をみてもわかるように、移民や難民、先住民について否定的な意見は無知から引き起こされている。多くの視聴者も無知であり、時として司会者も無知である。また、ある特定のメッセージを放送するために、番組を組みたてている。もちろん、多文化社会に理解を示す意見が述べられることもある。しかし、ラジオというメディアを使い、人びとが感じる生活や将来への不安をあおりたて、その原因を安易に身近な存在に押しつけてはいけない。そのようなことからラジオは時に「差別を招くメディア」といわれることがある。[19]

四　新　聞

新聞はテレビやラジオよりも多くの題材を取り扱っている。オーストラリアの新聞（*The Australian*, *The Age*, *The Sydney Morning Herald*, *The Daily Telegraph Mirror*, *The Sunday Telegraph*, *The Sunday Sun*, *The West Australian*, *The Courier Mail* の八紙）の題材を六週間にわたって調査した結果がある。[20] それによると、六三六の題材が多文化主義政

表5－11 新聞において多文化主義政策に関係した題材

	ニュース	特集記事	読者の手紙	合計(%)
肯定的	92 (53.5)	43 (25.0)	37 (20.9)	172 (27.1)
否定的	137 (65.9)	17 (8.2)	55 (26.0)	209 (32.8)
どちらでもない	196 (76.9)	28 (11.0)	31 (12.2)	255 (40.2)
合計	425 (66.9)	88 (13.9)	123 (19.2)	636 (100.0)

出典：P. Bell, *Multicultural Australia in the Media* (Australia, Australian Government Publishing Service, 1992).

策に関係したものであり、そのなかの四一〇の題材がある特定の民族集団に関係した題材であった。

表5－11、12をみてわかるように、多文化主義政策に関係したできごとはニュースで扱われることが多い。そして、それは多文化主義政策そのものを扱ったものだけではなく、海外のニュースとオーストラリア国内の多文化主義政策を関連づけているものもある。先住民問題や難民問題を扱った記事では、テレビと違い肯定的な論調が多いのが特徴である。この調査では、タブロイド版の新聞と普通紙をまぜて調査を行っている。しかし、この二つの論調は異なることがあるので、別々に調べると異なった結果が出たかもしれない。

新聞のヘッドラインによる使用される語は表5－13にある通りである。新聞のヘッドラインは、大きく目につきやすい。ここでの語は時として、映像のような役割を果たす。肯定的な言葉は、主にアングロ－オーストラリア人を意味して使われることが多い。また、時として、先住民と関連づけて使用されていることもある。

表５－12　新聞において特定の民族集団に関係した題材

	肯定的	否定的	どちらでもない	合計(%)
多文化主義政策	23 (71.9)	8 (25.0)	1 (3.1)	32 (7.8)
民族関係	12 (27.3)	12 (31.8)	18 (40.9)	44 (10.7)
移民問題	11 (17.2)	26 (40.6)	27 (42.2)	64 (15.6)
差別問題	3 (18.8)	5 (31.3)	8 (50.0)	16 (3.9)
難民問題	8 (30.8)	8 (30.8)	10 (38.5)	26 (6.3)
社会問題	8 (21.6)	16 (43.2)	13 (35.1)	37 (9.0)
国際関係	10 (27.8)	11 (30.6)	15 (41.7)	36 (8.8)
先住民問題	36 (28.3)	24 (18.9)	67 (52.8)	127 (31.0)
その他	5 (17.6)	6 (21.4)	17 (61.0)	28 (8.8)
合計	116 (28.3)	118 (28.8)	176 (42.9)	410 (100.0)

出典：P. Bell, *Multicultural Australia in the Media* (Australia, Australian Government Publishing Service, 1992).

表５－13　新聞のヘッドラインに多く使用される語

肯定的	否定的
peace, harmony, hope, diversitycelebrate, tolerance, free (dom) Aussie, respect, braveboost, cheer, battles	fury, attack (s), explode, clashracists, race, crackdown, riftthreat, nightmare, racket, slamsstorm, shun, savage, defycrime, shame, ban, torturetrauma, illegal (s), rows, griefgangster, hostile, bitter, scared

出典：P. Bell, *Multicultural Australia in the Media* (Australia, Australian Government Publishing Service, 1992).

おわりに

オーストラリア政府も、ガルバリーレポートなどいくつかの文書のなかで認めているように、メディアは多文化主義政策を支える重要な要因の一つである。メディアには、視聴者に情報を提供するだけでなく、情報を使って世論を左右する力もある。時代は情報化社会に突入し、人びとの生活にメディアはかかせないものとなってきている。地球の裏側で起きたできごとも、同じ街で起きたできごともメディアを通じて人びとは知る。情報の送り手が、現在のオーストラリアの多文化社会をどのように認識し、議題の設定をして情報を送っていくのかということが重要であるということができる。同時に、受け手も送られてくる情報に踊らされるのではなく、情報の選択が試されるときでもある。

オーストラリアの多文化主義政策が、全ての人によりよい将来をもたらすために、メディアが担っている役割は大きい。人びとに受け入れられやすい情報のみを送るのではないメディアのあり方が大切になってくるのではないか。また、多文化主義政策を支えるために開局されたSBSも、視聴率が常に低迷している状態から脱出するために行うべきことは多い。SBSやコミュニティメディアが、多文化主義政策のシンボル的な存在にならないようにしなくてはいけない。

本稿では、SBS、トークバックラジオ、テレビニュース、新聞についてのみ考察した。しかし、雑誌やコミュニティペーパーなどの出版メディア、テレビドラマやあらゆる種類の広告も、多文化主義社会に影響を与えるメディアとして考察する必要がある。また、コミュニティラジオとテレビも地域に密着したメディアを目指しているという意味で、これらも考察されるべきであると考える。

放送のデジタル化も重要になってくる。オーストラリアは広大な国土をもつ国である。今現在も地上波でテレビが視聴できない地域も存在している。予算的な問題のために、完全普及までは時間がかかりそうであるのが現状である。しかし、これが普及されたらオーストラリアのメディアのあり方が大きく形を変えることになる。そのときに、メディアと多文化主義の関係はどのように変化するのか。興味のある課題である。また、インターネットの普及に伴い、その影響力も研究する必要がある。オーストラリアはパーソナルコンピューターとインターネットの普及率は、世界のなかでも上位に位置している。

現在のようにさまざまな情報が飛び交うなかで、受け手の情報選択も重要である。メディアと並び教育も多文化社会の発展の鍵を握っているといっても過言ではないだろう。メディア・リテラシーの研究も、多文化社会のなかのメディアを考える上での課題の一つである。今後は、様々な角度からのメディアからメディアと多文化主義の関係を考察していきたい。

（1） S. Cunningham and T. Flew, "Media futures", S. Cunningham and T. Graeme ed., *The Media in Australia* (Australia, Allen & Unwin, 1997) p. 399.
（2） *Ibid.*, p. 397.
（3） 関根政美、鈴木雄雅、竹田いさみ、加賀爪優、諏訪康雄著『概説オーストラリア史』有斐閣選書、一九九三年、三二〇ページ。
（4） T. Miller, "Radio", S. Cunningham and T. Graeme ed., *The Media in Australia* (Australia, Allen & Unwin, 1997)

p. 47.

（5） *Ibid.*, pp. 49–50.

（6） *Ibid.*, p. 50.

（7） 後のＡＢＴ（Australian Broadcasting Tribunal）である。

（8） S. Cunningham, "Television", S. Cunningham and T. Graeme ed., *The Media in Australia* (Australia, Allen & Unwin, 1997) p. 95.

（9） 西川長夫著『（増補）国境の超え方』平凡社ライブラリー、二〇〇三年、三七九ページ。

（10） 関根政美著『マルチカルチュラル・オーストラリア―多文化社会オーストラリアの社会変動―』成文堂、一九八九年、三一七ページ。

（11） J. Jupp, *UNDERSTANDING AUSTRALIA MULTICULTURALISM* (Australia, Australian Government Publishing Service, 1996) p. 8.

（12） *Ibid.*, p. 9.

（13） 西川長夫著『（増補）国境の超え方』平凡社ライブラリー、二〇〇三年、四〇八―四〇九ページ。

（14） 高崎道浩著『（改訂版）世界の民族地図』作品社、二〇〇一年、四七ページ。

（15） 西川長夫、渡辺公三、ガバン・マコーミック編著『多文化主義、多言語主義の現在』人文書院、一九九七年、一八〇ページ。

（16） P. Bell, *Multicultural Australia in the Media* (Australia, Australian Government Publishing Service, 1992) pp. 49–58.

（17） C. Milne, *LITTLE JONNIE and the NAUGHTY BOAT PEOPLE* (Australia, MILNE BOOKS Ltd., 2001) p. 27.

（18） P. Bell, *Multicultural Australia in the Media* (Australia, Australian Government Publishing Service, 1992) pp. 64–73.

（19）*Ibid.*, p. 63.
（20）*Ibid.*, pp. 17–31.

参考資料① オーストラリアの略年表

約三万五千年から四万年前	クーリー渡来。
一七八六年	イギリス政府、ボタニー湾に流刑植民地建設を決定。NSW植民地の成立を宣言。
一七八八年	A・フィリップ総督率いる第一次船隊到着。
一七九〇年	第二次船隊到着。
一七九一年	第三次船隊到着。
一七九三年	自由移民開始。
一八〇三年	『シドニー・ガゼット』創刊。
一八一〇年	定期郵便業務開始。
一八二四年	『ジ・オーストラリアン』創刊。検閲制度中止。
一八三一年	『シドニー・ヘラルド』創刊。
一八四八年	中国人移民始まる。
一八五一年	NSW、ビクトリア各州で金が発見され、ゴールドラッシュが始まる。
一八五四年	『ジ・エイジ』創刊。メルボルン=ウィリアムズタウン間に電信開通。
一八五五年	ビクトリア州で「中国人移民制限法」制定。
一八五八年	アデレード=メルボルン間に電信開通。
一八六八年	オーストラリア最後の流刑囚輸送船が西オーストラリアに到着。

一八七二年	ダーウィン＝アデレード間に電信開通。海外との電信交換業務が開始される。
一八七六年	シドニー＝ウェリントン間に電信開通。
一八七七年	パース＝アデレード間に電信開通。電話機導入。クイーンズランド州で「中国人移民制限法」施行される。
一八八〇年	シドニー、メルボルン、ブリスベンに公衆電話登場。雑誌『ブリティン』創刊。N・ケリーが逮捕され、絞首刑に処せられる。
一八八一年	NSW州で「中国人移民制限法」採択される。
一八八八年	中国人移民制限法を統一化し「白豪主義」という言葉が登場する。
一九〇一年	オーストラリア連邦成立。初代首相にE・バートンが就任。メルボルンが臨時首都となる。移民制限法（白豪主義政策）施行。
一九一五年	アンザック軍によるトルコ・ガリポリ上陸作戦。
一九一八年	英国＝オーストラリア間に無線電信開通。
一九二三年	ラジオ放送開始。
一九三〇年	オーストラリア全土の電話網完成。
一九三二年	ABC（Australian Broadcasting Commission）設立。
一九四七年	移民計画が開始される。
一九四九年	ABCD（Australian Broadcasting Control Board）設立。
一九五六年	メルボルンで五輪開催。テレビ放送開始。
一九六二年	先住民に選挙権が与えられる。

一九六五年	ベトナムに派兵。労働党の党綱領から「白豪主義」を外す。
一九六六年	シドニー、メルボルンでベトナム戦争への反戦デモ激化。
一九七一年	ベトナムからオーストラリア兵撤退。
一九七三年	多文化主義政策を国是とする。
一九七四年	FM放送開始。
一九七五年	インドシナ難民の受け入れを開始。カラーテレビ登場。
一九七八年	SBS（Special Broadcasting Service）ラジオ放送局が開局される。ガルバリー・レポート出される。
一九八〇年	SBSテレビ放送が始まる。
一九八三年	ABCがAustralian Broadcasting Corporationとなる。
一九八八年	J・ハワード自由党党首、アジア移民制限論を展開。
一九八九年	『多文化主義に向けての国家的課題』が出される。
一九九二年	マボ判決。
二〇〇〇年	シドニーオリンピック開催。

出典：関根政美、鈴木雄雅、竹田いさみ、加賀爪優、諏訪康雄『概説オーストラリア史』有斐閣選書、一九九三年などから作成。

参考資料②『多文化オーストラリアに向けての国家的課題』（National Agenda for a Multicultural Australia）（抜粋）

一、市民の参加

この点に関して、連邦政府は三つの役割を果たす。

（1）教育によって個々が有する権利を自ら主張できる能力を与えること。
（2）差別をなくすこと。
（3）社会がこうした政策を受け入れること。最終的な目標は、全てのオーストラリア人が、個々の能力と関心にそって社会の制度や決定の過程に参加できることである。

二、市民の基本的権利

この領域では、政府は二つの目標を持つ。
（1）全市民の法律上の平等性を推進すること。これに向けて、法律と法制度に内在する文化的な方寄りを制度的に検討し、社会のどの集団がどのように不利な立場にあるかを明白にすること。
（2）社会的、または文化的多様性を容認し受け入れる環境、または個人的な権利を尊重し、保護する環境を育てること。

三、社会的正義

（1）社会的正義に関して、連邦政府の目標は、第一言語、出生地、宗教、人種、文化的背景に関わらず、個々の人権を保証し、皆の機会の平等を確保することである。結果的にこの政策は集団間に同様の成果を生み出すと期待される。

四、人的資源

（1）オーストラリアの教育・訓練制度に関して、連邦政府のみが責任を持つのではない。労働組合、雇用者、職業的組織、また、憲法によって州や準州の政府も重大な責任や特権を持っている。連邦政府は協力と協議の重要性を認識し、各方面と協力し、文化的、言語的、民族的に異なる自我を持つオーストラリア人の能力をそれぞれに発展させ、効果的に活用し、かつ平等に扱われるように努力する。

五、言語とコミュニケーション

言語政策とコミュニケーションに関して、連邦政府は三つの短期的な目標を持つ。
（1）皆のための英語。この政策の責任者は、連邦政府だけでなく、学校教育、技術教育そして成人教育を管理する州や準州、高等教育機関、そして雇用者である。

（2） 英語以外の言語（先住民族・トレス海峡島民の諸言語の維持と発展を含む）。州との協力によって、全ての幼児が第二外国語を学ぶ機会を持つこと、また第一言語は英語でない幼児はその第一言語を一般あるいは民族学校の制度を通じて能力を維持し発展できることが望ましいとする。

（3） 効果的な異文化コミュニケーション。州や準州の政府、または高等教育機関とともに、連邦政府は小、中、高、大学教育機関のカリキュラムに異文化理解を推進させる機会が含まれるように努力する。

六、コミュニティ・リレーションズ

コミュニティ・リレーションズにおいて、連邦政府は三つの目標を持つ。

（1） 全てのオーストラリア人の有益な政策的な枠組みとしての多文化主義の必要性と意義に関する理解を深めること。

（2） 文化的に異なる集団による固有な文化的表現及び他集団との交流を推進させること、またはこの多様な文化遺産の表現にふさわしい環境を一般社会に奨励させること。

（3） オーストラリア社会の多様な集団に対する尊重、または容認を促進させること。

七、国民的義務

プロジェクトには権利だけでなく、いくつかの義務も含まれる。

（1） オーストラリア人はなによりも優先的にオーストラリアの利益と将来に関与する義務がある。

（2） オーストラリア人はオーストラリア社会の基本的構造や原理－憲法と法制度、寛容と平等、議会民主主義制度、宗教と言論の自由、国民言語としての英語、男女の平等－を受け入れる義務がある。

（3） 自らの文化や宗教の表現によって誕生する他者の価値観や意見の表現への権利を容認する義務がある。

出典：西川長夫、渡辺公三、ガバン・マコーミック編『多文化主義・多言語主義の現在』人文書院、一九九七年。

参考資料③ 『マボ判決』（Mabo and the others v State of Queensland 1992）（抜粋）

Ⅰ　原告はメリアム族の構成員である。トレス海峡にあるマレー諸島の法的所有権が問題とされた。メリアム族はヨーロッパ人との接触以前に子孫代々マレー諸島に居住してきた。裁判でのメリアム族の訴えは以下の通りである。

1、メリアム族はマレー諸島において、所有者として、地権者として、住民として、あるいは個人としてこれらを利用し、享受する権利を有する。

2、マレー諸島は、一九六二年の土地法（クイーンズランド州）、またそれ以前の国有地法に定めるところの国有地、あるいは州有地であったことはかつて一度もない。またクイーンズランド州はメリアム族の権利を消滅させる権限を持たない。

II　メイソン最高裁主席判事、ブレナン、ディーン、トウイー、ゴードロンとマクヒュー判事による多数意見。

1、マレー諸島の土地は一九六二年のクイーンズランド州の土地法第五節に明記されている意味での所有地ではない。

2、ダウア島とワイア島、またオーストラリア伝道会に貸与された土地及び行政管理地として先住民土地権と両立しがたい部分を別とし、メリアム族はマレー諸島の土地を所有・居住・利用・享受する権利を有する。

3、メリアム族の権限は、クイーンズランド州議会の諸権限とクイーンズランド知事の権限に準じ、議会と知事が保持する権限の正当な行使によって、メリアム族の権限が消滅されうるが、この権限の行使は連邦法に反してはならない。

III　ブレナン、メイソン、マクヒューの付帯意見。

1、イギリス王国は一八七九年八月一日にマレー諸島の主権を所得し、同日にクイーンズランド法はマレー諸島の法になった。コモン・ローによって、王室はマレー諸島においての公的、あるいは究極的権利を取得した。しかし王室はその結果絶対優先的所有権を取得したのではない。

2、主権の交代によって先住民土地権は消滅されない。現在オーストラリア領であるが先住民は以前から権利と権益を有する土地は主権の交代にも関わらず存続する。この以前からの権利・権益は主権の公的権利に制約を与えるものである。

3、オーストラリアのコモン・ローは、無主地の拡大解釈や先住民族は土地所有権の権利や権益を有するには社会組織があまりに原始的だとすると概念を受け入れない。

4、先住民の土地権の特徴や先例は、先住民族によって承認された不文法や伝統的風習を鑑みた上、事実を確認しなくてはいけない。

5、一般的に先住民土地権による権利や権益は、先住民族とその子孫のみがこれを有する。先住民土地権はコモン・ローにより承認されるが、コモン・ロー上の権利ではなく、コモン・ローにより譲渡不可能である。

Ⅳ　ブレナン判事の意見

コモン・ローをこのように取り扱うことは、反対の諸判決を否定することになると認めざるを得ない。こうした判例は法の前における全てのオーストラリア市民の平等性を破壊する。無主地の拡大解釈を受け入れ続け、植民地の先住民族が土地への権利や権益を所有しないほど社会組織が低い人々だと特徴づける説を固執するならば、オーストラリアのコモン・ローは不正義を持続させることになるだろう。また国王が絶対的所有権を取得したとする説を否定することは、法律をオーストラリアの歴史に合致させることになる。オーストラリア先住民族の土地喪失は国王が統治権を取得した時点での所有権の移転によるものではなく、入植が拡大し土地が入植者に譲与されるに伴い再々にわたり先住民族を祖先伝来の土地から追放する絶対権の行使によるものであった。先住民族の土地喪失は国王の統治権取得により先住民土地権が消失したためではなく、それに続く絶対権の行使によって消失したのである。

出典：西川長夫、渡辺公三、ガバン・マコーミック編『多文化主義・多言語主義の現在』人文書院、一九九七年。

参考資料④　二〇〇三年八月八日金曜日のメルボルンのラジオ番組表

AM

RADIO NATIONAL 621 KHz
5:00am Asia Pacific.　**5:30** Comedy. Thegoons. The Choking Horror. **6:00** Breakfast. Includes: AM (**7:10**).　**8:30** The SportsFactor. With Warwick Hadfield. **9:00** LifeMatters. **10:45** First Person. ThingsYour GetFor Free. Written and Read by Michael McGirr. **11:00** Bush Telegraph. With Alicia Brown. **12:00** News And The World Today. With Eleanor Hall. **1:00** Awaye ! (Listen Up). With Rhoda Roberts. **2:00** Book Reading. Old Shilling's Bush Wedding. By Rosa Praed.　**2:15** Lingua Franca. R. **3:30** Lifelong Learning. Distant Mirrors, Dilmy Lit. 3rd, of　6: Leisure. R. **3:00** The Planet. With Lucky Oceans.　**4:00** Late Night Live. R. **5:00** News And PM. With Mark Colvin.　**5:55** Perspective.　**6:00** Australia Talk Back. **7:00** Live on Stage.　**8:00** The Sport Factor. R.　**8:30**The Deep End. With Francis Leach. **9:45** Book Reading. Old Shilling's Bush Wedding. By Rosa Praed. R. **10:00** Sound Quality. With Tim Ritchie.　**11:00**The Planet. R.　**1:00**Asia Pacific. **1:30** The Sport Factor.　**2:00**Awaye !　**3:00**Australia Talk Back.　**3:55**Country Viewpoint. **4:00** Books And Writing.
MAGIC 639 KHz Unforgettable Songs
5:30am Andrew McLaren and Ann Gilding.　**9:00** Andrew McLaren.　**10:00** Ward Everaardt. **3:00pm** Ric Ditchburn.　**7:00** Bill Howie.　**12:00** Peter Van.

774 ABC Melbourne KHz
6:00 Breakfast. With Red Symons. **8:00** AM. **8:30** Mornings. With Barrie Cassidy. **11:00** The Conversation Hour. **12:00** The World Today. **1:00pm** Afternoons. **4:00** Drive. **6:00pm** With Mark Colvin. **7:00** Foodball Melbourne v Geelong. From The MCG. **10:00** Nightlife. **2:00am** Early Mornings. With Trevor Chappell.
CR 855 KHz Community Radio
6:00am Alternative Radio. **6:00** Breakfast. **8:30** Stick Together. **9:00** Left After Breakfast. **10:30** Keep Left. **11:00** Marngrook Aboriginal Footy Show. **12:00** Local And Live. **2:00pm** Burning Vinyl. **4:00** In Ya Face. **5:30** SUWA. **6:30** Mafalda. **7:00** Voice Of Chile. **7:30** Chile Fights. **8:00** Uruguayan. **8:30** Un Paso Al Frente (FMLN). **9:00** Ethiopian. **9:30** Somalian. **10:30** Vietnamese Youth/Students. **12:30** Mental Popcorn. **2:00am** Overdose/Somali Half of Fame.
SPORT 927 KHz Racing and Sport
5:30am The Big Sports Breakfast. **9:00** Raceday. With Shelley Hancox. **12:00** National Racing Service. **5:00am** National Racing Service. With John Browne. **11:00** The Right Track. **12:00** Nightmoves.
ABC NEWSRADIO 1026 KHz
5:30am Radio Netherlands. **6:00** Rolling News. **12:00** Duetsche Welle. **12:30pm** Radio Netherlands. **1:00** BBC The World Today. **2:00** NPR All Things Considered. **3:00** Rolling News. **4:45** Financial Markets Summary. (Rptd. at **6:45**). **5:00** Rolling News. **5:45** Sharemarket Report. (Rptd. at **7:45**). **6:00** Rolling News. **7:00** Rolling News. **8:00** Rolling News.

8:25 Science and Technology. **8:30** ABC PM Features. **9:00** Radio Australia's Asia Pacific. **9:30** BBC World Bussiness and Sport. **10:00** NPR All Things Considered. **11:00** BBC Newshour. **12:00** BBC East Asia Today, British News, Sports. **1:00am** BBC World Briefing, British News, Analysis. **2:00** Duetsche Welle. **3:00** BBC Science in Action. **4:00** BBC World Briefing, British News, Analysis. **5:00** Duetsche Welle.
AK Talk 1116 KHz
5:30am Breakfast Jungle. With Sam Kekovich and Jane Holmes. **8:30** Phil Cleary. **12:00** Yvonne Adele. **3:00am** Tim Ferguson. **6:00** Rob Elliott. **9:00** Doug Aiton. **12:00** Leigh Drew.
SBS 1224 KHz
6:00am World View. **7:00** Greek. **8:00** Serbian. **9:00** Vietnamese. **10:00** Mandarin. **11:00** French. **12:00** Laotian. **1:00am** Polish. **2:00** Cantonese. **3:00** Norwegian. **4:00** Macedonian. **5:00** World View. **6:00** Greek. **7:00** Vietnamese. **8:00** Cantonese. **9:00** Aboriginal. **10:00** Hungarian. **11:00** African. **12:00** BBC World Service.
AW 1278 KHz
5:30am Ross Stevenson and John Burns. **8:30** Neil Mitchell. **12:00** News. **12:10pm** Ernie Sigley. **4:00** Drive. With Derryn Hinch. **6:00** Rex Hunt Fishing. **7:00** Foodball. Coverage of Melbourne v Geelong. From The MCG. **12:00** After Midnight. With Peter Thomas. **1:00am** Melbourne Overnight.
MP 1377 KHz Easy Music Variety
5:00am Easy Breakfast. With Steve Curtis. **10:00** Jane Holmes. **2:00pm** Peter Blight.

7:00 Ian Crawford. **12:00** Easy Music Overnight.

FM

LIGHT FM 89. 9 MHz Good Friends Great Music
ZZZ 92. 3 MHz Ethnic Community Radio
6:00am Macedonian. **7:00** Filipino. **8:00** Dutch. **9:00** Russian. **10:00** Turkish. **12:00** Arabic Youth. **1:00pm** OZ Arts/ECCV. **2:00** Coptic. **3:00** Jewish. **4:00** Spanish. **5:00** Maltese. **6:00** Albanian. **7:00** Austrian. **8:00** Indonesian. **9:00** Portuguese. **10:00** Somali. **11:00** Palestinian. **12:00** Spanish. **2:00am** BBC World Service.
SBS 93. 1 MHz
6:00am Alchemy. **7:00** Arabic. **8:00** Italian. **9:00** German. **10:00** Filipino. **11:00** Portuguese. **12:00** Armenian. **1:00pm** Spanish. **2:00** Indonesian. **3:00** Turkish. **4:00** Dari. **5:00** Bulgarian. **6:00** Italian. **7:00** Maltese. **8:00** Assyrian. **9:00** Dutch. **10:00** Spanish. **11:00** Alchemy. **12:00** Overnight programs.
JOY Melbourne 94. 9 MHz Gay & Lesbian Community Radio
BAY FM 93. 9 MHz More Music, More Variety
6:00am Laurie and Paula for Breakfast. **9:00** Ten in a Row. **10:00** Mark Hyland. **12:00** Pick the Mix. **2:00am** Steve Goode. **6:00** Vaughan Jones. **12:00am** Love the Music.
K-Rock 95. 5 MHz Always Great Rock
6:00am Dan Veling. **10:00** Daryl Reader. **12:00** Online Lunch. **2:00pm** The Peter Mobbs Show.

6:00 Foodball. Coverage of Geelong v Melbourne, from the MCG. **11:30** World Famous Rock. **12:00** Midnight Special.
NOVA 100. 3 MHz
6:00am Hughsie, Kate and Dave. **9:00** Josh Kirby. **12:00** Stuey Paton. **3:00** Andy Ross. **6:00** Corey Layton. **10:00** Music. **2:00am** Livvy Belvedere.
MIX 101. 1 MHz Melbourne's Best Mix
6:00am The Mixed Bag. With Loz, Michelle and Des. **9:00** Dean Picking. **12:00** Ron E. Sparks. **3:00pm** Simon Diaz. **8:00** Love Song Dedications. **12:00** Brendan Atkin.
FOX 101. 9 MHz Today's Best Music
6:00am Tracy and Matt. With Troy Ellis. **9:00** Jason Walkerden. **12:00** Brownie. **4:00pm** The Friday Shout. **7:00** Hot30: com. With Kyle and Jackie O. **10:30** Remedy. With Souleman.
RRR 102. 7 MHz
6:00am Breakfasters. With Fee Bamford-Bracher, Tony Wilson and Angus Sampson. **9:00** On the Blower. With Tony Biggs. **12:00** Stylin. With Ennio Styles. **2:00pm** Far and Wide. With Steve Wide. **4:00** Skull Cave. With Stephen Walker. **7:00** Vindaloo Coctail. With Cuz Creep. **10:00** Wordburner. With Stewbacca and Bias B. **12:00** The Back Room. **2:00am** Music All Night.
MBS 103. 5 MHz Classically Melbourne
6:00am Daybreak Classic. **9:00** Adventures In Good Music. **10:00** Morning Concert. Inc. works by Bruch, Boughton, Bax, Bantock.

12:00 Much Ado About Midday. Includes: Midday Overture; Much Ado About Song (**12:20**); Lunchtime Piano (**12:40**); CD Of The Week (**1:00**); Coffee Baroque (**1:20**).

1:30pm Concert Hall. Inc. works by Mendelssohn, Bach, Mozart, Beethoven, Carmichael, Brahms, Elgar, Weber.

4:30 Intermezzo. Includes: Intermezzo Strings; On Stage (**4:50**); Weather (**5:00**); Traffic Jam (**5:10**); In Your Private Chamber (**5:30**); Drive Nostalgia (**5:50**); Daily Arts Diary (**6:00**); Intermezzo Opera Aperitif (**6:10**); CD Of The Week (**6:20**); Great Instrumental Performers (**6:30**); Bon Bons (**6:50**).

7:00 Singers & Songs. Tonight's "Singer on Note" is soprano Maria Callas. Inc. works by Mozart, Bellini, Catalani, Puccini, Giordano, Verdi, Gluck, Saint-Saens, Bizet, Rossini.

8:00 Twentieth Century Music. Inc. Barber: Cello Concerto, op. 22; Berg: String Quarte, op. 3; R. Strauss: Four Last Songs; Shostakovich: Three Satires, op. 109; Vine: Symphony No. 3. **10:00** Colours Of Jazz. **12:00am** Notturno.

GOLD 104. 3 MHz

6:00am Grubby and Dee. **10:00** Mark Johnson. **12:00** Wilbur Wilde's Classic Café. **2:00** Dave Smith. **4:00** Craig Huggins. **9:00** Wilbur Wilde's Classic Café. R. **11:00** Miss Vicki.

Triple M 105. 1 MHz

6:00am The Cage. With Tim Smith, Brigitte Ducos, Matt Parkinson, Fitzy and James Brayshaw. **9:00** Melbourne's Best Rock. With James 'Turbo' Anderson. Inc Mystery 9@9.

12:00 Melbourne's Best Rock. With the Doc. **1:00** The Chaser. **4:00pm** The Whole Shebang.

7:00 Football. Coverage of Melbourne v Geelong, from the MCG.

11:00 Melbourne's Best Rock.

ABC CLASSIC FM 105. 9 MHz

6:00am News. **6:05** Clive Robertson. Inc. Music; News and Weather (**7:00**, **8:00**; **9:00**).

9:05 Margaret Throsby. Australian Festival of Chamber Music, Townsville 2003 Inc. Music; News and Weather (**10:00**; **11:00**); Special Guest (**10:00**5); New Releases (**11:05**). **12:00pm** News. **12:05** Friday Afternoon Inc. Handel: Concerto Grosso in A, op. 6 No. 11; Percy Grainger: Ye Banks and Braes O' Bonnie Doon; Colin Brumby: Masques. **1:00** Friday Recital. Paul Rickard-Ford, piano. Inc. works by Schumann, C. Schumann, Mary Mageau. **2:00** Music. Inc. works by Boito, Schubert trans. Liszt, Nyman, Handel, Williams, Mozart. **4:05** Drive With Julia Lester. **4:30** CD Of The Week. **7:05** Simon Healy. Inc. Fiorenza: Sinfonia in G; Boccherini. String Quintet in C, op. 25 No. 4; Bartok: Rhapsody No. 1, Sz. 87 (Folk Dances); Shchedrin: Concerto for Orchestra No. 1 (Naughty Limericks). **8:00** Melbourne Symphony. Michel Dalberto, piano; Alexander Lazarev, conductor. Inc. Mozart: Piano Concerto No. 20 in D minor, K466; Shostakovich: Symphony No. 4 in C minor, op. 43. **10:15** Early Music. 2002 Utrecht Early Music Festival. Trinity Baroque. Inc. works by Schutz. The Rheingold Curse. **12:00** Florestan Trio Plays Schubert. Inc. Notturno in E flat, D897; Piano Trio No. 2 in E flat, D929 **1:00am** Music Overnight.
PBS 106. 7 MHz
6:00am The Morning After. **9:00** Latin Connection. **11:00** Soul Groove '66. **1:00pm** Shock Treatment. **3:00** Headwealth. **5:00** Best Orgy. **7:00** Fiesta Jazz. **8:30** Blues Avalanche. **10:00** C. A. T. **12:00** Bionik. **2:00am** Irvine Jump.
Triple J 107. 5 MHz
6:00am Adam Spencer and Wil Anderson. **9:00** Steve Cannane. **12:00** My Warhurst. **3:00pm** Mel and Charlie. **6:00** Super Request. **9:00** Australian Music. With Robbie Buck. **11:00** Hip Hop. With Nicole Foote. **1:00am** Midnight To Dawn.

出典：*The Age, Australia*, 7, August, 2003.

参考資料⑤　二〇〇二年八月八日金曜日のメルボルンのラジオ番組表

ABC

6:00 George Negus: News Dimensions. **6:30** Business Breakfast. **7:00** Billy the Cat.
7:25 Aliens Among Us. **7:30** Corneil and Bernie. **7:45** Sitting Ducks.
8:00 Bob the Builder. **8:10** I Spy. **8:25** Andy Pandy. **8:30** Sesame Street. **8:55** Miffy. **9:00** Bear. **9:25** Bananas.
9:30 Play School. **10:00** More Than Words. **10:15** Our Animals
10:20 Our History. **10:30** The Text Files. **10:45** Behind The News Specials.
11:00 Extra French. **11:25** Australians. **11:30** Visions of Democracy.
12:00 The World At Noon. **12:30** Take the High Road. **1:00** Night and Day.
1:50 Marion and Geoff. **2:00** Birds of a Feather. **2:30** Kiss Me Kate. **3:00** The Hoobs.
3:25 Bananas in Pyjamas. **3:30** Play School. **4:00** Arther. **4:25** Lavender Castle.
4:35 Horrible Histories. **5:00** Aliens Among Us. **5:05** Round the Twist. **5:30** Ocean Girl. **5:55** Animal Wrestling.
6:00 Vets in Practice.-BBC Documentary Series: For Love, Not Money. A Fly-on-the-Wall Series Following Newly Qualified Young Vets Through Their First Year on the Job.
6:30 Gardening Australia.-Gardening Advice with Peter Cundall. Peter Shows an Ingenious Way to Grow Tomatoes. Malcolm meets a "Plant Whisperer". Melissa Looks at Cultivars.
7:00 News, Sports, Weather.
7:30 Stateline.-Victorian Current Affairs. Presented by Kathy Bowlen.
8:00 My Family.-Return of the British Comedy Series: Absent Vixen. Janey Leaves for University and the other Harpers Compete for Custody of Her Room.
8:30 MCS.-Return of the BBC Drama Series. Dl John Borne Leads a Team of Top Detectives Operating at the Extremes of Society. The National Crime Squad Seize a Cargo of Cocaine Aboard a Light Aircraft and Investigate a Series of Contract Killings.

9:30 Spooks.-BBC Drama Series: I Spy Apocalypse. The Team Reacts to a Germ-Warface Practice Drill in Central London-but is it Actually Real?

10:30 The Glass House.-With Wil Anderson, Corinne Grant and Dave Hughes.

11:00 Lateline.

11:30 The Topp Twins.-Final of the New Zaeland Comedy Series: Road Chase. It's One Big Road Trip with the Chaser Becoming the Chased-all the Characters are in Pursuit of Each Other.

11:55 Rage.-Music Video Series. Featuring New Releases.

SEVEN

6:00 Sunrise.-Presented by Melissa Doyle and David Koch.

9:00 Bambaloo.-Series for Children: Puppy love. Meet Sam, Jet the Fish, Fidget the Dog, Portia the Bird and Two Little Mice, Jinx and Gypsy, and Their Firend Jake, who All Live in the Bambaloo Tree.

9:30 A Country Practice.-Australian Medical Drama Series: In love and War Pt 1. Ben is Confused by all the Attention He's Getting from the Single Women in the Valley. PRIME: Home Shopping.

10:30 News.

11:00 Ricki Lake.-US Chat Show. PRIME: A Country Practice.

12:00 Movie: Von Ryan's Express.-1965 Action-adventure Starring Frank Sinatra, Trevor Howard. An American Escapes a PoW Camp and Masquerades as a Nazi Soldier. He Steals an Entire Train to Free His Imprisoned Comrades. Directed by Mark Robson.

2:30 Two Guys and a Girl.-US Comedy Series: Rescue Me.

3:00 Passions.-US Drama Serial. **4:00** The Big Arvo. **4:30** News At 4:30. **5:00** M*A*S*H PRIME: Albury. Wheel of Fortune.

5:30 Wheel of Fortune. PRIME: Albury. Local News.

6:00 News, Sports, Weather. **6:30** Today Tonight.

7:00 Home and Away.-Australian Drama Serial. Kirsty is Torn by Her Feelings for Seb and Kane. Hayley and Alex Make a Life-altering Decision. Leah Clings to New Hope with VJ.

7:30 Auction Squad.-Australian Lifestyle Series. We All Dream of a Place on the Coast-Now the Team Tackle the Plainest House in a Sleepy Village.

8:30 Movie: Overboard.-1987 Comedy Starring Goldie Hawn, Kurt Russell, Edward Herrmann and Katherine Helmond. A Snobby Millionaire's Wife Gets More than She Bargained for when She Suffers Amnesia after Falling from Her Yacht. When a Carpenter Who Was Working on Her Yacht Recognizes Her, He Convinces the Woman She Is His Wife and the Mother of His Four Uncontrollable Sons. Directed by Garry Marshall.

10:55 Movie: Meet Wally Sparks.-1996 Comedy Starring Rodney Dangerfield, Debi Mazar, Cindy Williams, Alan Rachins, Burt Reynolds and David Ogden Stiers. A Tabloid TV Show Reporter Uncovers a Sex Scandal in the Governor's Mansion. Directed by Peter Baldwin.

1:05 Bears of the Russian Front.

2:05 DAG. **2:30** Guthy-Renker Australia. **3:30** Danoz Direct. **4:00** NBC Today.

SBS

6:00 World Watch. Including Cantonese News. News from Hong Kong.

6:25 Mandarin News. News from Beijing. **6:55** Telegiornale. News from Rome.

7:30 Das Journal. News from Berlin. **8:00** Ta Nea Ton Ennea. News from Athens.

9:00 Le Journal News from Paris. **9:30** Sevodnia. News from Moscow.

10:10 Telediario. News from Madrid. **11:00** Siaran Berita. News from Jakarta.

11:30 The Journal. News from Berlin. **12:00** Business Report.

12:30 Movie: Little Senegal.-2001 Senegalese Drama Starring Sotigui Kouyate and Sharon Hope. Follows the Fortunes of a 65-year-old Senegalese Man from His African Home to South Carolina and Eventually to Harlem, where he Manages to Track Down Distant Relatives. Directed by Rachid Bouchareb.

2:05 WeatherWatch And Music. **3:00** TV Ed..

3:30 Australian Biography. Australian Documentary Series: Barbara Holborow.
4:00 Insight. **5:00** Newshour with Jim Lehrer.
6:00 Global Village.-French Documentary: Fine Feathered Birds/Broken Noses and Cauliflower Ears. Fly-Fishing and Rooster of the Limousin Region, in South-West France.
6:30 World News. **7:00** World Sport.
7:30 Aussie Jokers.-Nine Part Australian Documentary Series.
8:00 A Fork in Africa.-Nine Part Travel Series: Ethiopia. Pria Begins His Ethiopia Exploration in Jinka a Small Town on the Edge of the Lush, Green Omo Valley, Home to Many Small Tribal Groups Including the Mursi, Whose Women Insert a Clay Disc in Their Lower Lip on Reaching Maturity.
8:30 About Us.-British Documentary: The Bushman's Last Dance. While Fighting to Remain on Their Ancestral Lands, Bushman (also known as Basarwa) are Trying to Preserve Their Way of Life. Since the late 1990's, the Botswana Government Has been Relocating Bushman to the Resettlement Camp of New Xade.
9:30 World News Tonight.
10:00 Movie: The Playing Mantis.-2001 Austrian Comedy Starring Christina Hörbriger and Udo Kier. Driven to Despair by Her Slob of a Husband a Housewife Solves the Problem with an Unprescribed Mix of His Medication. Getting away with Murder, She Decides This Approach to Marriage has Possibilities. Directed by Paul Harather.
11:35 Eat Carpet.
12:45 Movie: Another Heaven.-2000 Japanese Horror Starring Yosuke Eguchi and Yoshio Harada. Directed by George Iida. **3:00** Temporary Close. **5:00** WeatherWatch And Music. **5:30** Japanese News.

NINE

6:00 Early News. Presented by Mark Ferguson.
7:00 Today. News and Current Affairs. Presented by Tracy Grimshaw and Steve Liebmann. **9:00** Here's Humphrey. Pre-school Series: You're not My Boss.

9:30 Mornings with Kerri-Anne. Infotainment. Presented by Kerri-Anne Kennerley. **11:00** News. Presented by Kim Witkins. **11:30** Fresh.-Australian Culinary Series. Hosted by Jason Roberts. **12:00** Days of Our Lives. **1:00** The Young and the Restless.

2:00 The Education of Max Bickford.-US Comedy Drama Series: One More Time. An Old Friend Who is a Famous Dean at Harvard Comes to Visit Max and Joins the Faculty.

3:00 Dr Phill.-US Chat Show. Debate Dr Phill. **4:00** Bush Beat.

4:30 Entertainment Tonight. **5:00** Burgo's Catch Phrase. **5:30** The Price Is Right.

6:00 News, Sports, Weather. WIN: Local News.

6:30 A Current Affairs. WIN: National Nine News.

7:00 Frasier.-US Comedy Series: Adventures of a Bad Boy Pt 2. Frasier and Kate Agree to Show down Their Relationship, but Continue to Lose the Battle against Their Desire. WIN: A Current Affair

7:29 Keno.

7:30 Burke's Backyard.-Gardening and Pet Care Advice Series. Don looks at Alpine Plants and Animals, and Winter Jobs to do in the Garden. Rebecca Road tests the St Bernard. Geoff Creates His Favourite Winter Soup. Celebrity Gardening Is Paralympic Gold Medallist Bart Bunting.

8:30 Foodball.-AFL. Coverage of the Melbourne v Geelong Match. From the MCG. Commentators: Eddie McGuire, Dennis Commetti, Garry Lyon and Dermott Brereton.

11:45 Nightline. WIN: Rugby League.-NRL. Brisbane Broncos v Penrith Panthers.

12:15 Rugby League.-NRL. Coverage of the Brisbane Broncos v Penrith Panthers match. From Suncorp Stadium. Commentators: Ray Warren, Peter Sterling, Phil Gould and Andrew Voss.

2:30 Late Show with David Letterman. **3:30** Mad. TV.

4:30 Just the Ten of Us.-US comedy series: Betrayal. Wendy and Cindy Go Out on a Double-date. **5:00** Skippy-the Bush Kangaroo. **5:30** Entertainment Tonight.

TEN
6:00 Totally Wild.-Children's Environmental Program.
6:30 Aerobics OZ Style.-Australian Fitness Program.
7:00 Cheez TV. Cartoons. Presented by Jade Gatt and Ryan Lippin. Including: Digimon; Beyblede; and Teenage Mutant Ninja Turtles.
8:30 In the Box. **9:00** Good Morning Australia. Hosted by Bert Newton. **11:30** News.
12:00 Jerry Springer.-US Chat Show: Twinsted Sex Tales / **1:00** Judge Judy.
1:30 E Street.
2:30 The Oprah Winfrey Show.-US Chat Show: How to Stop Overeating, Overspending & Overworking.
3:30 Huey's Cooking Adventures.-Australian Culinary series. Hosted by Iain Hewitson. **4:00** Totally Wild. **4:30** The Bold and the Beautiful.
5:00 News, Sports, Weather.
6:00 The Simpsons.-US Animated Comedy Series: Boy-Scoutz N the Hood. Bart Inadvertently Joins the Junior Campers, and During a Rafting Trip, He Becomes Lost at Sea with Homer and Ned Flanders.
6:30 Neighbours.-Australian Drama Serial. Stuart's Culpability Regarding Dee's Accident is Called into Question. Nina Reveals to Jack that She is Virgin. Harold's Popularity with His Afro-Harold Character Comes to an Undignified End.
7:00 Seinfeld.-US Comedy Series: The Smelly Car.
7:30 The Simpsons.-US Animated Comedy Series.
8:30 Movie: Men in Black.-1997 sci-fi Starring Tommy Lee Jones, Will Smith and Linda Fiorentino. A Cop is Recruited to be the Partner of a Government Agent whose Task it is to Track Down Illegal Aliens. Directed by Barry Sonnenfeld.
10:30 News. **11:00** Sports Tonight. **11:30** Video Hits Uncut. **2:00** Home Shopping.
4:00 Tales of the South Seas. **5:00** This is Your Day with Benny Hinn.
5:30 Christian City TV.

CH31

8:00 Move It Or Lose It. **8:30** Dragnet. **9:00** Coronation Street.
9:30 Movie: Hop-A-Long Cassidy Heart of The West. 1936 western.
11:00 Upstairs Downstairs. **12:00** Time of The Your Life. **12:30** Tony Barber.
1:00 Dig And Dine With Denise. **1:30** Mary Tyler Moore. **2:00** The Professionals.
3:00 Roots. **4:00** Syn TV. **5:00** Pluck. **6:00** Melbourne Musos. **6:30** Jaanz Live.
7:00 Horse Rush. **7:30** Words of Peace. **8:00** Greek Current Affairs. **8:30** Vasili.
9:00 Match of The Week. **9:30** Greek Best Show. **10:00** FashioNations. **10:30** Nag.
11:00 Comic Box. **11:30** Noise. **12:00** Fishcam.

出典：The Age, Australia, 7, August, 2003.

参考文献

アンドレア・センプレーニ著、三浦信孝・長谷川秀樹訳『多文化主義とは何か』白水社、二〇〇三年。

ジャウディン・サルダー、ボリン・ヴァン・ルーン『INTRODUCING カルチュラル・スタディーズ』作品社、二〇〇二年。

関根政美『マルチカルチュラル・オーストラリア―多文化社会オーストラリアの社会変動―』成文堂、一九九一年。

関根政美、鈴木雄雅、竹田いさみ、加賀爪優、諏訪康雄『概説オーストラリア史』有斐閣選書、一九九三年。

高崎道浩『（改訂版）世界の民族地図』作品社、二〇〇一年。

多文化社会研究会編訳『多文化主義―アメリカ・カナダ・オーストラリア・イギリスの場合』木鐸社、一九九七年。

西川長夫『（増補）国境の超え方』平凡社ライブラリー、二〇〇三年。

西川長夫、渡辺公三、ガバン・マコーミック編『多文化主義・多言語主義の現在』人文書院、一九九七年。

C. Corrine, *Multicultural Marketing* (Australia, Australian Government Publishing Service, 1997).

C. Milne, *LITTLE JHONNIE and the NAUGHTY BOAT PEOPLE* (Australia, MILNR BOOKS Ltd., 2001).

Face the facts (Australia, Acting Federal Race Discrimination Commissioner, 2001).

G. Hugo, *ATLAS OF THE AUSTRALIAN PEOPLE 1996 CENSUS National Overview* (Australia, Department of Immigration and Multicultural Affairs, 1999).

J. Jupp, *UNDERSTANDING AUSTRALIAN MULTICULTURALISM* (Australia, Australian Government Publishing Service, 1996).

L. Jayasuriya, *Immigration and Multiculturalism in Australia* (Australia, The University of Western Australia, 1999).

L. Jayasuriya, and P. Kee, *The Asianisation of Australia?* (Australia, Melbourne University of Press, 1999).

M. Sargent, and N. Pamela and W. Gabriele, *THE NEW SOCIOLOGY FOR AUSTRALIANS* (Australia, Longman, 1997).

P. Bell, *Multicultural Australia in the Media* (Australia, Australian Government Publishing Service, 1992).

R. Treborlang, *HOW TO SURVIVE AUSTRALIA* (Australia, Major Mitchell Press, 1985).

S. Cunningham, and T. Graeme, *The Media in Australia* (Australia, Allen & Unwin, 1997).

The Age, Australia, 20, June, 2002.

The Age, Australia, 7, August, 2003.

第六章　生起する文化単位
――「谷根千」幻相と地域メディア――

岡村圭子

はじめに

一　本論の要旨と研究の背景

本論の目的は、いかにして文化単位が生成され得るのかという問いを、「谷中・根津・千駄木（谷根千）」を具体的な事例として取り上げながら考察することである。前半では、筆者の研究関心にひきよせながら地域文化の生成について論じ、仮説を提起する。つづく後半では、谷根千エリアでの調査結果を分析する。

谷根千が一つの地域文化として成立する要因としては、先行研究を参照すればおおかたつぎのような可能性が示唆されよう。まず、交通網、生活圏などの地理的、制度的な条件。つぎに、地域内部における共通関心の存在である。

しかし、現代社会の都市的状況をふまえたうえで地域文化について考えると、これらの見解だけでは限界があることがわかる。このほかの可能性も視野に入れてもよいのではないだろうか。そこで、当該エリアがひとくくりにされ、一つの文化的な一単位とみなされる要因について、新たな見解を提起したい。それは、エリアへの「名づけ」

（記号の付与）と、その記号の流れである。

本論に入る前に、この考え方の背景について簡単に述べておこう。

文化は、人類の発展段階の頂点に位置する「高尚な」ものでもなければ、単に同質的な人びとの集まりでもない。やや誇張していえば、文化的凝集性が生じるのは、なんらかの文化的な属性――たとえば言語や宗教、価値観など――の共有の事実でさえない。コミュニケーションによる、ほかとの差異化のプロセスが、文化的な凝集性をもつユニットをかたちづくる。筆者の議論の準拠点は、そこにある。

つかみどころのない文化について、その生成過程をいかにして説明できようか。その際、文化をニュートラルなかたちで、つまり文化という語の多義性やそこに附与されているイメージからいったんはなれて、文化をある集合の一単位として捉えるということを強調することが必要である。さらに、文化の「成立」のみならず「維持」について論じるときに、文化を、記号（の流れ）によって生み出された、凝集性を有する社会的関係として扱うことが重要になる。それによって、文化の属性そのものではなく、記号をめぐるさまざまなコミュニケーション・プロセスに着目できるようになるからだ。そこで筆者は、「文化」という用語よりも「文化単位」という概念（用語）のほうが、より適した表現であると判断し、この語を積極的に用いることにしている。(1)

以上のような理論的関心を基盤にする本研究は、エリアそのものの研究としてではなく、社会情報学的アプローチからの文化研究として位置づけられるだろう。

二　「谷根千」幻相から見えるもの――されど／たかが谷根千

ここ二〇年で、東京の下町として「谷根千」の名は、多くの人びとに知られるようになった。二〇〇三年一〇月二

○日の産経新聞には、つぎのような見出しで谷根千が紹介されている。

「谷根千　下町情緒なお健在／次々と誕生する未来型タウンを横目に／古い町並み広がる谷中、根津、千駄木地域」

また、いくつかのテレビ番組や雑誌においても、谷根千が一つのエリアとして、そして「下町」代表として紹介されている。しかし、次項でも述べるが、谷根千とされるエリアに住む全ての住民が、自分の住んでいる町を「谷根千エリア」と自覚しているわけではない。谷中、根津、千駄木それぞれの地域が独自のものとしてではなく、ひとくくりにされ「谷根千」と称されることに関して、否定的な感情を抱いているひともいる。それゆえ、谷根千＝下町という図式に困惑する住民も少なくない。そもそも、谷根千がなにを指しているのかさえ曖昧なのである。

本論の副題にある「谷根千幻相」という言葉は、「しょせん地域文化などは幻のごとく想像されたものでしかない」と主張するために付けられたものではない。むしろその逆である。まるで幻としか思えないような地域性や地域文化が、さまざまな位相をもってリアルな地域文化（文化単位）として扱われている、ということを表わしている。いかにして、そのようなことが可能になったのか？　これが、本論の根底に流れる疑問である。

しかし考えてみれば、地域の文化単位が幻相（あるいは幻想）かどうかなど、普段の暮らしのなかでは特に大きな関心事になることはない。いつも利用している店が閉店していたら困るが、自分の住むエリアが隣の町とひとくくりにされている／いないからといって、実際に不便を被ったりすることはない。谷根千という地域文化が、じつは作り出された幻であると指摘したところで、あるいはそう指摘されたところで、その地域での生活全てが消えてしまうわけでもない。

しかしながら、である。谷根千の事例など、たかが東京の片隅のミニマムな現象でしかないのだろうか。確かに「谷根千」とよばれるエリアは、たかが数キロ四方であるが、そこに提起される問題の大きさは、それを上回っているように感じる。「その地域らしさ」や「その地域の固有性・特異性」（これらを一般的に地域性とよぶのだろう）は、じつはきわめて多様でつかみどころがない。それにもかかわらず、わたしたちの眼前に、ときに確固とした姿で文化単位として現れるのは、どういうわけか？　この問題は、文化を研究するうえで、避けて通ることはできないはずだ。

もちろん、本稿だけで、この問題に答えを出せるとは思っていない。谷根千についてでさえ、十分に分析しつくされたといい切ることは出来ない。それゆえ、本稿での考察は、仮説の提起にとどまっているといえるかもしれない。しかし、小さな事例の考察が、より大きな規模の文化、さらに文化的アイデンティティの問題を考えるヒントを与えてくれることもあるだろう。

地域文化が「幻相」であることを、否定的に捉える気は毛頭ない。むしろ、幻相だからこそ、つねに創造的であり、多様性を内包しながら維持されているといえる。それだから、あらゆる地域文化の幻相的な側面（イメージのなかで先行する「地域文化」の姿）を無視することは、そういった創造性をも無視してしまうことにもつながる。以下では積極的に「幻相としての谷根千」について論じてみたい。

第一節　ユニットとしての谷根千を考える（一）——地域情報、コミュニティ、都市

一　「谷根千」とは

本論で取り上げる三つの地域――谷中、根津、千駄木――について概略的に述べると、谷中、根津、千駄木は、東京都の東部に位置し、最寄りの駅としては、不忍通りに沿って走る東京メトロ千代田線の根津駅、千駄木駅、あるいはＪＲ山手線の日暮里駅、西日暮里駅などがある。現在の行政区画にあてはめると、谷中は台東区に、根津と千駄木は文京区にそれぞれ属しているが、なおかつそこは荒川区、北区にも隣接しているエリアであり[2]、地形的にみると、本郷の高台と上野の高台に挟まれた谷となっている[3]。それが「谷中」という地名の語源になったといわれている。

このエリアは、近年マスコミなどでは「下町」とよばれているが、一九五〇年代に、ほぼ同じエリアを調査したR・P・ドーアは、このエリアを「下山町（*shitayama-cho*）」とよび、ほかの地域の典型的な「下町」および「山の手」とは区別した［Dore1958］。「下山町」という仮名は彼自身がつくったもので、〃山の手〃と〃下町〃という「東京文化の二つの系譜の混合体を代表していることをあらわすのに役立つ[4]」と考えてのことであったという。ドーアは以下のように記述する。

> 「地理的にみると、下山町は、昔の下町と山の手の間にひかれた分岐線の上にある。それは今では暗渠となっている小川のある谷のあたりで、高台の線にそった狭い窪地をなしている。（略）下山町は、鑑賞するためにつくられたのではなくて、住むためにつくられているのである」ibid., 12-15.

また、このエリアは、関東大震災の被害や第二次世界大戦の戦火を逃れて、現在でも三階建ての木造建築や長屋、寺院などの古い建造物が残っている部分もある。それゆえ、江戸時代からつづくそれぞれ異なった地域的特徴（谷中は寺町、根津は商業の町、千駄木は文学者の町）が現在も垣間見られる町として、また東京の散策コースの一つとして知られている。しかしながら、特にバブル期の建設ラッシュで、三地域を結ぶ幹線道路（不忍通り、言問通り）沿いには、古い建物にかわってマンションやアパート、駐車場がめだつようになった[5]（写真6―1、6―2）。

このように、谷中、根津、千駄木というそれぞれの地域は行政区画のうえでも、また地域の歴史的特徴もそれぞれ異なっている。また近年では、都市開発によってその景観も大きく変容している。しかしながら、それにもかかわらず、谷中、根津、千駄木というそれぞれの地域がその近隣の地域――上野桜木、日暮里、弥生など――も巻き込んで、一つのユニット「谷中・根津・千駄木」（または「谷根千（ヤネセン）」）として扱われているのである。

「谷中・根津・千駄木」というよび名が生まれたのは、このエリアに住む三人の住民が『地域雑誌

写真6―1　不忍通り（根津交差点から千駄木にむかって）
通りに沿って高層階のマンションが建ちならぶ

写真6―2　言問通り（谷中六丁目交差点から鶯谷駅方面にむかって）

谷中・根津・千駄木』（以下『谷根千』）を創刊した一九八四年以降のことである。『谷根千』は、A五版（四八頁）の季刊誌で発行部数は約九、〇〇〇部、(6)主にこのエリアの書店や商店で五〇〇円(7)にて購入できる。個々の地域については、従来それぞれ単独でさまざまな歴史的史料や文学作品でその名称が出てくるが、この雑誌の刊行以前は、それらを一括して「谷中・根津・千駄木」および「谷根千」とよぶことはなかった。

雑誌の口上によれば、このエリアが抱えるいくつかの地域は、それぞれつぎのような特徴があるとされている。

江戸の面影を残す寺町■谷中
かつては遊郭も栄えた職人の町■根津
鷗外、漱石ゆかりの地■千駄木山、芸術家の卵を育てた■上野桜木
日の暮れるのも忘れる風雅の里■日暮里、帝大生の青春の町■弥生

それぞれに異なった特徴をもつ地域が、一つの文化単位として成立したのは、いかなる経緯だったのか。次項では、編集者のひとりである森まゆみのエッセイを中心に、編集者たちへのインタビューなどを参照しながら、いかにして谷根千という文化単位が生まれたのかを考えてみたい。

二　文化単位が形成される要因

(1)　共通関心――『谷根千』創刊の目的から――

地域雑誌『谷根千』は、主に地域情報の提供と、同時にこの地域の歴史や建造物への関心をもっと地域住民にもっ

てもらおうという目的で創刊された。[8] 編者のひとりである森は、創刊の動機をつぎのように述べている。

「必要な情報とはなにか［中略］その一つが案外、地域の情報かもしれない。［中略］そして、送り手と受け手に互換性があり、情報が双方向に行き来すること。私たちの雑誌は、まさにそのためのメディア（乗り物）であればよい」（森一九九一年、六一ページ）

具体的には、①地域の名所、旧跡、文化遺産を広く知らせ保護をよびかける、②地域の歴史や失われゆく生活文化を記録する、③生活に役立つ情報を提供する、④地域住民の意見や情報交換の場とすることが目的であったが（前掲書、三五ページ）、その背景にはある「問題意識」があった。それは、①の目的に示されているような、町並み保存への呼びかけである。

「谷中の町並み——いや、並というほどには揃ってない、お寺の間に散在する明治や大正期の民家が次々に消えてゆくのを、このまま手をつかねて見ていなければならないのだろうか。建物や風景、それは私たちの町の共有の文化財ではないのだろうか。とはいえ、家や土地はいまの日本では私有財産である。（略）それでも、谷中の民家を壊すのは惜しい、と私の心は揺れた。（略）第一、何十年も時代を生き延びて、いろいろな人々の人生、思い出がしみついている家というものをみすみす壊してよいのだろうか。何かできないか…」[9]（前掲書、二八—二九ページ）

森は、そのような思いを強くいだき、このエリアの住民である数名の仲間とともに『谷根千』を創刊した。

地域における文化単位を形成する要因を、地域コミュニティ研究からのアプローチにおいてはつぎのような見解が出されている。すなわち、地域コミュニティ（本論のコンテクストからいえば地域文化としての文化単位）の形成において、地域性と共同性が重要であるという指摘である。それによれば、地域コミュニティは、行政主導で達成されるものではなく、当該地域に居住する人びとが、自ら地域問題を認識し、またその問題意識を共有して地域社会の生活をいとなんでいく「主体性」が不可欠であるとしている。つまり、地域コミュニティの形成とは「地域性を基盤にした共同性の醸成」、「住民の関心を地域社会に向けるだけでなく、成員観の合意による連帯、すなわち共同性の醸成によって自治が達成されていく過程」であるとされている（清原一九八九年）。

写真６－３　根津二丁目
明治42年に建てられた木造三階建ての「はん亭」と、後ろは不忍通り沿いのビル

このような定義を、谷根千の事例にあてはめて考えてみると、古い町並みを保存するというトピックが「住民の関心」であり、また住民の要求を無視したマンション建設などの問題が「地域の問題」として挙げられる。実際、『谷根千』の編集部である谷根千工房が中心となった地域運動は少なくない[10]。そればかりか、谷根千エリアにおけるそのような問題意識は、ミニコミによって媒介され論点が明確化されたともいえよう。

地域内部における争点（ときに住民の健康や生命に

かかわる問題）と地域コミュニケーション・メディアとの関連に着目する林茂樹は、地域の争点を地域住民が共に考えるためにコミュニケーション・メディアが重要な役割を果たすとしている。それによれば、地域コミュニケーション・メディアの意義は以下のようにまとめられる。

地域メディアは「さまざまな情報が住民生活の日常をとらえ、そこに存在するさまざまな問題や要因を異常性や新奇性にさきがけて情報化すること」（林一九九六年、四五ページ）に意味があり、住民が正確な情報を得て、問題点を分析し、意思決定する際に、欠かせないものである。(11)

『谷根千』の場合、雑誌の編集部（谷根千工房）が協力した運動は数多くあるが、『谷根千』が主体となった住民運動はこれまでなかった。編集者によれば、ミニコミ誌創刊以前は当該エリアでの住民運動は「個人的にやっていた人がいたかもしれないけど、まとまったかたちでの運動はなかった」(12)という。『谷根千』は、地域（住民）運動を直接的な背景として創刊された雑誌ではない。そのような編集者の関わり方を、地域運動の新しい形態として捉えることも可能であろうが、しかし編集者自身は、商業的なタウン誌でも従来型のミニコミ誌でもない、あくまで地域雑誌として記述（地域史の記録）というスタイルをとるようこころがけているという。(13)

このような姿勢は、『谷根千』はタウン誌かミニコミ誌か、という問いに対する答えのなかにも読み取れる。

「地方出版って感じかな。タウン誌大賞のあつまりのときに、いろんなタウン誌の人からタウン誌の広告代の高さを聞いて、あぁ、いっしょのテーブルにはいれないな、って思った。わたしたちは、母親的感覚、生活者感覚で、いわば定点観測でしょ。そこから、問題にどうかかわってゆくかだから。たとえば、奏楽堂のパイプオルガンの件も、芸大の前野先生と話したときにちらっと出てきた話しだったの。で、わたしたちとしては、歴史と

かの情報を提供してゆくというスタンスで関わったんです。」（二〇〇一年一月三〇日のインタビューより[14]）

『谷根千』においては、住民が一丸となった強力な反対運動を先導するのではなく、あくまで「記述」というスタイルにこだわっていることがわかる。森は田中直毅との対談のなかで、地域史をきちんと記録し、最終的にはこの地域雑誌を今後の町づくり（再開発）を考える叩き台、討論の場にしたいと語る。つまり、「あえて受け継がなくてはならないものがある」ということをより多くの人に共有してもらうために、「たとえば住民運動みたいなものをバッと起こす方法もあるんですが、私たちはもうちょっと大衆的で、迂遠な方法でもあるけれど、町への愛着を育てるか、町の歴史に対する興味を起こすとかいう種蒔きから始めてゆく」方法を選んだという（森一九八五年、五一ページ）。

以上ことから、『谷根千』と住民運動（地域の争点）との関わりにおいては、住民にひろく関心をもたれるなんらかの争点があり、それに関連した住民運動を盛り上げるためにミニコミが創刊される、という順序ではなく、ミニコミの刊行によって、結果的に数々の「地域問題（争点）」が明確化されたという、逆の順序がみてとれる[15]。

このエリアに住む住民を対象に情報発信をする『谷根千』の目的は、地域の情報を提供すること、そして、古くからある地域の伝統を、有形、無形にかかわらず保存、もしくは記録してゆこうというものである。そこでは、はじめに「争点ありき」ではなく、まず地域雑誌というメディアが作られ、そこから争点が提起されてゆく過程である。むしろ、雑誌の発刊によって住民が「争点」に〝気付いた〟といってもよいだろう。つまり、従来型のミニコミ誌のように[16]、なんらかの住民運動の争点がはじめにあり、それを明確化し広く住民に伝えるために刊行されるという流れではなく、雑誌の刊行によって地域内部のいくつかの問題点が浮き彫りにされる（つくりだされる）という逆の流れがみてとれる。

　では争点や問題意識がこのエリアの住民の間で広く共有され、それゆえに「谷根千」という文化単位が可能になったといえるだろうか。そういった問題意識は、むしろ現段階では明確化される「途上にある」とも考えられるのではないだろうか。さらには、ほぼ全ての住民が谷根千エリアにおける〝共通の〟問題意識をもっているかといえばそれは否定せざるを得ない。地域住民の日常生活を脅かすような問題（争点）による大々的な「住民運動」があるとしても、その争点が谷根千エリアに住む全ての人びとにおいて、同じウェイトで（同じくらい重大な）「問題」として捉えられているのかどうかは疑わしいからだ。ワンルーム・マンションが林立し、古くからの住民がつぎつぎに郊外へ引っ越してゆくような現状においては、そういった争点は限られた住民だけのものではないだろうか。森は『谷根千』創刊前後の町の様子を対談のなかでつぎのように述べている。

　「一九八四年にこの雑誌をはじめたころにはあった建物のうち、三分の一くらいはなくなっているのではないでしょうか。昭和四二年に都電が廃止になり、千代田線が開通して根津に初めて地下鉄の駅ができて、町がずいぶん変わりました。それは急速な変化で、不忍通りは今ではマンション街になってしまいました」[17]（森、平良一九九九年、一一二ページ）

　前掲の写真6−1や6−2からもわかるように、谷根千エリアの現状は下町的コミュニティの様相を呈しているだけではない。『エコノミスト』の連載「地域が自立する」のなかで谷根千エリアは、つぎのように評されている。

「この〃町〃を観光ガイド風に一言で表せば、江戸の面影を今に残す文士の町、といったところだろうか。だが現実の谷根千は、はるかに近代的で活気に満ちた町だ。何しろ東京の中心部。幹線道路や地下鉄が走り、高層ビルやマンションが建ち並び、昼夜を問わず人や車がにぎやかに行き来する。そしてまた同時に、庶民の日々の暮らしを営む町でもある。…多彩で魅力的な町、谷根千。だが、長く栄えてきたこの町の良さが最近改めて認識され始めた陰には、ここに住む女性三人が世に送り出した、小さな雑誌の力があった。」（原沢一九九三年、七二ページ）

写真6－4　上野桜木
長屋の隣に建設された大型マンション

このエリアのコミュニティ的性質や古い街並みへの関心は、相対的にみれば強いといえるのかもしれない。しかしながら、東京の中心部で多くの集合住宅が大通りに立ち並ぶこのエリアは、『谷根千』創刊から二〇年近くを経た今もなお、近代的なビルの建築が進められている。それどころか、むしろ盛んになっているといえよう。

『谷根千』が、住民にそのエリアの「価値」を気づかせたことは皮肉にも、谷根千と呼ばれるエリアがいわば「ブランド」であるということを、不動産業者にも気づかせたのである。[18] 住民の反対を受けつつも建設されたマンションには、新たな住民が入居し彼らの生活は始まる。そういった新たな住民たちにも、谷根千をめぐる問題意識は共有されているかといえば、それは否定せざるをえない。それゆえ、住民運動などの争点や共通関心が全ての住民において共有されることをもって、谷根千が一つの単位として成立している要因を説明するのは難しい。

(2) 生活圏――『谷根千』創刊の背景から

文化単位の成立要件としてつぎに考えられるのは、このエリアが生活圏として古くから機能してきたことである。特にこの要因については、『谷根千』の編集者が強調するところでもある。

現在では発行部数一万部前後以上を数える雑誌に成長した『谷根千』が、その射程におく範囲は、「台東区は谷中・池之端・上野桜木、文京区は根津・千駄木・弥生・向丘二丁目、荒川区は西日暮里三丁目、北区は田端一丁目あたり」(『谷根千』一九八四年一二月、三二ページ)と、かなり広い。谷中、根津、千駄木およびその周辺を含めたエリアを対象とすることについて、つぎのような説明がなされている。

「谷中と桜木は台東区、根津・千駄木・弥生は文京区、日暮里は荒川区、そして田端は北区とここは四区の区境。それだけに区役所からは遠く、行政サービスは薄」い。それゆえ、行政区にはこだわらず「私たちにとって自分の町と考えられるところを、エリアと定めた。」(森一九九一年、七四ページ)

雑誌が話題として取り上げる地域を、谷中、根津、千駄木(およびその周辺)とした理由は「行政区よりはまだしも氏子圏で考えるほうが生活実感に近い」(傍線は引用者の強調)からであったという(前掲書、七五ページ)。

谷中は本郷台と上野台の間にはさまれた谷を指し、根津と千駄木の低地、さらには日暮里もかつては谷中の一部とされていた[19]（森一九九四年、一一ページ）。しかし、編集者が「谷中」「根津」「千駄木」およびその周辺のエリアをひとくくりにしたのは、上野と本郷の高台に挟まれた谷であるという物理的、地理的要因だけではなく、根津神社と諏訪神社の氏子圏であり、まさにこのエリアが一貫した生活の場（生活圏）として機能していると判断してのことであった。

「このエリアはまったく独断による私たちの生活圏であったが、のちに、町の人が長たらしい誌名をちぢめて『谷根千』と呼びならわすようになったとき、一くくりの地域として一人歩きをしだした。朝日新聞やNHKで「谷根千」を固有名詞として使うのを見かける。また、トヨタ財団の研究助成を受けて行った地域研究で「どこまでを自分の町と感じるか」というアンケートをしたときも、この地域は一まとまりのものと感じられているようだった。さらにNTT駒込電話局（現NTT文京）の管内とも重なり、朝日新聞八重垣・坂下両販売所の配達地域をあわせてもこのエリアとなる、などなど、まんざら虚構の「地域」ではなかったようだ。」（森一九九一年、七四－七五ページ）

かつて不忍通りは遊郭も栄えた商業地で、通りは上野広小路・湯島界隈まで続く。一方で寺や墓地がひしめきあう谷中が、その通りから高台にかけて広がる。東京大学や東京芸術大学が近くにあるためか、学生のための下宿屋や小さな木造アパートも立ち並んでいたこのエリアが、生活圏として捉えられることになんら不思議はない。

また、行政区画と生活圏としての区画とは、かならずしも一致しているとは限らない。そのようなことから、谷根千とよばれるエリアの地域文化は、行政にバックアップされた地域活動（文化遺産の保護や歴史の調査など）が支える地域文化ではなく、住民の生活に〝近い〟ところの（いわば自然発生的な）「生活地域文化」といえよう。

しかしながら、生活圏を共有することと、（地域）文化的な凝集性があるということはかならずしも結びつかない。すなわち、単に生活空間（行動範囲）を共有しているからといって、地域的な疑集性が保たれているとは限らないし、まして地縁・血縁的な連帯意識があるとは限らない。

特に現代社会の都市生活は、多文化的な状況に置かれている。東京都の中心に位置する谷根千エリアも例外ではないだろう。すでに一九五〇年代には、「住民の約九割が下山町以外の出身で、職業、学歴、生活様式の面でもかなり異質性を含んだ地域」であったという（Dore. op. cit）。つまり、このエリアは〝古くから続く〟地縁・血縁によって成立するエリアではないのだ。

また地形的な要因についても、都市化が進み、交通・情報手段が発達した現代社会において、地形的要因を強調するには限界がある。後で詳細に述べることとなるが、「谷根千」と称されるエリアは、本郷台と上野台に囲まれたエリアおよびその周辺（かつての藍染川流域）よりもはるかに拡大されて捉えられる場合もあるからである。

それゆえ、「谷根千」を地域文化として捉えたとき、それが文化として成り立っている要因を従来の見方だけで分析するのは、不十分であるといわざるを得ない。

三　コミュニティ論における谷根千

（1）　谷根千はコミュニティか？

谷根千エリアをめぐるさまざまな状況を考えてみれば、確かに地理的・地形的要因や共同性などの要因に依拠した説明は、その文化的凝集性を説明するに際してきわめてわかりやすい説明であろう。地域的な共通性や共同性に関していえば、それはたとえば生活圏として機能していることや、住民運動による争点の共有なども考えられるだろう。特に、地域コミュニティに関する研究においてはそういった「共同性」が重要視されている。

『谷根千』を都市のコミュニティ・プレスの一例として取上げた小浜ふみ子は、『谷根千』がコミュニティに及ぼす影響（機能）を分析している。[20]そこでの議論において、谷根千は「住民にとって、「自分たちのコミュニティ」の総称であり、シンボル」（小浜一九九五年、七六ページ）であるとされている。また、一九六〇年代に『谷根千』に先行する地域メディア（地域情報を提供する媒体）が存在していたことから、[21]「『谷根千』には、その出現を促す前史あるいは予備条件が存在した」（前掲書、七九ページ）という指摘がなされ、そのような地域（文化）的基盤のもとで「社会の動向に対する危機感（ノスタルジーの危機）」が編集者たちによって共有されたことがコミュニティ・プレス『谷根千』の誕生を実現させたという見解が示されている。

コミュニティ・プレスは「都市の社会構造のなかにいる諸個人の統合プロセスに関わって」（Janowitz1967: p. 67）おり、それが地域の歴史を発掘し、地域の情報を収集・発信することによって、地域情報がコミュニテイのメンバーに共有され、それによって地域コミュニティの再生や強化が促される。そのような理解においては、小浜が指摘するように、『谷根千』創刊以前のコミュニティ・プレス（ミニコミやチラシ、郷土史研究）が谷中地区あるいはその周辺のコミュニティの形成・強化に関して、その基盤となりなんらかの影響を及ぼしたことは確かであろう。また、谷根千における共同性やその地形的な特殊性を強調することは、〝ノスタルジックな下町〟のイメージにはぴったりの理由である。しかしながら、当該エリアが『谷根千』創刊以前に「谷中・根津・千駄木」というユニットとして、しかも「谷根千」という呼び名で扱われることはなかったはずである。

コミュニティの形成について、そこに付与された名称や空間の境界線に着目したA・ハンターは、シカゴのローカル・コミュニティを事例とし、ローカル・コミュニティには集合的に共有された文化的でシンボル的な要素があるという理解のもと、生態学的にだけでなくシンボル・文化的な（symbolic cultural）アプローチで都市コミュニティの定義を再考した（Hunter 1974）。コミュニティの定義づけに際しては、名づけや空間的な境界線によって住民自身が形成した認識的なイメージと、そのエリアへの愛着が表されるような心情的イメージ、この二つの要素が深く関わってくるという。言い換えれば、前者はコミュニティそれ自体のシンボリックな同一性（symbolic identification of community）について、また後者はコミュニティへのシンボリックな帰属意識（symbolic identification with community）についての問題である（ibid., op. cit p. 116）。ハンターがいうところのシンボル・文化的アプローチにおいて谷根千のケースを分析すれば、まさに「谷根千」という記号は認識的にも心情的にもlocal communityを定義するシンボルであるといえよう。

しかし、ここで根本的な問題に立ち返って考えてみよう。そもそも谷根千は「コミュニティ」なのか。[22] そして、〃シンボル〃（谷根千という名称そのもの）は住民たちに共有されているのだろうか。ハンターによるシカゴでの調査では、どこまでを自分の住むコミュニティとするかという認識、すなわちシンボルの定義づけ（cognitive definition）は多様であったというが、[23] 谷根千の場合、当該エリアが「谷根千」とよばれていることすら知らない〃谷根千の住民〃がいることを考えれば、谷根千においてシンボルそのものが共有されているとはいえない。それどころか、場合によっては谷根千はエリアではないのである。

マッキーバーのコミュニティとアソシエーションの定義を参照すれば、[24] 谷根千エリアは二つの氏子圏が重なる地域であり、編集者自身も生活圏として捉えているという点で、谷根千はコミュニティ的であろう。[25] その一方で、たとえば、なんらかのメディアによって谷根千を知り移り住んできた人々や、町並みや（地域）文化の保存を目的とする人びとの集合であり、それを記述するミニコミ誌が〝発生源〟になっているという点ではアソシエーション的でもある。それに加え、全ての住民自身がみずから「谷根千の住民である」という強い帰属意識をもっているとは考えられない。

谷根千がコミュニティであるかアソシエーションであるか、本稿ではそのどちらでもないと考える。つまり「谷根千」は、単なる雑誌名『谷中・根津・千駄木』の略称である（であった）。谷根千には、アソシエーションかコミュニティかの議論の範疇に入らない「文化」像が浮かび上がるのである。[26]

地域メディア（コミュニティ・プレス）が地域コミュニティに果たす役割、すなわちコミュニティの形成（再生）と強化を促進する役割を担っていることに関して異論はないが、より広義に谷根千という記号を扱ったうえで文化単位の問題を考えるならば、地域コミュニティ分析からなされた指摘とは違ったファクターを付け加える必要があるのではないだろうか。

(2)　現代都市のなかの谷根千

過去にある一定の期間、この地域はひとくくりにされていたかもしれない。一九五〇年代にこのエリアを調査対象としたドーアも、東京の山の手／下町という二項図式に収まらない独特なエリアとして捉えた。また、一九一〇年代と一九六〇年代にはこのエリアを対象とした地域情報が刊行されていた（注釈21を参照）。

しかし、語順もそのままに「谷中・根津・千駄木」あるいは「谷根千」とはよばれてはいなかった。谷根千エリアの歴史や地域性は、また地域についての争点は、現代になって（『谷根千』によって）掘り起こされたものであるからだ。

パラドキシカルないいかたをすれば、あえて「〝地域性〟を育てようと試みる」こと自体が、〝地域性〟が失われているまさにその現状を反映し、失われた地域性へのノスタルジーから出てきているのである。『谷根千』が創刊された背景には、むしろその地域性（あるいはコミュニティ的なつながり）の〝希薄さ〟があったのだ。創刊当時の谷根千エリアの状況を、森はつぎのように述べている。

「考えてみれば町なかで顔が合い、目が合っても挨拶一つしないのが東京。東京の中ではムラとよばれるこの町ですら、何代もつづく家や戦前からの町会加入者以外はあまりつきあいがない。この町で生まれ育った私でも、結婚してマンション住まいとなると、もう近所の人ともあまり口をきかなくてすんでいた」（森一九九一年、三七ページ）

都市化によってもたらされた地域性の〝希薄さ〟は、地域文化を消滅に向かわせるのではなく、地域メディアの創刊を促し、あらたな地域性を生みだしたのである。つまり、谷根千をめぐる（そこに集まる）さまざまな人びとによって、それ以前とは違った（谷根千という）地域文化がかたちづくられた。[27]都市文化の一つとして谷根千を考察したとき、井上俊によるつぎのような指摘が重要となってくる。

「地域文化とは、簡単にいえば、地域社会ないし地域共同体（local community）を担い手とする文化にほかならない。しかし反面、そういっただけでは片のつかない問題もたくさんある。かつての伝統的な地域共同体を想定するなら話は別だが、今日の地域社会の現実はもはやそのようなものではない。周知のように、産業化や都市化の進展は、「職住分離」（職場と家庭との分離）傾向をおし進め、人びとの空間的流動性を高め、また、いわゆる「地縁社会」における相互扶助や共属意識を減弱させる。（略）このような現状を考えれば、地域文化の担い手として、封鎖的な生活共同体としての地域を想定することは困難である。また、地域文化はその地域の住民によって担われるという考え方も修正される必要があろう。たとえば現代の大都市の文化は、そこに住んでいる人びとによって担われていると同時に、少なくとも部分的には、別の地域からそこへ通勤してくる人びとや、遊びにやってくる人びとなどによっても担われている。」（井上一九八四年、五―六ページ）

さらに井上は「現代の地域文化について考えるためには、地域文化の担い手を住民だけに限定することなく、居住以外のさまざまの形でその地域に関与する人びとをもふくめて広くとらえることが必要」（前掲書、六ページ）であるとし、観光地を例にあげてつぎのように述べている。

「観光地には観光地独特の文化がある。そしてその一部は、明らかに、そこを訪れる観光客によって担われている。さまざまの地域からやってくる観光客たちは、それぞれに自分の地域の文化を担っているだろう。しかし観光地では、彼らは観光客としてふるまい、観光客の一般的な行動様式に従う。この意味で彼らは、観光地の文化の一翼を担っている。」（前掲書、六ページ）

観光客や観光産業がその土地の地域文化を、さらには地域の「伝統」さえも創り出すという具体的な事例は、いくつか指摘されている。(28) そのような事例研究をヒントに谷根千を観察すると、(観光地としての)谷根千は来訪者、すなわち観光客によってもかたちづくられ、維持されるといえる。つまり、もともとこの辺りが一つの文化圏で「谷根千のような」文化単位が過去にもあったかどうかは、〃現在の〃文化単位「谷根千」にとっては必要な条件ではない。文化単位の生成に関与し、地域コミュニティの地域性を高める要因としては、争点や共通関心があること、またその地域が生活圏として機能していることが考えられてきたが、むしろこの谷根千の事例においては、外部との関係性(たとえば観光客と地域住民との関係)に着目した分析が必要なのではないだろうか。つぎの節では、文化単位の生成をめぐる、あらたな仮説の提示をしてみよう。

第二節　ユニットとしての谷根千を考える(二)——記号の流れと文化単位

一　記号と文化単位

さまざまなメディアに取り上げられ、頻繁に見聞きするようになった「谷根千」であるが、それがユニットとして捉えられるのは、古くから生活圏として機能してきたからであろうか? 地形的に高台に挟まれたエリアだったからであろうか? あるいは、全ての地域住民にとって「街並みの保存」という〃共通の〃トピック(争点)があったからなのか?。いずれも、要因のひとつとしては考えられるが、それだけでこのエリアが文化単位として成立し、それが維持されていることを説明するには不十分であると前節では指摘した。

地域住民の日常生活を脅かすような問題(争点)による大々的な「住民運動」があるとしても、その争点が全ての住民において、同じウェイトで「問題」として捉えられているのかどうかは疑わしい。それに加え、都市化が進み、交通・情報手段が発達した現代社会において、このエリアを「生活圏」としてだけ捉えるにはあまりに狭いし、「地形的な孤立化」を強調するにはあまりに時代錯誤ではないだろうか。そこで以下では、「谷根千」という記号と文化単位の生成との関連に目をむけてみよう。

(1) 名づけの経緯

さきに述べたように、『谷根千』が射程におく範囲には、谷中、根津、千駄木以外の地区も含まれて、行政区画においては四区にまたがり、それぞれの地区は歴史的にも地形的にも異なった性質をもつとされている。この三地域においては、その性格を見る限り「共通」というよりもむしろ異なっていることが強調されるのである。

しかし、それでもなぜ「谷中・根津・千駄木」でなくてはならないのか。たとえば地下鉄千代田線の駅に沿って「千駄木・根津」と名づけたユニットも可能であるし、「谷中・日暮里・根津・千駄木」でもよいはずだ。それら三地域を一つのユニットとして結び付けるものはなにか論じるにあたっては、「谷根千」を記号(signe)[29]として捉える必要がある。

言語の〈経験的使用〉と〈創造的使用〉を区別して論じたM・メルロ=ポンティはつぎのように述べている。[30]

「われわれがソシュールから学んだものは、記号というものが、ひとつずつでは何ごとも意味せず、それらはいずれも、或る意味(センス)を表現するというよりも、その記号自体と、他の諸記号とのあいだの、意味のへだたりを示しているということである」(メルロ=ポンティ一九六九年、五八ページ)

以上のようなメルロ＝ポンティの見解を参照すれば、「谷根千」と名づけられることによって、当該エリア（谷中、根津、千駄木およびその周辺）はさまざまな意味を付与され、他とは分節化される。このことは、文化単位の生成におおきく関与していると考えられる。

広範囲に及ぶ対象地域を設定しながら、その誌名のなかに「谷中」と「根津」と「千駄木」だけがあげられ、誌名を「谷中・根津・千駄木」にした経緯を、森は以下のように記している（森一九九一年、三〇—三一ページ）。


「誌名は何てする」

「（略）横文字より和風の方がこの町に似あうみたい」

「じゃいっそ『千駄木、根津、谷中』って地名を並べてみる？　うーん、語呂が悪いね。『谷中・根津・千駄木』の方がいいか」

「私、本郷、だーいすき。『谷中・根津・本郷』にしようよ」とヤマサキ。

「私も小学校があの辺だし、土地観はあるけど、本郷は本郷で独自の文化圏というか、深い町だよ。そんなに私たちに力量あるの」

「じゃ力がついたら、『本郷』っていうの別に出そうねえ」


「谷中・根津・千駄木」という記号は、このようなやりとりから生まれた。すなわち、『谷中・根津・千駄木』という雑誌の名称は、住民でもありまた雑誌の作り手でもある三人によって創刊にあたり単なる語呂で組み合わされた名称なのである。さらに、その名称を「谷根千」と短縮し、雑誌だけでなく自らの町を言い表したのは、まぎれもなく住民自身であったという。

森によれば、まず住民および雑誌の購読者たちは、長い誌名を縮めていつしか「ヤネセン（谷根千）」とよぶようになり、それと時期を同じくして、谷根千は日暮里や田端、池之端、上野桜木をも含むこのエリアそのものの呼称としても用いられるようになった。それからのち、マスメディアにおいても「谷根千」が固有名詞として用いられるようになったという。その経緯を、森はつぎのように述べている。

「この一帯の現在の町名を併記した『谷中・根津・千駄木』から、ほどなく谷根千（やねせん）の略称が生まれ。そういう呼び名が元来あってこの雑誌が生まれた、と錯覚する向きもあらわれたり。それほどすみやかにひとつの文化現象となったのでした。」（森一九九四年、二八七ページ）

(2) フィクションとしての谷根千

では、「谷根千」という名称が用いられる際、どこまでが「谷根千」とされているのだろうか。これについては実のところ、明確な定義はない。換言すれば、谷根千を記号としてみたとき、それが指示する対象はきわめて多義的である。これについては、つぎの節で詳細に検討することになるが、大別して二つの用法があるだろう。まず、地域雑誌そのものの名前（誌名の略称）として、そしてもう一つは、特定のエリア（谷中・根津・千駄木とその周辺をあわせたエリア）の呼称としてである。ここでは、エリアとしての谷根千について考えてみたい。

「谷中、根津、千駄木とその周辺をあわせたエリア」とはいうものの、その定義はきわめて曖昧である。文末の資料に示されるように、『谷根千』が射程に置く範囲［(1)および(1)′］とは異なった範囲で、それぞれの谷根千地図が作成されていることがわかる。たとえば、地図(5)と(5)′は、谷根千の範囲を最も広く設定したエリアガイド『東京下町を歩く』(マップルマガジン一三三、一九九九年七月)であるが、そこでは「谷中・根津・千駄木」というエリアのなかに、上野台を隔てて反対側に位置する、根岸の「ねぎし三平堂」や日暮里の「駄菓子問屋街」なども含まれている。

つまり、谷根千についての明確な地理的境界線は、画一化されたものとはいえない。「谷根千地域」という明確な地域の境界線は存在しないのである。谷根千は、架空の境界線をもとに、いわば仮想空間として形成された文化単位といえよう。

しかしながら、その架空の地域には現実に谷根千という名前が付与されて、その名前が編集者のみならず、そこに住む人びとと、さらにはマスメディアによっても使用されている。それによって、谷根千は(そう名づけられた時から)「千根谷」でも「根谷千」でもなく、あきらかに他の地域と区別され差異化された「谷根千」として扱われているのである。たとえその意味されるものが、それを用いる人びとの間で一致していなくとも、である。

確かに、このエリアは以前から、生活圏として機能していたのかもしれない。しかしながら、昔から「谷中・根津・千駄木」という(順番も全く同じで)ユニットで考えられていたわけではない。もちろん「谷根千(ヤネセン)」という呼称も用いられていなかった。

土地空間の命名によってあらたなリアリティが形成されることについて、若林幹夫は「シティ能見台」や「ワシントン村」などと名づけられた大都市近郊の住宅地を例に、つぎのように述べている。

「土地を命名するということは、ある社会空間を人間の社会生活との関係において捉え、位置づける作業、人間の社会との関係において土地空間を対象化し、社会的に領有する象徴的な行為である。土地の名は、環境空間の社会的な構造化の表象であり、その名によって社会は、その環境空間をめぐる諸関係や歴史的な出来事を表象するのである。土地の名は、その土地で営まれる具体的な社会生活や、その土地で生じた出来事の記憶と結びつくことによって、社会による環境空間の社会的な編成の、いわば『インデックス』の役割を果たす。」（若林一九九八年、四三ページ）

このような名づけは、現代の郊外開発における〝地名の書き込みと抹消〟であり、それによって「その名と共にあった風景や生活が消失し、都心との時間距離や居住条件へと置き換えられた空間に新しい名が書き込まれ、その書き込まれた名を曖昧に表象する空虚、かつ過剰な風景の表層が私たちの郊外の〝現実〟として、それらに取って代わる」という（前掲書、四四ページ）。若林によれば、環境空間が市場における商品として成立するために「物件化」され、それによって、「過剰な記号やイメージの操作がほどこされた住宅地」に姿を変え、歴史的・社会的な意味や文脈が奪われる。さらに、物件化された住宅地名は、「様々なイメージがゆらめく資本の言説の中で内閉しており、人々の具体的な体験や関係、出来事と相関する社会的な場を構成していない」（前掲書）という。

谷根千が空虚で過剰な風景かどうかは別として、「物件化」による〝過剰な記号〟も、場合によっては、社会的現実のひとつとして、人びとと地域（土地空間）との結びつきや住民どうしの関係を、むしろ強化するということも考えられるだろう。

いうまでもなく、書き込まれた新しい地名は時間の経過とともに、新しい「歴史」を作る。新しい地名が付与される以前の地名、いわば「その名と共にあった風景や生活」もまた、その名が付与される以前の地名が変換されて書きこまれたものであるはずだ。新しい名が〝過剰な記号〟であっても、つぎつぎにあらたな歴史を生みだしてゆく。たとえば、付けられた当初は馴染みのない名前であっても、やがてそれに愛着がわき、現実味を帯びてくるということもあるだろう。多元的な現実が絶え間なく生起するなかで、なにをあるいはどの時点を「現実」とするか、どのような属性を本来のものとするかは、摑み所のない議論である。そのように考えると、谷根千というあらたな土地空間のユニットは、その内的な属性とは別のところでリアルなものとしてかたちづくられているといえよう。

ウンベルト・エーコのことばを借りれば、「記号の指示物とは何であるかを規定しようとすれば、必ず指示物というものを抽象的な実在（略）として規定せざるを得なくなる」（エーコ一九九六年、二四ページ）のである。

谷根千の場合は、〝実際の〟地名から全くかけ離れた名前ではない。しかし、文末の資料を見るとあきらかなように、それぞれのメディアによって示される範囲はきわめて多様である。それでも、谷根千という記号そのものが一つのユニットを作りだし、いわばフィクションとして文化単位が生起しているのである。

フィクションとは、記号によってつくられる一切のもの、記号によって分割され分類される総体であり、記号によって区切られた時間と空間のなかで生活する人びとが共同的につくりだしたフィクションは、動的で、作動することによってリアリティをもつようになる（磯部一九九六年、七ページ）[31]。そのような理解からすれば、谷中、根津、千駄木という、もともと異なった三地域が「谷根千」と名づけられ、一つのユニットとして取り上げられること自体もまた、フィクションなのである。そこでは、ミニコミと住民だけでなく、マスメディアやこの地を訪れる散策者をも加えたコミュニケーションのプロセスにおいて、「文化単位」（あるいは「地域性」といってもよいだろう）がつくりあげられてゆく。

「谷根千」という記号は、地図上の明確に定義付けられた境界線がないまま用いられ、その言葉が一人歩きしている。どこからどこまでを「谷根千」とするかについて、統一的な見解が「共有」されているかどうかは関係ない。

「谷根千」というエリアは、いわば現実的なフィクションなのである。

さらにここでもう一歩ふみこんで考えてみる。なにかが命名されただけで、すなわち記号が付与されただけで、それが文化的凝集性をもった文化単位として、ある一定期間維持されてゆくものではない。単に記号によって分節化された、というだけでは不十分である。ここで重要なことは、その記号が、外部へ運ばれ、また内部へと戻ってくるプロセスにおいてはじめて、文化単位が維持されるということである。たとえば、あるエリアを「谷根千」（谷中・根津・千駄木）と称したTV番組を、そのエリアに住む人びとがみることや、「台東区の上野桜木に住んでいます」といったとき、ほかの地域に住む友人から「あぁ、あのあたりは〝谷根千〟っていうんだよね」「〝谷根千〟にお住まいですか？」という反応がかえってくる、ということがある。そのとき、谷根千とされているエリアに住む人びとは、外部からの定義づけ（イメージづけ）にいやおうなくさらされる。それゆえ、そのイメージのギャップに戸惑う人もいる。ここで着目しておきたいことは、そのどちらが〝正しい〟か、あるいはより現実を映し出しているかではなく、いかなる定義づけであれ、「谷根千」という記号が外部に流れたこと、そしてそれが再び（さまざまにイメージ付けられ、定義づけられて）内部へと帰ってくるというプロセスである。そのようなプロセスにおいて、外部からの定義づけが、今度は内部の定義づけに影響を及ぼすようになるのではないだろうか。

たとえば、谷根千という記号（名称）が「下町イメージ」とともに広く流通した後、改装した店舗や新しい店舗の看板が江戸文字（下町イメージの象徴）で描かれるようになった。一九八〇年代―一九九〇年代にかけてのことである。近年では、和風の喫茶店やレストラン、着物のリサイクルショップやギャラリーなどがつぎつぎとオープンしている。「和」や「下町」のイメージをとり入れることが商業上の戦略であれ店主の個人的意向であれ、いずれにせよ、外部からなされた定義づけやイメージが、積極的に取り入れられていることについてはほぼ間違いない。

あるいはまた、雑誌における谷根千特集のなかに、「谷中・根津・千駄木　散歩留学」と題したものがある。[32] そこでは、三人の外国人を〝講師〟に、それぞれの視点から谷根千を紹介している。まさに外部からの視点が、内部を作り出している様がうかがえる。

二　維持される文化単位――二つのベクトル、遠心力と求心力

命名によって他と差異化された文化単位「谷根千」が、（フィクションの文化単位として）維持されるプロセスについて、もうすこし詳しくみてみよう。そこには相関的で同時的な二つのベクトルが考えられる。エリア内部のミニコミによる求心力と、マスメディアなどによる外部への遠心力である。[33] この遠心力、すなわち外部へとローカルな情報が拡散していく過程が、内部の文化的凝集性（cohesiveness）を高めるのではないだろうか。

この三地域を、それぞれ別個に、あるいは隣接する他の地域と共に（たとえば「谷中、千駄木」とか「谷中、日暮里」など）取り上げることも少なくない。実際に、『クロワッサン』（一九九三年五月、二八―三一ページ）や、『Ｈａｎａｋｏ』（一九九六年七月、一四―一七ページ）など、エリア情報の提供を目的とした雑誌の特集記事のなかで、谷中、根津、千駄木以外の地域も含めて「谷根千」と表記されている。さらに、当該エリアの下町的な要素をすくいだした写真集[34]や、谷根千を東京の下町として掲載した観光雑誌（旅行雑誌）やガイドブックもある。それらのガイドブックなどでは、「谷根千エリア」の散策コースや店舗が紹介されている。[35]

『谷根千』とマスメディアとの関係について、森は、以下のように回想している。

「たしかにマスコミは偉大であった。何度、私が目の前で心をこめて広告や委託をお願いしてもウンといわな

かったお店が、新聞に出たとたん、『あんた新聞にでてたでしょう』と相好をくずす。『奥さん写ってたね』とあっさり信用してくれる。この権威付与装置としてのマスコミの効果はすごい。すごいというか恐い。」（傍点は森による）（森一九九一年、九一―九二ページ）

雑誌の刊行について、『産経新聞』、『読売新聞』、『東京新聞』などが掲載し、「記事が記事を呼んで」（前掲書、九一ページ）『クロワッサン』や『婦人の友』、『毎日新聞』なども取材に来たという。

このような谷根千をめぐるさまざまな現象を、情報の流れの二つのベクトルとして考えてみたい。一つは、当該「地域」の外部から内部へと向かうベクトルで、一方、局所的な地域の情報（谷根千の地域情報や谷根千という記号）が、外部に広がっていくベクトルである(36)。

これらのベクトルが相互補完的に作用することで文化単位の凝集性が生まれるのである。つまりこれらのベクトルは、互いに相反する方向性をもってはいるものの、相補的な関係にある。小さな地域雑誌の編集者によって語呂で作り出された記号が、やがてより大規模な媒体（マスメディア）に乗せられ拡散していく。そのようなプロセスにおいて記号の流れの外部へのベクトルは、谷根千の定義を多様にするが、それと同時に谷根千という一つの文化単位を形成するための（凝集へと向かう）ベクトルも生む。記号によってほかのエリアと分節化されたは谷根千は、当該エリア内部の地域メディアや住民のコミュニケーション活動によるものだけでなく、同時に、マスメディアによって外部からも維持、強化されているのである。

たとえば、マスメディアにおいて、観光地（散策地）というカテゴリーのなかで、他の観光エリアとは区別され比較されて谷根千が紹介されることなどがその例である。さらに、そのように局所的な情報が外へと運ばれたとき、外部において、（また内部においても）さまざまな定義づけがなされていくということは重要な点である。

ここではとりあえず、内部における定義づけを、ミニコミ編集者や住民による相互作用の過程のなかで生まれたものとし、一方、外部からの定義づけを、当該エリアを「谷根千」（あるいは「谷中・根津・千駄木」）として紹介したマスコミによるものや、このエリアを訪れた個人によるものとしておこう。[37]

外部からの「定義付け」と内部における【定義付け】（あるいは内部の実態）とは一致しない。前述したように、各種メディアにおいて谷根千とされた範囲は、地域雑誌『谷根千』が定めたものとは異なっている。しなしながら、その不一致が谷根千を多義的なものにし、その文化的な凝集性を希薄にするかといえば、そうはいえない。その多義性は、他の観光地や散策地（たとえば葛飾区の柴又や台東区の浅草など）と差異化することによって、おおい隠されるのである。そうした違い、すなわち外部からの定義づけと内部におけるそれとのギャップこそが、谷根千を一つの文化単位として成立させ、そのギャップを確認することによって谷根千の境界線は維持されつづけるのである。

それゆえ、内部における定義づけ、あるいは外部からなされる定義づけが、その地域内部において一致している必要はない。また、文化単位の内的属性の同質性に依拠して文化単位を説明する必要もない。その内部の属性は常に変化しているので、そのようなことは、むしろ不可能といったほうがよいのかもしれない。仮に、谷根千界隈の古い建物が全て取り壊されたからといって、すぐに谷根千が消滅するということはないだろう。あるいは、谷根千の歴史が住民たちの全てによって共有されれば、文化単位になりうるのかといえば、そうはいえない。人びとの移動が激しく、その関心が多様化している現代の都市においては、それは非現実的であるといわざるを得ない。

地域情報の発信と受信をめぐって、地域メディア、マスメディア、住民、それぞれの相互行為そのものが、文化単位（地域文化または地域性とよんでもよいだろう）を創り出し維持していく。それらが、相互に織り交ぜられ、連関し作用しながら一つの文化的凝集性をつくりだすところに、文化単位の生成のメカニズムが隠されている。「名づけ」による分節化は、同時にほかの〝エリア〟との差異化をともなう。その「名づけ」は、ミニコミの編集者によってなされ、やがて住民によって「ヤネセン」とよばれるようになった（創り出された）。それを経て、マスメディアによるローカルな情報や記号（名称）の拡散がなされ、一方でエリア内部でのコミュニケーション活動によって凝集性が強められる。このように、内部へ向かうベクトルと外部へ向かうベクトルは、相反するものではなく相補的に作用し、文化単位の生成と維持に深くかかわってくるのである。

三　コミュニケーション・プロセスへの着目

谷根千が一つの文化単位となることは、地理的理由（条件）だけではない。三つの地域がその属性を異にしながらも、谷根千という文化単位を（明確な定義付けがなされていなくとも）維持しているのは、「谷根千」という記号がメディアに乗せられて拡散されていくプロセスにある。

厳密に定められていない一つの文化単位の境界線が、いかに〝存続〟し〝維持〟されるのかという問いに対して、従来の見解に従えば、生活圏などの機能的な条件や、物理的・地理的な条件、また、地域内での争点の有無があげられてきた。本稿ではそれらに加え、一つの文化単位を形成し、維持する要因として記号の流れ――外部へのベクトルと内部へのベクトル（局所的な情報が外部へと発信されること、そしてそれが再び戻ってくること）――をあげた。換言すれば、谷根千という記号をめぐるコミュニケーション・プロセスが、現実性をもったフィクションとして谷根千という文化単位を成立させ維持していくのである。その文化単位は、地縁・血縁や、共通関心によるものである必要はない。それがフィクションであっても、散策マップなどの具体的なモノを生み、場合によってはリアルなトポフィリアをもよび起こした。[38]

ある文化における「曖昧な」伝統がいかにして「独自なもの」として認識されうるのかという問いから[39]、その独自性が成立していくプロセスを分析した足立重和の論考は、谷根千の考察においても示唆的である。

論考のなかで足立は、文化構成主義の二つのバージョン、すなわち伝統文化（の独自性）が政治経済的な文脈のなかで再構成、再創造されたものであるという視点と、地元の人びとの主体性によるという視点（とくに後者の視点を文化構成主義の主体性バージョンと足立は言う）の批判的検討をとおして、つぎのような見解を述べている。すなわち、独自な文化形態がどういうふうに独自なのかについて常に説明を求められるという不安定さ、それが明確化されないでいることに着目し、そして、そのようなあいまいなもの（伝統文化の独自性）を〝あいまい〟なまま管理することができる人として、郷土史家を挙げている。郷土史家は「共通性」を突き詰めるなかから「独自性」を維持するという。すなわち「盆踊りの共通性とは何かを考えつつ、個々の地域の盆踊りをみていくと、そこには「共通性」からはみ出す何か＝「独自性」」が見出される。このような方法で、あいまいな独自性が管理されるのである（足立二〇〇一年、一九二ページ）。

本稿で取り上げた谷根千における、文化単位の生成・維持に関しては、谷根千を〝あいまいなまま管理する〟役割として、地域情報誌『谷根千』、そしてその編集者の役割はきわめて大きい。しかしながらそれでいて、『谷根千』の創刊そのものが、〝古き良き〟地域文化そのものの維持に直接的に作用したというわけではない。むしろ、谷根千（下町）は「ブランド」として不動産業者の関心を引き、「話題のヤネセンエリア」として宣伝文句に謳われている（写真6－6を参照）。そのことからすると、『谷根千』によって谷根千エリアの都市化が抑制され、古い町並みが保存されているとはいい切れない。[40] あくまで谷根千という記号をめぐる人びとのコミュニケーションプロセスが、その文化単位の成立・維持に影響しているのである。

さらに、ミニコミには寿命があるということを考えたとき、『谷根千』が廃刊になったり、その影響力を失うことも考えられよう。そのとき谷根千は生き残るだろうか。あるいは、近年の下町ブームが去って後、「谷中・根津・千駄木界隈」とはよばれなくなるのだろうか。都市文化の一つとしてこの谷根千を考えてみると、地域メディアによって造られた谷根千はフィクションである。[41] しかし、それだからこそ、あらゆるコミュニケーション過程のなかで、常に創りかえられる可能性を秘めている。谷根千の独自性をあいまいなまま管理する主体は、マスメディアも含め、谷根千という記号に関わるあらゆる主体なのである。[42]

このエリアは、京都のように古い町並みが組織的に保存されたり、あるいは世界遺産のように特別な制度で保護されているような地区でもない。『谷根千』に載った古い家屋や小さな店も、近年の地価高騰や人口の増加に伴って、駐車場やマンションへとその姿を変えた。程度の違いこそあれ、このエリアにかぎらず都市全体がそのような傾向にあることは否定できない。それゆえ、このエリアが谷根千とよばれなくなる日がやがて来るかもしれない。あるいは、進みゆく都市化によって、数年後、現在の谷根千の姿をとどめているとも限らない。しかし、フィッシャーが指摘するように、多様な「文化」（下位文化）を生成する効果が都市化にあるのならば、[43] 今後、谷根千にかわって新たな文化単位が生成されていくだろう。

第三節　実態調査と分析――多義的な「谷根千」と地域コミュニケーション

一　調査概要

(1) 調査の背景・ねらい

二節でみてきたように、文化単位が凝集性をもった一つの単位として成立し、維持される要因については、従来の地域文化研究からはつぎのようなものがあげられてきた。第一に、共同性や共通性であり、第二に住民運動などの争点の共有である。しかし、谷根千の事例に関していえば、それらの要因だけでは説明がつかない。そこで前節では、住民や地域メディア、マスメディア、そこを訪れる人びとなどが複雑に関わるコミュニケーション・プロセスによって文化単位は成立し維持され、そこには「記号の流れ」が深く関わっているのではないか、という議論を展開した。この仮説においては、さまざまな定義づけをされながら文化単位内部と外部とを行き来する記号、すなわち多義的で流動的な（フレキシブルな）意味づけをされている記号は、地域文化（文化単位）を担う重要なキーワードとなる。

以下では、前節で提起された仮説を検討するために、まず、谷根千という記号がなにを指しているかについて、インタビュー、アンケート調査、『谷根千』のホームページ上の掲示板（BBS）への書き込みを整理しつつ考察する。つぎに、谷根千にどのようなイメージが付与されているか、またそれが人びとの間でどのようなズレを生んでいるのかを検討する。

(2) 調査概要

谷根千とは、もともと『地域雑誌　谷中・根津・千駄木』の略称であり、それは地域住民（読者）によって略され、それと時期を同じくして、雑誌名として、編集者のよび名として、さらには特定のエリアの呼称としても用いられるようになった。このような経緯のもと、谷根千（または「谷中・根津・千駄木」）にはさまざまなイメージづけがなされるようになった。現在では、雑誌名としての『谷根千』よりも特定のエリアの名称としての谷根千のほうがポピュラーになってきたといえる。

では、実際に、編集者やそこを訪れる人びとのあいだで、谷根千という記号はどのように用いられ、どのように定義づけられ、イメージづけられているのか。また、多義的な記号「谷根千」を媒介するメディアには、どのようなものがあるか。以下はこれらの問いを、聞き取りやアンケート調査に基づいて検証する。調査に用いた資料はつぎの通りである。

〈インタビュー〉

①　『谷根千』の編集者に対し、二〇〇一年一月三〇日、出版社「谷根千工房」にて行った。なお、その前後各一回づつ補足的な調査としてインタビューと、Eメールでのやりとりがあった。

②　二〇〇〇年八月から開設されている『谷根千』公式ホームページ「谷根千ねっと」の管理者に対し、二〇〇一年九月九日、管理会社のオフィスにて実施。

これらのインタビューについて、このほかの資料と区別するため、本文中の［　］内に Interview と表記し、つづけて日付を記してある。

〈アンケート〉

谷根千エリアおよびその周辺に訪れる人びとを対象とするアンケートを実施するにあたって、二〇〇一年九月二九日―一〇月一四日に実施されたアートフェスティバル「art-Link　上野―谷中二〇〇一」(44)に協力を依頼。期間中、四つのギャラリーと、大学付属の美術館、art-Link のインフォメーションセンターにアンケート用紙と回収箱を置き、後日まとめて回収。有効回答数は一四五であった。（アンケート用紙と調査結果については、文末を参照。）

〈その他の参考資料〉

① 『谷根千』公式ホームページ「谷根千ねっと」に開設されている掲示板(45)から、二〇〇〇年八月六日（開設当時）―二〇〇一年一〇月三一日までの書き込み。本文中の［　］内は書き込みの日付、（　）内は書き込みを行った人の識別記号である。

② アンケート用紙の質問番号Ⅶにおける記述。本文中の［　］内は、回答者の識別記号である。

これらの資料をもとに、「谷中・根津・千駄木」または「谷根千（やねせん）」という記号の指示対象の多様性、そこに付与されたイメージの多様性について考察をすすめてゆく。なお以下では、特に強調する場合には「　」、雑誌を示す場合には『　』を付ける。また、文中の谷根千の傍線は筆者によるものである。

二　谷根千が指し示すもの

(1)　雑　誌　名

谷根千という表現は、もともと地域雑誌『谷中・根津・千駄木』の略称であり、その創刊以降に、住民によって短縮された呼び名である。

『谷根千』は毎号、九、〇〇〇部―一万部ほど印刷され、地域内外で売られている。しかし、「谷根千」とされるエリアの居住者[46]が雑誌を購入する部数は年々減る傾向にあり、むしろ最近では地域外からの注文がインターネットなどを通じて入っているという[47]。このことから、谷根千を雑誌名として捉えている人は、谷根千とされるエリア以外にもいることがあわかる。

谷根千が雑誌名として用いられている例をBBSからあげると、つぎのようなものがある。

「はじめまして、こんにちは。谷根千を初めて買って、HPに遊びに来ました」[2000/8/8]（Aさん）

『谷根千』におけるのと同様、BBSにおいても雑誌名として谷根千を指す場合が多い。これは「谷根千ねっと」が『谷根千』の公式ホームページであることに加え、誌面にてホームページ開設の告知や宣伝をしていることによるものと考えられる。

アンケート調査では、谷根千が雑誌名であるとだけ答えた人は六％であった。雑誌名であると同時にエリアや出版社（者）の名称でもあると答えた人を加えれば四九％になるが、谷根千が特定のエリアだけを指すとの回答をした人もほぼ同数の四七％にのぼる。このことからわかるように、雑誌名としての『谷根千』は（その名前の由来であるにもかかわらず）一般的であるとはいいがたい。

(2) 編集者

アンケート調査においては、谷根千が指し示すものを、特定のエリアや雑誌名とともに、雑誌の編集者（社）を指すと回答した人が二％にとどまっているが、一方で編集者にとって谷根千とは、雑誌名やエリアの名前というようりもむしろ、自分たち自身を差すものであるようだ。「谷根千工房」というのが編集部の正式名称であるが、愛着をこめて「やねせんさん」とよぶ人もいる。そのことは、インタビューにおいて『谷根千』が〝やねせん〟になった経緯を説明するなかで、つぎのように述べられている。

「雑誌を置いてくれてるお店の方たちに〝やねせんさんが来た〟って勝手にいわれたの。もともと、谷根千工房は、〝トライアングル〟っていってた。［中略］町角で〝谷根千〟っていう言葉を聞くと、あれ？ 自分たちのことといってるのかな、って思っちゃう。」［Interview 2001. 1. 30］

加えて、BBSでの記述にも以下のような表現があった。

「谷根千の人は滅多にレスしてこないのね……。（笑）」［2001/3/27］（Gさん）

Gさんの書き込みの後に、谷根千工房の編集者が「特に春は超多忙なのよ。手のかかる子どももいるし…ね。」という返信があることからも、上の場合「谷根千の人」というのは、「谷根千エリアに住む人」を指しているのではなく「谷根千工房の人（編集者）」を指していることがわかる。

(3)　特定のエリア

地域情報誌『るるぶ』や『散歩の達人』、また東京の観光ガイドブックなどのメディアにおいて谷根千は、特定のエリアとして捉えられている。谷中、根津、千駄木以外の近隣の地名との組み合わせ、たとえば「日暮里・谷中」や「根津・本郷」などのカテゴリーもあるなかで、これらの情報誌はあえて「谷中・根津・千駄木（谷根千）」という領域を設定している。しかし、それぞれの雑誌が「谷根千エリア」として指し示す範囲は、統一されていない。文末資料「地図に描かれるさまざまな谷根千」の(1)－(12)にあるように、各雑誌に掲載された多様な谷根千は、それぞれの雑誌が独自にエリアを設定している。また(1)′－(12)′は、それぞれ該当する番号の地図が示すエリアを、同一の地図（フォーマット）において書き直したものであるが、この資料から、「谷根千エリア」とされる範囲の多様性がわかる。

アンケート調査においても「谷根千を知っている」と回答した人の九二％は、谷根千がほかの指示対象と同時に「特定のエリア」も指すと答えており、「特定のエリア」のみを選択した人も四七％いた。つまり、谷根千の語源は雑誌名であるにもかかわらず。多くの人がエリアの名称だと見なしているのである。

編集者によれば、「たしか毎日新聞（一九九〇年－一九九三年あたり）の一面の広告記事に、〝谷根千という地域がある〟っていうような記述とか、不動産屋の店先に谷根千の文字をみつけたり」し、さらに「土曜朝のＴＶ番組、『王様のブランチ』だったかな、そこで谷根千地域が紹介されていた」[Interview 2001. 1. 30]という。

エリアとして谷根千を捉えているケースをＢＢＳへの書き込みのなかからいくつか取りあげると、つぎのような記述がある。

「谷根千の旨い店」[2001/10/15]（Ｂさん）

「安政五－六年ころ没の幕府侍医、青木春岱のお墓を捜しています。谷根千地区にあるかどうかはわかりませんが彼の高弟である、三幣春庵のお墓は谷中にあり、その碑文中にも春岱の名が出てきます」[2001/9/4]（Cさん）

「はじめまして。熱烈な森まゆみファンが友人の中におりまして、「小さな雑誌でまちづくり」の本を勧められて読み、一度、谷根千なるところを自分の目で見てみようかと思っています。今度の八月七日－九日まで首都圏に滞在するのでその間にお寄りするつもりですが、この間におすすめのイベントやおすすめスポットがあるでしょうか。」[2001/7/25]（Dさん）

「友人と三人で谷根千散歩を計画しています。ところでずいぶん前に文京区でお屋敷レストランなるお店を見たことがあるのですが、これは谷根千の地域内でしょうか？　あと、ぶらぶらあるきにいいコースとかありましたら教えて下さい。宜しくお願いします。」[2000/10/19]（Eさん）

「谷根千エリアが好きな者です。古い友人が千駄木に引越をし、今度遊びにいくことになりました。車で行こうと思うのですが、いつもこの付近での駐車に頭を悩ましております。」[2000/10/21]（Fさん）

Bさんの場合、「谷根千の旨い店」についての書き込みは複数回にわたって行われ、毎回違う店を紹介していた。またDさんは、谷根千を知ったきっかけから読み取ると、谷根千が雑誌の名前であることを知っていると思われるが、それにもかかわらず谷根千をエリアの名称として捉えていることがわかる。

(4) ウェブ・サイトのページ名称

アンケートで谷根千を「ウェブ・サイトの名称である」とした人はいなかったが、『谷根千』のホームページ「谷根千ねっと」の呼称として谷根千を用いているケースは、BBSにおいて一件のみみつけられた。

「けんこう蔵部は、いつも雨に祟られているのに、とてもいい天気でした。どうもお疲れ様でした。とても楽しかったし、贅沢な時間を味わうことができました。どうぞこれからも講談の予定などありましたら、谷根千の掲示板におよせください。エジプト漫遊記の続きも聞かせて下さい。」[2001/4/11]（『谷根千』編集者）

(5) 文化活動団体の名称、その他

アンケート調査では、四％の人が谷根千を文化活動団体の名称であると回答しているが、実際に、頻繁とはいえないまでも、文化活動の団体の名前としても用いられていたこともあった。その名称ゆえに実際は編集部が関係していないはずのイベントや活動について、編集部のほうに問い合わせが寄せられるといったことがあり、対処に困ったという。

「〃谷根千塾〃っていうのが何年か前にあったんだけど、これも、工房とはなんの関係もないの。で、〃あの、ちょっと…（使うのをやめてもらえますか）〃ってお話しにいったら、〃え？　地域の名前じゃなかったの？　ごめんなさい〃って」[Interview 2001. 1. 30]

たとえば、この「谷根千塾」に通う人びとにとって、「今日は、谷根千に行ってくる」という表現は、おそらく谷

根千とよばれるエリアそのものに行くことではなく、「谷根千塾」という団体への参加を表すことになるのであろう。

谷根千という表現そのものが知名度を増すにつれ、それが昔からあった特定のエリアの名称であるような錯覚をよび起こしたばかりでなく、そのような現象は、時に編集者たちを困惑させたようだ。編集者によれば、たとえば行政主導で行われる地域の祭り（イベント）にも谷根千という名称が使われる話もあったという。それは、現在「文京台東下町祭り」として年に一回、行政が中心になって行う地域のイベントとして行われているものだが、

「当初〝谷根千まつり〟にしようという話しもあった。でも、工房とはなんの関係もない祭りだから、〝谷根千まつり〟っていうのはやめてください、って言って、結局（一九九九年の）名称変更では、〝根津・千駄木祭り〟になって…」さらに、「（雑誌の表紙にある題字の）〝谷根千〟のロゴそのままで、金色のテレカに印刷されて、第一回文京台東下町祭りで販売されてたって…びっくりしましたよ。」[Interview 2001. 1. 30]

『谷根千』のロゴとは雑誌の表紙に毎号印刷されているもので、これに関しては一時、登録商標にする予定で手続きを進めていたが、経済的な理由などで断念したという経緯がある。(48) 編集者としては、『谷根千』の知名度が上がり、さまざまなところで谷根千の表記を目にするのはもちろん嬉しいことだが、その反面、単純に喜べないこともある。なにか「谷根千」が絡んだ問題が起きると、たとえそれが谷根千工房によるイベントでなくても必ず苦情が編集部のほうに寄せられ、問題を抱えている〝谷根千〟と自分たちの谷根千工房とが無関係であることを説明するのに苦心するからである。同編集者は、なんらかのイベントに谷根千という名称が用いられているほかに、つぎのような事例をみかけたという。

「（根津）駅のちかくのお蕎麦やさんに〝谷根千セット〟って、蕎麦懐石みたいなものなんだけど、そういうのが出てて…」［Interview 2001. 1. 30］

現在はすでに違う店舗になっているが、当時この蕎麦屋では「谷根千一つ！」というオーダーがあったのだろう。谷根千が商品名の一部に用いられるのは商業的な理由からと判断されるが、同様な例としては、不動産会社が出している分譲マンションの広告にも「谷根千」の三文字が出ていたこともあったという。つまり、谷根千がいわば住宅地のブランドとして宣伝されていたという。現時点（二〇〇三年一二月）で確認されたのは、写真6－6にあるような、谷中およびその近辺に貼られたチラシである。

写真6－6　電柱に貼られていた「ヤネセンエリア」不動産物件の広告

（6）　複合的な谷根千

以上にあげた事例は、谷根千が何を指し示しているのか文脈からおおよそ判断できるものであったが、つぎにあげるものは、エリアとも雑誌ともつかない、あるいはどちらも指し示しているように解釈できる谷根千である。その文脈から判断して谷根千の指示対象が多義的であったり複合的に用いられている例をいくつかあげてみよう。

まず、雑誌、エリア、編集者、どれを指しているかが不明瞭で判断しがたい例としては、つぎの二つがあげられる。

「谷根千はごく初期の頃から応援しています。これからもご活躍を期待しております。［2001/9/1］（Gさん）

「今日工房の方におじゃましましたら、なんと、谷根千のサイトを開設なさったというお話。大変ビックリいたしました！　しかし、谷根千さんにこそ、こういう形態も必要であった、とあらためて感じ入った次第です！素敵な協力者の方がいてよかったですね！　これからの展開が楽しみです。」［2000/7/24］（Hさん）

Gさんのように、一つの単語が編集者、雑誌名どちらをも指しているように解釈できる事例はほかにもいくつかあった。またHさんの場合、「谷根千さん」は編集者を指していると思われるが、「谷根千のサイト」という時の谷根千は、文脈から読み取ると雑誌名、編集者を包括してよんでいるように思われる。

さらに、編集者（社）とエリアを同時に指し示している例としてはつぎのIさんによる記述や、編集者が書き込みを行ったものがあるが、そこでは雑誌名と編集者（社）が同じ文章のなかで使い分けて用いられている。

「谷根千さん、いつも興味深く読ませていただきます。突然ですが、東京都近代文学博物館の展示情報を是非、谷根千地域の方々にお知らせしたくこの場をお借りします。」［2001/10/7］（Iさん）

「谷根千秋の号は印刷所に入稿したばかりだったのですが、青焼き校正の時にちょっと書いてみました。見苦しいですがご覧になって下さい。次号（六七号）は一〇月一五日発売予定です。チラシは谷根千でも少しいただければ、郵送の読者の方に雑誌と一緒に入れられます。また、ポスターは、朝倉彫塑館、谷中学校なども貼ってくれると思います。」[2001/10/11]（『谷根千』編集者）

「谷根千六二号の配達の日々を過ごしています。なかなか来ないぞ、とお怒りの方はいませんか？　実は夏の甲子園の東東京地区予選に谷根千の子供の一人がでているため、その試合が気になって気もそぞろなのでした。」[2000/7/25]（『谷根千』編集者）

「谷根千～号」という場合は雑誌を指し、「谷根千の子供」というの場合の谷根千は、「編集者たちの子ども」を指している。

以上でみてきたように、谷根千という記号は画一的な定義を付与されているのではなく、雑誌の略称やエリアの呼称として用いられるのと同時的に複合的に、編集者（社）、文化活動団体などを示すときにも用いられることもある。ここであげたもののほかにも、具体的になにを指しているのか判別し難い事例があった。しかしながら、それでも谷根千は繰り返し使用される単語の一つとなっている。また、どこまでを谷根千とするのかについて、明確な境界線で区切られていなくても、人びとはさまざまな文脈のなかで谷根千というエリアについて語る。そして、谷根千が指し示すものは、それぞれのコンテクストのなかで作りかえられているのである。

三 メディアと谷根千

前節では、谷根千という記号がゆるやかな定義づけのもと、雑誌、あるいはエリアを指す名称として、人びとに用いられている例をあげた。もともと谷根千は、雑誌や編集者（社）の呼び名として使われていたが、むしろ現在はエリアとして語られることの方が一般的であるといえよう。『谷根千』創刊以来、さまざまな情報誌、新聞、TVさらには推理小説(49)の舞台にも出てくるようになった谷根千だが、では具体的にどのようなメディアによって広く知られていったのだろうか。

(1) 記号を運ぶメディア

アンケートの集計を見てみると、谷根千を知っていると回答した人（全体の四七％）のうち、それを知った媒体として「雑誌」の二八％がもっとも多く、ついで「その他」二四％、「井戸端会議」が二一％であった。「その他」の具体的な内容は、「知人・友人から」という回答がもっとも多く五名、大家さんから、『東大新聞』で、街を歩いていて、地元在住だから、という回答が各一名いた。

複数の媒体を挙げた人が一四％いたが、そのうちの過半数は「雑誌」を選択している。その詳細は、『地域雑誌谷中・根津・千駄木』が最も多くて一一人、『るるぶ――下町を歩こう』『散歩の達人』が各一名ずつであった。また、「テレビ番組」と回答したなかでその番組名としては「アド街っく天国」「わっつＮｅｗ」「いきいきワイド」などがあげられていた。以下の書き込みからも谷根千を知った経緯が読み取れる。

「はじめまして、五年ほど前から上京のたび弥生美術館や大名時計博物館に足を運んでいました。ああこの辺に住みたいなあ、と漠然と考えながら。そしてそこが噂の「谷根千」だったと、ごっつ最近知りまして（東京人で。）友人にこちらのHPを教えてもらいお邪魔しています。」[2001/3/9]（Jさん）

「東京とは残念ながら地縁、血縁とも全く関係のない、大阪生まれの大阪育ちの大阪大好き人間です。昨年一一月に森さんが僕の住んでいる町（市じゃなく町です）の図書館に講演に来て下さいました。谷根千はそのときはじめて手にしました。」[2000/7/27]（Kさん）

エリアガイド（タウン誌）や地域情報誌などで谷根千を知った場合、それはエリア（地域）の名前として知ることになり、またKさんのように、編集者のひとりである森まゆみによって知った場合は、雑誌名として知るということになる。

谷根千を知った媒体に関して、「雑誌」についで多かった「井戸端会議」であるが、これをface-to-faceのコミュニケーション（人というメディアを介してなされる対面的な情報交換）によるものと広義に捉えるとするならば、「その他」を選択した人が具体的に回答した「知人との会話」や「大家さんから聞いた」という答えもこれに含まれる。それらを「face-to-faceのコミュニケーション活動によって谷根千を知った人」として一括すれば、「雑誌」のみを選択した人（二八%）を上回ることになる。

このことは、谷根千という記号が大規模な媒体によって拡散されていったことにくわえて、生活圏においてなされる日常的コミュニケーション活動によって広まったことを示唆しているといえよう。谷根千の事例に限定していえば、マスメディアのみならず、日常の対面的なコミュニケーションが、その認知度に影響しているのではないだろうか。

アンケートの統計的分析から、谷根千を知っているかどうかと、回答者の居住地域との相関関係を調べたところ、表6—1のクロス表に示されているような結果が導出された[50]。

この表から、谷根千を「知っている」と答えた人の割合は、「台東区・文京区・荒川区・北区に居住[51]」、「それ以外の東京都内に居住」、「東京都以外に居住」の順に低くなっていることがうかがえる。このことは、谷根千エリアから遠い地域に居住している人に比べ、近隣地域を含めた小規模の地域的な範囲内に居住する人のほうが、谷根千を知っていると答える傾向があることを示している。今回のアンケート調査はサンプル数が少なく、この分析結果だけに依拠するのは難しいが、「谷根千を知っている」ということに関しては、谷根千とそこに近接するエリア内でのコミュニケーション活動が重要な鍵であると考えられよう。『谷根千』の読者層と「谷根千」という語の知名度との関係を、単純に結論づけることは出来ないが、一九九九年の平良敬一との対談のなかで森は、『谷根千』購入者は地域およびその近隣で七割を占めると述べている（森、平良一九九九年）[52]。このことからも、谷根千は

表6—1　居住地とVI-1）のクロス表

			VI-1）		合計
			はい	いいえ	
III居住地	台東区・文京区・荒川区・北区	度数	35	2	37
		総和の%	24.1%	1.4%	25.5%
	その他	度数	18	33	51
		総和の%	12.4%	22.8%	35.2%
	無回答	度数	1	2	3
		総和の%	0.7%	1.4%	2.1%
	東京都以外	度数	14	40	54
		総和の%	9.7%	27.6%	37.2%
合計		度数	68	77	145
		総和の%	46.9%	53.1%	100.0%

マスメディアによる認知と同様に、対面的コミュニケーションによっても知られるようになったと考えられる。すなわち、外部へのベクトル（記号がエリア外部へ運ばれてゆくこと）は、外部に作用する（外部に谷根千を知らしめるということ）だけではなく、むしろ内部（谷根千周辺に住む人々）に対して作用するのである。

(2) 谷根千に関する多様なイメージ

さまざまなメディアによって拡散される記号「谷根千」は、なにかの名称としてだけでなく、同時にイメージも付与されている。すなわち、谷根千は単なる物理的な誌名・地名としてだけでなく〝一人歩き〟して、さまざまなイメージが付与された記号として捉えられるようになった。

今回の調査のなかで明らかにされたもうひとつのポイントは、実際にこのエリアの住民がもつ谷根千イメージと、メディアにおいて語られる谷根千イメージ、さらにこのエリアを訪れる人びとが抱くイメージは、少なからずズレが生じていることが浮き彫りにされたことである。そのズレのひとつは「下町イメージ」について、さらに「谷中と根津と千駄木がひとくくりにされること」についての捉え方の違いである。

①下町としての谷根千

まず「谷中・根津・千駄木」という表記を用いている各エリア情報誌（『谷根千』以外）においては、つぎのようなイメージが語られている。

「下町エキゾチックを堪能する」『散歩の達人』二〇〇一年五月号

「地元の人はもちろん、観光客からも、代表的な下町として親しまれるこのエリア。気さくな下町情緒はそのままに、洗練されたセンスあるイチオシはこの四店！」『Caz』二〇〇一年五月一四日号
「文化人に愛された風流な面影を今に残す町」『るるぶ　東京下町を歩こう』二〇〇一―二〇〇二
「そぞろ歩きが楽しい、昔ながらの風情ある街並み」『マップルマガジン　東京下町を歩く』二〇〇二年度版
「寺、坂、長屋、路地裏、商店街…谷中・根津・千駄木を象徴するものは昔の日本の日常風景をふっと思い起こさせます」『東京下町』エイムック六七三号　二〇〇三年

さらに、谷根千の下町的なイメージをアンケートの質問Ⅶへの回答のなかからいくつかあげると、つぎのようなものがあった。

「古き良き、東京の風景が残る街」（男性／三〇代／台東区）
「静か、寺、地味」（男性／二〇代／戸田市）
「地域文化の豊かな発露。下町の気どらなさとシャープな属性のまじったおもしろいところ」（女性／三〇代／東京都）
「昔の東京が残っている場所」（男性／二〇代／さいたま市）
「ホッとする響き」（男性／二〇代／目黒区）
「古いものがその特徴を生かしつつ現代に息づいている地域、下町」（女性／二〇代／文京区）
「谷根千ということばに対しては、雑誌谷根千と、森まゆみさんでのイメージが強いですが、「谷中・根津・千

駄木」地域が持つ独特のにおいみたいなものもこのことばに含まれているように感じています。ふだんはあまり「やねせん」と言って特定の場所として説明することはありませんが、「なんとなく（ふんいきのいいこの地域」という意味で「やねせん」と使うことがあります。」（女性／三〇代／荒川区）

「下町発掘、散歩、うちわ（扇子ではない、文化、お祭り、呑み屋、東大、長屋、猫、坂道、灯り、ちょうちん、粋、老人、昼と夜のちがいを感じる」（女性／五〇代／台東区）

「東京でも、〝下町〟というものが、まだ残っているところ」（男性／二〇代／西東京）

「大正とか古い街並み　日があたらない　暗い」（二〇代／男性／神奈川県）

「東京の代表的な下町というイメージ」（三〇代／男性／埼玉県）

「下町」（三〇代／男性／渋谷区）

「昔ながらの下町のあったかい雰囲気」（三〇代／男性／豊島区）

「身近にコミュニティの生き残ってる場所」（女性／二〇代／千葉県）

「下町、ノスタルジー、ごちゃごちゃ、でもわりとしずか。いろんな人がいる。しぶい。ちょっとかっこいい。」（女性／一〇代／文京区）

「ネコ、小さなギャラリー、ノスタルジア」（女性／四〇代／台東区）

これらの記述においては、谷根千が「下町的」「古き良き」「ノスタルジックな」イメージをもっていることが強調され、それらの谷根千イメージはおおかた肯定的に受け止められていることがわかる。さらに、「なんとなく雰囲気のいいところ」という漠然としたイメージのなかで谷根千（やねせん）を捉えている人もいる。また、「猫」をあげた人も二人いる。『ＳＩＮＲＡ』（新潮社）に連載されていた「ニッポンの猫」（写真・文　岩合光昭、二〇〇〇年一月号）においても、ひとくくりにされた「谷中・根津・千駄木」エリアに住む猫たちの姿が映し出されている。確かに、このエリアでは野良猫や飼い猫の姿をみかけることが多い。

②谷根千に対する住民の捉えかた

しかしながら一方で、谷根千に与えたれた下町イメージを懐疑的に、または冷静に捉えている人々もいる。強烈な「下町イメージ」に対する疑問や当惑は、「谷中、根津、千駄木がひとくくりにされること」への疑問、驚き、否定的な見解にもつながっているようである。またそのような見解は、この谷根千エリアを訪れる人びとではなく、多くは地元の人びとやこのエリア周辺に居住する人びとによって出される傾向がある。

まずは、「「谷根千」って言うから…」という題名ではじまる書き込みをみてみよう。Ｍさんは、谷中・根津・千駄木がその周辺のエリアをも巻き込んで一つのユニットとされていること、すなわち本駒込までが「谷根千」というくくりでよばれ（谷根千が）拡大していることに対する意外性が述べられている。

「一部が観光地化した隣町のモンだとずっと思っていたんだけど、いつのまにか〝戦線〟が拡大して、我らが本駒込（というより自分的には駒込神明町と言いたい）も「谷根千」仲間なのね。よくよく思い出せば、アッシは千駄木の産院（丹羽医院）で生を授かったわけだから、千駄木が我が故郷でもあったわけでそんなことに何故か三〇過ぎてから気がついた。」（大笑）［2001/2/15（木）］（Ｍさん）

Mさんのような立場とは逆に、谷根千という言葉そのものに対して不快感や違和感をもっていると思われる例をみてみよう。

「谷中の長屋暮らしに憧れて、今年の四月頃から四–五回訪問させて戴いております。訪ねる度に新しい発見があって、喜んでいます。もっと深く谷根千に係わりたい、知りたいと思ってメールさしていただきました。自分で使ってってなんですが、「谷根千」ていう言葉あまり好きではありません。「谷中」はもちろんですが、根津、千駄木もついでに言われる程の文化スポットではないと思います。ですから、私は「谷中・根津・千駄木」とフルネームで呼びたいと思います。」[2001/7/26]（Lさん）

さらに、「千駄木を根津や谷中と一緒にしないでください」という声が千駄木の住人から『谷根千』編集部に寄せられたこともあり、アンケートにおいてもつぎのような記述が見られた。

「地域名として谷根千というのはあまり好きになれない。雑誌「谷中・根津・千駄木」は好きな本なので毎号読んでいます。」（男性／四〇代／荒川区）

「地元の地名を短くしないで下さい。」（男性／三〇代／文京区）

森のエッセイにおいても述べられているとおり、『谷中・根津・千駄木』という雑誌の名称は単なる語呂の良さで決められたものであり、谷根千という略称も、住人たちのあいだでいつのまにかできたものであった（森一九九一年）。しかしその一方で、谷根千という言葉に対する否定的な声もまた、「地元」の人々（あるいは近隣の人々）から出されていることは特筆すべき点である。

さらに、前項①であげた「下町イメージ」について、編集者自身は『谷根千』を執筆、編集する過程において〝下町的〟なものを強調しているわけではないと主張する。

「レトロな「谷根千」を出したいんじゃなくて、地域を活性化したいな、生活者の視点から、と思っている。やってるのかやっていないんだか、どうやって生計をたてているのか、わからないお店があるでしょ？　そういうのをどうにかしたいな」[Interview 2001. 1. 30]

と思いながら雑誌づくりをし、さらに、

「テレビ番組の特集で「谷根千」エリアが紹介されているのを何度かみたことがあるんだけど、下町風情を強調してるからか、散策コースが奇妙な順序だったの。無理のあるコースどりで。芋甚のアイスを食べながら、坂を下っている（芋甚は坂の下にあるはずなのに）。点と点が結び付けられたような印象で、面になっていない感じがした。つくられたイメージが一人歩きしてるなーって。べつにそれが悪いっていうんじゃないけど。」[前掲]

と述べている。特にマスメディアにおいて表象される谷根千イメージにおいては、そのメディアの性質上、誇張されたイメージとなっている。

そのような谷根千の特殊性が、「下町風情」のイメージとともにアピールされることに関しては、経済的ストラテジーが深く関わっていると思われる。ここでは紙面の都合上、経済的・商業的な側面からの詳細な分析は行わないが、谷中、根津、千駄木が一つのユニットとされることについて、それが好ましいかどうかではなく、単に商業的な理由によるものだと感じている住人もいる。

「Yanaka Nezu Sendagi. It is a combination of these places to reflect the unity of the community. It seems to be done for business reasons.」（男性／四〇代／台東区）

不動産屋の店先に谷根千の三文字がみつけられたということからも明らかなように、谷根千という記号は、そのイメージ——多くの場合、下町イメージを強調したものであるが——とともに商業的なコンテクストのなかで用いられる傾向があるのは明らかである。

「温泉ブームが去って下町ブームでしょう。マスコミに左右されたくない。人が集まりすぎるとパンクしちゃう町だから。でも、（バブルも終わったことだし）現在は落ち着いているかな。」［前掲］

このようなことは、谷根千だけに特有の現象ではない。たとえば郊外のニュータウンの土地の命名やイメージ形成に関して、若林はその経済的な位相に着目している。ある土地に付与された名称は「その環境空間をめぐる諸関係や歴史的な出来事を表象する」としたうえで、生活空間である郊外ニュータウンが物件化・商品化される様相を、つぎのように考察している。

「環境空間のメディア化と記号化、イメージ化は、住宅や住宅地をそれ自体商品として提供し、かつそれを消費の舞台とする資本と、コマーシャルをはじめとする資本の言説によって支えられている。そこでは、種々のメディアが提示する記号やイメージと、メディア化された環境空間における記号やイメージの操作とが、資本とその言説の運動のなかで相互陥入的で循環的な関係を構成し、住宅や住宅地をも含むさまざまな「商品」と人びとが出会う「消費の舞台」を作り出しているのである」〔若林一九九八、三七ページ〕。谷根千を「消費の舞台」として見たとき、若林にならっていえば、たしかにそこでは記号やイメージ操作され商品化された谷根千が提供されているといえる。

③谷根千の理想と現実

以下では、このエリアを訪れた人々が実際に来てみたら（住んでみたら）想像とは異なっていたというケースをとりあげてみよう。ここであげられるコメントは、いわば外部からの視点と内部の視点とを併せもつ人びとによるもの（かつてstrangerであった人々の視点）である。たとえば、「谷根千ねっと」の管理者は、プロバイダーの名前を決めるに際して谷根千（やねせん）という語を選んだ理由を「なんとなく語呂がいい」「響きがいい」からだという。そして、つぎのように続ける。

「（自分自身が地方出身だから）鷗外、漱石にあこがれがある。この辺に住んだのも、そんなあこがれ、そして交通の便がいいから。住んでみて、意外とばらばらだなと思った。だから、『谷根千』を読む視点も、地元の人とは違う視点、歴史的なところに注目しています。」[Interview 2001. 9. 9]

また、つぎにあげる記述からは下町イメージに浸かった谷根千を分析的に（冷静に）捉えていることがうかがえる。そこでは、住む前と実際に住んだ後との谷根千イメージのギャップからそれぞれの地域の個別性への言及を経て、谷根千を「幻」と捉えるに至るプロセスが、端的にまとめられている。

「私が最初に知ったのは、地域雑誌としての「谷根千」でした。そのため、この地域は、ある求心力があって、だから、こんなメディアが成立し得たのだろうと思っていました。しかし、この地に住んで、いわゆる「谷根千」というまとまりが、とても漠然としたものであることがわかりかけてきました。谷・根・千三地域も、それぞれ個性がちがいますし、また、向丘や西片、本郷、上野桜木、池之端など、いわゆる「近世－近代の奮囲気[原文ママ]を残したどこか懐かしい地域」というなら、わと[原文ママ]拡がってゆくように思います。また、千駄木の不忍通り沿いなどは、もう完全に「ヤネセン的」ではありません。（ひょっとしたら、雑誌創刊時からそうだったかも。）「谷根千」は、今や幻かもしれない。でも、この地域にギャラリーがふえたり、中々いい感じの喫茶店やレストランがふえたのは、「谷根千」が拡まってゆく過程の中でだったような気もします。幻が人をひきつけ、幻に近い現実を作り出してゆく作用も、あるのかもしれないですね。また、この地域が、そうなってゆく地霊を秘めていたのかもしれなく、それを見抜いたのが、森まゆみさんだったかもしれない。なんてことも、ふっと思いました。」（男性／三〇代／文京区）

谷根千のイメージそのものは、外部からも付与される。いやむしろ外部からのイメージづけのほうがより「一般的なもの」としての地位を獲得するのである。たとえば、つぎのような事象は、まさにこのことを象徴的に表しているといえよう。

『散歩の達人』（二〇〇一年五月号）では、〃フジヤマ・ゲイシャ・ヤネセン？〃という見出しとともに谷中・根津・千駄木エリアの特集が組まれている。そこでは、「谷中・根津・千駄木　散歩留学」と題し、このエリアに在住する三人の外国人を〃講師〃にし、彼らのお気に入りの場所やおすすめスポットを学ぶ、という形式で谷根千エリアが紹介されている。そこで興味深いのは、誌面の内容は古くからの下町イメージや「和」を全面に出しているにもかかわらず、〃講師〃らが全て外国人であるという点である。かれらの在住歴は八年―一九年で、何代にも渡って住み続けているというわけではない。この企画からは、いわば外部的な視点が内部を作り出していることがうかがえる。どちらの視点からの谷根千イメージが適切であるか、より現実に即しているかということではなく、外部からの定義づけが内部の現実を構成しうるのである。

ある意味でこれは、「記号の操作によって『都市』や『村』を擬制しようとする過剰な『演出』」（若林一九九八年、四四ページ）なのかもしれない。若林は、環境空間の社会的リアリティについてつぎのように述べている。

「一郊外の住宅地に付与された名称には「歴史や社会的関係の厚みに支えられた社会的な実定性の共有された枠組みが存在しない。それらの名前や記号は、（略）人々の具体的な体験や関係、出来事と相関する社会的な現実の場を構成してはいない。にもかかわらず、この命名と開発の過程を通じて、かつてある名で呼ばれていた土地からその名が失われ、その名と共にあった風景や生活が消失し、都心との時間距離や居住条件へと置き換えられた空間に新しい名が書き込まれ、その書き込まれた名を曖昧に表象する空虚かつ過剰な風景の表層が私たちの郊外の〃現実〃とし

て、それらに取って代わるのである」（前掲書）

若林が事例としてあげる「郊外」の状況と都心の中心部にある谷根千をめぐる状況とを、単純に比較することはできないが、名づけに関する考察としてそれは十分に検討に値する。そのような角度から考察したとき、郊外ニュータウンにつけられた新しい名称において「空虚かつ過剰な風景」が表象されているのであれば、それはある意味で谷根千も同じ状況にあるといえよう。谷根千は（ニュータウンの地名とは違い）もともと使われていた地名から派生した呼び名ではあるものの、溯れば谷中、根津、千駄木もはじめて名づけられたときがあったはずである。

そのような理解から谷根千の事例を俯瞰すると、新しい名称（谷根千）が空虚か過剰かよりもむしろ、いかなるきっかけであれ、名称が付与されそれがさまざまな社会的関係において用いられていくことこそが、まさに〝現実〟を作り出してゆく（または作り出している）といえるのではないだろうか。

おわりに

一　記号の「共有」ではなく記号の「流れ」

『谷根千』の編集者によって「谷中・根津・千駄木」（「谷根千」）という記号がつくりだされた。そして、その記号が外部に運ばれ、他の「文化単位」との差異に準拠につつ、谷根千という文化単位は維持される。換言すれば、文化が一つの単位として成立し維持されるには、さまざまな異―文化単位と比較が可能になることが必要である。

今回の調査からあきらかにされたことは、まず、谷根千が雑誌だけでなくエリア、さらには抽象的なものを指し示す記号として広義に扱われていることである。つぎに、そこに付与されたイメージの多様性である。このことは、文化単位の成立・維持は、明確な定義付けをすれば可能になるというわけではないということを示しているといえよう。

「谷根千」という記号は、マスメディアにより外部へと運ばれ、それが内部への求心力を高め文化の一単位をつくりだした。その記号によって作られた文化単位は、地縁・血縁、共通関心によるものである必要はない。それがフィクションであっても、散策マップなどの具体的なモノを生み、トポフィリアを生みだすからである[53]。あるいは、谷中・根津・千駄木をめぐる現象は「現代の神話」とさえいえよう。もともとは人工的に作られたはずの名称「谷根千」の意味するもの（シニフィアン）と意味されるもの（シニフィエ）との関係が、恣意的な結びつきであるにもかかわらず、それが自然なつながりとして（ここでの文脈でいえば「昔からあった呼び名のように」）見なされる現象がここにみてとれる[54]。

確かに谷根千エリアは、ほかの市街地に比べれば歴史的にも多くの財産を抱え、古い建物も残っている。また、郊外の新興住宅地などに比べれば、都市下町的な人間関係や小さな路地など、ノスタルジーを喚起させる雰囲気が感じられる町かもしれない。しかしながら、それは町の風景の一断片にすぎない。むしろ一断片だからこそ（一断片になってしまったからこそ）、それらを記録していこうというのが雑誌『谷根千』が試みていることのなのではないだろうか。

町は常に変化している。その変化を一般的には「都市化（urbanization）」や「近代化（modernization）」とよぶが、人びとが実際にそこで生活していれば、またその町が都心に位置していれば、町は否応なく変化していく。地価が上昇してもなおこの町に住み続けるために、やむをえずに古い家屋を取り壊し（または土地を売って）相続税や固定資産税を払う。あるいは、加齢や病気のために独居をやめ、この町の家や土地を売り払って他の地域に身を移す人びとともいる。近代的建築物や時間貸しパーキングが増えていく背景にそういった現状がある（『谷根千』其の三十一、一九九二年三月）。谷根千エリアの古い建築物や昔ながらの景色は、そのような過程のなかで断片化されているのだ。

それにもかかわらず、谷根千には「下町」「あたたかいコミュニティ」「古き良き～」などのイメージが、（場合によっては過剰なまでに）付与されている。興味深いことに、おのようなイメージは、谷根千があたかも現実にそうであるかのような確固たるものとなる一方で、「付与されたイメージ」が逆に新らたな現実をかたち作っているという現象も見てとれるのである。

たとえば一九九〇年代後半、つまり『谷根千』創刊から一〇年以上を経て、「谷中ぎんざ[55]」は「人に優しく・来てみて楽しい・ちょっとレトロな」というコンセプトのもとに整備され、ほぼ全ての店舗がレトロな雰囲気を醸し出すデザインの手彫り風の木製看板を掲げるようになった。このような例は、谷根千界隈に付与されたイメージをさらに具体化した事例として注目できる。

『谷根千』を小規模な地域情報媒体として見たときに、それはほかとは異なり〝成功した〟ミニコミ（あるいはタウン誌）であるかもしれない。しかし、アンケート調査が示すように、谷根千エリアへの来訪者のなかでもその名を知っている人は約半数にとどまっており、谷根千という言葉を知っていても半数の人が雑誌の名前であるということを知らない。谷根千は何を（どこを）指し示しているか明確に定義されないまま、その記号は確固たるイメージや具体的な意味を付与されているのである。

それは、雑誌の情報提供と同等のインパクトが「谷根千（ヤネセン）」という記号にはあるからだ[56]。あえて強調していうならば、地域的な特性よりもむしろ、その名称そのもののインパクトが、その名称（記号）を外に向かわせるベクトルの追い風となったと考えられる。アンケートの回答のなかにもあった「（やねせんという）響きの良さ」、編

写真6－5　「谷中ぎんざ」を見下ろして

集者が言う「語呂の良さ」が、その名称（記号）にはあった。

ここで強調したいことは、地域雑誌（コミュニティ・プレス）そのものの働きや地域情報（歴史、イメージ）が共有されているかどうかではなく、記号の流れ、他との分節化をはかる記号の機能である。本研究の文脈でいえば、雑誌への〝名づけ〟であり、その名称が拡散されて、地名や雑誌名など、なんらかのカテゴリーのなかでほかと比較されるプロセスである。それはたとえば、谷根千と名づけられ、その記号が外部へと拡散され、マスメディアにおいて「下町の観光地」として浅草や上野などと比較されるプロセスである。そのなかでさまざまなイメージが付与された谷根千が、再び戻ってくる。そのイメージが住民にとって好ましくないものであろうとなかろうと、過剰であろうとなかろうと、それによってあらためて自分の住む谷根千を意識することになるのだ。ここで、谷根千のイメージ・ギャップ（すなわち住民にとっての谷根千と住民以外の人びとのそれとのギャップ）について言及したのは、まさにこのギャップによって文化単位の内部と外部との差異が明確化され、リフレクトが可能になるからである。

造られた記号（名付けられた名称）が一旦、外部へと運ばれて、外部からの定義づけがなされ、それが再びメディアによって（文化単位の）内部へと運び込まれる。この往復のプロセス（リフレクト）なくして、その文化単位の凝集性の強化はなされない。つまり、外部からの定義づけが、各人にとって否定的なものであれ肯定的なものであれ、そのとき内部を意識せざるを得なくなるからである。このことはたとえば、コミュニティのイメージが、地域新聞（local press）によって形成されるだけでなく、より広範囲を取材対象とする（都市の）日刊新聞によっても形成される（Janowitz 1967, xx）という指摘からも明らかにされよう。

谷根千を昔からあった〝地名（呼び名）〟と思いこんでいる人々がおり、一方で編集者や住民は、街が活性化されるのは嬉しいが谷根千という名前がひとり歩きしている様やマスメディアで造られた「谷根千イメージ」に複雑な思いを抱いている。

しかしながら、いずれの谷根千も社会的現実であることには変わりないのだ。ウンベルト・エーコのことばを借りれば「記号の指示物とは何であるかを規定しようとすれば、必ず指示物というものを抽象的な実在（略）として規定せざるを得なくなる」（エーコ、一九九六、二四ページ）のである。文化の内容そのものを問うことだけで「文化」とはなにかについて考えることには限界がある。文化をめぐる多元的現実を捉えるために、文化的な同質性ではなくコミュニケーション・プロセスのなかから文化を、そして文化的差異を考察する視座が必要なのではないだろうか。

文化的な、そしてシンボリックな要素が、その集合において「共有」されることによって文化単位が形成され維持されるのではない。すでに述べたように、記号（名称）が、外へと出てさまざまな定義づけイメージづけをされて再び内部へ帰ってくるプロセス（すなわち外との比較がなされること）によって文化単位は形成され維持されるのである。

二　調査がもたらすもの

今回の調査研究が残した問題点について二つの角度からふれておこう。地域住民へのインタビュー調査についてと、調査研究（あるいは研究者）と研究対象との関係についてである。

まず、地域住民へのインタビュー調査に関してであるが、今回の調査では、それをメインにすることはなかった。それには、時間や費用の制約のほかにつぎのような理由があった。もともと境界線が曖昧なエリアであるにもかかわらず――谷根千をエリアとしてみなさない人もいる――ある部分を切りとって谷根千の住民を特定化することは、結論を先に出してしまうことになるのではなか、という懸念があったのと、住民のなかには「谷根千の住民」であることを否定的に捉えている人びともいるという状況があったからである。

また、地域雑誌の取材ならまだしも、調査研究のための取材となると、住民のなかには過去の経験から取材を受けることに対して快く思っていない人もいるので(57)、現段階での地域住民への詳細なインタビュー調査は見送ることにした。

つぎに、この調査が残した問題点としてあげられるのが、調査者とその調査対象との関係である。すなわち、調査研究者である筆者が（あるいは筆者の言動が）、谷根千の生成プロセスのなかに組み込まれ、その担い手となっていることは避けられない。

調査者である「私」が、谷根千という文化単位を「発見」したのだ！　と自負しているのではない――そもそも、そんなことができるわけはないが。谷根千にリアリティを与え、谷根千を一つの文化単位として生成させるのが、あらゆるコミュニケーション・プロセスであるとするならば、そのコミュニケーション・ネットワークのなかに身を置く「私」も、谷根千の担い手のひとりであることにかわりない。いわんや、二〇数年来このエリアに居住していれば、そういったネットワークから、完全に抜け出すことはできないのである。そして、調査者が住民に対し「谷根千について」インタビューをすることは、多少ならずとも「谷根千幻相」にリアリティを与えているのではないだろうか。

アンケートの回答を終えた人から、つぎのような質問をされることが頻繁にあった。「〝谷根千〟って、本当は何なんですか？　正解をおしえてください」。これに対し調査者は毎回「正解はありません」と答えるのだがそれで済むわけではなく、調査者がこれまでに行ってきた谷根千をめぐる研究を、長々と説明せざるを得ない状況になることがあった。これは、調査の目的、調査に至る経緯などを、調査の協力者に説明するときも同様であった。

かつてバージェスが提起したコミュニティの名称が、その研究が公表された後に、マスメディアや電話帳において用いられるようになり、いつしかそれが〝ほんとうの〟地名として扱われるに至った（Hunter 1974, p. 81）という現象からもわかるように、研究の結果として公表したものが逆に現実を作り出すということもある。

それまで「谷根千」という言葉を見聞きしたことがない人びとに対し、調査者が「谷根千というのは、もとは雑誌の名前だったが今は地域を表す名前で、云々…」と説明したとき――いくらそこで「正解はない」と説得したとしても――、文化単位の生成になんらかの影響があることは否定できない。それゆえ、文化単位を、純粋に「観察者」としての立場から考察するには限界があるということを、あらためて自覚しておきたい。

謝辞――本稿執筆にあたっては、中央大学社会科学研究所をはじめ、多くの助けを必要としました。お忙しいなか調査に協力してくださったHathaway夫妻、野口玲一氏（東京芸術大学学芸員）、三木一正氏（二〇〇一年度Art-Link代表）、仰木ひろみ氏・山崎範子氏（谷根千工房編集部）、守本善徳氏（ファブリス）、そして、統計資料の作成に関しては、内田康人氏（育英短期大学専任講師）と天野景太氏（中央大学大学院）にお世話になりました。これらの方々への感謝を、末筆ながらここに書き留めさせていただきます。

（1）この経緯については、岡村（二〇〇三年）を参照のこと。
（2）一九四七年（昭和二二年）より以前は、根津、千駄木は本郷区に、谷中は下谷区に属していた。
（3）この三地域に関して、行政資料からみた現状と歴史的背景をまとめあげたものとしては、佐藤（一九九六年、三一―四七ページ）を参照。
（4）柳原との対談（柳原、一九九五年、二二四ページ）より。ドーアは、東京の上野花園町（現在の台東区池之端三丁目）に下宿し調査していたという。
（5）不忍通りや言問通りは交通量も多く、通りに沿って高層階のマンションが立ち並んでいる。
（6）一九九九年時点での販売部数。『全国タウン誌ガイド ’98年度版』（NTT全国タウン誌フェスティバル事務局編、一九九九年）より。
（7）二〇〇四年現在の値段。創刊当初は三五〇円。
（8）創刊にあたり作成された「趣意書」については、森（一九九一年、三四―三五ページ）を参照。
（9）写真6―3を見ると、統一された「古い町並み」というよりは新旧入り混った風景である。
（10）代表的なものとしては、東京芸術大学奏楽堂のパイプオルガン修復運動（一九八五年）、谷中五重塔の再建運動（一九八八年）、近年においては、不忍池の地下駐車場建設計画を機に結成された「しのばずの池を愛する会」による、不忍池の自然環境保全運動（一九八九年）などがある。また、「谷根千生活を記録する会」発会式が一九八五年一二月八日、建築史の専門家を中心に開かれ、ほかには「谷根千井戸端学校」第一回が一九八五年四月一九日に開校している。このような谷根千をめぐる住民運動や諸活動は、現在も続いている。
（11）なお林は、地域メディアが「結果としての情報提供だけでなく、地域社会での日常の動きや変化を多面的に捉え、地域住民の連帯化や社会化をうながすコミュニケーション活動」であり、「情報交換をはかるコミュニケーション機能は、住民のコミュニケーション欲求に新開地を提供すること」（林、一九九六年、四五ページ）にもなると指摘する。

（12）[Interview 2001. 1. 30]

（13）編集部としては「〃反対業者〃みたいになるんじゃなくて、（なにか残そうと思っている人の）後ろをおしてあげたい。たとえば、（その対象に関する）歴史とかを掘り起こしたり情報を提供する」というスタンスをとっているという[Interview2001. 1. 30]。

（14）一九八五年の「NTT第一回全国タウン誌フェスティバル」の大賞を受賞した際のコメントのなかに、タウン誌ではなくあえて地域雑誌という呼び方にこだわる理由が述べられている。「いままで『谷根千』をタウン誌といわず、地域雑誌と自称してきた。それは町の雰囲気が横文字に馴染まないこと、またタウン誌といえば、加盟店をつのり広告を多く載せる営利的PR誌のイメージが強いのが嫌だったからだ。」（『谷根千』其の六、一九八五年、三七ページ）

（15）清原は、コミュニティ形成と地域メディアとの関連に関する研究のなかで、住民運動が「ミニコミ」を生み出す一方で、「住民運動の主張や経過報告などを中心とした非常に小さなメディアが、地域社会の争点を提示するだけでなく、自治体の政策や企業のプランの変更・改正を余儀なくさせるという事例もみられる」（清原、一九八九年、五二ページ）と述べている。『谷根千』をめぐる一連の動きは、まさにこの事例の一つとして捉えられる。

（16）地域ミニコミ誌の歴史的な流れについては、政治的ミニコミから風俗的ミニコミへ、そして文化的ミニコミの登場、という三段階が指摘されている（田村、一九八〇年、一二五ページ）が、本論で筆者がいう「従来型のミニコミ」は、田村がいうところの「政治的ミニコミ」に相当する。

（17）不忍通りの様子については、写真6－1を参照のこと。

（18）たとえば、二〇〇一年、当該エリアに新しく建設される高層マンション「ルネ上野桜木」の販売業者は、マンションの宣伝に際し、谷中や根津近辺の「古い町並み」や「歴史性」をあえて強調している。『東京人――上野の森を楽しむ本』（東京都歴史文化財団　発行　二〇〇一年三月号）には、当該マンションの宣伝広告に起用されている写真家とその設計者の対談が掲載されているが、マンションの販売業者に資料請求をすると、「丁寧な挨拶文とともに」その雑誌が送られてきたという。このことに対して『谷根千』において、東京都による資金的な援助をうけているにもかかわらず「特定マンションメーカーの支援とも思える企画をたててよいのだろうか。読者の判断を仰ぎたい。」というコメントが述べられている（『谷根千』其の六十五、二〇〇一年三月、三〇ページ）。

(19) さらに、本郷台と上野台の間にはさまれた谷であることは「谷中」の語源ともなたっという。

(20) 『谷根千』が地域コミュニティにおよぼした影響として小浜は、第一に「コミュニティに対するイメージの改革」、第二に「コミュニティ・アイデンティティの形成」、そして第三に「コミュニティの帰属意識の強化」であったと指摘する（小浜、一九九五年、七七ページ）。

(21) 一九六一年に出版された『谷中の今昔（しるべ）』（木村春男著）や一九六五年の「谷中きく会」などは、まさに地域情報（郷土史研究）についてのミニコミである。「谷中きく会」の「きく」は、聴くと菊とをかけた言葉で、会の主旨である芭蕉の句「白菊の目に立てて見る塵もなし」からきたものであるという（『谷年千』其の四十、一九九四年九月）。さらに、一九一六年（大正一五年）宮武外骨によって創刊された『スコブル』（創刊号は三万部以上が印刷された）は「さながら、上野桜木のご町内雑誌ともいうべき趣が」あったという（『谷根千』其の四十七、一九九六年、七月）。この雑誌が、地域のミニコミとしての位置づけられるかどうかについては検討が要されるものの、外骨自身が「主筆として上野桜木町の自宅で筆を奮」いつつ「上野公園散歩の感想」や「根津私娼窟の話」などを書いていた（前掲書）ことから、地域の情報提供の側面があったことが推測できる。

(22) むしろ「コミュニティ」が崩れた（崩れかかっていた）からこそ、『谷根千』が創刊されたという見方もできる。

(23) Hunter (1974) によれば、シンボルには、住民らによる地域コミュニティの認知的な定義の多様性がある。すなわち、異なったコミュニティはそこに住むひとびとをさまざまなリアリティに対面させるだけでなく、それゆえに多様性が生じるのだが、個々の住民が同じコミュニティに対して、それぞれ異なった視点、異なった社会的地位から対面する (Ibid.: 114)。

（24）マッキーヴァーは、いくつかの独自の特徴をもつ「共同生活のいずれかの領域」をコミュニティとし、「共同の関心（利害）を追求するための組織体」をアソシエーションとしている（マッキーヴァー、一九七五年、四六ページ）。

（25）森による以下の記述を参照。「このエリアはまったく独断による私たちの生活圏であったが、のちに、町の人が長たらしい誌名をちぢめて『谷根千』と呼びならわすようになったとき、一くくりの地域として一人歩きをしだした。朝日新聞やNHKで「谷根千」を固有名詞として使うのを見かける。また、トヨタ財団の研究助成を受けて行った地域研究で「どこまでを自分の町と感じるか」というアンケートをしたときも、この地域は一まとまりのものと感じられているようだった。さらにNTT駒込電話局（現NTT文京）の管内とも重なり、朝日新聞八重垣・坂下両販売所の配達地域をあわせてもこのエリアとなる、などなど、まんざら虚構の「地域」ではなかったようだ。」（森、一九九一年、七四－七五ページ）

（26）それでもこの谷根千に「コミュニティ」という位置づけを与えられるかどうかを考えたとき、それは顔を見合わせることがない人びとが空間的な制約を超えて結びつく「地図にないコミュニティ」（ガンパート、一九九〇年）でもなく、また従来型の地縁・血縁によるゲマインシャフト的コミュニティとも異なっているということだけは明らかである。

（27）都市を意味世界として捉えたつぎの議論は、示唆的である。「都市とはたんなる物的施設の集まりでもなければ、個人や集団の集まりでもない。都市とは、一方ではそれを構成する人びとによって生きられることで初めてそこに成立する意味世界であり、他方ではまさにそのことを通じて彼らの感受性や想像力を深層から組織していく装置でもある、そうした二面性をもつ場の総体である。（略）したがって都市化という現象が産業化や資本主義の高度化に連動して起きた現象として語られる場合でも、われわれはそれを政治経済システムの変動として把握するだけでなく、人びとの生活が営まれ、意識が織り上げられる場自体の在り方の変化として、と同時にそれらの場における意味作用を基礎づけている意味論的な構造の変化として把握していく必要がある。」（吉見、一九九四年、一八八ページ）

（28）山下（一九九九）、足立（二〇〇一）を参照。足立は、〝古くから伝わるとされている〟伝統的な郷土の祭が、郷土史家によって維持される様子を指摘する。また、（ホブズボウム＆レンジャー、一九九二年）も参照のこと。

(29) シーニュについての以下の記述は、まさに本論の議論に合致したものである。「語られた、また生きている国語にもどるとき、その表現的価値は、〈語詞連鎖〉の各要素にそれぞれ所属しているような表現的諸価値の総和などではない、ということがわかる。反対に後者の方が共時態のなかで体系をつくっているのであって、それというのも、それらの各々は他にたいしてその差異しか意味していないからであり、ソシュールのいうように、記号とは本質的に〈弁別的〉なものであり、これはすべての記号にいえることだが、国語のなかには意味の差異しか存在しないのである。」(メルロ＝ポンティ、一九六九年、一三八ページ)

(30) 訳者解説によれば、メルロ＝ポンティの言語論は、ソシュール言語学における意味論(〈意味するもの〉としての聴覚映像と〈意味されたもの〉としての概念との関係)を価値論(諸〈記号〉間の示差的関係)に収斂することから始まっている(前掲書、二六九ページ)。

(31) シンボリック相互作用論の見解を参考にすれば、名づけることは、名づけられる対象が、ほかのものから分節化され、識別されることを意味し、あらゆる社会現象は、シンボルによる命名によってフィクションとして構成される(片桐、一九九六年)。また、それればかりでなく「命名が同時に行為の方向づけを可能とする」のである。

(32) 『散歩の達人』二〇〇一年五月号、弘済社。

(33) ここでは、内部としてミニコミや住民、外部的としてマスコミや訪問者、という設定を例示するが、これはあくまで暫定的なものである。というのは、「外部」と「内部」とを単純に分割することはできないからだ。ここでは便宜上、内/外という設定を行っているが、そもそも「内部」が「内部」として成立するとき、同時に「外部」も成立しているからである。

(34) 落合光昭「ニッポンの猫」(『SINRA』二〇〇〇年一月号、新潮社)や荒木経惟『人町(ひとまち)』(旬報社)など。前者は、日本各地の猫を撮影した連載で「谷中・根津・千駄木」に住む猫たちが紹介されている。のちに、一九九九年四月号から二〇〇〇年三月号までの連載を再編集した『ニッポンの猫』(新潮社、二〇〇〇年)では、「谷中・根津・千駄木」というエリア名が「谷中・根津」になっている。これに関して、編集部に問い合わせたところ、「とくに深い意味はない。たぶんレイアウトの問題でしょう」という。後者の写真集は、荒木経惟と森まゆみが谷中、根津、千駄木界隈を一年間にわたって取材した記録で、写真家の視点からみた谷根千が表現されている。

(35)『東京下町を歩く』(マップルマガジン一三三)を参照。また、インターネットにおいても、個人の散策経路(散歩道)として「谷根千」を取り上げたホーム・ページなどがみられる。『谷根千』創刊以前は、各行政区ごとにガイドブック(エリアガイド)が発行されていることが一般的であった。たとえば、現在谷根千と呼ばれているエリアにおける史跡案内に関しては、一九七七年(昭和五二年)に発行された『台東区史跡散歩』(松本一九七七年)では上野公園から池之端にかけてと谷中、日暮里が取り上げられている。

(36) マスコミにおける「谷根千」の扱いについて、ここでは詳細に扱わない。

(37) ここでなされた内部/外部の区別は、説明のため便宜上用いている区別であって、内部=住民・編集者、外部=マスコミという区別が、絶対的なものであるということではない。

(38)「トポフィリア(topophilia)」とは、地理学者イーフー・トゥアンによる造語である。彼によれば、トポフィリアとは人間と場所(物質的環境)とを情緒的に結びつけるもので「人間の場所への愛human love of place」だという。またトゥアンは、住民とよそ者である来訪者との間においては、環境への評価が本質的に異なっていることを指摘しつつ、つぎのようなことも述べている。「環境は、トポフィリアの直接的原因ではないかもしれないが、しかし環境は感覚的な刺激をもたらし、それらの刺激は知覚されたイメージとして、われわれの喜びや理想に形を与えるのである。」(Tuan 1974, p. 113、訳書一九三ページ)

(39)「「独自性」とは、一旦は説明されることによって「仮の独自性」を確保するのだけれども、その「独自性」に対して疑いの目が向けられてさらなる説明がもとめられる構造をもち、常に説明されつづけなければならない〝あいまいさ〟を有しているのではないか」(足立二〇〇一年、一七九ページ)

(40) 森、平良(一九九九年、一二ページ)を参照。

(41) 田村は、ミニコミは鋭い感受性ゆえに寿命をもっている、と述べている(田村、一九七七年、一六二ページ)。

(42) ここでは前述の磯部による「フィクション」の定義を参照したい。この視座の出発点は、「フィクションを超えた現実があるとしても、人間にとってそれは、フィクションを通してしかとらえられないことを認める」ことにある(磯部、一九九六年、七ページ)。

(43) ネオ＝シカゴ学派として下位文化理論を展開するフィッシャー(松本、一九九六年、四〇六ページ)は、アーバニズムの効果を文化的異質性の増大にもとめ、「場所が都市的であればあるほど、下位文化の多様性は大きくなる」という基本命題を呈示した。都市が多様な下位文化を生成するのは、人口の集中が「デュルケームの言う『動的密度』(相互作用の密度、『道徳的密度』ともいう)の増大をとおして、社会的分業と社会的分化を促進」し、また「多様な背景を持つ移民を引きつける」からである(前掲書、四一一ページ)。ワースが都市を規模、密度、異質性という三つの生態学的変数によって定義したのに対しフィッシャーは、アーバニズム(都市度)を単に人口の集中度として定義づけている。その理由は、「第一に、理論構成上、それが特定の生活様式を指すことはありえないからであり、第二に、規模と密度は相関するが、社会的異質性は必ずしもコミュニティの都市度と相関しないから」からである(前掲書)。もちろん、フィッシャーらが研究対象とした「多〝民族〟社会」と谷中・根津・千駄木界隈を、同様なものとして扱うことはできないが、筆者はこの地域にも、いわば「多民族的(多文化的)」であると考えている。というのは、そこは必ずしも地縁・血縁的、ゲマインシャフト的社会ではないからだ。このエリアを調査したドーアが引用した一九五〇年の資料によれば、住民の約九割が下山町以外の出身で、職業、学歴、生活様式の面でもかなり異質性を含んだ地域であることがわかる(Dore 1958＝1999)。

(44) 上野と谷中およびその周辺にあるギャラリーや美術館(近年は谷中エリアの寺院、図書館、カフェなども参加)の共同開催企画として一九九七年から実施されているアートフェスティバル。マスメディアによって紹介されたこともあり「昨年は五万人の観客」(パンフレットより)を動員したという。まちづくりグループ「谷中学校」が主催し一九九三年からから開催されている「谷中芸工展」もほぼ同時期に、同じエリアで行われ、多くのギャラリーは両方のイベントに参加している。

（45）http://www.yanesen.net/cgi-bin/bbs/bbs.cgi

（46）台東区谷中、池之端、上野桜木、文京区根津、千駄木、弥生、向丘二丁目、荒川区西日暮里三丁目、北区田端一丁目、これらの地域全体の世帯数は、二〇〇二年四月現在二万四、四一一世帯、人口は四万六、八九〇人である。（文末資料「二、『谷根千』において定義づけられるエリアの人口統計」を参照）

（47）一九九六年一一月に行われた調査（佐藤、一九九六年）においては、『谷根千』の売れ行きや購読者層が店舗の特徴によって異なることが指摘されている。『谷根千』の委託販売が行われている店舗は、おもにつぎの五つのタイプに分けられている。第一のタイプは、地域住民が頻繁に使う日用品店や食料品店で、そこでは常連の客によく売れる。第二のタイプは、有名店、喫茶店、菓子屋などで、散策や墓参りが目的の来訪者がよく購入する。たとえば、煎餅屋や和菓子屋で手土産を購入する時に雑誌を購入するケースなどがこれである。第三は、その他の業種で病院など比較的行く機会が少ないところで、そこではあまり売れ行きがよくない。第四のタイプは、書店で森まゆみ氏の著書とともに購入していく人が多い。第五のタイプは、書店のちかくの店や外国人専用の旅館などで購入者はきわめて少ない。

（48）「（ロゴの商標登録については）結局、いまもしてないんです。複雑な手続きで、登録した後もお金がかかるっていわれっちゃったから。「地域雑誌　谷中・根津・千駄木」での登録は、『地域』という雑誌がすでにあってダメということになって、「谷中・根津・千駄木」での登録も、地域名の羅列だからだめ、ってことで。それを論破することをしなくちゃいけなくて、なんか大変だったのでやめちゃったの」[Interview 2001. 1. 30]

（49）このエリアが物語の舞台として設定された推理小説『上野谷中殺人事件』（内田康夫著、中公文庫）においては、編集社である谷根千工房は「谷根千マガジン」として、そこで発行する雑誌は『谷根千界談』として登場している。フィクション（小説）とはいえ、地名や駅名、それらの位置関係、またこのエリアを取り巻く社会的状況などが、きわめて詳細かつ正確に描写されている。今回のアンケート調査対象者には含まれていないが、この小説によって谷根千の存在を知ったという人もいる。まさに「谷根千」という名称が一人歩きしている事例の一つである。森は、この小説に関して「虚実入り乱れて実に誤解を生みやすい」（『谷根千』其の二十八、一九九一年七月）と困惑している。

(50) 本稿における集計・分析は、SPSSVer. 10Jを用いた。

(51) 『谷根千』が地域情報の提供をするにあたって対象としているエリアは、「台東区は谷中・池之端・上野桜木、文京区は根津・千駄木・弥生・向丘二丁目、荒川区は西日暮里三丁目、北区は田端一丁目あたり」としている。よって、クロス表の作成にあたって、アンケート回答者の居住地域を、「台東区、文京区、荒川区、北区」のグループと、「それ以外の東京都内」、「東京都外」というカテゴリーに分類した。

(52) ただし、二〇〇二年三月の時点では、地域外での販売（全体の三から四割以上）は増えつつあるという。この点について、筆者が編集者にEメールで問い合わせたところ、つぎのような返答があった。「講演先や書店の東京フェアなどで臨時にたくさん出ることがよくあります。また、インターネットでの注文も増えています。これらが増えるのと同じだけ（あるいはそれ以上）地域内での売り上げは減っています。これは谷根千に限らず出版全体のユーツの原因です。」（二〇〇二年三月三日）

(53) トポフィリアについては、注(38)を参照のこと。

(54) 「神話とは、ことば（伝達の体系）である」といったR・バルトであれば、谷根千についても「現代の神話」とよぶかもしれない。バルトによれば、「かかれた文章、また写真、映画、ルポルタージュ、スポーツ、興行物、広告、これらすべてが神話のことばの媒体たりうる。神話はその対象によってもその材料によっても定義されえない。というのは、どんな材料でも自由に意味を附加されうるからだ。挑戦を意味するために掲げる矢もことばである」という（バルト、一九六七年、一四一ページ）。ただし、神話の生産と流通をめぐる受け手の位置づけ（神話の生産者／神話学者／神話の読者）について、谷根千の事例から検討すると、それら三者は必ずしも明確に分別できうるものではなく、むしろそれらが相互に絡み合いながら展開するコミュニケーションによって「神話」はかたちづくられてゆくのである。すなわち、編集者たちは記号の生みの親（名付け親）であるがそれと同時に、マスコミとの対比においては一住民でもある。そして、『谷根千』の読者は生産者でもありうる。

(55) 谷根千エリアのほぼ中央に位置する「やなか銀座」は界隈で最も活気がある商店街で、NHK朝のテレビドラマ『ひまわり』や映画『東京日和』などの撮影のロケ地の一つとしても使われた。やなか銀座の詳細については、http://www.yanakaginza.com/home.html を参照。

(56)　日本語の環境だったから「響き」が人びとの関心を集めたのかどうかは別の論題であるが、記号として表された「谷根千」の響きや表記の仕方を重視するという点で、つぎの指摘は示唆的である。「言葉は意味（中身）を入れた容器であり、その「中身」こそがメッセージだと思いがちである。しかしこの場合実はあんまり中身は重要でないということだ。むしろ入れ物のほうが重要だったりする。これは日本のコミュニケーションの特徴と深く結びついている。日本語は意味だけではなく、音的にどう響くか、視覚的にどう映るか（表記されるか）ということも大切な言語である。特にある言葉がどう表記されるかは重要である。」（井上、二〇〇二年、二三ページ）

(57)　森のエッセイによれば、これまで何人かの調査者が谷中やその周辺エリアを研究対象としてきた。「最近は、谷中あたりは古いコミュニティを残す場所として建築史、都市計画はもちろん、「都市の地域社会と老人」というような都市社会学や「東京語の変化」なんて言語学の調査の草刈場になりつつある。「来週T大学の〇〇研究室が調査に入るそうだ」などと聞くとドキンとする。調査のあと、取材にいくと住人の対応がちがう。警戒心があってよそよそしい。そこにいる人を被験者としてのみ取り扱うような調査が入ると、住民は心を閉ざし、二度と聞き取りや調査には協力してくれなくなる。その研究成果をみてみると、多彩な人生経験をもつ人びとの、流行の言葉でいえばファジーな部分の印象や考えが、コンピューターにぶち込まれ数値になって出ている。それは住民にとって自分たちのことを語っているとは思えないようなデータだし、第一、住民のところへ戻ってくることもない。その研究者の業績になるだけだ。町の人たちは自分たちが研究論文の中で「木賃住宅沈殿層」などと区分されているのを見たら、どんな思いがするだろう。」（森、一九九一年、一八三ページ）

参考文献

足立重和「伝統文化の管理人――郡山おどりの保存をめぐる郷土史家の言説実践」中河伸俊、北澤毅、土井隆義編『社会構築主義のスペクトラム――パースペクティブの現在と可能性』ナカニシヤ出版、二〇〇一年、一七五―一九六ページ。

池上嘉彦、山中桂一、唐須教光『文化記号論――ことばのコードと文化のコード』講談社学術文庫一一三七、一九九四年。

磯部卓三「フィクションとしての社会制度」磯部卓三・片桐雅隆編『フィクションとしての社会』世界思想社、一九九六年、三―二二ページ。

井上　俊「地域の文化」井上俊編著『地域文化の社会学』世界思想社、一九八四年。

井上　宏『現代メディアとコミュニケーション』世界思想社、一九九八年。

岩合光昭「ニッポンの猫　一〇」『SHINRA』no. 73, 新潮社、二〇〇〇年一月、二四―二九ページ。

上野・谷根千研究会『新編　谷根千路地事典』住まいの図書館出版局、星雲社、一九九五年。

ヴァルデンフェルス、B「固有のものと異他的なもの」青山治城訳『情況』情況出版、二〇〇〇年八月号、二三―三七ページ。

NTT全国タウン誌フェスティバル事務局編『全国タウン誌ガイド』一九九八年度版。

太田好信『民族誌的近代への介入――文化を語る権利は誰にあるのか』人文書院、二〇〇一年。

岡村圭子『グローバル社会の異文化論』世界思想社、二〇〇三年。

片桐圭子「半径二㎞の幸せ　ネット時代に「ご近所主義」が流行る」『AERA』朝日新聞社、二〇〇一年二月五日。

片桐雅隆「フィクション論から見た自己と相互行為」磯部卓三・片桐雅隆編『フィクションとしての社会』世界思想社、一九九六年、二三―四六ページ。

ガンパート、ゲーリィ『メディアの時代』石丸正訳、新潮社、一九九〇年。(Gumpart, Gary Talking Tombstones and Other Tales of the Media Age, 1987.)

清原慶子「地域メディアの機能と展開」竹内郁郎・田村紀雄『新版　地域メディア』日本評論社、一九八九年。

小浜ふみ子「コミュニティ・カルチャーとコミュニティ・メディア――都市におけるコミュニティ・プレス研究への試論的考察――」東京都立大学社会学研究会『社会学論考』第一六号、一九九五年、六一―八五ページ。

佐藤典子「地域のミニコミ誌と都市コミュニティの関係性についての一考察――地域雑誌『谷中・根津・千駄木』とその地域を事例として」特別研究論文、広島大学総合科学部・社会科学コース、一九九六年。

田中直毅「地域自体をメディア化する「谷根千」―消費の渦の外側からの街づくり論」『エコノミスト』毎日新聞社、一九八五年十月二九日、四五―五一ページ。

田村紀雄『ミニコミ――地域情報の担い手たち』日経新書二六五、一九七七年。

田村紀雄『地域メディアの時代』ダイヤモンド社、一九七九年。

西坂仰『相互行為分析という視点　文化と心の社会学的記述』金子書房、一九九七年。

バルト、ロラン『神話作用』篠沢秀夫訳、現代思潮社、一九六七年。

林　茂樹「地域情報化の現実態と可能態」荒瀬豊、高木教典、春原昭彦編『自由・歴史・メディア』日本評論社、一九八八年、二七五―三〇〇ページ。

林　茂樹『地域情報化過程の研究』日本評論社、一九九六年。

原沢政恵「タウン誌で町を再発見」『エコノミスト』毎日新聞社、一九九三年九月七日、七二―七八ページ。

フィッシャー、クロード・S『都市的体験――都市生活の社会心理学』松本康・前田尚子訳、未來社、一九九六年。

船津衛『地域情報と地域メディア』恒星社厚生閣、一九九四年。

ホブズボウム、E・andレンジャー、T共編『創られた伝統』前川啓治、梶原景昭ほか訳、紀伊国屋書店、一九九二年。(Hobsbawm, Eric & Ranger, Terence (eds.) The Invitation of Tradition, Cambridge University, 1983.)

マッキーヴァー、ロバート『コミュニティ』ミネルヴァ書房、一九七五年。

松本和也『東京史跡ガイド⑥　台東区史跡散歩』學生社、一九七七年。

松本康「クロード・S・フィッシャーの『アーバニズムの下位文化理論』について」C・S・フィッシャー、松本康・前田尚子訳『都市的体験――都市生活の社会心理学』未來社、一九九六年、四〇五―四二六ページ。

丸山尚『ローカルネットワークの時代――ミニコミと地域と市民運動』日外アソシエーツ、一九九七年。

メルロ＝ポンティ、M『シーニュ』滝浦静雄・木田元訳、みすず書房、一九六九年。

森まゆみ「地域史の叩き台になりたい」『エコノミスト』毎日新聞社、一九八五年十月二九日、五〇−五一ページ。

森まゆみ『小さな雑誌で町づくり−「谷根千の冒険」』晶文社、一九九一年。

森まゆみ『谷中スケッチブック――こころやさしい都市空間』ちくま文庫六六〇、一九九四年。

森まゆみ・平良敬一「対談：『谷根千』の一五年」『造景』no. 24、建築資料研究社、一九九九年一二月、一一−一八ページ。

柳原和子「日本学者R・ドーアの五〇年」『中央公論』中央公論社、一九九五年七月号、二二八−二四八ページ。

山岸　健編「東京下町の都市空間の再生と活性化のための基礎的研究――子どもの日常生活と遊びという視点から」慶応大学山岸研究室日常生活研究会　調査研究報告書、第一住宅建設協会、一九九一年。

谷根千工房編『地域雑誌　谷中・根津・千駄木』其の二、一九八五年一二月。

山口昌男「序文――文化の仮設性と記号学」日本記号学会編『ナショナリズム／グローバリゼーション』記号学研究一九、一九九九年、五−八ページ。

山下晋司「創られる地域文化――バリ島と遠野の事例から」青木保、梶原景昭編『情報社会の文化一　情報化とアジア・イメージ』東京大学出版会、一九九九年。

吉見俊哉『メディア時代の文化社会学』新曜社、一九九四年。

若林幹夫「イメージのなかの生活」『情報社会の文化二　イメージのなかの社会』東京大学出版会、一九九八年、二一−四七ページ。

若林幹夫『都市の比較社会学――都市はなぜ都市であるのか』岩波書店、二〇〇〇年。

Barth, Fredrik "Introduction", Barth, F (ed.) *Ethnic Groupsand Boundaries: The Social Organization of Culture Difference.* UNIVERSITETSFORLAGET, 1969.

Dore, R. P. *City Life in Japan: A Study of A Tokyo Ward*, University of California Press, Routledge and Kegan Paul,

1958＝1999（R・P・ドーア『都市の日本人』青井和男・塚本哲人訳、岩波書店、一九六二年。）

エーコ、ウムベルト『記号論I』池上嘉彦訳、同時代ライブラリー二七〇、岩波書店、一九九六年。（Eco, Umberto *A Theory of Semiotics*, Indiana University Press）

Eco, Umberto *Segno*, Enciclopedia Filosofica, Arnold Mondadori Editore S. p. A., Milano, 1980.

Hunter, Albert *Symbolic Communities: The Persistence and Change of Chicago's Local Communities*, The University of Chicago Press, Chicago and London, 1974.

Jackson, Peter *Maps and Meaning: An Introduction to Cultural Geography*, Routledge, 1989.（ジャクソン、ペーター『文化地理学の再構築』徳久球雄・吉富亨訳、玉川大学出版部、一九九九年。）

Janowitz, Morris *The Community Press in an Urban Setting: The Social Elements of Urbanism, Second Edition*, The University of Chicago Press, Chicago and London, 1952＝1967.

Kollock, Peter. and Smith, Mark A. Communities in cyberspace, Communities in Cyberspace (Ed.) Kollock, Peter. and Smith, Mark A., Routledge, 1999.

Kroeber, A. L. and Kluckhohn "Culture: a Critical Review of Concepts and Definition", Papers of the Peabody Museum of American Archaeology and Ethnology 47, Cambridge, Mass. : Harvard University.

Morris-Suzuki, T *Re-Inventing Japan: Time, Space, Nation*. New York: M. E. Sharpe, 1998.

Tuan, Yi-Fu *Topofphilia: A Study of Environmental* Perception, Attitudes and Values, Prentice-Hall Inc., Englewood Cliffs, New Jersey, 1974.（イーフー・トゥアン『トポフィリア』小野有五・阿部一訳　せりか書房、一九九二年。）

Wellman, Barry. and Gulia, Milena "Virtual communities as communities: Net Surfers don't ride alone", Kollock, Peter and Smith, Mark A. Communities in cyberspace, Communities in Cyberspace (ed.) Kollock, Peter. and Smith, Mark A., Routledge, 1999, pp. 167–194.

資料

1．谷根千の地図

⑴　台東区、文京区、荒川区、北区の区境（拡大地図）

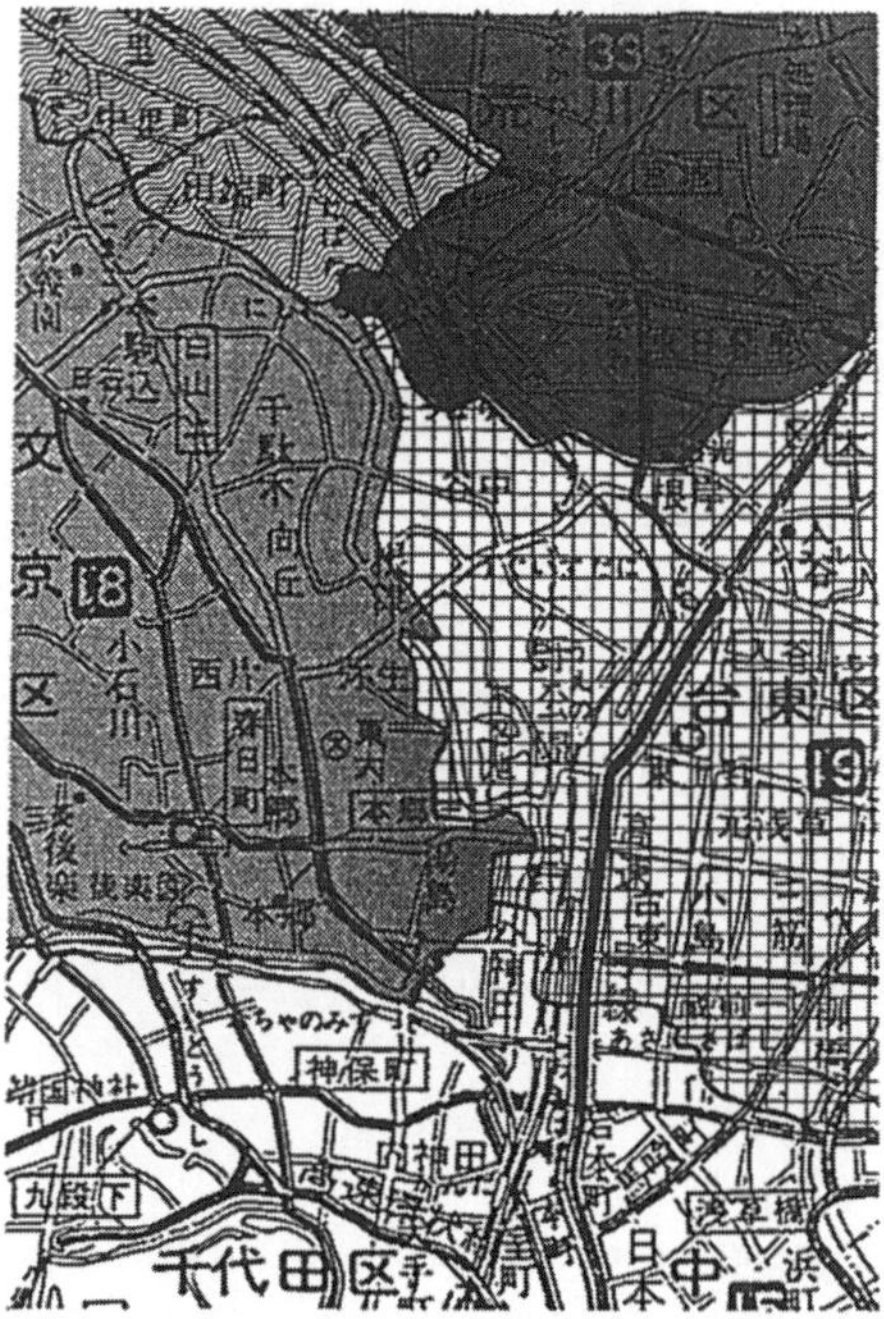

出典：『東京都・埼玉県区分市街地図帖』東京地図出版，1992年，２ページ

⑵　東京都における⑴の位置

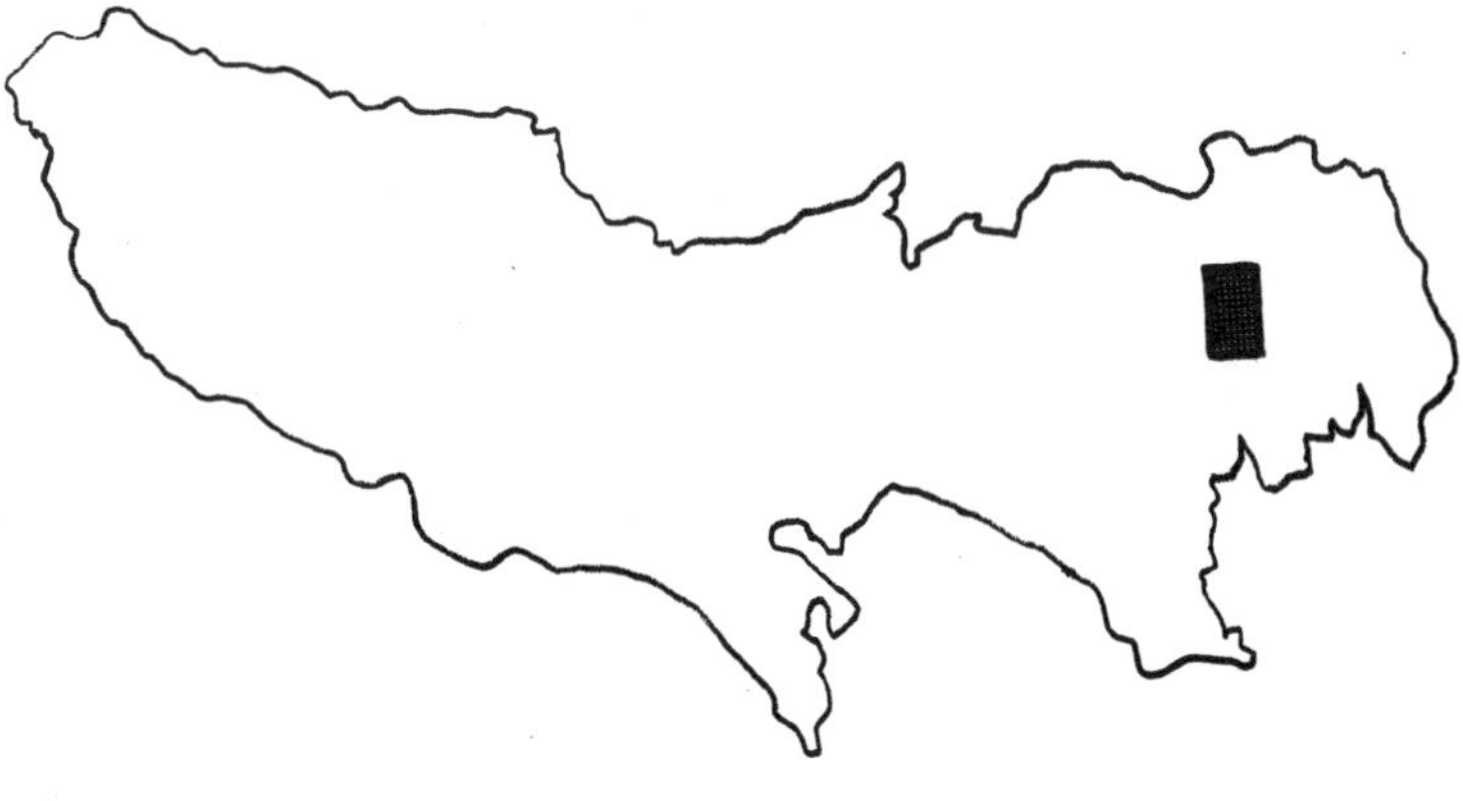

⑶　谷中、根津、千駄木、それぞれの行政的な境界線

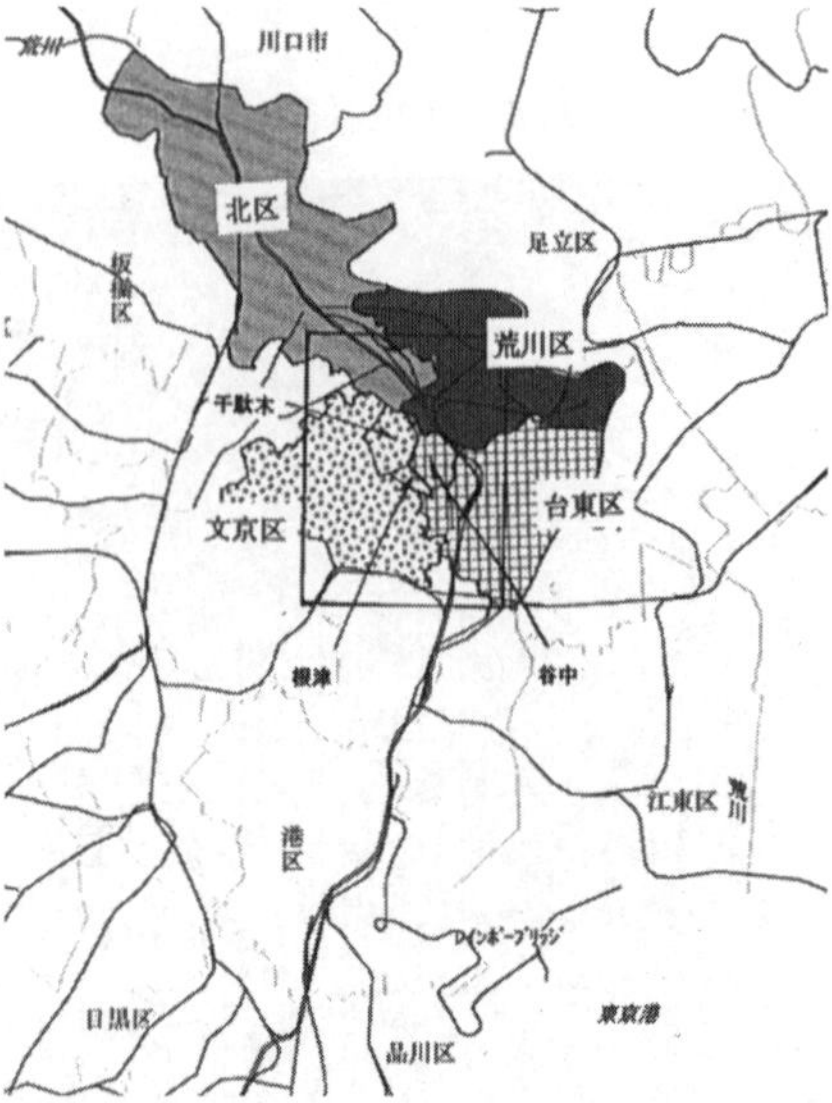

出典：© 1998 ZENRIN CO., LTD.（Z04A 第997号）

2．『谷根千』において定義づけられるエリアの人口統計

『谷根千』が対象とするエリアの人口統計 (2002年4月1日現在)*					
区名	町丁名	世帯	人口		
			男	女	計
台東区	谷中1丁目	371	347	395	742
	谷中2丁目	884	827	885	1712
	谷中3丁目	1438	1358	1422	2780
	谷中4丁目	280	301	294	595
	谷中5丁目	482	440	503	943
	谷中6丁目	192	195	215	40
	谷中7丁目	575	496	586	1082
	池之端1丁目	192	193	217	410
	池之端2丁目	707	642	631	1273
	池之端3丁目	211	204	209	413
	池之端4丁目	676	653	699	1352
	上野桜木1丁目	529	503	558	1061
	上野桜木2丁目	430	460	453	913
文京区	根津1丁目	1252	1017	1291	2308
	根津2丁目	1667	1513	1613	3126
	千駄木1丁目	654	668	744	1412
	千駄木2丁目	2089	1914	2022	3936
	千駄木3丁目	2829	2592	2689	5281
	千駄木4丁目	1304	1274	1226	2500
	千駄木5丁目	2148	2021	2262	4283
	弥生1丁目	232	240	240	480
	弥生2丁目	773	750	772	1522
	向丘2丁目	1417	1401	1428	2829
荒川区	西日暮里3丁目	943	877	942	1819
北　区	田端1丁目	2136	2088	1990	4078
合計		24411	22974	24286	46890

*荒川区の統計資料にかぎっては，2002年3月時点のものを採用。

出典：台東区 http://www.city.taito.tokyo.jp/taito-co/koseki/jinkou.htm
　　　文京区 http://www.city.bunkyo.tokyo.jp/profile/toukei/zinko.html
　　　荒川区 http://www.city.arakawa.tokyo.jp/13/setai/setai-in6-1.htm
　　　北区 http://www.city.kita.tokyo.jp/kumin/kumin/jinkou/area2004.htm

3．地図に描かれるさまざまな谷根千

(1) 谷中・根津・千駄木地図

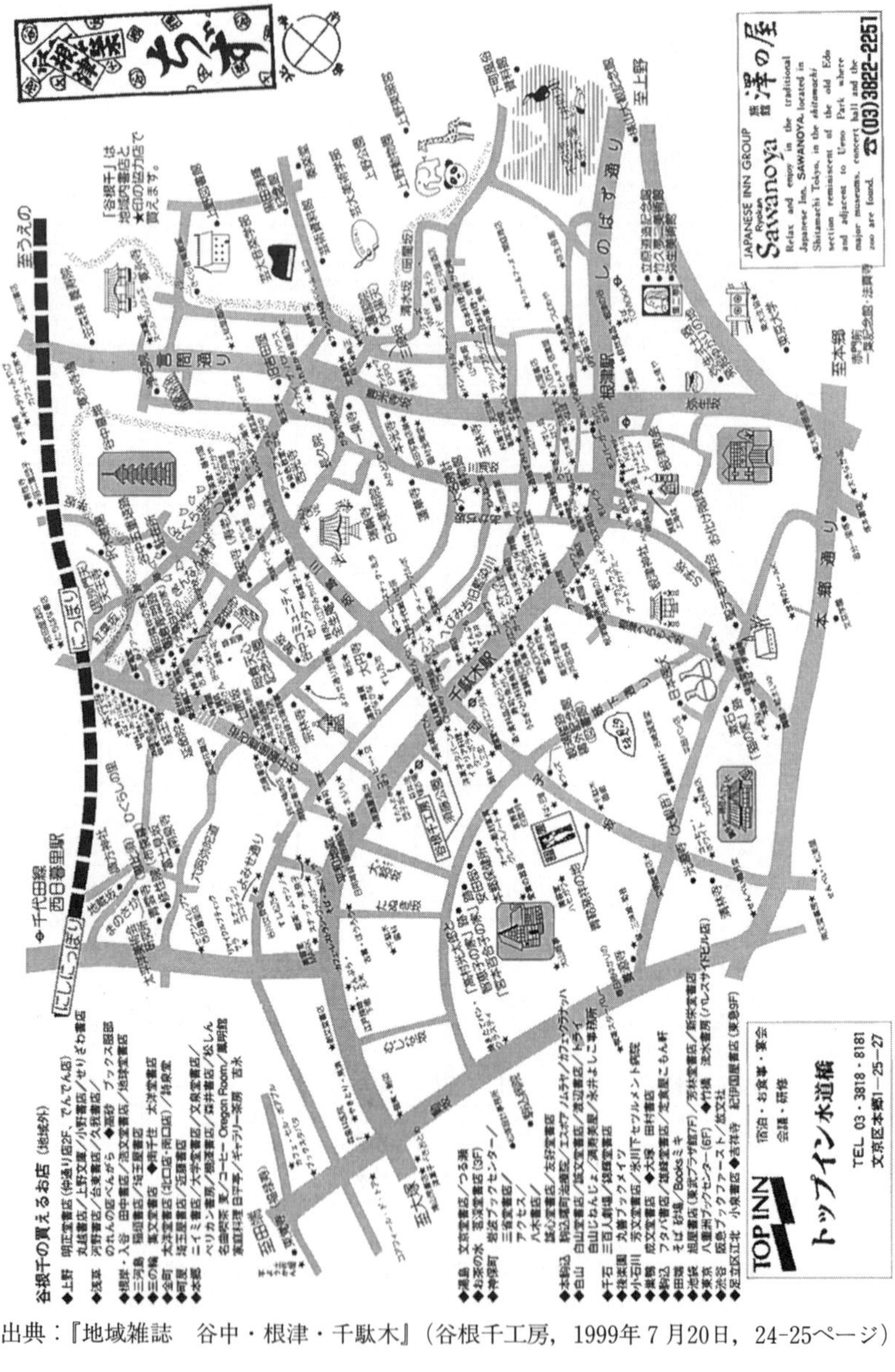

出典：『地域雑誌　谷中・根津・千駄木』（谷根千工房，1999年７月20日，24-25ページ）

(2)　谷中・根津・千駄木　散歩案内

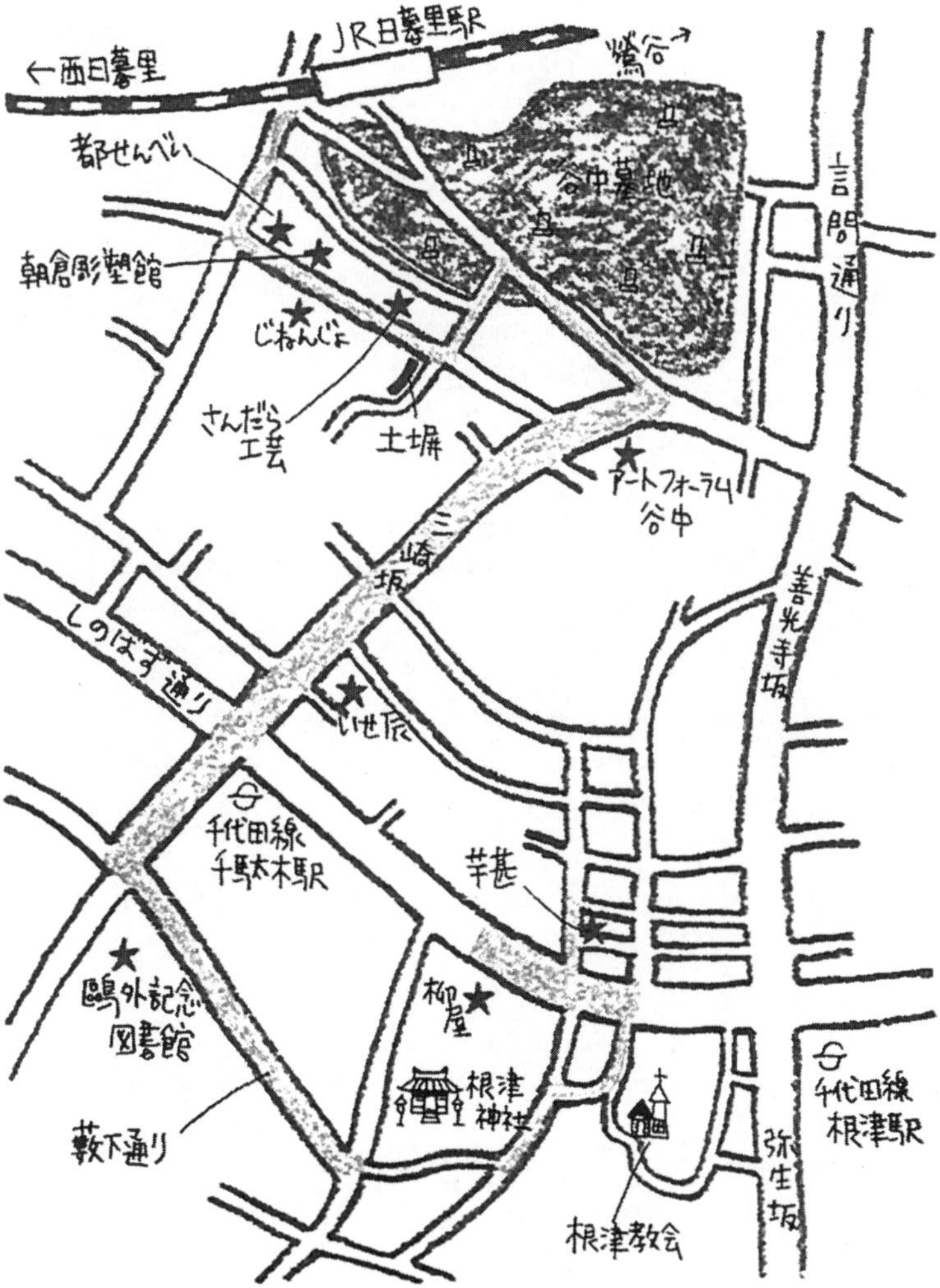

出典：『クロワッサン』（マガジンハウス，1993年５月，31ページ）

（前田秀夫制作，あずさ工房，1994年）

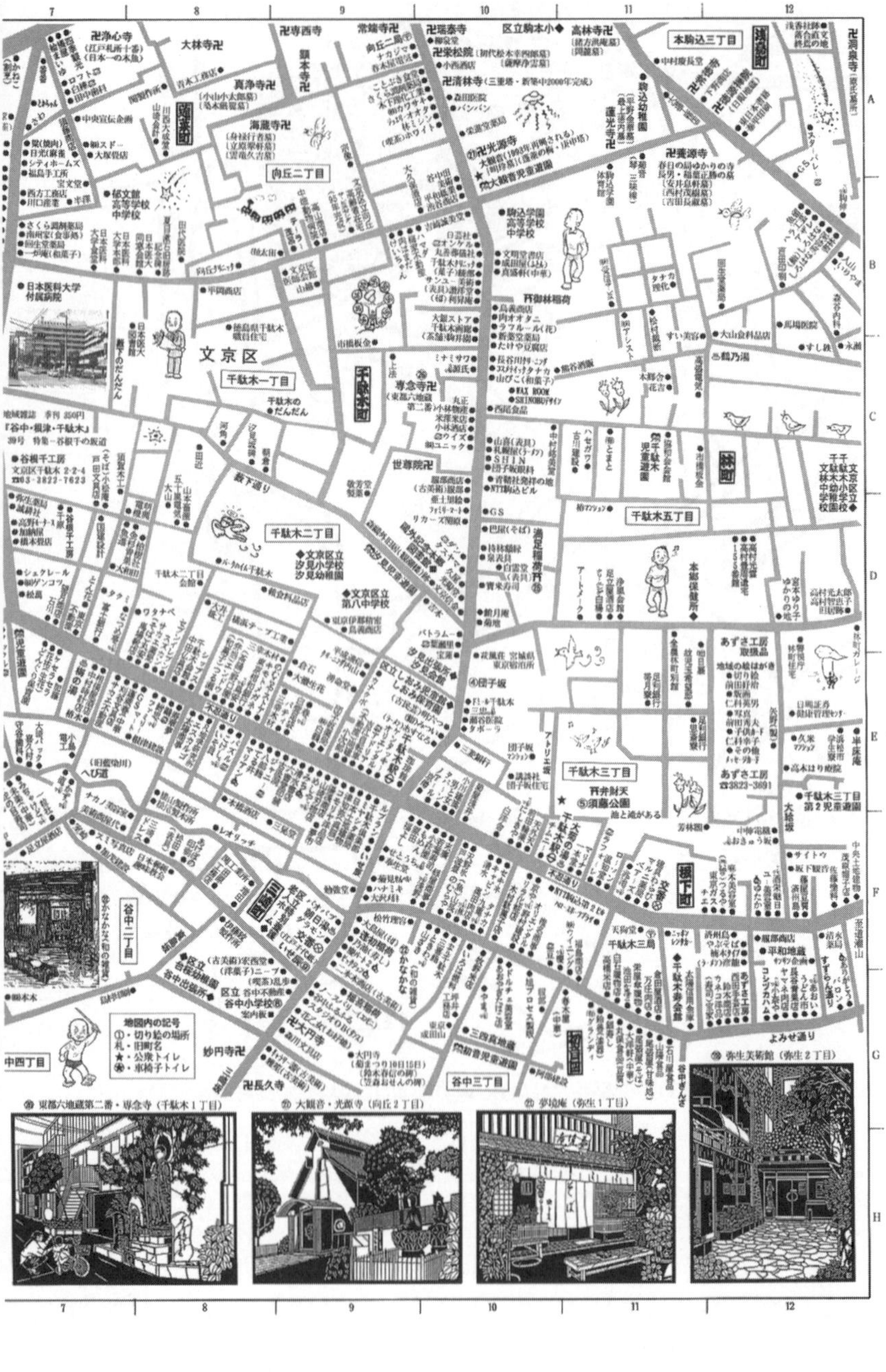

(3)　谷中・根津・千駄木　まっぷ

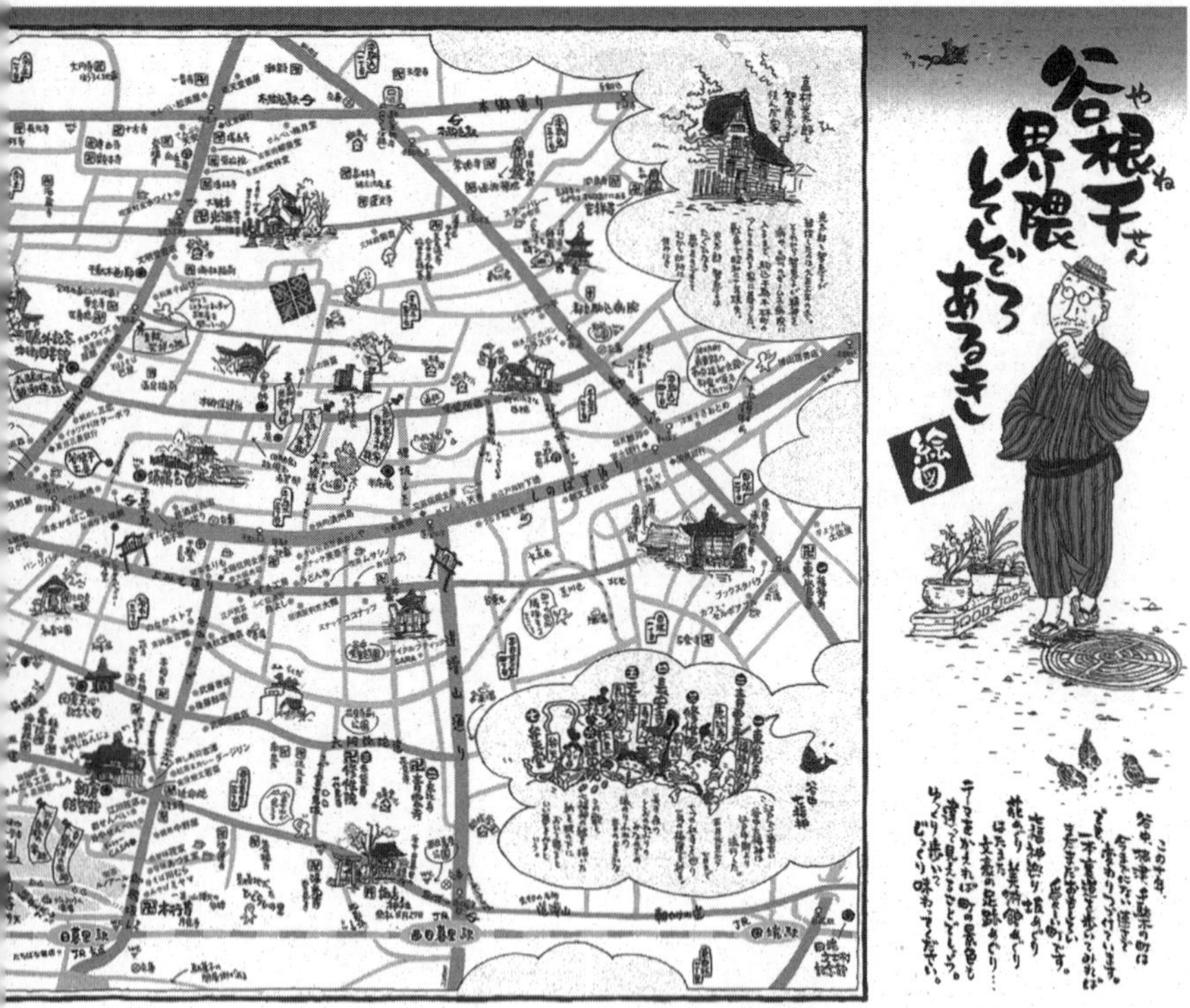

（佐藤やゑこ：画，谷根千工房，1997年）

(4)　谷根千界隈そぞろあるき絵図

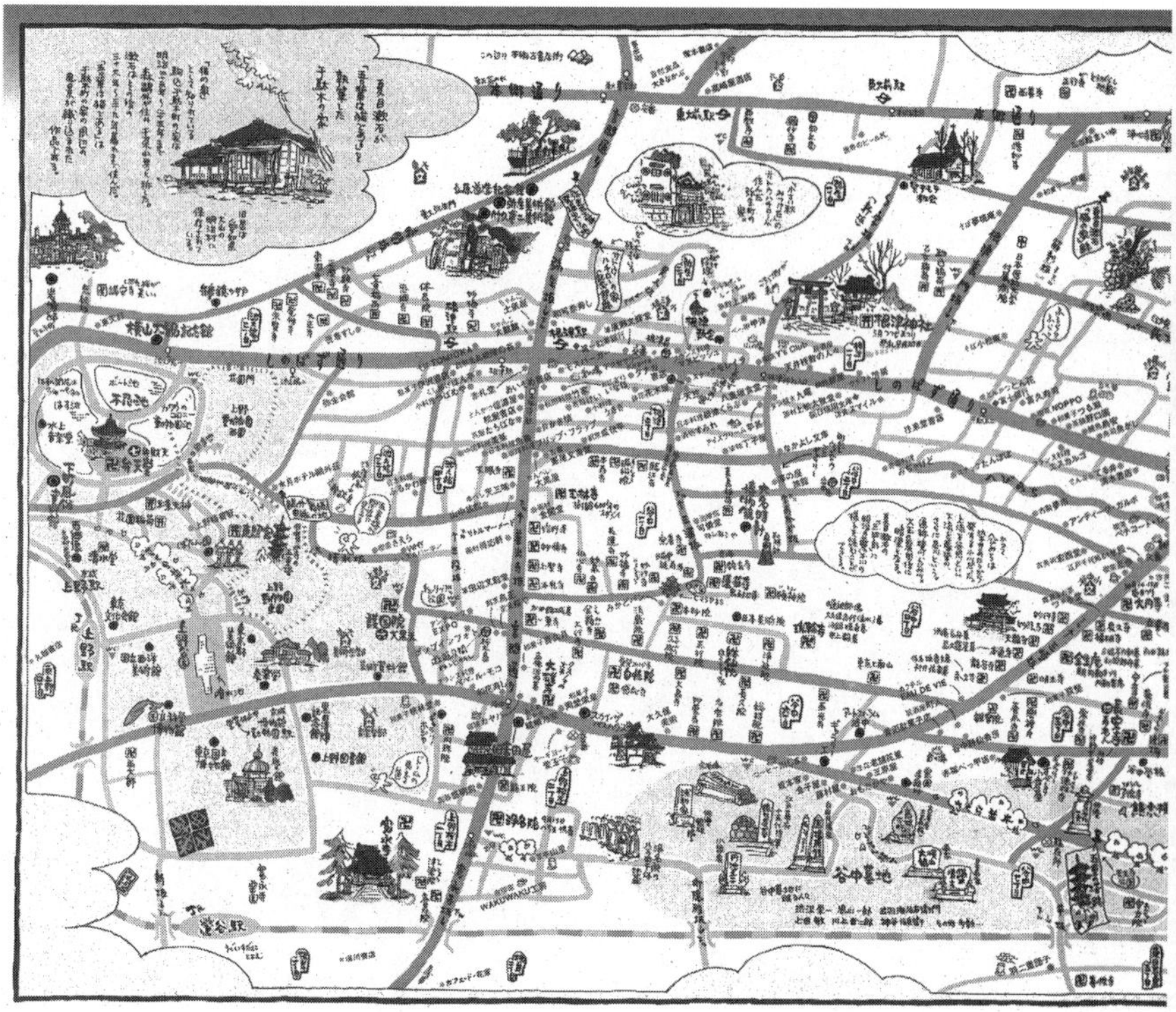

(5)　谷中・根津・千駄木　エリア地図

出典：マップルマガジン133『東京下町を歩く』（昭文社，2001年７月，62ページ）

⑹　谷中・根津・千駄木　散策コース地図

出典：マップルマガジン133『東京下町を歩く』（昭文社，2000年５月，７ページ）

地図使用承認©昭文社第 04E032 号

(7)　谷中・根津・千駄木

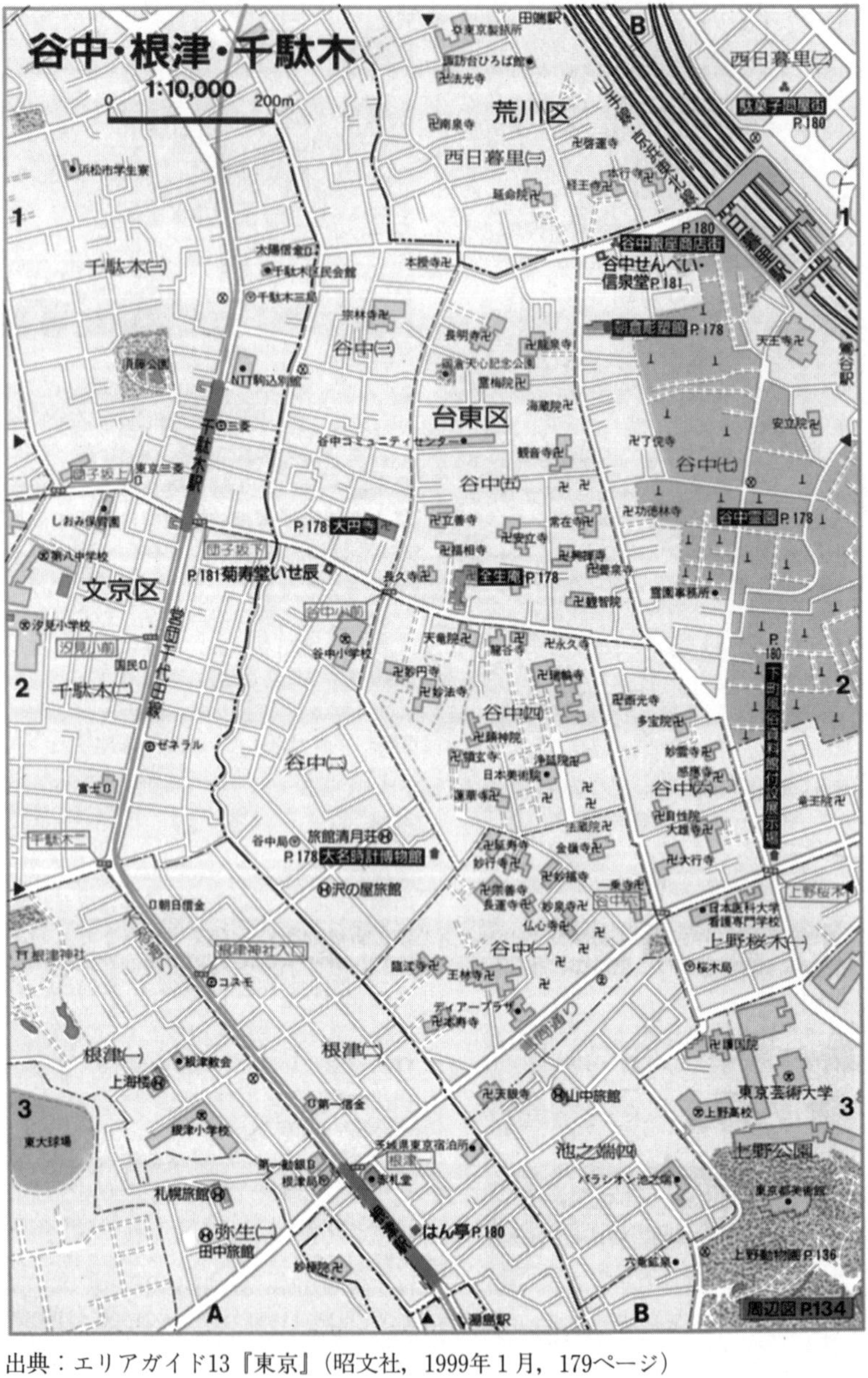

出典：エリアガイド13『東京』(昭文社，1999年１月，179ページ)

(8)　谷中・根津・千駄木　散歩留学実践マップ

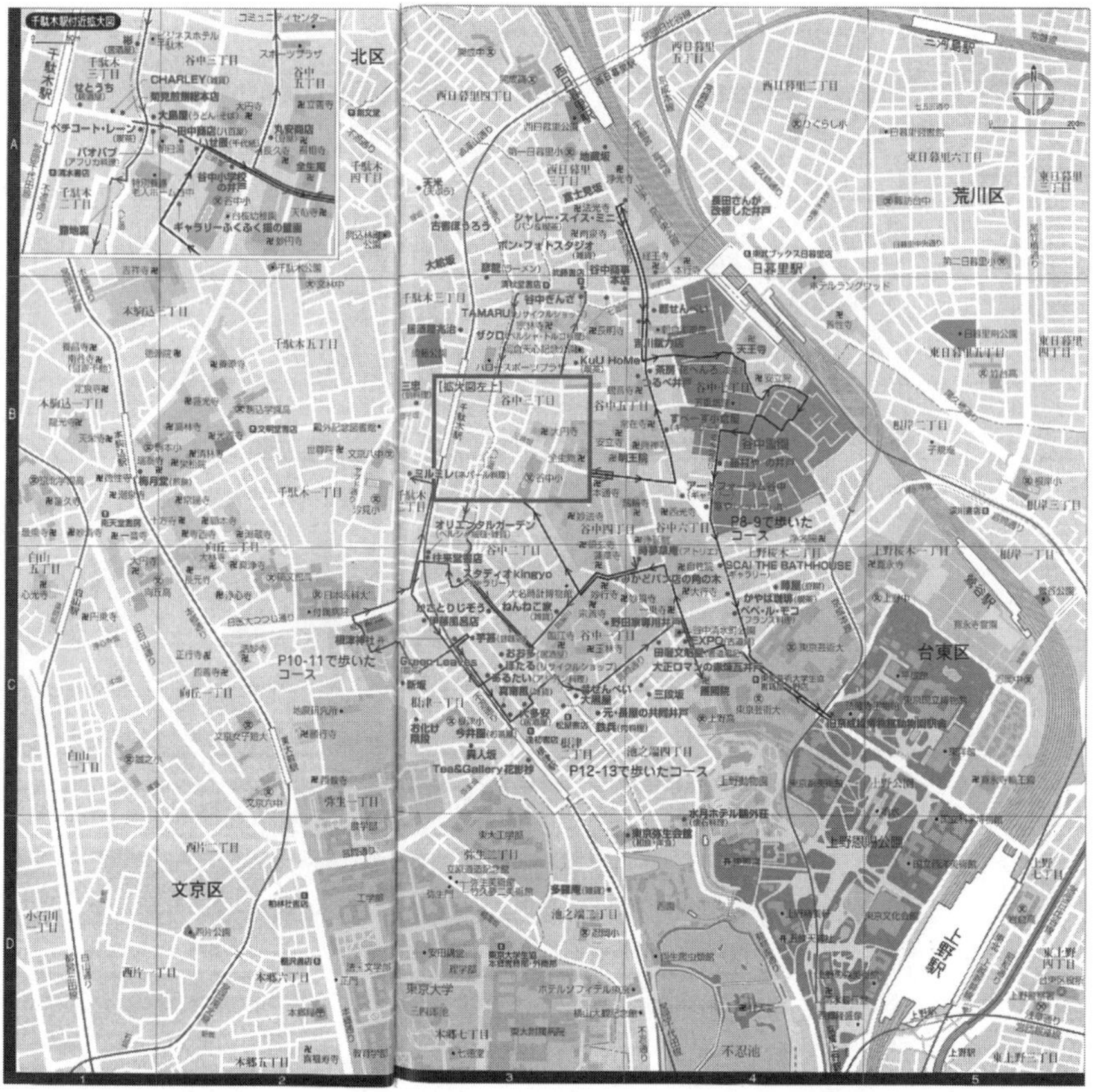

出典：『散歩の達人』（弘済出版社，2001年5月号，38-39ページ，地図制作 ㈱エルフ）

(9)　谷中・根津・千駄木オススメ立ち寄りスポット

出典：『Caz』（扶桑社，2001年５月，66ページ）

⑽　やなかみち――谷根千　下町のお店やさん

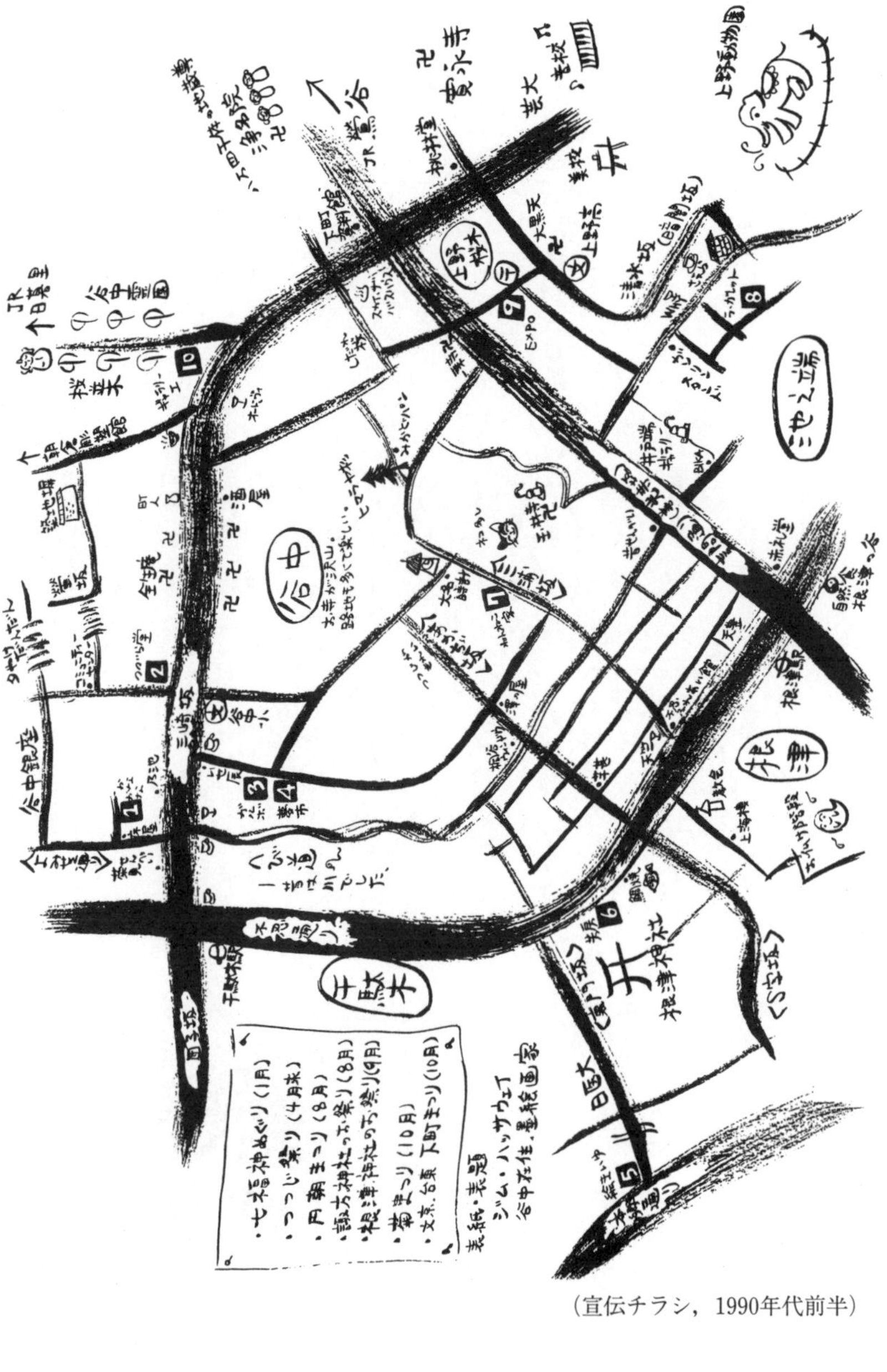

（宣伝チラシ，1990年代前半）

⑾　谷中・根津・千駄木　まっぷ

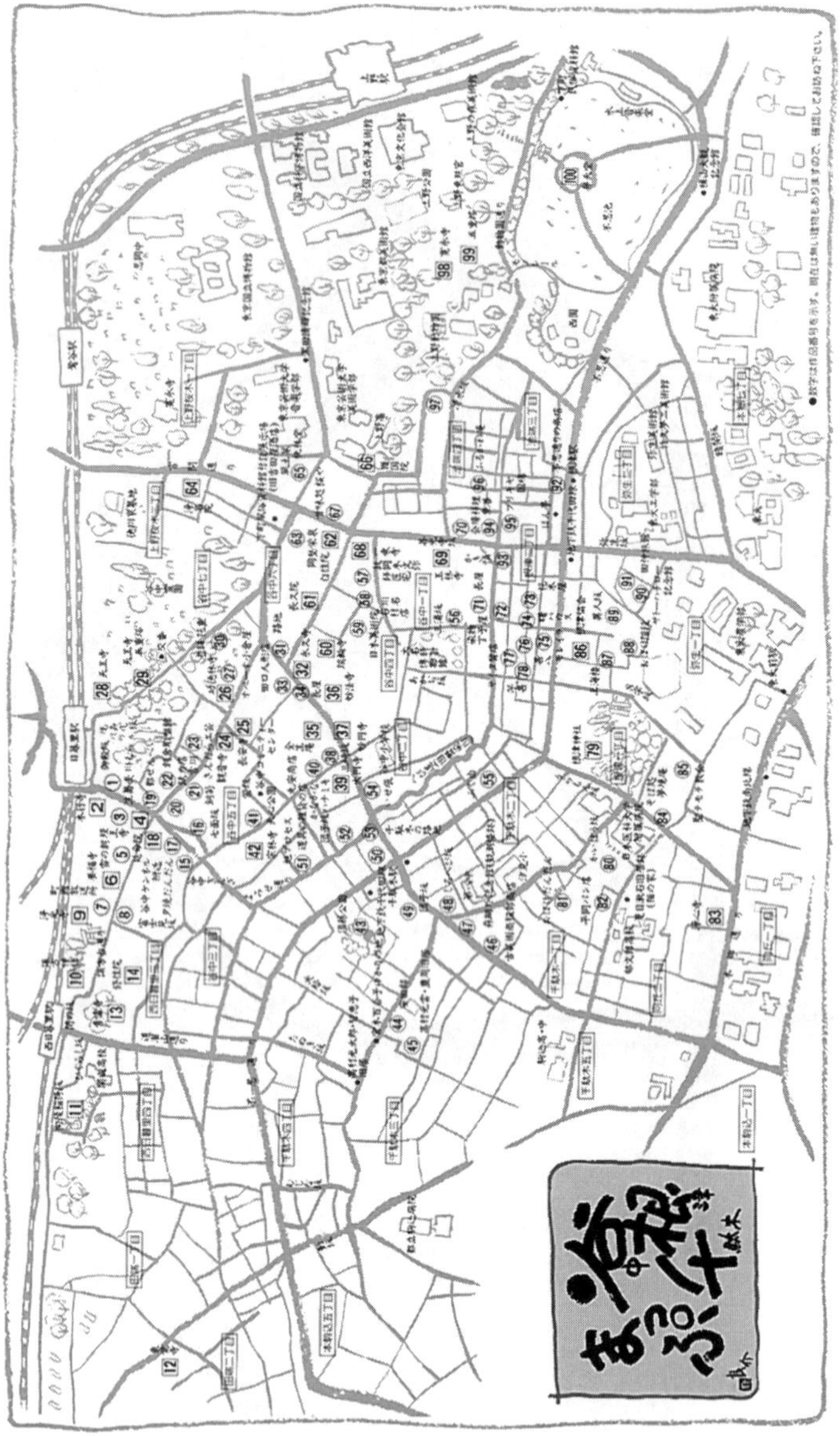

出典：石田良介『谷根千百景』（日貿出版社，1999年７月，8-9ページ）

⑿　谷中・根津・千駄木

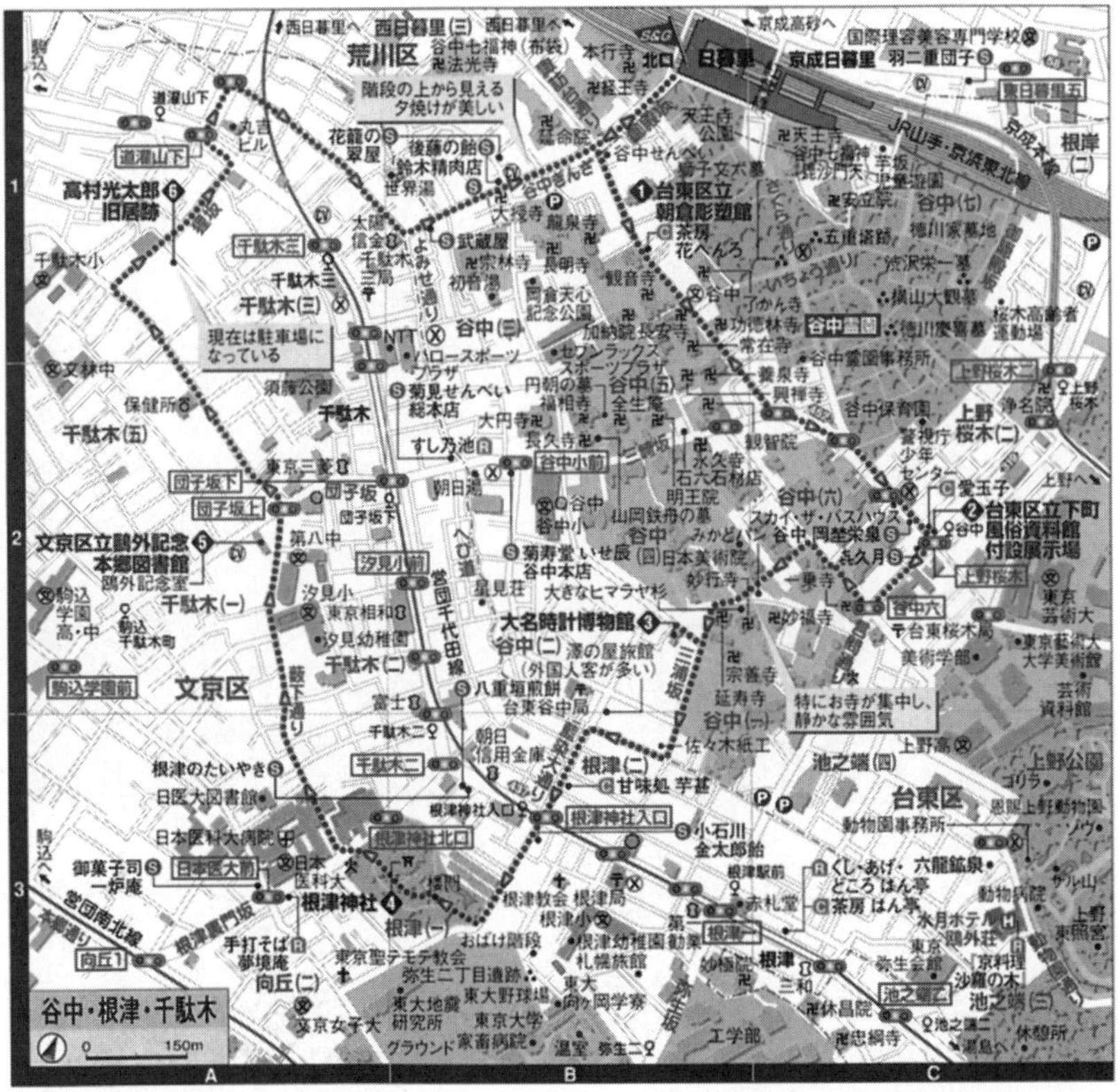

出典：『東京下町を歩こう　るるぶ '01～'02』（るるぶ情報版関東⑧通巻2053号）JTB，2001年７月，93ページ

⒀ それぞれの地図が示す谷根千エリア

(3)′

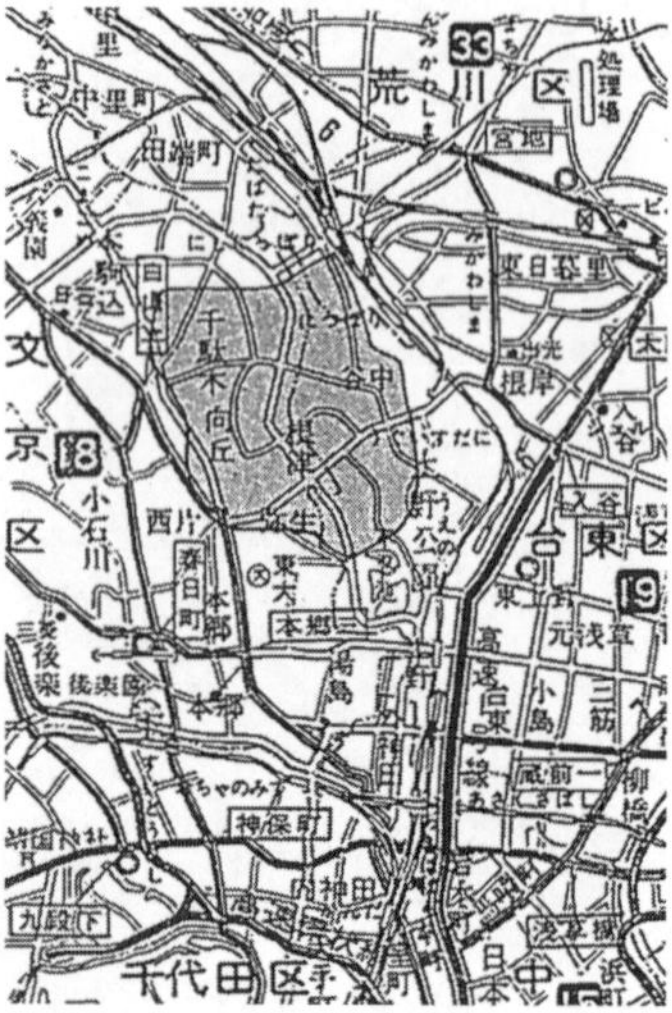

(1)′

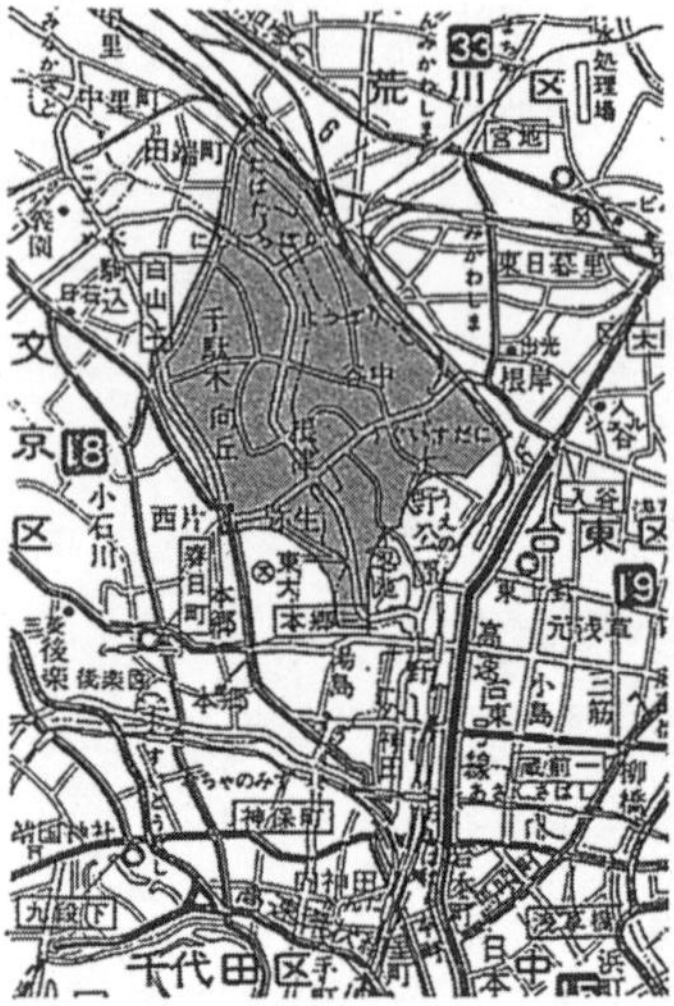

(4)′

(2)′

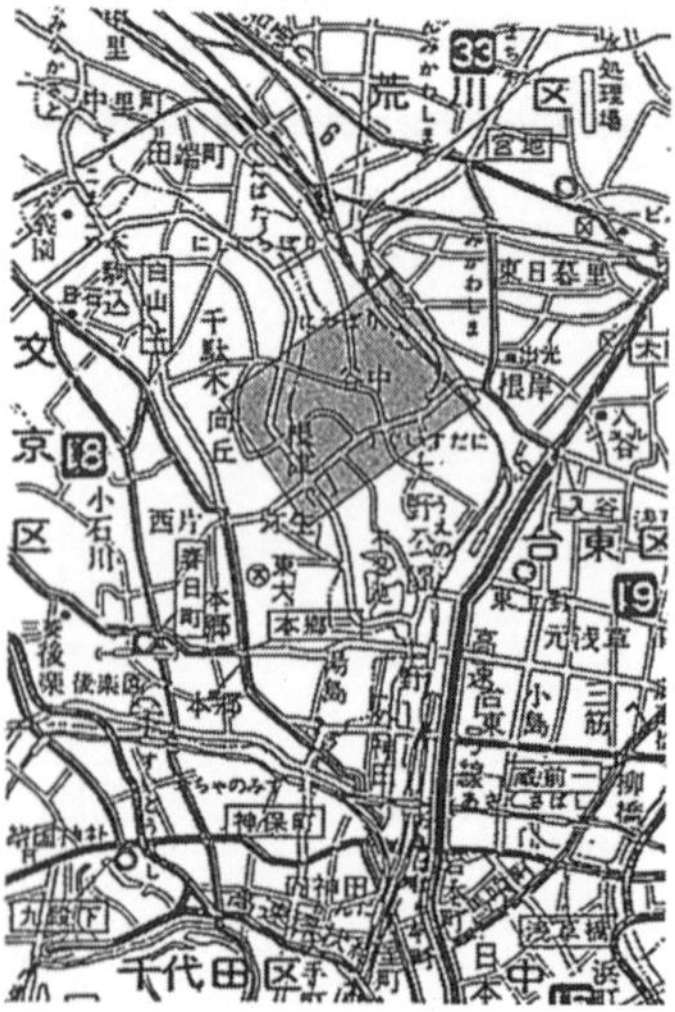

(7)′

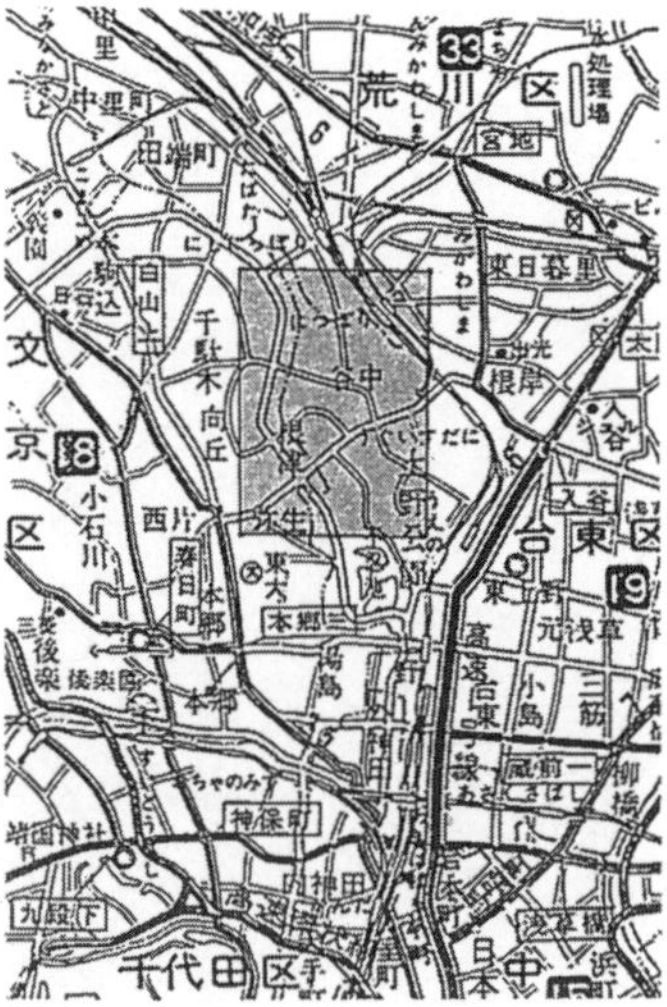
荒
川
区
処理場
宮地
中里町
田端町
駒込
白山上
千駄木
向丘
根津
弥生
東大
本郷
東日暮里
根岸
入谷
台東
文
京
区
小石川
西片
春日町
後楽園
湯島
元浅草
小島
三筋
柳橋
神保町
内神田
九段下
浅草橋
千代田区
日本
中

(5)′

荒
川
区
処理場
宮地
中里町
田端町
駒込
白山上
千駄木
向丘
根津
弥生
東大
本郷
東日暮里
根岸
入谷
台東
文
京
区
小石川
西片
春日町
後楽園
湯島
元浅草
小島
三筋
柳橋
神保町
内神田
九段下
浅草橋
千代田区
日本
中

(8)′

荒
川
区
処理場
宮地
中里町
田端町
駒込
白山上
千駄木
向丘
根津
弥生
東大
本郷
東日暮里
根岸
入谷
台東
文
京
区
小石川
西片
春日町
後楽園
湯島
元浅草
小島
三筋
柳橋
神保町
内神田
九段下
浅草橋
千代田区
日本
中

(6)′

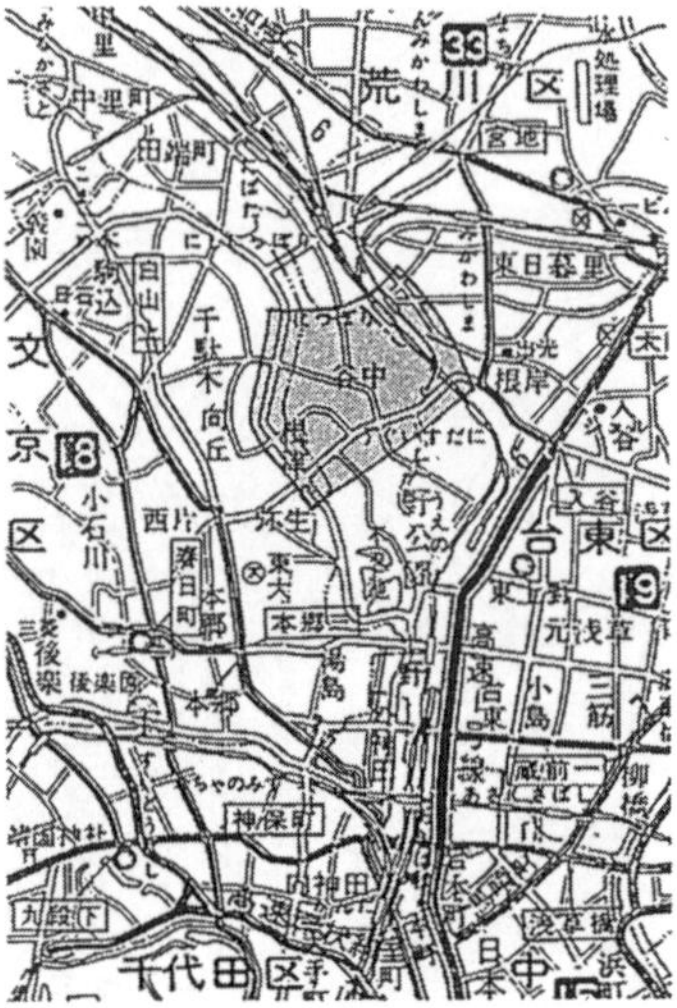
荒
川
区
処理場
宮地
中里町
田端町
駒込
白山上
千駄木
向丘
根津
弥生
東大
本郷
東日暮里
根岸
入谷
台東
文
京
区
小石川
西片
春日町
後楽園
湯島
元浅草
小島
三筋
柳橋
神保町
内神田
九段下
浅草橋
千代田区
日本
中

(11)′

荒川区
東日暮里
根岸
文京区
台東区
千駄木
本郷
神保町
千代田区

(9)′

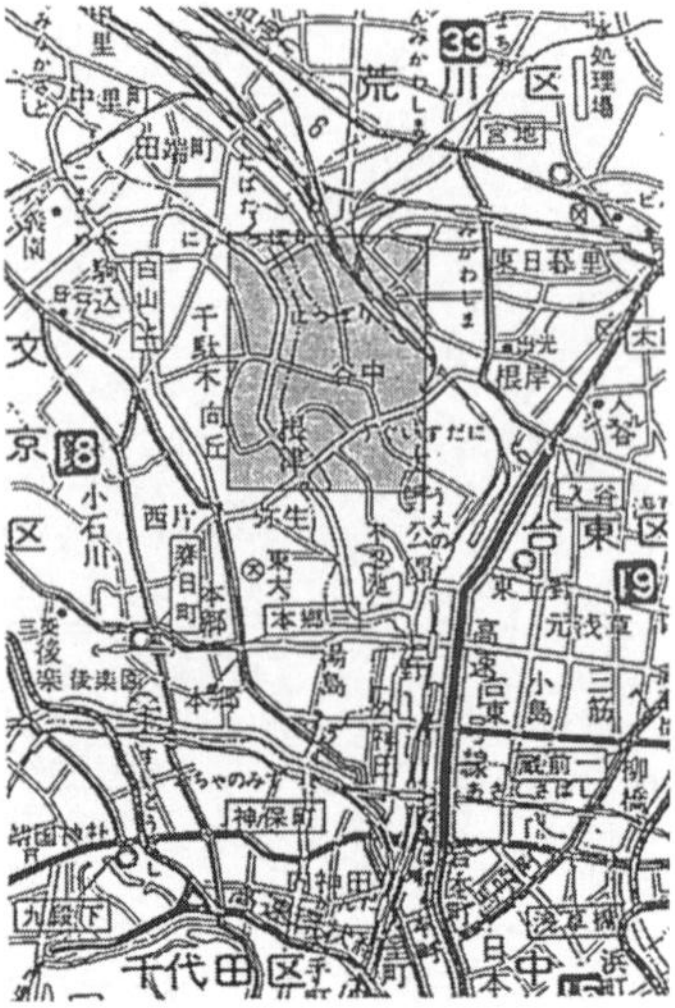
荒川区
東日暮里
根岸
文京区
台東区
千駄木
本郷
神保町
千代田区

(12)′

荒川区
東日暮里
根岸
文京区
台東区
千駄木
本郷
神保町
千代田区

(10)′

荒川区
東日暮里
根岸
文京区
台東区
千駄木
本郷
神保町
千代田区

4．谷根千調査――アンケート用紙と集計結果

アンケートのおねがい
――Questionnaire――

ご協力くださるみなさまへ
Dear Madam or Sir,

私たち、中央大学社会科学研究所、早川チームでは、「地域文化とメディア」についての調査をしています。つきましては、以下のアンケートにご協力いただきたくおねがい申し上げます。なお、プライバシー保護に関しましては、十分な配慮をこころがけますので、なにとぞよろしくおねがいいたします。

We are the researchers of the Institute of Social Science of Chuo University, Hayakawa team, and we would like to ask for your assistance in our investigation. The purpose of this questionnaire is to investigate the relation of regional culture and media. Your response to the questionnaire will be treated confidentially, the results will be used statistically. Your kind consideration and prompt reply will be greatly appreciated.

該当する番号にチェック□、または直接書きこんでください。
Please check □ your present situation or write up this answer sheet.

Ⅰ．性別　your sex
1．□ 男 male　2．□ 女 female

Ⅱ．年齢　your age
1．□ −9　2．□ 10-19　3．□ 20-29　4．□ 30-39　5．□ 40-49
6．□ 50-59　7．□ 60-69　8．□ 70-79　9．□ 80-89　10．□ 90−

Ⅲ．お住まいになっているところ　your residential place
【＿＿＿＿都道府県 prefecture ＿＿＿＿，＿＿＿＿区市町村 ward, city, village】

Ⅳ．ご職業　your occupation
【＿＿＿＿＿＿＿＿＿＿＿＿＿＿＿＿】

Ⅴ．言語　your language　**（普段お使いになっている言語** the language you usually use)
1．□ 日本語 Japanese　2．□ 英語 English　3．□ 韓国語 Korean
4．□ 中国語 Chinese　5．□ ドイツ語 Germany　6．□ フランス語 French
7．□ スペイン語　8．□ その他 Other →【＿＿＿＿＿＿】

Ⅵ.-1）「谷根千（やねせん）」という言葉を見たり聞いたりしたことがありますか？ Have you ever seen or heard the word "YaNeSen"?
1．□ はい yes
2．□ いいえ no → **質問Ⅶへ** go to **Ⅶ**

Ⅵ.-2）「谷根千」とは何をさしていますか？ What does "YaNeSen" indicate to?
1．□ 特定のエリア　specific area
2．□ ウェブ・サイトのページの名前　web-site's name
3．□ 雑誌名 magazine's name
4．□ レストラン，お店の名前　name of a restaurant or shop
5．□ 出版社の名前　name of the publisher
6．□ 文化活動団体の名称　name of a group of cultural activities
7．□ 地域のお祭りやイベントの名称　name of a regional festival or event
8．□ その他　other【＿＿＿＿＿＿＿＿＿＿＿＿】
9．□ わからない　don't know　→ **質問Ⅶへ**　go to **Ⅶ**

Ⅵ.-3）どこで「谷根千」の意味を知りましたか？ How did you know that meaning?
1．□ 井戸端会議　chatting with neighbors
2．□ 新聞　news paper
3．□ テレビ番組　T.V. program
＊覚えていたら If you remember.
【番組名　the program's name：＿＿＿＿＿＿＿＿＿＿】
4．□ 雑誌　regional magazine
＊覚えていたら If you remember.
【雑誌の名前 the magazine's name：＿＿＿＿＿＿＿＿＿＿】
5．□ インターネット　internet
＊覚えていたら If you remember.
【サイトの名前　the home-page's name：＿＿＿＿＿＿＿＿＿＿】
6．□ その他　other【＿＿＿＿＿＿＿＿＿＿＿＿】

Ⅶ．「谷根千（やねせん）」について、あなたはどのようなイメージをお持ちですか？ご自由にお書きください。なお、日本語での回答が難しい方は、英語、フランス語、ドイツ語、スペイン語、韓国語、中国語で書いていただいても結構です。
Let us know what is your image of "YaNeSen" or "谷根千". French, Germany, Spanish, Korean and Chinese are also available, if it is hard for you to write in Japanese.

ご多忙のなかアンケートへのご協力ありがとうございました。なにかご質問などがあれば、以下までご連絡ください。
Thank you for your time. If you have any question, write to us by E-mail or normal mail.
e-mail　t9421004@grad.tamacc.chuo-u.ac.jp
mail　〒192-0393 東京都八王子市東中野742−1 (Tokyo-to Hachioji-shi Higashinakano)
中央大学大学社会科学研究所 早川チーム（Chuo University, Institute of Social Sciences, Hayakawa team）
調査担当：岡村　(K. Okamura)　Rm.3419

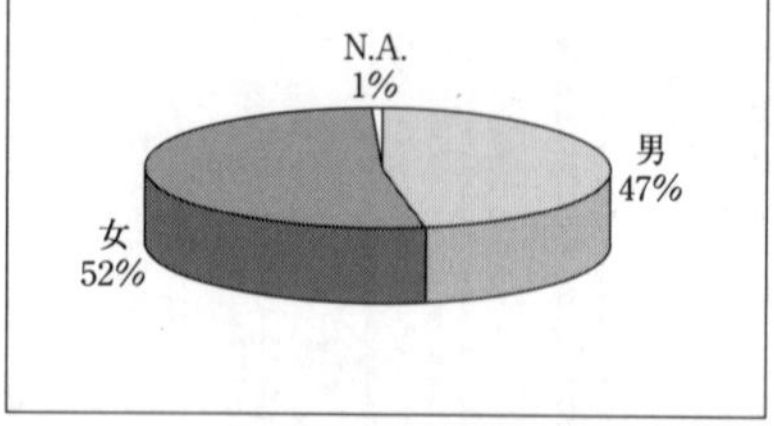

Ⅰ　性別

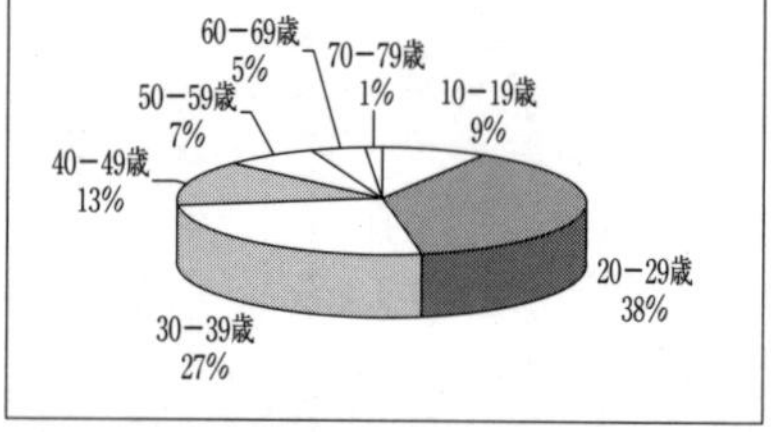

Ⅱ　年齢

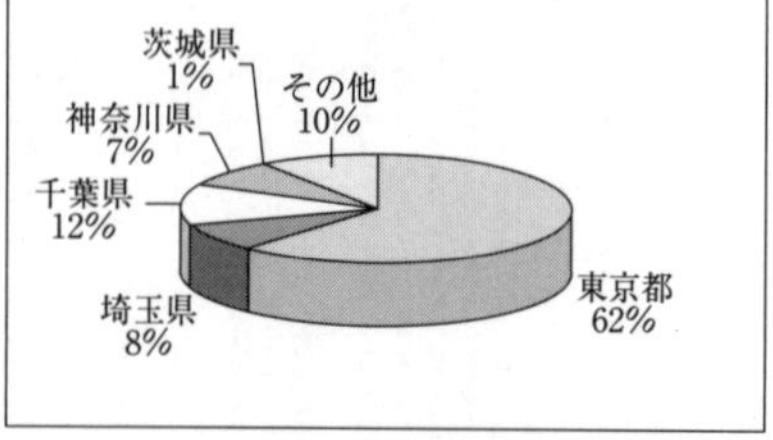

Ⅲ　居住地

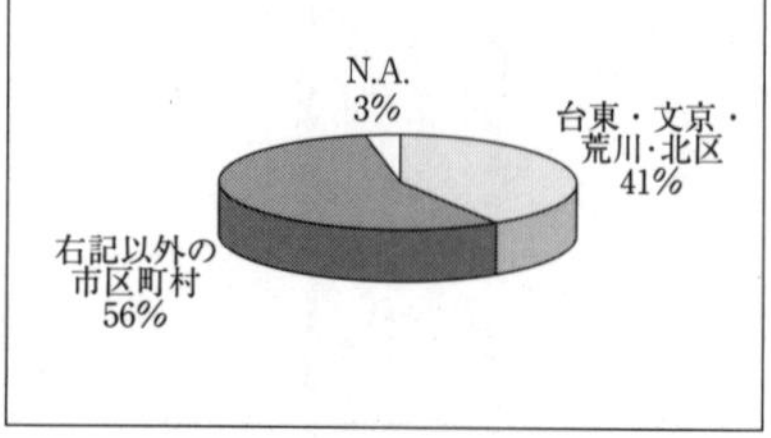

Ⅲで東京都と答えた方の居住市町村

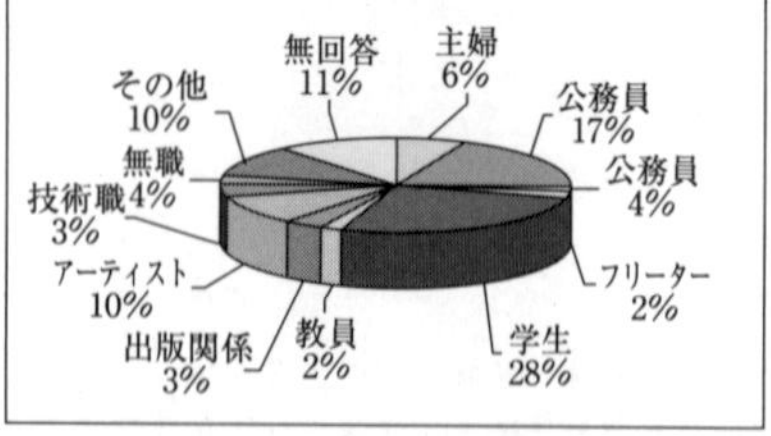

Ⅳ　職業

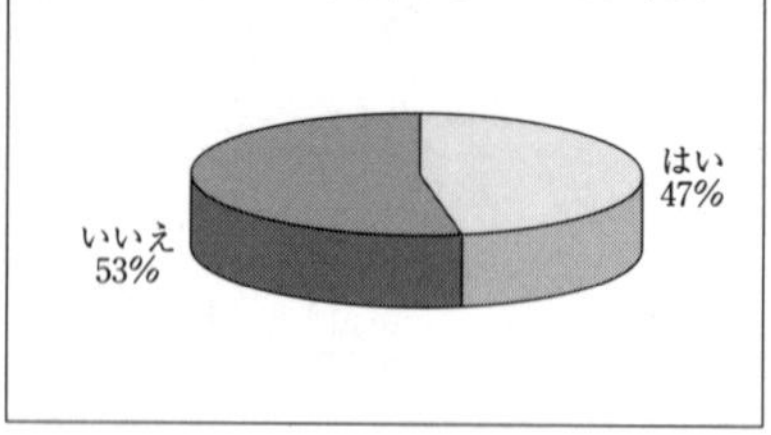

Ⅵ－2　谷根干という言葉をきいたことがあるか

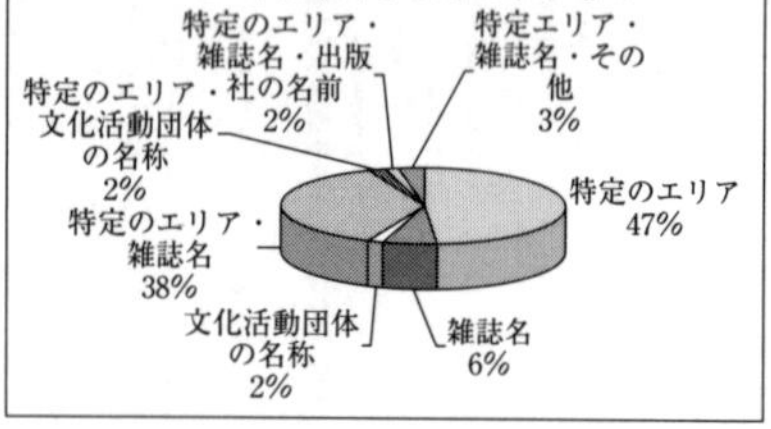

Ⅵ－2　「谷根干」の指し示すもの

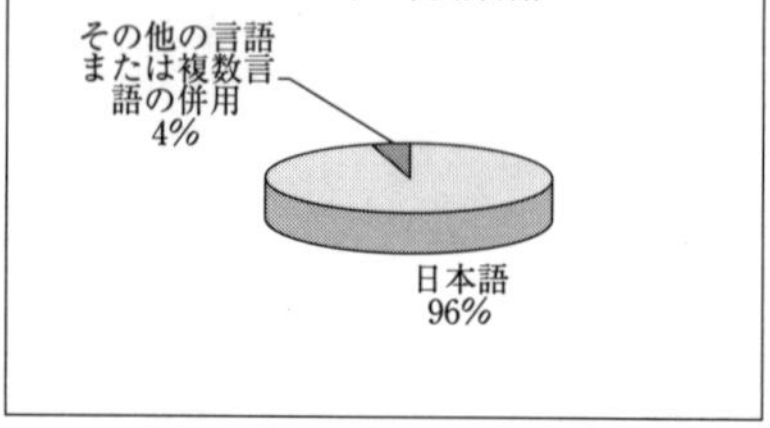

Ⅴ　日常の使用言語

第七章　メディア・ローカリズムの可能性

林　茂　樹

はじめに

近年の放送・通信領域におけるデジタル化は、凄まじい勢いで進行している。技術の進展はいうまでもなく、その普及も早い。いわゆる「放送と通信の融合」も現実のものとなり、それらの区別さえ意味をなくそうとしている。むしろ関連する法的整備が遅れているために、さまざまな混乱や束縛に惑わされているといえなくもない。

同時に、デジタル化は世界的な趨勢を占め、インターネットや通信衛星でその本領を発揮し、情報の網がまさにグローバルに覆っている。しかし、日本におけるデジタル化の波は、一方でグローバルな標準化を指向しつつ、他方で日本独自の展開を推し進めている。日本が国際競争の覇者になろうとしている部分も否定できないが、この国の歴史的過程の所産として独自の方法や政策や現実がある。それは、あまりにも中央集権的なイデオロギーが数百年にわたり継承されてきたための所産でもある。伝統的なマスメディアである新聞を代表とする印刷メディアのみならず、電子系メディアにおいてもそのイデオロギーは多くを引き継いでいる。強固な官僚制による中央集権制は、時代状況が大きく変化してきたこととは対象的に変化のきざしすらみることがむずかしい。

メディア制度における前記のような趨勢に対して、これまた歴史的にみてもこの趨勢に逆らう動きがメディア史上無かったわけではない。むしろ、多くのメディアには発足時に中央とは無関係に地方や地域に独自な構成をそなえ組織を立ち上げ、当該地域に貢献した事例がある（後述）。

第二次世界大戦後、しばしば「地方の時代」とか「地域の復権」という言説が叫ばれたが、中央の官僚に圧しきられたりその主張が骨抜きにされた事例は少なくない。しかし、近年、いくつかの地方メディアから地方＝地域の再認識と、地方発の情報提供を積極的に推進し中央に収斂されることなく、同時に地方は地方同士の連携を図ろうという新しいローカリズム（ニューローカリズム）とでもよべるメディアのローカリズム志向の動きが大きなうねりをつくりつつある。

本論は、そのことに注目し、併せてその可能性をさぐる意味からとくにＣＡＴＶを中心に歴史的展開と代表的事例を交えて考察を試みたい。

第一節　地域メディアの史的構造

歴史的にみてこの国の中央集権体制は、近世以来特に幕藩体制を経て政治・経済・文化の諸側面で貫徹している。見方を変えれば、四〇〇年以上続いた近世以来の日本的官僚制が近・現代社会の構造や制度の範となっている。しかし、幕藩体制には、各藩の相対的独自性や独立性も存在し、常に中央を意識したり中央に倣うことが全ての面で当然視されているわけではなかった。民俗学者柳田国男は、同郷人による地方研究の急務なることを力説するなかで全国の「常民」の生活を丹念に記録しつつ、地方文化や生活習慣の違いが小さな島国のなかで多様であることを実証した。(1)柳田も述べているように、明治二〇年代までは地方の生活の独自性と、いわゆる「局地的小宇宙」とでもよびうる地域性が顕著にみられた。しかし、自然条件（地理的、気候的など）に規制された各地域の独自性は近代化とともに急速に崩壊した。中央政府による初期の近代化政策は、「富国強兵」「殖産興業」のスローガンによって交通と情報手段の装備により東京から地方への従属関係を決定的なものとし、地域（地方）社会の独自性も小宇宙も消失していった。したがって、日本の近代化は中央から始まった。中央政府が中央から役人＝官僚を地方に派遣し、彼らが先頭にたって国全体の近代化を促した。そのため地方の政庁は中央政府に従属していたから地方政府とはいわれなかった。かくして「お上」の政治は、中央集権的に地方に浸透し、同時に下への浸透を促したのは、中央へのつながりを求めて運動する天下に志ある有志家であったし、この過程が特に政治的観念をつくりあげるのに役立ったのである。「都にのぼり成功して故郷に錦を飾る」いわゆる「出世主義」は、あらゆる領域にわたって目標とされた。

ここに中央と地方との関係が明確に主従関係として築き上げられるが、その点について指摘した神島二郎の以下の主張は重要である。(2)

もし近代化が地方分権的にすすめられたなら、地方社会はそれ自身によって近代化しなければならない。そのばあい、地方の政治は、住民の衣食住と結びつく問題……住民一人ひとりの問題であるけれども、個人では解決できない問題をとりあつかわざるをえないはずであるから、それとおなじく、中央の政治は地方の政治では解決できない問題をとりあつかうことになるはずである。つまり、政治は住民の生活とむすびつきながら、地方から中央へとつみあげられる。そこでは、政治のモデルが身近の地方にあるから、天下国家主義とはまったくちがった政治の観念がうみだされるはずである。……近代の日本においては、国家と個人とがあるだけで、これらを結びつける中間項としての地方的社会がない。

前記のような、この国の中央と地方との関係における史的構造の概要を述べたが、このことを下敷きにして、メディアに目を転ずれば、ほぼ同じような史的展開と構造がみいだせる。マスメディアとして最も古くから定着した新聞についてみれば、それは、江戸時代末期にあらわれ、明治にはいって政論新聞として発達し、やがて大衆新聞として普及する小（こ）新聞が政論新聞（大〈おお〉新聞）に代わって勢力を増し、営利主義に基づく発達をとげ今日に至っている、という概史がえがかれる。

この過程で、明治新政府以来、メディアの中央集権体制を確立する一連のメディア政策が新聞においても貫徹されたのであった。しかし、新聞の生成期において、政論紙や政党紙が全国で発行され自由民権運動にむけピークに達するころ、藩政の流れは依然として強く、各地域における新聞はそれぞれに独自性と独立した主張が存在していた。だが、政党政治が定着していく過程で、与党系の新聞には政府は援助の手をさしのべるが、野党系には厳しい統制や弾圧がくわえられた。すなわち、御用新聞の保護と育成ははかるが民衆による下からの情報活動を抑えるためにさまざまな法令を公布した。たとえば一八七五（明治八）年の新聞紙条例や讒謗律によって多くの新聞や雑誌が発禁処分になり、言論人が多数拘禁された。

日本では、西欧の近代化とは異なり後進性ゆえのメディア発展の特異性となって、日本的なメディア環境をつくりだした。同時に、強権性ゆえにメディアは政治権力に妥協し、統制されたなかで発達したのである。日清・日露戦争から二つの世界大戦を経て今日まで、政府のメディア政策は言論・思想の市場を国家体制のなかに組み込み、他方で経済的には資本主義経済体制の確立から高度化に至るまで、営利本位の商業新聞を全国に一様な性格のメディアとして育成してきた。文化的には、明治初頭から義務教育を普及させ、国民の知的欲求を高めつつ立身出世志向とからめながら、社会各層の平準化を促進させた。これらの傾向を促進したメディアとして「高級紙的大衆紙」といわれる日本的新聞が今日に至っている。しかも、こうした新聞が全国的（＝中央集権的）新聞となって、その形成過程をみることができる。

明治新政府から第二次世界大戦終結までのメディア政策は、集権体制の確立と維持のために一方で地方新聞の保護と奨励を、他方でそれに見合う一連の言論統制を巧みに使い分けた。そうすることで政府広報の役割を新聞メディアに託したのである。保護と奨励を表面的に受けた地方新聞は、旧藩を基盤とする政治運動が明治一〇年代から拡大する自由民権運動の全国的展開に波及し、同運動が全国に一〇〇を越える地方民権政社を設立するなかで、民権運動の組織媒体と民権思想の普及媒体としての役割をになった。その意味から、地方における政治運動と地方新聞との相関は密接であった。そして多くの地方新聞は、政府の弾圧をくぐりぬけて生き残ったのが政友会や民政党といった保守政党の系列下であったため、体制迎合的な新聞であった。それゆえ、地方新聞は一部の反体制的機関紙メディアを除いてほとんどが国家と地方民衆との間にあって、体制順応のメディアとして機能していた。

一九三八（昭和一三）年、政府は戦時体制にむけての資源節約を名目に、新聞用紙の供給制限令を公布し、一九四〇年には新聞紙法によって新聞と雑誌の創刊を禁止し、同時に出版法による営利雑誌の発刊も原則禁止とした。さらに一九四二年、政府は新聞統合の大綱を閣議で決定し東京は五紙、大阪は三紙、その他の府県は一紙という強権的な新聞統合政策を行った。その結果、全国の一般地方紙は五四紙になった。そして地方紙の一県一紙体制をより強化するために政府は、社団法人日本新聞公社を発足させるとともに新聞非常措置要綱の実施によって中央紙と地方紙の「持分合同」と共同印刷を指令した。これら一連のメディア政策によって、日本のメディア環境は徹底的に政府の管理と統制下におかれた。

第二次大戦後、米国の占領軍の民主化政策によって戦前のメディア法規は撤廃されたし、当初地方紙の育成策をとったにもかかわらず、地方紙は戦前の統制以前の状態にもどったわけではなかった。新聞統制と持分合同によって全国紙の力はますます強大化し、逆に地方紙は一層きびしい経営環境におかれ、そうした状況は今日まで引き継がれている。

他方、マスメディアとしての放送に対する政府政策は、許認可事業であることから中央集権体制化は当初から印刷メディア以上に徹底していた。戦後、NHKは国営放送から公共放送になり商業放送（民放）との併存体制を構築したものの、民放のネットワーク化は一九六〇年代以降急速に進行し、中央キー局の支配力がいっそう強化されていき、ローカル局の独自性はわずかな自主制作番組とローカル・コマーシャルのみという実態である。

民衆の生活拠点をカバーしている地域メディアは、新聞であれ放送であれ当該市民や住民の課題を無視したり軽視することがあってはならないはずである。ローカルな視点にたったメディアが当該地域社会に溶け込んで行ったとき新しいメディア・ローカリズム（第四節参照）の真価が発揮されるのではなかろうか。

第二節　CATV五〇年の軌跡

新聞、出版、放送といったマスメディアが歴史的な過程で、少数の例外を除いて東京一極集中の度合いを強め今日に至っているが、そのことは、近代化の過程で政治、経済を中心にそのレールが前もって敷かれたということがいえる。政治機構や経済機構が巨大化すれば、組織の運営は官僚制化し合理化と利潤追求の効率化も資本主義制においては必然の論理ともいえよう。このことから、さまざまな格差や疎外の現象が起きていることは、多くの指摘をまつまでもない。

戦後、テレビが発足した当初は、大都市圏以外はほとんど視聴ができなかった。ＮＨＫも民放もローカル局をつぎつぎに造っていったが、あまねく日本列島をカバーすることができず、まして山間僻地や離島では電波自体が到達しないエリアも多々あり、地方の不満と、大都市とりわけ東京に対する羨望がくすぶりつづけた。

テレビが発足して二年後、すなわち一九五五年六月、群馬県伊香保でテレビの共同受信施設、つまり最初のＣＡＴＶが産声をあげた。当地は山間部にある温泉地であり東京の電波を直接受信することができないため、近くの山頂にメインアンテナを建てそこから旅館など四一軒にケーブルを敷き、「テレビが見られる温泉」をキャッチフレーズに観光客を誘った。これをきっかけとして各地の同様な地理的条件をかかえる温泉地などがつぎつぎとＣＡＴＶ施設を立ち上げた。河口湖、下田、塩原などは初期のテレビ共聴施設として名乗りをあげた。当初は同時再送信のためのＣＡＴＶであったが、ケーブルを使用することによって、空きチャンネルを自主制作番組に使用することを導入する施設が登場した。その第一号は岐阜県郡上八幡（一九六三年）のＣＡＴＶ施設であった。

このころから高度経済成長と連動し、東京オリンピック（一九六四年）への期待はテレビ受像機の普及として全国的に増大するが、難視聴問題が続発しケーブルをつかった共聴施設の建設は山間僻地のみならず大都市にもおよんだ。大都市では高層ビルの建設によるビル影障害によるものであった。こうした各地の動向に対してＮＨＫは、共聴施設に施設設置費の一部補助を一九六〇年から行い始めたため、再送信のためのＣＡＴＶが著しく増加した。ＮＨＫのこの助成は、共聴施設建設費の三分の一をＮＨＫが負担するのと引換えに、加入者からＮＨＫ受信料をもれなく徴収することを狙いとしていた。

全国にテレビの共聴施設が普及するなかで、「郡上八幡」を先兵とする自主放送をも行うCATV施設は、前記以外にも兵庫県香住町、和歌山県新宮市、京都府網野町などにも波及していった。これらCATVに自主放送を導入していったパイオニアたちは、当該地域のリーダー的存在であり、地域のあり方についての自主性や独自性をもつべきだという「哲学」や情熱を共通にもった人たちであった。そして、時の経過とともに地方でCATVを立ち上げた施設もリーダーの世代交代があったり、組織や加入者の拡大に伴う企業論理の優先化が図られていく過程で、小規模な施設は消滅したり、自主放送を中止して再送信のみの施設に変わっていくものも少なくなかった。それは、自主制作番組を流しつづけることの人的、経費的困難さや、番組内容の貧弱さと住民からの自主制作番組に対する支持の無さ、さらにNHKはじめ民放のサテライト局の増設や電波事情の改善によるケーブル施設の不要論が出てきたりしたためである。

新しい地域メディアの担い手と目された地方CATVも、いわば素人によって始められたために、自主制作番組もマンネリ化し、地元視聴者も自主放送から遠ざかっていった。送信する側も、内実は地上波テレビの再送信のほうに加入者の関心があると判断したり、当時のCATV法による一地域一施設という規制のために事業としての限界を実感し、事業の中止や廃止をせざるを得ないといった施設も現れた（たとえば郡上八幡や新宮など）。当初の地域メディアとしてのCATVをとおしてローカリズムを確立しようとした人物もエネルギーも過去の存在となりつつあった。

先に示したように、都市部における難視聴問題は、特に大都市において高層ビルが乱立するのにともない、電波障害という新たな問題として顕在化してきた。そのため、被害対策としては建設者責任をたてまえとして、被害地域にはケーブル敷設を保障させた。その結果、「都市型CATV」は加入者を増大させ、経営的にも地方や農村におけるCATVとは規模を異にした。

一方、経済社会の高度成長は、その勢いの衰えぬ一九七〇年代初頭、ＣＡＴＶの新たな展開＝多目的利用をも含めた情報化の高度化が国を中心とした政策として多様な姿を見せはじめた。電々公社（現ＮＴＴ）は、一九七〇年、同軸ケーブルを使ってＣＡＴＶ方式による通信の実用化試験を開始したことより始まり、高度情報化に向けての一連の計画を実施していった。三重県鈴鹿市の公社構内の実験を成功させ、同年、二〇年後における「総合通信網」の構想を発表した。それは、「共通の通信網によって電送され、経済社会活動の根幹となるような公共的サービス（データ通信サービス、映像通信サービス、など）は公社が主体となって統合的に運営する」という構想で、将来は公社が「コモンキャリア」として「映像通信サービス」のみならず、あらゆる通信に共用されるネットワークに発展させ、「新映像通信システム」がＣＡＴＶのもつ広帯域通信の可能性を予言するものであった。この構想は、同時に全国情報化（ネットワーク化）構想であり、当時のＣＡＴＶ法から逸脱した内容が計画されていた。

この公社の構想は、当時の郵政省の政策を具体的に顕在化させたものであり、未来産業の夢をもつＣＡＴＶに対して、各省庁は熱いまなざしをむけ、多様な政策をそれぞれが展開させた。

一九八〇年代に入ると全ての省庁が参画していったといってよいほど、情報化政策を具体化させたが、それらの先鞭をつけたいくつかの政策をここでは振り返っておきたい。まず、文部省は、一九七一年、千葉県館山市の教育有線テレビの建設費に五〇〇〇万円の補助費を出し、「教育放送センター」（市の教育委員会）による同軸ケーブルシステムを翌年に完成させ、同市内の公立学校、保育園、公民館とセンターとをケーブルで結び、空きチャンネルを使って学校教育番組や社会教育番組を伝送した。

また、通産省が一九七一年度に「映像情報システム」の実験タウン構想を明らかにしたことも契機となり、郵政省や農林省などもＣＡＴＶの立ち上げに名乗りをあげた。通産省の構想では、映像社会のメディアとして多目的利用の

ＣＡＴＶを目指したプランニングであり、具体的なワイヤードシティを完成しようというものであった。一九七二年五月、「財団法人映像情報システム開発協会」を設立し、電気機器メーカー、電線メーカー、ビデオソフト業界、マスコミ業界など関連事業の参加のもとに広帯域通信網構想の実現に歩を進めた。そして同協会は、奈良県東生駒の近鉄不動産団地を実験場として一九七八年八月から光ファイバーを伝送媒体として双方向通信の実験を開始した。この実験が通称「Ｈｉ－ＯＶＩＳ」（Highly Interactive Optical Visual Information System）といわれ、その意義と目的は、①新たなコミュニティの形成、②情報選択における主体性の確立、③生涯教育への寄与、④地域福祉社会の形成、⑤光ファイバーケーブルの実用化をあげている。

こうした通産省のＣＡＴＶ構想は、「生活の情報化」を目指すというものの主目的はＣＡＴＶ機器メーカーなど情報産業の振興・育成にあった。

これに対して郵政省は、ＣＡＴＶの主官庁という自負があるため、他の省庁に先を越されないようプランづくりを行っていた。一九七一年七月、『通信行政の展望』を発表し、そのなかでＣＡＴＶは、地域社会の情報提供手段として位置づけ、国や地方公共団体の補助育成をうたっている。そして、一九七一年九月、「ＣＣＩＳ（同軸ケーブル情報システム）調査会」をＮＨＫ、民放連、電電公社、新聞協会、電力会社、関連機器メーカーなどの関係者と学識経験者で構成し、双方向通信の技術開発の可能性とそのコスト面での問題点やＣＡＴＶ施設のＣＣＩＳとしての多角的利用様態とそのサービス価値などについて検討された。また、通産省と郵政省が共同で一九七六年一月から「（財）生活映像情報システム開発協会」を立ち上げ、多摩ニュータウンの永山地区で三年間の実験を開始した。この実験は、「多摩ニュータウンにおける生活情報システムをパイロット施設として運用し、その社会的ニーズ、経済的可能性等を解明するとともに生活情報システムの一層の理解を図る」という目的で進められ、実験の対象となる情報サービスはテレビ再送信、自主放送、自動反復サービス、そして特別の付加価値や受信端末を使用するファクシミリ新聞、リクエスト静止画サービスなど多様な実験が行われた。

他方、農林省では、一九七三年度から農業振興地域を対象として、農業の近代化と生活環境の整備を一体的に実施するための「農村総合整備モデル事業」が創設され、その一環としての情報化についてＭＰＩＳ（Multi Purpose Information System）＝農村多元情報システムを補助対象事業として、当初、徳島県大俣農協と岐阜県国府町から始め、数地区にモデル地区を設定し、ＣＡＴＶを核にした地域情報化事業が行われた。本事業は、現在一〇〇を越える施設が稼働している。ＭＰＩＳの目的は、農山村地域における生産と生活のための自主的な映像情報の提供を重視し、そのことによって生産の安定確保、地域住民の福祉向上、地域連帯感の醸成といったことに活用しようとするものである。

以上、一九七〇年代初頭の代表的な国の地域情報化政策を述べたが、その後一九八〇年代以降も各省庁が競うようにさまざまな政策が展開された。いずれも国の官主導であることが、必ずしも地域や地域住民の思惑や期待を反映するものではないことと、補助金行政の無責任さや中央集権的な行政施策は、地域の主体性からは程遠い実態がいくつかの事例によって示されている(3)。

第三節　ＣＡＴＶをとりまく新たな動き

一九九三（平成五）年一二月以来、ＣＡＴＶが地域における中核的情報通信基盤として国とくに郵政省が位置づけて以来、ＣＡＴＶをとりまく新たな動向がみられるようになった。それは、いわゆる規制緩和によるさまざまな制度改革によるところ大である。

後述するように、規制緩和によってCATVの制度・構造・組織・運営・ソフトにおける大きな変容は、同時にCATVの大きな変容期を迎えたと位置づけられよう。それは、郵政省（現総務省）がCATVによる広域にわたるサービスの展開やフルサービスの提供を可能にし、新たなビジネスの展開を容易にしようとするのが狙いであるからである。その主要な根拠を以下に述べておきたい。

①有線テレビジョン放送事業の地元事業者要件の廃止とサービス区域制限の緩和（一九九三年一二月）

それまでは、CATV事業を行う場合には、地元に活動基盤をもつ事業者に限定されていたが、広域的な事業の展開を促進するために、この地元事業者要件が撤廃された。同時に、CATVのサービスエリアが従来、行政単位（市区町村）内であったものが、複数の市町村等にまたがった事業展開を可能とする規制緩和が執り行われた。

これらの措置によって、だれでもどのエリアにおいてもCATV事業が展開できることとなり、結果として外資や大資本が参加をし、都市を中心とした広域エリアをサービスの対象とする事業体が進出することとなった。このことによって、CATVのローカリズム性も弱体化し、内外の経済力のあるものにその主導権が移行し、地域を越え、国を越えて事業展開を行うCATV事業体が勢力を増すこととなった。

②有線テレビジョン放送施設の設置許可等の申請書およびその手続き等の簡素化（一九九三年一二月、一九九四年一二月、一九九八年四月）

CATV事業の立ち上げに関わる手続きは、当初から非常に面倒なものであり、多くの苦情が寄せられていたが、数次にわたりその簡素化がなされ、手続きのスピードアップが図られた。そして、審査基準の明確化を図ると同時に、標準処理期間設定と短縮化が進むことにより、効率的な事業の立ち上げが可能となった。これらの問題は、行政側の対応如何の問題であり、CATVの国際競争力を勘案すれば、より簡素でスピーディに処理しなければ、外国勢力に負けてしまうという危機感が醸成されたものと思われる。事実、韓国にみられるように、CATVの普及がまたたくまに日本を追い越したということからも立証されよう。

③複数事業計画者間における一本化調整指導の廃止（一九九四年九月）

従来、同一の行政区域において複数の免許申請者が施設設置申請を行っても、一本化するための行政指導が行われてきた。しかし、この制度についても廃止されたため、同一地域における複数の事業者が事業を展開することが可能となった。いわゆる「一地域一事業者」という建前がくずれたわけで、CATV事業が同一地域で競合することを認めるとともに、弱肉強食の世界がここでも発揮されるわけだ。結果は明らかなように、経営的に強いものが勝ち残ることとなり、当初、CATVの目的とされた「地域密着」とか「地域への貢献」という理念は遠ざかざるを得ないという傾向が顕著となった。

④外資規制の緩和と撤廃（一九九九年六月）

外資規制と外国人役員規制については、段階的にゆるめていったが、これら両規制が撤廃された。このことによって、第一種電気通信事業を併せて行うCATV事業に対する外国の資本や事業体の進出が顕著となった。

以上、法的、制度的なCATV事業に対する規制が大幅に緩和されたことによって、CATVはいやがうえにも様変わりせざるを得ないことと、既存の事業（体）に対する外圧は決してゆるやかなものではないという状況が明らかになってきたのである。これら規制緩和は、前の四点だけではなく、技術や機器利用についての規制も緩和されたのである（表7－1参照）。

CATVに対する法制度面での規制緩和が進行するなかで、電子メディアのデジタル化も目を見張る勢いで進み、

表７－１　進むケーブルテレビの規制緩和

1993年12月	外資規制の緩和・撤廃	外資規制について５分の１未満から、３分の１未満に緩和、1999年６月に撤廃
1993年12月	地元事業者要件の廃止	有線テレビジョン放送施設の設置許可にあたり、当該施設を設置しようとする者に対し、当該施設が設置される区域に活動の基盤を有することを求めていた制度を廃止
1993年12月	サービス区域制限の緩和	サービス区域を市町村単位とする一行政区域制限を撤廃
1994年９月	複数事業計画者間における一本化調整指導の廃止	競合により、事業化が進んでいない地域の事業化の推進
1993年12月～1994年12月	有線テレビジョン放送施設の設置許可等の申請書等の簡素化	設置許可等の申請書の添付書類の大幅な簡素化を実施
1997年12月	複数ケーブルテレビ事業者間のヘッドエンドの共用化	ケーブルテレビ事業者が効率的にデジタル化投資を行えるようにし、デジタル化を促進する観点から、ヘッドエンド設備を複数の事業者で共用することを認める
1998年６月	電気通信事業者の加入者系光ファイバー網の利用	公正有効競争の確保を前提に、ケーブルテレビ事業者が電気通信事業者が敷設した加入者系光ファイバー網の利用を可能
1998年９月	ケーブルテレビ加入者網における無線システムの実用化	ケーブルテレビ局のネットワーク構築の補完的な手段として、基地局から各加入者宅までの伝送に無線システムを利用することを認める

出典：西正・野村敦子『ケーブルテレビのすべて』2002年，東洋経済新報社，49ページ。

通信と放送の伝送路の融合の進展に対応し、ＣＳデジタル放送およびＣＡＴＶの設備利用の規制緩和を行うために、電気通信役務を利用して放送を行うことを制度として認める新たな動向も見逃せない。

現状では、「有線テレビジョン放送法（以下、有テレ法）」において、ＣＡＴＶ事業者が通信事業者の設備を利用する場合にも、あらためて電気通信事業法と有テレ法の許可が必要とされているが、新制度においては、有テレ法の許可を不要とし、一定の適格性があ

図7—1　有線テレビジョン放送の規制緩和

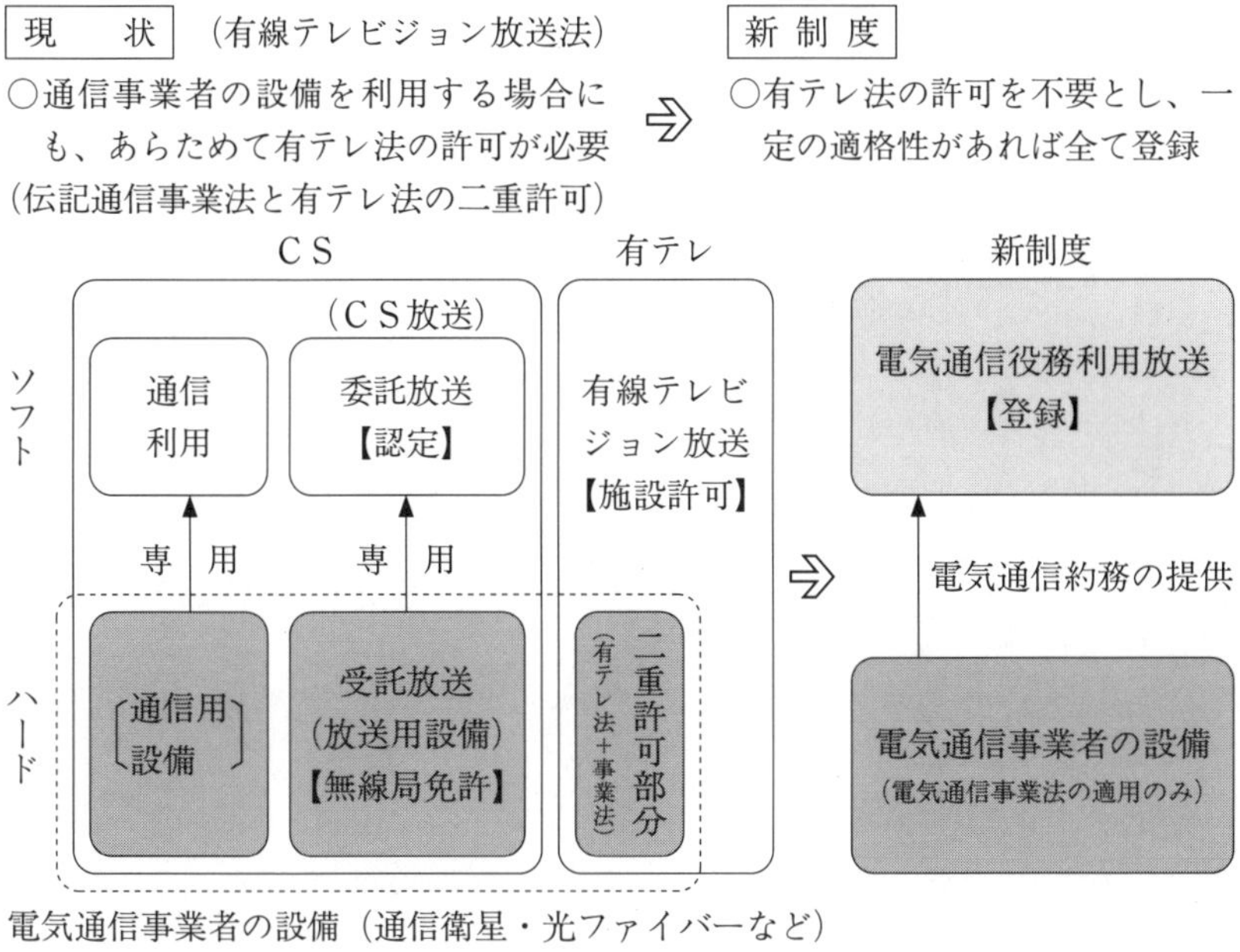

出典：総務省情報通信政策局地域放送課『ケーブルテレビの現状』2003年11月，21ページ。

れば全て登録できるように規制緩和されるのである。これが新たな「電気通信役務利用放送」の骨子である（図7—1参照）。

以上みてきたように、CATVに対する規制緩和政策は確かに多くの手かせ足かせを取り払った面があるが、同時に弱肉強食を制度として認めたことでもある。細々とCATV事業を立ち上げた地元資本による中小規模のCATVが、資金も人も足りないなかで事業を継続することは至難の業であり、累積赤字を抱えながらデジタル化という技術革新に直面し運営を持続することは、一般的に不可能なことである。そういう状況を知りつつ国際化やグローバル化への対応ということで国は政策を浸透させつつある。こうした事業体に対し、政府は金融支援や税制支援などの救済措置を施すものの、個々の事業体にその効果をあげる実績がほとんどみられないのが実情である。したがって、CATV

の多くの事業体は、協力しあわなければ存続できないし、他方で新しい政策に対応できるシステムの構築をしなければ、大資本や外圧に太刀打ちできないことも明らかである。

このような背景を前提として、一九九〇年代に入って以降、CATVの新たな動向をみることができるのである。再送信のみでなく、自主放送や多目的利用を行ってきたCATV施設は、今や単独で事業を運営している事業体はほとんどないといっても過言ではない。

CATVに対する規制緩和策が顕在化して以降、さまざまな動きがCATV業界にみられるが、それらの主要なパターンを次に整理しておきたい。

一　異業種（大資本）や外国資本の持ち株会社方式によるCATV経営の効率化を図るMSO（Multiple System Operator）

複数の地域のCATV局を所有し運営する統括会社のことであり、この統括会社は、経営管理機能をもつほか、設備や番組の一括調達を行うなど、スケールメリットを活かした効率的な経営を可能としている。

日本では一九九三年一二月の規制緩和により、地元事業者要件にあてはまらない大企業でも各地の事業に参入したり、複数のCATV局を所有して広域的に事業展開することが可能となった。したがって、総合商社、大手電機メーカー、外資系企業など大資本が参入することとなった。特に、総合商社を中心に設立されたMSOを軸としてCATVの組織化、統合化、通信サービスへの対応が進められている。

その代表的なMSOは、伊藤忠商事、東芝と米国のCATV事業者であるメディアワン・インターナショナルが出資している（株）タイタス・コミュニケーションズ、そして、住友商事と米国のCATV事業者であるリバティ・メディア・インターナショナルの共同出資による（株）ジュピターテレコム（＝通称Ｊ－ＣＯＭ）があった。

ところが、二〇〇〇年九月、これらライバルともいうべき両社が事業統合を行った。その背景には、通信系と放送系の両者を統合した大容量・高速のブロードバンド・サービスを提供する事業者として、既存の通信事業者等に太刀打ちできる事業体を造る必要があった。今日、ＭＳＯの代表例として、外資系および商社が中心となり、経営の効率化を図るグループ一九社によって北海道、関東、近畿、九州・中国で事業展開を行っている（株）ジュピターテレコム、家電事業社などが中心となり、グループ六社が大阪府で事業展開を行っている（株）関西ケーブルネット、メーカーと商社が中心となり、グループ一三社が首都圏を中心に事業展開を行っている（株）ジャパンケーブルネット（ＪＣＮ）などがある。

従来、一地域一施設のＣＡＴＶ事業では経営規模も小さく、設備の高度化に対応することは困難であったことから、事業経営を中心に考えればＭＳＯの傘下に入ることにより、設備の高度化や番組調達、サービス開発にかかる負担を軽減させようという事業者が出てくるのは必然でもある。ＭＳＯは、複数のＣＡＴＶ局を広域に展開させるので、設備やソフト調達、間接費用などの重複コストを低減することが可能となる。したがって、経営状態が厳しいＣＡＴＶ事業者のみならず多くの事業体が徐々にその系列下に入る傾向を増してきている。

ＭＳＯは、ＣＡＴＶ業界における弱肉強食の典型とでもよべよう。したがって、従来から当該地域の地元企業や有力者が出資して立ち上がったＣＡＴＶ事業体も多いことから、外資系や大資本に統合されたＭＳＯに反発する事業者も少なくない。そのため、近隣のＣＡＴＶ事業者同士で合併したり、業務提携を行うことで規模の拡大や経営の効率化を目指す動きも活発化している。

二　主として県域をサービスエリアとした広域連携

一九九三年一二月以降、規制緩和による最も共通した全国のＣＡＴＶ業界での動きとして、主として県域内のＣＡＴＶ事業体のネットワーク化がみられる。たとえば首都圏を中心としたＣＡＴＶ一二社による業務提携、富山県内における一〇社が相互に自主制作番組を交換するシステム、大分県内一四社による、さらに三重県内の八社によるネットワーク化とＢＳデジタル・ヘッドエンドの共用など、多くの県で事業やシステムや番組などの連携やネットワーク化を図ることによる事業展開の効率化と経営の安定化を確実なものとする努力が進んでいる。

三　ＢＳデジタル・ヘッドエンドの共用

デジタル化の進展に伴うＢＳデジタル・ヘッドエンドの共用サービスの提供により、ＣＡＴＶ事業社の設備投資の負担を軽減させる連携が進んでいる。代表例として、電鉄会社等が中心となり、共同事業を関東圏二二社によってＢＳデジタル・ヘッドエンドの共用を図っている㈱日本デジタル配信（ＪＤＳ）がある。さらに、㈱東海デジタルネットワークセンター（ＴＤＮＣ）では、ケーブルテレビ事業社が中心となり、東海圏の二〇社によるＢＳデジタル・ヘッドエンドの共用がなされている。

以上、三類型のＣＡＴＶ事業における新しいパターンを概略紹介したが、これらは、規制緩和にともなう事業展開の効率化と経営戦略における連携がその主たる目的である。これらの将来は、ビジネスとしてのＣＡＴＶ事業としてより効率化と市場原理を目指せば、最初に述べたような、結局は中央集権的なシステムに収斂されていくのではないかという危惧が拭いきれない。しかし、地域情報装置として脚光を浴びて登場してきたＣＡＴＶが、その本質的機能を目指した地域による地域のためのメディアとして今日まで運営を持続し、かつまたそのための事業の発展を模索しているCATV活動があることも見落としてはならない。

近年、開かれた横の自発的社会活動としてのボランティア活動や、市民・住民運動、そして彼らの学習活動が活発化している。これら集合体の活動は、メディア・コミュニケーションの独自の場を提供し、そのコミュニケーションと表裏をなして集合的結合が形成されようとしている。ここでは、さまざまなメディアが複合的に活用されている。それによって、共通の関心や帰属意識が強化され、メディア・コミュニケーションが活発化する。そのことによって、地域における場所性と共同性を備えたコミュニティと人びととの関係が明確になってくる。これを目指すメディア・コミュニケーションこそメディア・ローカリズムの確立に繋がるものといえよう。

このような動向を実現しつつある例として、熊本市の「プリズム」の活動をあげることができる。すでに拙稿(4)で紹介しているので、ここではその説明を省略する。

さらに別の視点から、メディア・ローカリズムとよべる動きがCATV事業展開にみられる。それは、全国のCATV局の結集を図りながら、外資系や大資本の参入を拒否し、徹底してローカル・コンテンツの提供を行うシステムが成長しつつある。鳥取県の「中海テレビ」の経験を土台にして、衛星を利用したSCN(Satellite Communications Network)の発足である。以下でこのSCNを事例として詳述したい。

第四節　メディア・ローカリズムへの期待

本稿でいうメディア・ローカリズムとは、メディア自体が地域(住民)による地域のためのメディア活動を展開するなかで、地域の安定や発展、まちづくりに貢献することを指向することで、中央を意識せず、中央経由のメディア活動を排除した考えや行動様式のことである。その中身は、①ローカルなものや現象の再認識と再評価といった歴史的な意図が含まれる。同時に、ローカルな住民や市民の主体性を重視し、リーダーのみでなくフォロアーとの一体化が期待される。②中央を経由せず、中央との一体化や中央化は排除する。すなわち疑似中央化（あるいは中央集権化）の排斥を行う。③住民や市民を軽視したナショナリズムの言動には同調しない。④地域同士の連帯や協力、影響は積極的に受け入れる。たとえば、草の根の運動を掘り起こし、地域間の協調を推進する。⑤ローカルな自然や環境や地域づくりの評価を行い、各地域の価値観の相対化を尊重する。つまりローカルな意識やライフスタイルの尊重。⑥地域文化創造の責務を負う。

これらの内容が相互補完的にからみあいながらメディア・ローカリズムは現実のものとなる。

ところで、「地方の時代」とか「地域主義」ということがいわれて久しい。しかし、それらは理念として正しくとも実態がともなわない掛け声に終始したり、行政側の一方的なよびかけのために住民が同調しにくかったり、中央の官僚的な政策であったために現場の当該地域にはなじまなかったりした例があまりにも多かった。その反省と批判が今日顕在化しつつある。それらの総体が、ニューローカリズムとでもよべる動きとして理解したい。

したがって、今後は地方や地域に社会や生活の起点を置く時代へむかうと思われる。地方はいつまでも中央の付属物ではない。地域は地域独自に生き延びる計画をつくり、自立にむかわねばなるまい。ニューローカリズムこそが中央集権を拒み、地方への侵略と阻害を否定する思想と物理的基盤がある。地域の社会文化は、人びとのつながりによって創りだされる。そのつながりが、地域が生き抜く土壌を創りだす。

それぞれの地域には、そのときどきの中央政府や地元政界の動向をはるかに超えた長く久しい自然環境や社会関係がある。したがって、とりわけローカル・メディアには政治の現状を超えて、地域の遠い将来を見通す視座が必要となる。現状に対する批判が、あるいは厳しく感じられるにしても、それはその地域の将来に責任をもっているからである。それらのことがメディア・ローカリズムに内包されなければなるまい。

ゆえにメディア・ローカリズムは、当然ローカル・メディアにその比重がかかるが、ナショナル・メディアが無関係なわけではない。むしろ、その積極的な対応が期待されるところであるが、現実には両メディアの棲み分けが適切ではなく、弱肉強食の実態が現実である。それ故以下に紹介するSCNのようなメディア事業（体）が登場してくるのだといえよう。

一　SCNの理念と目的

CATVに対する規制緩和が大幅に施行されてくる過程で、前記のごとく外資系MSOといった勢力の傘下に入れば、経営的な安定や増大は確保されようが、しかしそれはつぎなる全国メディアとなったり、ローカルな情報をローカルな人びとや組織で制作したり享受することからはかけ離れてしまう。つまりメディア・ローカリズムを否定することになる。そこでなによりも、地域発のローカルな情報を全国のローカルCATV局の結集によってCATVネットワークを張り、それを拡大していこうという発想を起点として立ち上がったのがSCNである。

スタートは、一九九三年二月、鳥取県米子市で地元のCATVである中海テレビの経営スタッフであった高橋孝之氏が中心となり、「(株）サテライトコミュニケーションズ西日本」という社名で発足したが、二〇〇〇年、「(株）サテライトコミュニケーションズネットワーク」（SCN）に社名を変更した。発足当初の計画は、全国のローカルCATV局をネットワーク化して、衛星を利用して各局が制作するローカル・コンテンツを集め、整理・編集して再び衛星を使って各CATV局に配信するというものであった。確かに、SCNはキーステーションの機能をもつが、東京（中央）におくのではなく、一地方都市（鳥取市）がその役割を受けもつというもので、あくまでも地域（地方）からの発信ということがその理念としてあるため、中央集権化とは根本的に異なる。

各地のCATV局からすれば、配信を受ける量を上回るペースで番組を配信していくことができれば、自らの経営を助けることにもなるので自ずと制作の活性化も図れる仕組みになっている。前述したように、デジタル放送時代に入りつつある今日、巨大MSOによるCATVの事業統合が展開しつつあるなかで、SCNは放送番組の配信を中心とする、いわば日本版シンジケーターをも目指している。このシンジケーターにとって番組の買い手となるCATV局をネットワーク化し、一方、CATV局はSCNのネットワークに加盟することにより、シンジケーターたるSCNから番組の供給を受けることができる仕組みである。すでにこのネットワークは、二〇〇三年一一月現在、全国一四〇のCATV局が加盟している。

このようにして、SCNは地域メディア・コンテンツの新しいネットワークを基に、地域情報発信や地域コンテンツ流通を促進することによって、地域主体のコミュニケーション社会を目指そうとしている。そして地域コンテンツを充実させることによって、地域と地域をネットワークで結び、地域の統合メディアとして「地域への愛着心を忘れることなく」、映像による「地域の独創性をもった情報発信」や「地域から全国への情報発信」を狙いとしている。

二　情報コンテンツの事業内容

CATV事業は、本来、地域の情報化を促し地域社会を活性化することが目的としてある。その目的にそって、地域から全国に番組を発信したいという要望を実現し、CATVのネットワーク化によって共通の利益をみいだすことも重要である。

SCNでは通信衛星を利用して全国のCATV局をネットワークで結んだ「SCNギャザリング・シンジケーションネットワーク」を構築し、CATV局に新たな価値を生み出そうとしている。この事業内容は、大別して①CATVコンテンツ配信事業、②衛星通信事業、③コンテンツ制作事業、④コンテンツ流通事業に分けられる。以下で説明しよう。

①CATVコンテンツ配信事業——（イ）「番組配信サービス」は、放送局や番組供給会社、制作会社の番組（一部は有料）や番組プロモーション、またSCNが制作した番組を、CATV局が自主制作チャンネルで再送信してコンテンツの充実を図る。（ロ）「CM配信サービス」は、企業や官公庁などのCMやインフォマーシャルなどをCATV局に配信する。各CATV局は、有望な広告メディアとして効果が期待できる。（ハ）「CATV業界情報サービス」は、CATV関連の業界情報をSCNが制作して配信をする。また各地で開かれるセミナーやシンポジウムの概要や、業界人や専門家による独自の講演番組、そして各CATV局を訪問して経営者インタビューや自主制作番組などを紹介する。CATV局の紹介については、そのCATV局自ら制作する場合もある。業界情報としては、日本ケーブルテレビ連盟や日本ケーブルラボの動きをいち早く伝えることを行っている。

これらの運営にあたっては番組供給会社からの配信料とCM配信での収入で賄われている。SCNに対するCATV局の加入が増大しつつあるなかで、視聴可能世帯が四六〇万世帯を超えている（二〇〇三年一一月現在）ことから、広告メディアとしての効果も大きいので、各CATV局のコミュニティチャンネルの番組を充実させることが必要とされる。こうして各CATV局が制作力を高めれば、より質の高い地域情報を流すという使命を果たすことができるわけである。ナショナルあるいはグローバルな情報は地上波放送が伝えるので、地域情報を詳しく放送するメディアはCATVに求められることになる。

ＳＣＮは二〇〇二年度からＣＡＴＶ各局の地域番組を集め、それを他のメディアに供給する事業を開始したが、これは当該地域のみの地域情報を流すという従来のＣＡＴＶ番組のあり方から、ネットワークによる地域間の連携を図ることによるメディア・ローカリズムの新たな試みである。さらにＳＣＮが番組企画を出して共同制作も試みつつある。これらの事業について、高橋社長は、「ローカルコンテンツを制作できるのはＣＡＴＶ局、地域のプロダクション、そしてローカル民放局だ。それらが制作する番組をインターネットを利用して集めるシステムを構築し、それをインターネットやモバイル、ＢＳ／ＣＳなどのメディアに供給する。多メディア時代を迎え、コンテンツは不足している。地域情報を求める声も多く聞く。しかし、これまでだれもそれを集めようとしなかった。当社はその仕組みを作ってきた」（『映像新聞』二〇〇一年二月二六日）という。

三　メディア・ローカリズムを目指すＣＡＴＶ

高橋社長は、ＳＣＮの事業の狙いについて「高度情報化社会において鳥取県からでも全国へ情報発信できることを実証したい」といいつづけ、「日本初のＣＡＴＶネットワークの構築により、ＣＡＴＶ事業者自体の活性化を図るとともに各ＣＡＴＶが根ざす地域の活性化につなげたい」（『日本海新聞』二〇〇〇年三月六日）という。ＳＣＮと契約を結んだＣＡＴＶ局側も、「自主制作チャンネルはその地のローカル情報だけではみてもらえない。たとえば地道に作ったドキュメンタリーなどでチャンネルを相互に補えば業界の底上げにつながる」（同上）ともいう。また「地方に眠っている素材の掘り起こしと地方からの情報発信の支援という側面がある。これにＣＭを絡めた配信サービスは地方のＣＡＴＶにとって有意義だ」（同上）という指摘がある。

以上、いくつかの具体的発言が示しているように、東京（中央）を拠点に情報発信する地上波の民間・公共放送や通信衛星デジタル放送に対して、地方発の情報を取り込んだソフトを地方から流通させるこれらメディアの戦略こそメディア・ローカリズムの具現化であるといえよう。従来のCATV問題には、ローカルから直接全国に発信する道がなかったことが悩みのひとつであった。SCNの登場によってローカルからローカルへ、ローカルから全国へ情報発信するシステムが完成した意義は大きい。

デジタル化が急速に進行しつつある現在、CATV事業者がそれぞれ独自にデジタル放送の設備投資や番組調達を行うよりも、地域主体を失わずに統合された配信センターから全国のCATV局に衛星経由でデジタル番組を配信する方が、スケールメリットがはたらき、各CATV局のコスト負担も小さくて済むことも、メディア・ローカリズムをより強化させることにもなる。さらに、各CATV局が地元の地域アーカイブを収録しておけば、急速に消滅しつつある地域文化をいつでも生きた資料として引き出すことも可能である。いわば「CATVカルチュア」といったものが継承される可能性も大きい。このこともメディア・ローカリズムの大きな責務であろう。

（1）柳田国男『郷土生活の研究法』刀江書院、一九三五年。柳田国男『民間伝承論』共立社、一九三四年。
（2）神島二郎『常民の政治学』現代ジャーナリズム出版会、一九七二年、一七〇ページ。
（3）例えば拙著『地域情報化過程の研究』、日本評論社、一九九六年。
（4）拙稿「地域メディア小史――新しい視座転換に向けて――」田村紀雄編『地域メディアを学ぶ人のために』世界思想社、二〇〇三年。

第八章　「公共であること」の変容

――地域情報の産出をめぐる北海道・札幌市の試みを中心に――

浅岡　隆裕

第一節　地域社会と公共性という問題

一　「公共性」をめぐる現状

これまでほぼ自明とされてきた「公共」というもののたち現れ方が大きく変容してきている。世界的な文脈でいえば、グローバリゼーションという環境要因に対して国民国家的な政府では対応しきれないような無数の分野においてNGO（非政府組織）が広範な役割を担っており、また国内に目を転じてみても、小さな政府指向のなかで行政や民間のサービスが行き届かない領域でNPO（特定非営利団体）や小資本のコミュニティビジネス、ボランタリーな住民団体がその主な担い手となっている。公共概念というものが特殊的な様相を帯びている日本でその傾向が著しくみられるが、標語風に引用すれば、公共が、「『あるもの』から『つくられるもの』へ」変化したということになろう（坪郷、二〇〇三）。別ないい方をするならば、公共が行政の独占領域であり、それを支えるシステムとしてのマスメディア産業という組み合わせが、外部・内部のさまざまな要因によって変化を余儀なくされているのである。

これにより、行政やマスメディア産業の絶対的な優位性が失われるとまではいえないものの、ほぼ独占していたというポジションの変質がみられるのである。

本稿では、このように語られるようになった公共について、とりわけ情報という側面に着目し、中央レベルというよりも地方レベルで勃興している、当該住民の「メディア活動」によって地域社会における公共的な情報生成の構造が大きく変容している様子を捉えたい。したがって、公共のあり方や是非といった当為命題について問うものではなく、公共をめぐる状況や装置が実態としてどのようになってきているのかという点について、概観していくことになろう。

周知の通り、「市民的公共性」について、システム／生活世界という関係性を通して、「公共性の構造転換」を論じたのは、J・ハーバーマスである。

本稿では、この二項関係という説明図式よりもよりシンプルに、これまで公共性を形作ってきた行政やマスメディア企業体、そしてそのプロセスに参入していなかったセクターとの関係について中心的に論じていきたいと思う。

すでに使用している、メディア活動というタームの定義であるが、本稿では、地域での情報を収集・加工・編集し、それを何らかの媒体を通じて、流通・伝達していく一連の集団的または個人的行為を指し示す(1)。本稿でのメディアとしては地域社会においてインターネットを活用し、地域情報の発信を行う活動について、考察を行う(2)。ただし、作成した作品を相互に批評し合い、アマチュア対象の映像コンテストに出品するといったように「メディア作品を作り上げる」ことを第一義としている趣味性の高い好事家(個人あるいはグループ)は直接の検討対象にならない。むしろ、メディア作品を作りあげることや情報発信・交流していくことは、何らかの他の目的を達成するための道具的側面であるような場合が本研究での直接的な対象である。達成すべき目的といえば、地域社会の活性化や住民間の交流促進などが想定される。

これらの目的にあげられるものは、これまでの公共（行政）活動の限界を露呈するものであり、いわば住民自らが自発的に地域の問題を解決していこうとする「コミュニティ・ソリューション」コンセプトの構成要素となっている。今日では、そのような住民の活動総体において、メディア活動の占める重要度の位置は著しく高まっている。その理由は、情報発信や情報そのものを制作することのメリットが実感されていること（地域資源の再発見や地域を冷静にみつめることが可能になった、など）、二つ目には、自分たちの活動を対内外に知らせるためにストラテジックに使用される（アピールの重視）などである。さらには、インターネットに関していえば、メディア＝媒介物の字義通り、メーリングリストや掲示板のように、情報共有を前提とした連絡あるいはコミュニケーション媒体としての側面をもっていることも見逃せない。

二　公共情報の扱われ方

地域メディアや地域社会で交わされるメディアを媒介したコミュニケーションについて考える際に、常に念頭にある問題として、〝「公共性のある情報」「公共情報」とは何であろうか〟ということがある。また、それらと「地域情報」という範疇に入るものとの関わりについてはどうであろうか。

たとえば、地方自治体がインターネットのホームページを立ち上げたときに、そこに載せるコンテンツとして、一連の行政情報とともに、地域情報を載せるといった場合、それはどのような範囲のものや内容を指すのか。「地域で美味しいと評判の店」といった商業的な情報、あるいは地域で活動する趣味サークルの紹介はどうであろうか。確かにホームページのアクセス数の増加を望むという点では、このようなどちらかといえばソフト的な情報を提供するという手段は速効性があることは知られている。

しかし、実際には自治体の多くがホームページにこのようなコンテンツを載せていない。これは「全部のものを取り上げるのならともかく、一部のもの（一事業者）だけを恣意的に取り上げることに問題がある」といった理由、つまり〝公共を代表していない〟〝公共的なものにはなじみにくい〟といったロジックで躊躇されていることは想像に難くない。つまり、ここには公（行政）／私（民間）という〝線引き〟が、行政側から意識的もしくは無意識的に行われていることがみてとれる。後に詳しく検討するが、商業的な情報が公共になじむのかどうかはこの際問わないにしても、〝何を公共するのか〟という点において圧倒的に定義の政治力（＝権力）を握っているのが行政側である現状においては、民間に属すると判断されるような情報は、行政のいう「地域情報」カテゴリーからはほとんど抜け落ちてしまうのである。

ところが、ある地場の自営業者がホームページ上に自社と関係するような町の歴史のアーカイブを作った、あるいは趣味サークルが自分たちの活動報告だけではなく、地域の人材や風景のデータベースの提供を始めたらどうなるだろうか。これは「公共性」のある情報ではないだろうか。今までみてきたように、「公共である／ない」の線引きは非常に難しいといわざるをえない。

「公共であることの自明性」が問われるようになってきたのは、一九九〇年代以降になってからといわれている（齋藤、二〇〇〇）。公共主体そのものの成り立ちが根源的に問われているのとあいまって起こっている動きとして、地域情報の受発信や地域コミュニケーションという場面でも、行政主体の公共の自明性に対する代替的な動きが立ち現れ、機能し始めている事例をみていきたいと思う。

三　本稿の目的と意義

本稿の目的は、コミュニティ・メディアとして急速に地歩を固めつつあるインターネットというメディアを題材として、《新しい情報提供の手段》としてのみではなく、インターネットという情報技術が必然的に惹起している地域情報生成の変容の構図を検討・素描するものである。

また、自治や自主決定の原則に基づき、地域住民が「情報主体」として活躍することが構想・期待されるが、それがどのような形で実現されうるのかという点も重要である。ここでいう「情報主体」とは、情報を自ら生産し、流通することをコントロールする個人あるいは集団的な営為、を指す。

本研究の意義は、公共ということの問い直しが起っている昨今、とりわけ社会的コミュニケーション分野に特化して言及することになるが、変化の要因と構造とのダイナミックな動きを観察していくなかで、従来からいわれているような〝住民主体の地域情報化〟ということが、現実的な形としていかに可能であるのかといった構想を展望してみることにある。裏を返せば、これまで行政やマスメディア企業によって独占されてきた公共（情報）が極めて偏重的な形であったものから、多くの主体の参画による情報生産の場へと移行させるようなプランを提出することにある。

一つ留意したい点として、日本各地で勃興しつつある「住民主体の情報発信」といった現実の動きのなかで、ともすると特定のケースが手放しで賞賛されることが多いという事実についてである。この背後にあるのは、マスメディアによって情報伝達やコミュニケーション領域が独占的に支配されてきたという構図に対する潜在的な反発があげられよう。これは、かつての「コミュニティ・メディア」がその存在意義としてきた、《ナショナル》対《地域》というものの相似型と考えられる。長い間、全国紙やキー局といった東京一極集中のマスメディア企業群によって、情報発信という行為がナショナル（国）な観点から牛耳られてきたことに対して、地域（ローカル）からの異議申し立てがもてはやされるようになった一九七〇年代の風潮に似ているといえよう。「市民メディア」を標榜して登場したメディア活動の多くが理念先行でメディアとしての力は限定的に留まっていること、追従する事例の広がりがあまりみられないといった問題点も指摘されている。

私たちは出発当時の熱気が一段落したところで、そろそろ冷静になって考えるべきではないか。技術的な目新しさだけに囚われることなく、それらの住民によるメディア活動をどのように客観的に評価すべきか、ということを考える時期に来ているのではないだろうか。

第二節　地域社会における公共情報の理論

一　地域社会における公共性の担い手とは

これまで公共性＝行政という前提での問いかけをしてきたが、もちろん公共は、行政の独占物ではない。ところが、日本においては、公共＝公（おおやけ）あるいは「お上」という権力との一体化構造が強く、「国家による行政管理的な公共性が中心を占めてきた」という指摘（長谷川、二〇〇二）は正しい。

まず手がかりにしたいのは、先ほどの《情報の公共性》という観点である。換言すれば、ある情報を《公共的なもの》であるというのはどのように決められてきた（決められている）のだろうか。あるいは、定義してきたのか（定義しているのか）。結論を先にいってしまえば、公共的なものであるのかないのかは、その情報の中身そのものの吟味というよりも、その出所の属性によって自動的に規定されてきたのではないかということである。

これまで、当該地域内外の「窓口」「代表」（主に情報面での）として存在してきたのは、主に行政組織およびマスメディアであった。とりわけ、行政組織は、間違いなく地域社会における有力な情報発信主体であり（地域によっては唯一の絶対的な情報発信主体という場合もある）、対内的（地域内）に、対外的（地域外）への公共的な情報を提供し、地域を代表する主体であったといえよう。このような構図が長い間維持されてきた背景には、先述の上意下達という日本的支配のコンテクストもさることながら、行政が伝達手段としてのメディアを比較的自由に駆使できたということもあげられよう。行政は独自の媒体としての広報紙（誌）のほか、広報予算をもち、広報番組や広報記事、記者クラブへのニュースリリースなどを通じ、行政の方針を伝えてきた。行政は直接番組制作に関与しなくても、事実上の情報の作り手であったといえよう。行政の提供情報がマスメディアのニュース源になっているなど〝行政とメディアの共依存の関係〟になっていることはこれまで何度も指摘されてきたことである。

他方、地域のマスメディア企業は、ローカル紙（誌）、ローカル放送といった自社の媒体を通じて、地域情報を伝達する機能のほかに、地域固有の問題を掘り下げ、環境監視の機能として行政権力のチェックに任に当たってきた。

このような構図がいつ成立したのかは判然としないが、行政―メディアの協力・依存体制が継続的に力をもち、地域情報および公共的な情報を規定してきたことは確かである。この両セクターの協力・依存関係をもって地域社会における情報秩序が確立されていたと捉えられる。

ところで今日では、公共性というものは規範性をより強く帯びてきている。行政を指す公共性は、「無駄が多い」「非効率的なもの」の象徴＝「公共事業」「お役所仕事」といったようなネガティブな場面で使用されることも多々ある（齋藤、二〇〇〇）。このような意味でいうと、行政と必然的に一体化した「公共性」といったように、公共が今までのような確固たるものではなくなってきており、間違いなく流動化し、変質を余儀なくされているのではないだろうか。一方で、公共を単に行政とメディアによって産出されるものではなく、市民社会との対応で、より規範的、理念的に捉える立場が有力な位置を占めるに至っている。規範的・理念的としての公共という場合には、支配的なものによる意思の貫徹ではなく、別オプションを含む住民の少数意見を尊重した合意形成になると考えられている。

しかしことはそのように単純なものではない。公共が行政によって担われていることの社会的機能も当然あり、それゆえに存続してきたのであるが、正統的であるがゆえの信頼感、安定感が失われているとの見方もできる。公共の担い手不在のゆえの不安定性という点についても目配りをしておかなくてはいけない。

マスメディアの役割についていま少し触れておきたい。メディアは「媒体」という概念にしたがえば、単なる仲介役や回路にしか過ぎなくなる。それでも行政という権力と協力・依存関係にあるならば、行政の論理の代弁機関として実質的に機能することもありうる。しかしそれだけに留まらない、もっと積極的な意味をもつこともあろう。すなわち、情報発信媒体として、地域情報を規定してしまうことである。マスメディア自体が、公共であること／公共でないことを決定してしまう力をもっている。つまり、行政と同様に「公共的なものである」ことを決定づけてしまう権力性をもっている。またマスメディア報道は「保守的である」「現状追認的である」との批判が出されるが、これは公共がもつ「安定性」に依拠するあまりに、ラディカルなものを避ける傾向を帯びるということに原因があろう。

このように現状維持への傾きを強めてしまうフォーマルなメインストリームの情報の回路が強固に存在する一方で、それとは全く異なる情報やコミュニケーションを媒介するものとして「オルタナティブメディア」というものが存在する。

二　オルタナティブな言説空間

オルタナティブメディアの動きは今に始まったことではない。その前史をみてみることにしよう。

かつて「コミュニティ・メディア」存立の意義を唱えたのは、田村紀雄である（田村、一九七二）。田村は、「地域の復権と自立」ということを目指し、ナショナルな価値観と結びついたマスメディアとは異なる原理、すなわち「地域のエゴ」を主張・代弁するメディアとして、コミュニティ・メディアの必要性を訴えた。シカゴ学派のパークやバージェスの社会学的エコロジー（生態学）を援用し、代表的なコミュニティ・メディアである「ミニコミ」を、中間的なコミュニケーション形態として捉え、メディア全体のエコロジーを措定し、そのなかに位置づけたのである。

田村は、マスメディアの支配する公共的な言論空間に対するオルタナティブとして、ローカル紙の活動を照射した。地域には多様な担い手とそれを支持する住民がいることを示したのである。しかしながら、地域の問題に対する異義申し立てという側面が強く、公共性のある地域情報の提供を、行政やマスメディアのそれらとは異なったものを提供しようという考えはまだあまり顕在化していなかったように思われる。一九七二年という時代拘束性、すなわち「地方の時代」が叫ばれつつあったという社会的状況のなかで、ローカルなコミュニティ・ペーパーの動きとして、当時盛り上がりをみせたことは確かであろう。しかし、今日みられるような商業的色彩が色濃い地域雑誌やフリーペーパーの隆盛に比べると、地域を代弁するコミュニティ・ペーパーは一定の地歩を確保しつつも、その相対的な地位はあまり高くないといってもそれほど間違えではないことは、厳密な調査をせずとも実感されることである。

現状についてはやや悲観的な見解を述べたとしても、オルタナティブなメディアの前史をもっていることの意味を重く受けとめたいと思う。すでにそのようなコミュニケーションの回路を地下水脈として有していたとしたら、今日の動きの際にはまた豊かな水源となる可能性が高いと思われるのだ。逆に、そのような水脈を全くもたない場合には、しがらみに捉われない自由の発想を自分たちでできるにしても、集団的なコミュニケーション回路や合意形成にむけたノウハウなどは、全く一から構築しなくてはならないというハンディを背負うことになるのである。

メディア研究面からみても、メインのマスメディア研究についての蓄積に比べると、地域メディア・コミュニケーションの研究、オルタナティブメディア研究については手薄であるといわざるをえない。初発から実態把握指向と同時に規範指向ももっていた地域メディア研究の一つの金字塔ともいえる竹内郁郎・田村紀雄による『地域メディア』が存在する。そしてここ数年間でこの地域メディアというアラカルトに新しく加わったメニューがある。それはインターネットである。

近年ジャーナリズムの制度疲労的な限界を指摘する意見が多数指摘されているところであるが、その「世論形成・唱導機能」に対するカウンターとしてのオルタナティブメディアとしての役割は重要である。しかし、それ以外にも日常的な情報伝達やコミュニケーション分野への目配りが足らないのではないだろうか。さらには中間的なコミュニケーションの場という点ではどのように考えるべきなのだろうか。

インターネットがもつオルタナティブメディアとしての側面が認知されるようになった大きなきっかけとして、阪神・淡路大震災での「情報ボランティア」活動および、日本海重油災害における「デジタル・ネットワーキング」の働き（干川、二〇〇三）があげられよう。ボランティアという新しい社会運動と、情報流通あるいはコミュニケーション活動がここでは初めて融合されて、被災地での活動をバックアップしたのである。ボランティアという構成原理と、リゾーム的な回路としてのネットワークという組み合せが、それ以降の社会運動の雛型となっている。同じく社会運動論という観点から、松浦さと子は愛知県の藤前干潟保存運動にメーリングリスト（ＭＬ）がいかに活用されたのかを詳述している（松浦、一九九九）。

三　ローカルメディアとしてのインターネット

インターネットによる地域情報の提供は、一九九六年以降、いわゆる「地域情報化」のなかで盛んになされるようになってきた。インターネットというメディアが登場した当時は、パソコン通信における地域情報の交換という前史をもちつつも、行政とマスメディアが地域の公共情報を独占的に担うというような構図がまだ説明力を有していた。「ドメイン」というインターネット用語において、「地域ドメイン」といった場合には、やはり行政が作るホームページが真っ先にあげられるものであった。行政があくまで《地域社会を代表する》という図式が継続していたと考えられる。

ところで地域情報の発信主体としての行政はまだまだ大きいといえるが、このような構図に対して、新しい参入者が登場してきている。インターネットが普及し、情報として流通しているものの絶対量的な増加があり、その結果として情報発信者の相対化という事態が生じるようになっている。つまり、公共性という観点から自明とされてきている行政あるいはメディアからの発信は、たくさんある選択肢のうちの「ワン・オブ・ゼム」の位置づけになり、これまでのドメインの自明性が大きく問われる結果を現出しているのである。地域ドメイン＝行政主体という構図は必ずしも一致しない場合も多くなってきているように思われる。

「公共圏」の議論にみられるように、所与の公共性は存在せずに、構築・維持されるべきものとしての公共性というものがあるのである。これを地域情報ということにパラフレーズしたとしても、あまり状況は変わらないと思われる。

これまでインターネットという情報技術は、その使い方によって賛否両論が提起されてきた。すなわち、インターネットは「平等なメディア」「合意形成に適したメディア」であるとポジティブに捉える立場と、総合掲示板サイト「2ちゃんねる」に代表されるように、誰もが身分を明かさずに自由に情報を発信できる空間＝誹謗中傷の飛び交う空間としてネガティブに捉える立場である。このように二分される評価をもちながらも、インターネットが「ローカルなメディア」として、適しているという考え方は急速に広まっている。ここでいうローカルとは空間的なものと局域的なものの両方を指している。インターネットの世界は、流通しているあらゆる情報を相対化してしまうという特性をもっている。そこでは、公共的であるとみられるものを獲得するために、〝闘争の場〟といえるのではないだろうか。

そして現状では、この公共というポジションを巡って、意識・無意識的に関わらず、地域住民の側から、それらの仕掛けを構築していこうという動きが見られるようになっている。これは公共という領域を根本から問い直していこうという動きとして把握できるのではないだろうか。所与として与えられたものとしての公共性から、地域住民のアイデンティティの拠り所としての公共へ、そのあり方が大きく変容してきていると考えられる。地域に基盤をもつ電子的なコミュニティのあり方によって、実際に域外住民で「そこ（電子コミュニティが展開されている地域）で暮らしたい」と考える人ができたことは、地域アイデンティティ形成に寄与しているのかを示す好例である。

では、インターネットというメディアが地域メディア・コミュニケーションに対して与えるインパクトというものはどのようなものであろうか。とりわけ公共性という観点から、ヒアリング調査をもとに、この問いを考えていきたいと思う。

四　技術決定論と社会決定論

ところで本稿では、インターネットというメディアが登場したことによって、このようなメディア・コミュニケーションが促進されたという見方はとらない。ここでは、新技術としてのインターネットが惹起したという捉え方とともに、そのような社会的な文脈なしにはインターネットメディアはここまでの隆盛を描くことは不可能だったと捉える立場から、《独立変数》としての「インターネット技術」→《従属変数》としての「社会変動」という一方的なベクトルを想定していない。むしろ、社会変化という土壌の上に、インターネットという情報通信技術の革新が移植されたものと考えられるのである。

その意味では、インターネットというメディアの登場により、新たな動きが促進されてきている。

詳しくは筆者のこれまでの調査によるが、筆者は、この事態を「インターネットメディアを活用し、地域に根ざした『電子的なコミュニティ活動』は確実な広がりと深化を見せている」と捉えている。(3) これらがもっている既存の地域メディア・コミュニケーションへのインパクトの諸相についても、考察を加えているが、現状の観察としては、相補的なものであるとの位置づけという色合いが強い。すなわち、インターネットが果たしているのは、既存のメディアでは、果たし得なかったような機能を代替的に担っているというものである。ところが、さらにそのような動きの延長には、補完的・局地的なポジションを超えて、地域住民のアイデンティティ形成への核となりうるような動きも顕在化してきている。この事態をどのように考えたらよいのか。

このような事態が進展していけば、既存のメディアに対して、かなりの「ゆさぶり」をかけるほどになっていくと思われる。その端的な例が、本稿で後に詳しく取り上げるように、「公」の定義を見直すような展開としてみられるのである。

これは《情報主体》というものをめぐる新しいステージに入りつつあることを示している。つまり、よく語られるように、かつては新聞や公共の電波を使ってしか自分の考えや思想を伝播することができなかったが、インターネットというメディアを使えば、理屈的には、個人や集団がメッセージを主体的にかなり多くの人に届けることができるというものである。この敷居の低さこそが、良い意味でも悪い意味でも、インターネットでホームページをもつことの特性というわれ方もしてきた。このようなインターネットの情報発信の容易性という面は裏を返せば、アクセスのしやすさということにもつながる。現在家庭におけるインターネット普及率は、六割以上といわれている。(4) とはいうものの、特定のホームページが閲覧者＝オーディエンスを一定量獲得することは大変なことであることも同時に知られている。

地域メディアというときに、物理的な媒体であれ、電子的な放送媒体であれ、その域内での交渉があるといったような事情があれば、それを入手することができたが、インターネットの場合には、そのような地理的な制限がほとんどない、といってよい。このことは域内住民のみならず、域外の人にも、その魅力をアピールすることができるということである。共同体の場合には、その集団内のアイデンティティは、他グループや共同体との区別や差異が明示される時に、獲得されやすい。

このように地域情報を伝えるということのメリットがある一方で、多くのホームページの使われ方が、お知らせチラシをホームページ用に加工しただけという内容も多く、魅力に乏しいために、あまりアクセスもされずに、それゆえに制作者の意欲が低下しまたコンテンツの更新が遅れる……。この悪循環が放置されている限りにおいては、メディアとしての有効性は低いといわざるを得ない。

五　社会的コミュニケーション論からの捉え直し

そもそもなぜこのような研究を進めるのか。現実に立ち現れてきている各地域での活動を、いかに理論的に枠組みの中で整理するのかという問題意識である。既存研究への投げかけという点ではつぎのような意義が挙げられる。

社会的コミュニケーション過程論におけるこれまでの前提では、一般論として、《情報の発信主体》＝権力保持者、《情報の受信者》＝権力の被操作者が二項対置され、コミュニケーションや情報の流れが権力行使の形態やベクトルを形作っていたのである。その最たる例としての「マスメディアの世論機能」がある。

ところで近年のメディアリテラシー活動は、《メディアの批判的理解》から《メディア活動への参画意識や実践》へと裾野を広げている。批判的理解という認識活動についての議論はこれまでのマス・コミュニケーションにおける送り手－受け手図式を前提とする社会的コミュニケーション論の枠内に留まるものであった。しかし、それに対して、情報やコミュニケーションの主体としてメディア表現（「メディア・プラクティス」）の運動に関わっていくことは、社会的コミュニケーションの枠組みや図式では捉えきれていないと思われる。そこで、この営為の根源を見極めつつ、早急の理論化と研究対象化の必要性を主張したい。

現在、各地で展開されている情報発信やメディア活動は、メディアの道具的使用であり、それを使った表現・表出行為に留まらずに、本来達するべき目的やミッションは別に設定されている場合が多い。このような動きを積極的に受け止める立場から、既存のディシプリンにどのように接合していくのかが問われている。

前提としているのは、《送り手》→《受け手》モデルで説明できることの限界が生じてきているということである。地域社会という文脈に即していえば、行政、マスメディア→住民という権力関係の構図はなかなか強固であることは確かであろう。最近の傾向としては、中間的コミュニケーション分野でのトラフィックが拡大しているという事態があげられる。この中間的な部分が活性化することは二つの意味をもつことになろう。一つは《私》という極めて私生活主義の傾きをもつ存在から、そのエゴイズムを乗り越えるような他者との関係性構築の可能性が生まれてくるということである。先ほどから述べてきているように、情報技術によって中間コミュニケーションの活発化が用意されたという立論には同意できない。パソコン通信やインターネットの地域メディア的特性を見出したのは、研究者ではない。地域での悩める実践家であったのだ。

理想的な市民モデルに基づいた「情報主体」というものが提起されていたが、これまでの社会運動の延長線上での議論である。現実的に、これまでのモデルで扱うことの限界があったのではないか。構想時点でこのような存在を仮定したとしても、それを孤立した存在としてではなくて、社会的な集団単位にどのように位置づけるのかまでは、想定できていなかったといってよい。

これまでの社会的コミュニケーション構造のなかでは情報主体という能動性の発露といったことは困難であっただろう。ところが、電子コミュニティのなかでは、夢物語ではなくなったのである。しかし、だからといって、理念先行でこのような公の志を持った人が自然発生的に生まれてくるというのは、幻想に近いように思われる。

本稿はインターネットがこのような運動を育てたという技術決定的な判断には組みしない。むしろNPOに代表される運動体のあり方がインターネットメディアというものと親和性があった、あるいはアメリカ的な草の根民主主義という伝統のある土壌のなかで、インターネットメディアが形作られてきたということはほぼ通説であることを踏襲したい。

ところで、インターネットメディアの社会的導入を考えるに当っては、もう一方の社会セクターであり、ある意味地域情報化という流れを先取りしていた行政と情報主体の位置関係が問題になってこよう。実際にインターネット上の多くの活動をみると、行政との距離の取り方については、さまざまなタイプがあることは明らかである。便宜的に《敵対》《協調》《依存》関係、さらには《関係なし》という分類が考えられる。本稿では、公共の変容を論じてきたが、行政の公共的役割をそのまま住民なり、NPOなりが引き受けるということではない。住民によるオルタナティブメディアとしてのメディア活動という側面を強調しすぎると、住民側が行政と敵対的な関係（あるいは行政の存在を全く無視した形）をつくることになってしまう。このように公共を全て地域住民やＮＰＯが引き受けると考えるのは現実的とはいえないであろう。

改めて、公共的な言論や表現を担える主体というものについて考えてみる。思考実験的な想定として、行政、企業、住民が、それぞれ単独で公共情報の産出を担うということは困難であろう。利潤動機に基づく商業主義に走りがちな企業を除いて、行政と民間が連携し合うモデルというのはどうであろうか。連携と一口にいってもさまざまな役割分担のパターンが想定されるが、圧倒的な人・財政その他の資源を有する行政と、それには劣るものの地域情報生産の専門性を活かした地域住民が緊張的な関係をもち、民間の営利的な情報とは一線を画すというところに意義があるのではないだろうか。

三節では、行政と協調関係にありながら、独立したＮＰＯとして情報活動が行われている札幌市の事例をみてみることにしたい(5)。特にこれまでの展開やミッション、そして公共ということについての認識を以下ではみていきたいと思う。

第三節　「ウェブシティさっぽろ」の事例から

一　北海道・札幌市の取り組み

なぜ、札幌市の事例を取り上げるのか。行政情報の一方向的広報でもなく、商業情報に偏るわけでもない、第三のパターンとして、住民が主体的に携わる地域情報産出の雛形を、この事例は提供してくれるからである。行政当局と協調的関係をとりつつも、独立、独自のスタンスで記事を作成しているNPOが存在し、今後の活動が注視される。以下では、まず札幌市における情報サイトの立ち上げ経過と現状をみていこう。

札幌市は、中核都市として人口およそ一八〇万人を数える。札幌市という自治体がもつ特性として、インターネットの積極活用が計られている点が挙げられる。札幌市行政における情報化施策という問題は本稿の問題の射程と関わりがあるものの紙幅の関係でごくかいつまんで説明しておく。行政における情報化という場合、それは単なる「電子自治体」のような行政手続き・申請の簡素化といったシステム周りを指す場合も多い。しかし、札幌市ではインターネットによる地域情報の発信が行われ、また電子会議室(6)が開かれ、そこでは市の職員を交えた議論や合意形成が行われた経験をもっていることである。また市役所内部でのクローズドな会議室があり、行政の「内なる情報化」が進んでいる点も付記しておきたい。

札幌市の情報サイトを中心にした情報施策について、その前史を簡単に確認しておこう。一九九四年に「Inter-city Oropass」という実証実験の場が設けられた(7)。札幌市による本格的なサイト稼動は、一九九五年四月「Web City Sapporo」からであり、これは「札幌の情報発信サイト」の位置づけがなされていた。Web Cityはバージョンアップを重ね、市役所サイト、グローバルバージョン（海外向け・英語）、「ようこそさっぽろ」（観光サイト）、「サッポロ・フュチャー・スクエア」（地域情報）、「eトークさっぽろ」（電子会議室）という「各プロジェクト毎の編成」という形に移行していった。そしてそれらのうちの地域情報提供を担う二〇〇三年一二月オープンの現「ウェブシティさっぽろ」（http://web.city.sapporo.jp/(8)）にたどり着くわけである。

上記のうち、札幌市が行政のお知らせの域を越えて、主に「産業振興」の一環として地域情報の配信を始めたのが「SFF（サッポロ・フュチャー・スクエア）」であった。これはウェブシティさっぽろにつながる流れなので、確認しておきたい。SFFでは、自前で情報を作りだす（記事や映像コンテンツの作成）というよりも、ポータルサイトの側面が強く、情報のありかを示すリンク先が項目ごとに分類されていた。そして閲覧者は情報を検索し、必要に応じて情報のありかであるリンク先にとんでいけるような構造をもっていた。この際、札幌市の関与の仕方であるが、市が外部の制作会社に日常的な運営は委託しており、たとえば、ある団体や企業がリンクしてもらえるように希望してきた場合、最終的に市の担当部局がSFFのリンク掲載を決済していたというものであった。

電子市民会議室に関しては、今でこそ多くの自治体がホームページのメインコンテンツとして掲げ、広報公聴の一環として活用している場合も多いが、札幌市は、藤沢市、大和市と並んでその草分け的存在、先進事例との評価がなされる。電子会議室には、ボランタリーな住民のみならず、行政職員も実名でそのテーマごとの会議室に加わるなど、かなり大胆で意欲的な運用が図られてきた。電子会議室の効用については、まさしく地域で起こっていることを個別具体的なテーマをもつ会議室の中で「情報を共有し、学習する場」になっていたことや、従来、市民参加が困難であったとされる三〇－四〇代のサラリーマン層などの参加者の拡大といったことなどがあげられる。

ここまでは、電子会議室がいかに影響を与えてきたのかについて触れてきたが、札幌市の場合は、このような住民とのインタラクションあるいは行政内部での電子会議室を通しての情報交換や議論が行われた（行われている）経験がある。参加した住民はもちろんのこと、同時に議論に加わり、それに行政側として対応した市の職員にもかなりにインパクトを与えたであろうことは想像に難くない。札幌市職員は、電子会議室での経験から、市民の英知とエネルギーを感じたとし、「市民と行政の協働の場としてのインターネット」というコンセプトを提示している（生島、二〇〇〇）。このようなことを背後にして、情報政策にはかなり柔軟な体制と市民参画を是とする行政内部での合意が形成されていったと考えられる。

Web City Sapporoからウェブシティさっぽろへ、この流れのなかで、SFFが発展的に解消され、総合的な地域情報サイトへの衣替えをしたのである。この転換を機に、札幌市役所はNPO「シビックメディア」(http://www.cvm.or.jp/)にサイト全体の編集作業を業務委託することになった。

二 ウェブシティさっぽろの概況

サイト展開までの事実関係としては、二〇〇二年一〇月に札幌市の施設として「市民情報センター」がオープンし、この施設内に現在のシビックメディアの活動拠点である編集業務室が設けられた。同年一二月より「ウェブシティさっぽろ」と、インターネット上でのストリーミング放送局の「そら色ステーション」(http://media.city.sapporo.jp/sorairo/)がスタート、二〇〇三年四月より、やはり札幌市からサイト運営を委託されている観光サイト「ようこそ札幌」(http://www.welcome.city.sapporo.jp/)がリューアルされた。

サイトの目的としては、「行政情報、民間情報を問わず、札幌に関する情報が分かる地域情報サイト」「そこに暮らす人々が、自分たちのために、自分たちが知りたい、大切と思う情報を市民の目線で発信」というのが触れこみである。

サイト運営の考え方として、札幌市役所の岡氏によれば、「市民と市役所が『協働』して作り上げてゆく」という大原則を掲げている。そして、具体的な役割分担としては札幌市が開設し、NPOのシビックメディアが取材・編集を担う。市とシビックメディアは、委託者と受託者という関係だが、「共通のゴールを目指す対等なパートナー」と位置づけられている。ここでいうところの共通ゴールとは「札幌を住みやすい街に」というものである。

さらには、関係者がフラットな立場でテーブルに着く「運営委員会」で、情報サイトの方向性の「舵取り」がなされるという。運営委員会の構成であるが、サイト設置者である札幌市の情報担当部門と、シビックメディア、システム保守の札幌総合情報センターの三者である。委員会は月一回程度の会合がもたれているということである（最近は不定期）。

日常的な編集業務はシビックメディアに委任されている。シビックメディアの専任の常勤スタッフ（シビックメディアの社員）四名、さらには有償ボランティア二名で運営されているが、あくまで記事制作のメインは、三〇名の札幌市民のスタッフである。このスタッフには、後述の「シビックメディア塾」の卒業生も含まれ、NPO自身で住民のなかから活動の担い手を育て、また同時に住民に活動の場を提供するという人材育成的な役割も果たしているのである。

ところで、目下のところ、シビックメディアでは、アドホックな投稿を受け入れていない。あえて記事制作の担い手メンバーの要件を設け、「ジャーナリスト的な意識をもつ」人が望ましいとしている。代表理事の吉村は、「メディアを作ることが目的というよりは、地域の取材活動を通じて、自分たちの住んでいるこの札幌をいかによくするのか、いかに宣伝し産業を振興するのか、そういう意識をもった市民が一人でも増えれば良い」としている。この意味するところは、シビックメディア塾の受講生やメンバー間の討論による記事によって、記事のクォリティの維持を担保するということであろう。さらにいえば、シビックメディアでの実践ということは、書くスキルや専門的知識よりも、考えたり、実際に行動してみるというアクティビティにあるということに重きが置かれているのであろう。

三　「市民の目線」からの編集

では記事は実際にどのように制作されているのであろうか。平均一〇名くらいが参加して毎週企画会議が開かれ、プレビューや取材についての打ち合わせがなされる。また月末には来月をどうするのかという取材方針について検討するという。メーリングリストも活用されており、情報の共有化を図っているとのことである。サイト記事の執筆は三〇人のメンバーによって行われる。シビックメディアの専従スタッフは、記事の執筆にも当るが、より重要な役回りとして、「記事の編集」ということに力点が置かれている。記事が出来上がるまでのチェック体制であるが、テストサイトにアップロードされると、それがメーリングリストに流れ、編集長やデスクというフィルターを通過し、そして市の担当職員も含まれるメーリングリストのメンバーの目にも触れることになる。

人材育成について付記しておくと、シビックメディアが札幌市民を対象に講座として開設している「シビックメディア塾」では、映像、プリントメディア、インターネットなど、メディアの種類は問わず、取材↓編集↓発表といった一連の制作過程を実践的に学んでもらう。最近では、小学校の総合学習の時間への授業提案として、コミュニケーションの仕方、メディアリテラシーを教えている。シビックメディアが繰り返し強調することの一つに、メディアリテラシーは「単なるＩＴ教育」ではないということがある。むしろ、メディア塾で強調されていることはメディアの種類を問わず情報を収集して、編集できる力をつけることである。

大学などからのインターンシップの受け入れも積極的に行っていくとのことである。基準としては、「テーマがある人」を受け入れるということで、具体的な受け入れ決定に当っては、市民としてどのように行動したいのかについて、考えていることを書いてもらう。

つぎに具体的にウェブシティさっぽろのホームページを概観してみよう。全体的なみた目としてはかなりシンプルな作りとなっている。その理由としては、更新のしやすさを考えてとのことである。また重視していることの一つとして、「今の札幌を伝える」ということである。季節感を伝えるためにトップには折々の写真を掲載し、またライブカメラからの映像として、札幌各所からの中継もこのサイトから一覧できるようになっている。札幌で「がんばっているものを応援する」というのも重要なミッションである。

たとえば地元に基盤をおく札幌交響楽団を側面支援も継続的に行っている。ファンクラブから情報をもらい、シビックメディアで編集を施してコンテンツアップするというものである。

また『札幌の横顔』は、マスメディアでスポットライトを当てられるほど有名人ではないが、札幌で活躍している人にポイントを当てたドキュメントである。

公共的な情報を「市民の目線」から捉え直すというサイトのコンセプトの一例をみてみよう。

『念のため』というコーナーがあるが、『公営住宅募集いろいろ』というトピックスがある。集合住宅の居住者募集の通常の流れは、開発事業体、たとえば、道営、市営、住宅供給公社などが別個にサイトを設けて告知が展開されている。しかし、ウェブシティさっぽろではその区別がなされておらず、公営ということで一覧できるというものである。利用者の視点なら、公的な住宅であれば全部一度でみたいという「あたりまえのこと」を実現したものである。当初は、なかなか各事業体からは納得してもらえなかったとのことであるが、粘り強く交渉を重ねた結果、現在のように情報提供を受けるようになった。今では、事業体から感謝されるようになったとのことである。

また、二〇〇三年の仕事始めの日に大雪があったにもかかわらず、札幌市では特に大きな混乱もなかった。このような事態に対して『強いぞ札幌』というタイトルで記事が書かれた。マスメディアで取り上げられるニュースバリューという観点からいうと、〝何も起こらないこと〟は記事にはならないことを意味するが、ここでは、「混乱が起きなかったことは誇るべきではないか」という判断が働いたとのことである。

観光サイトの『ようこそ札幌』には、取材による食の紹介コーナーがある。ここでの困難は、個々の商業的な施設をどのように扱うのかということにあった。そして出された結論としては、たとえば、飲食店を取材する場合は、自腹で赴き、取材であるとの目的を明かさないようにした。これにより公平性を保つ上での担保されたとのことである。また、実際に記事に信頼をもってみてもらうために、どのように表現してよいのかも苦心しているという。

人気があるものとして、独自取材による食のコーナーがある。市場関係者の取材を元にした『入荷見通し』は特徴があるコンテンツである。たとえば、魚のキンキを焼いているシーンを見せている。これをみて実際に観光にきたという人もいるくらいで、このサイトが結果的に「都市プロモーション」になっているというのがシビックメディア内部での現状評価である。

四　問われる公共性

行政からのお知らせ掲載依頼もあるとのことだが、このようなものが続くと行政の広報の代理機関になってしまっているのではないかとの危惧も覚える。しかし実際には、先ほど触れたように、シビックメディアが「札幌市民の目線」での情報発信ということが基本的な趣旨であることを想起されたい。

たとえば、「創成川通アンダーパス連続化事業」という公共工事に関して、札幌市民の賛否意見が分かれるなかで、行政当局と住民を対象とした説明会において交わされる議論の過程を継続的にレポートしている。行政側は「紛糾してからセンセーショナルに報道するが、継続的に経過を伝えているわけではないマスコミと一線を画している」「公平な立場で継続的に市民に伝えてくれるメディアとして期待されている」という。

ウェブシティさっぽろには平等に扱うことの難しさ、商業メディアとの差別化ということが当初から付きまとう問題としてあった。アメリカのジャーナリズム活動の一つのあり方に範をとった「シビックジャーナリズム的な編集」

ということが実践されている。[9] つまりマスメディア的、広告的な文法として、「オススメです」といった文句はとらない。吉村氏によれば、企画会議で、「マスメディア的だからやめておこう」という議論がよく出て、実際にそうでないものを伝えることをモットーに活動をしているという。

アクセス数は、ウェブシティさっぽろが月一〇万ページ、ようこそ札幌が六万ページとのことである。[10]

同NPOの専務理事であり、杉山氏[11]は「地域ドメインのサイトをNPOが運営するということで、自分たちの『公共性』そのものが問われるようになる」と語っていた。どうしてそのような発言が出るのかというと、コンセプトとして標榜している「信頼できる『手作りの情報』」として、「信頼」ということを重視しているからである。

そして、杉山氏の言葉で興味深かったのは、業務の委託者としての札幌市との関係性をうかがわせる部分である。ヒアリングを行った時点（二〇〇二年九月）では、すでに市側に企画書を提出し終え、そこで大枠の運営コンセプトが確認・合意された時点であった。やや長いが引用してみたい。

「発注者としての札幌の意向を聞くことがあるが、一方で私たちは札幌市役所に行政業務を発注している一市民であり、市側の意向を全面的に受け入れる業者に成り下がることはできない。本来こうあるべきということを提言し続けていかなくてはならない」。

この事例から示唆されることとしては、NPO当事者がもっている明確な戦略性・指向性である。そして自らの正統性や代表性を確立するために、まさに市民本位の情報を発信するということを担い始めた。

現在の課題としては、実際に多くの人に制作活動の参加してもらうこと、シビックメディアの事務局における記事化スピードアップということであるという。後者の問題について、現状としては、記事を書くまでで投稿者の役割は終わってしまっていることが多く、コンテンツ化までを全て一人で行えるようになっていないという。取材した人が編集作業の最終段階まで携われる環境づくりが優先されなければならないとのことである。そのためのマニュアルや環境整備は事務局の急務であるとの認識であった。

ところでこれまで述べてきたウェブシティさっぽろの基本方針や運営体制は、多分に〝志〟に近いように思える。これは行政側、受託側であるNPO双方の担当者の理解や合意が得られる範囲のことであり、この了解点について、一方の当事者である行政担当者が変われば、了解に達しないかもしれない脆さを併せもっていることも指摘しておかなくてはならないだろう。

第四節　公共情報のボトムアップ式生成とは

一　ボトムアップ式の公共情報

ウェブシティさっぽろにおける情報生産には二つの方向性があるように思われる。一つには公共的な情報として産出される札幌の行政情報を、地域住民的なテイストを加えることで、より親しみやすいものにするという「翻訳機能」を果たしえる。ただし、ウェブシティさっぽろの場合は、現在このようなコンテンツはほとんどない。

NPO問題でよく指摘されるように、NPOが発注元である行政と対等ではなく、単なる下請け業者になってしまうという懸念にも十分配慮すべきである。NPO法人として行政から情報事業を委託されたということで考えられるのは、行政の広報の一機関になってしまうことである。このような構図になった場合、住民本位を標榜したとしても、そこから産出される情報は、まさに〝トップダウン式の公共情報〟という性質を帯びざるをえないだろう。

それに対して、「市民の目線」から、公共情報へと昇華していく回路から産出されるものを〝ボトムアップ式の公共情報〟ということができよう。シビックメディアにおける情報産出の主なパターンはこの形に近いのではないだろうか。

ところで問題は、トップダウン式の場合は、行政自治体から発信されるということ自体ですでに公共的な色合いや傾向を帯びている可能性が強いが、ボトムアップ式の場合は、どちらかといえば、まだ私的であり、特定の人・集団にとって利益がある「クラブ財」的な情報に留まっている可能性が高いということである。したがって、ボトムから実質的な公共情報のレベルに上げていく推進力やエネルギーが必要である。これだけ情報の氾濫する時代であるから、その作業はとても難しいことは確かであろう。そこでの与件としては、信頼性と良質性、地域ジャーナリズムといったように〝地域に根ざしている〟という極めて素朴で単純な問題設定や存在形式が生きてくるのではないだろうか。決してプロのジャーナリズムの切り口や素材、文法にはよらない、そのアマチュアリズムこそに積極的な意味があるといえよう。ところが逆にどうしてこのような情報を〝公共的な話題に適しているのか〟というストレートな疑問点が生じた場合には、それに対して常に説明責任がついて回るということにも留意しておきたい。

くり返していうならば、シビックメディアの取り組みは地域住民の情報流通の回路ができたに過ぎない。ここでは、まだ生産する情報が即そのまま公共情報として、市民に受容されるというものではない。つまりトップダウン式の公共情報ではないので、現段階では、情報それごとによって、その公共性が問われるという状況になっている。やがてはこの積み重ねにより、ウェブシティさっぽろにおける継続的な情報生産・編集活動あるいは生産されたもののユニットで判断され、住民にとっての知るべきものかどうかの判断がなされるようになろう。改めていうまでもないが、行政やマスメディアといったエスタブリッシュメントではないために、公共性を獲得するという一大事業であり、並大抵のことではない。まずはウェブシティさっぽろのサイトの存在を知ってもらうことから始まり、個々の記事でアピールし、閲覧者の納得や信頼性を獲得する必要がある。

どこからどこまでが公共情報であり、それ以外は非公共情報であるという線引きのスタンダードを想定するのはもともとナンセンスである。そこには、その線引きをする主体を措定している。実際に公共であると判断するのは情報に接する個人であるのだ。

ここまで論じてきたように、行政やマスメディアによって独占的に生産・流通されてきた情報という構図をインターネットというメディア上で一度立ち切ってみる。先述の杉山氏の言葉を借りるならば、『『地域ガバメント』と『地域ドメイン』を一度切り離した方がよい」ということの言い換えになろう。杉山氏自身の発言にある、地域ドメインをNPOが運営するということは、NPO自体の活動の「公共性」そのものが問われることを意味する。具体的な課題として、「どれだけ多くの人に入ってもらうのか」「運動としてどう進めていくのか」「編集を業務としてきっちりと回す」といったものがあげられている。そして具体的なコンセプト「信頼できる手作りの情報」を実践すべく地域の個性あふれる素材をふんだんに盛りこんでいくとしている。一通りのスキルを身につけた主体的な個人が携っているという編集主体が明確にあること。これをシビックメディアでは「ぬくもりの編集」とよんでいる。

また、問われるのは地域情報がどのような情報なのか、換言すれば、住民が必要としている情報は何かという点である。住民でもあるシビックメディアの三〇人あまりの作り手自らが良かれと思って編集作業しているものは確かに良質なコンテンツの一つといえるかもしれない。杉山氏は量よりも質を追及していくとの姿勢を表明していたが、そのスタンスが、住民の側からみた評価にどのように結びついていくのかという点である。このあたりについてはアクセス数をみるかぎり、まだ予断を許さない状況にあるといえるが、今後の推移を見守りたい。

二　自明の公共性から、定義される公共性へ

ところで、このような仕組みが全国どの地域でもできるのかというと、それは非常に疑問である。札幌の事例は、地域社会における《コミュニケーションのインフラ》がすでに整備されていたからこそ可能になったと考えるのが妥当であろう。先に確認したように、これまでの活動のなかで、公共の主体になりうるような経験を積んだ地域住民、行政が存在したことが基盤にあるように思われる。これは電子会議室を前身としてきたところに意味がある。市役所など行政側にも、このような電子的な情報の流通に対する一定の理解が育まれていたことがスムーズなＮＰＯへの業務委託へつながっていったと思われる。

逆にいえば、このような基礎づけがなければ、公共に値するような情報が地域住民によって生産されることもなく、行政、マスメディアによるものか、商業情報に偏った情報しか存在しないことになろう。そうした場合、やはり《与えられた公共》ということに終始してしまう可能性が高い。これまでの地域情報化は、通路や回路などのインフラを整備すれば、後は自動的に「情報開発」が進むというものであったが、本論では繰り返し述べてきている通り、インフラは重要な要因ではあるがそれでこと足れりということではもちろんない。むしろ、それらを有効に機能させていくためのシステムや仕組み作りに力が注がれなくてはいけない。

これまでの話のなかで、公共情報の輪郭がおぼろげながらみえてきたと思うので、その辺りを整理しておきたいと思う。

これまでの公共情報というものの性格は、個々の情報そのものが公共情報であるという本質に基づいているわけで

はなく、行政や公的な機関としてのマスメディアという、明確な産出の根拠にあったということができよう。マスメディアは行政の発する情報伝達のチャンネルあるいは回路という機能のみではなく、マスメディア企業それ自体が情報を収集・編集することによって公共情報の提供機関として非常に大きな位置を占めている。このような構図は依然説明力をもっているものの、内部的な制度疲労とともに外部的なチャレンジを受けている。すなわち、インターネットなど電子メディア媒体が実態として力をもち始め、人びとがいざ参照し始めると地域情報が溢れている。インターネットにおいては行政やマスメディア発の情報といえども、相対的なポジションのなかでの優位性であり、「地域の公共情報」=「行政やマスメディアが提供する情報」ということは、必ずしも所与の前提とはなっていない。もちろん「地域ドメイン」として行政やマスメディアによる情報提供機能はブランド化し、依然力をもち続けると思われるが、地域住民にとって「公共的な情報」に値するものは自明ではなくなり、提供される情報の質や信頼性、それらの情報によってエンパワーされる度合いなどに応じて、公共というものは常に定義され続けるものになると思われる。

三　財政基盤に関わる問題

このような行政・マスメディア（情報産業）／NPO／住民といった主体の三つ巴の情報生産・流通のモデルが成功するか否かは、現状としては非常に厳しい状況にあるといわざるをえない。その原因として、まず住民のメディア活動を支えるための財政基盤の問題があげられる。

シビックメディアの場合、主な収入源は札幌市の「委託事業」であるというのが現状である。このような体制について、他のNPO関係者からは「（札幌モデルは）恵まれている」との声も聞かれた。多くのNPOによる情報発信・流通モデルがいまだに成功していないのは、収入が安定していないことが最大の課題であると言われている。コミュニティビジネスになじむ福祉サービス提供などの事業に比べると、メディア活動だけで運営資金を捻出できるほどのビジネスモデルが確立されているとはいえないだろう。特に留意しておきたいのは、この種の事業が生産資本的な意味での資本投下がさほど必要というわけではないが、継続的に活動を維持していくためには時間とコストがかかることであり、ボランタリーな手弁当だけでは限界があるということだ。報酬的なドライブ（誘因）が皆無のようなボランタリーな組織でやっていると、遅かれ早かれ活動がやや停滞傾向になるのではないかということは多くの事例が示すと通りである。

それにボランティアの場合、動機づけが個人の満足に終始してしまうことも現実としてはありえ、アウトプットされるものがなかなか質的に向上していかないという問題点がある。公共の担い手は究極的には個人であるといえるが、その個人内での自己満足に終始してしまうのではなく、集団的な営為のなかでの緊張感のある相互研鑽として進めていく必要があろう。住民によるメディア活動の集団的で持続的なモデルを考えると、NPO組織が現実解としては優れているのではないだろうか。従って、さらにはNPO組織と行政や第三者機関との協働やそれらからの人的・金銭的支援については最初から選択肢から排除するのは現実的ではない。むしろ、「企業、研究・教育機関、行政、民間」（「産官学民」）というキャッチフレーズのように、ミッションを共有できるようなセクター同士が是々非々で連携して、さまざまな組み合わせによる運営モデルができることが望まれるのである。

第五節　情報発信多元化時代の地域情報

公共的な情報として、行政や特定企業によって生産された情報しか流通していないところよりも、玉石混淆でもさまざまな情報が流通しているという《多元モデル》時代の地域が望ましいことは本稿の基底にある考え方である。しかし、実際の自由経済のなかでは、商業主義的・営利追求の情報が大量生産される一方で、住民が本当に必要とする情報は意外に少ないということはこれまで指摘されてきた通りである。札幌ほかの事例により、多元的な情報主体が関与する機会が増えることによって、地域の公共的な情報の厚みが増すことが期待される。

ところで、地域情報というものが何を指すのか明確に定義されたわけではない。札幌の場合は、市民ジャーナリズムの実践という課題をもっていることから、行政ともプロのメディア生産者とも異なる地域住民の目線を活かしての地域的課題やトピックス（争点）を発掘していくとしている。行政を含むさまざまな主体が、「住みやすい地域作り」を目指して、協調しときには緊張関係をはらみつつ、各々のミッションに従い活動していくのが望ましいことはいうまでもない。行政と住民の間に翻訳者としてＮＰＯが介在するモデルは、ＮＰＯ自体がその両サイドと緊張的な関係や回路をもっていれば、有効に機能するものと思われる。

行政やマスメディアの公共性は揺らぎが生じているものの、まだ根底的に崩れてしまうというほどのトレンドを意味しているわけではない。情報流通の仕方も、情報の独占から生じる下方垂直型コミュニケーションの流れを特徴とする《一方向モデル》から、情報主体の多元化と水平展開のコミュニケーションを前提とする《双方向モデル》へと徐々にではあるがシフトしていくだろう。

先ほどからの定義を繰り返すならば、その存立の根拠が自明ではなくなりつつある公共情報とは、行政・メディア／ＮＰＯ／住民といった三者間のトライアングル関係のなかで生成・流通・受容されていくものとまとめることができる。地域における情報発信という行為はさまざまな付随的な効果がみられる。先ほども述べたように、自己のアイデンティティの明確化や地域内部資源の発見ということである。情報産出は表現活動に留らずに、自らたちの住んでいる地域全体の問題解決にむけた活動につながっていくことが目指されるだろう。

以下では、ウェブシティさっぽろに代表される運営モデルについての今後の課題について整理しておく。

まず第一に、圧倒的多数を占め続ける受動的な閲覧者をいかに巻き込んでいくのかという点である。地域住民によるメディア活動が、「市民的公共性」という装いをまとったときに、個別の住民の情報ニーズとの乖離ができてしまう点に注意しなくてはいけない。共同体との区別で、公共性のコンセプトに立ち返るならば、それは「他者に開かれている」ということになろうが、多数の住民との乖離が生じ始めた段階で、少数の熱心でコアなオーディエンスたちのためだけの独占物に陥りかねず、公共どころではないという事態が生じることが予想される。したがって、絶えず異質なものを取り込み、なおかつ自分たちメディア活動の意義を問い続ける必要があるだろう。そのためには、受動的な閲覧者をいかに取り込み、自分たちの活動に巻き込んでいくことができるのかという点にかかっていると思われる。ウェブシティさっぽろの活動について全く知らないような多数に対して、公共であることの説明責任を果たし、その承認や正統性を得る必要がある。札幌の場合は、人口に比しての閲覧者数はまだまだごく少数に限られ閲覧者を増やす余地が大いにあろう。公共にとって、どんな人にも〝開かれていること（＝アクセス可能性があること）〟は重要な理念であり、参加（＝閲覧）を促す仕組みや動機づけも考慮されるべき要素である。

二点目は、担い手など人材的な部分である。住民のみならず、市の多くの職員も参加していたという電子会議室の経験を積んだことで、議論を積み上げていくというノウハウを学んだ札幌市の人材の厚さは想像に難くない。住民は自ら札幌市の問題に対して関与していく、積極的に発言していくということを身をもって体験したはずである。確かに特定のコア層に重なってしまうきらいもあると思われるが、参加のモチベーションやノウハウを高めるという意味では、メディアという手段を活用しながら、地域を担う次世代の人を育てる「シビックメディア塾」の役割は甚大である。

三点目は、メディア・コミュニケーション研究の立場からの寄与である。行政やマスメディアによって生産される情報＝公共情報、と自動的に思考してきたプロセスは改めねばなるまい。札幌に限らず萌芽的に全国で営まれている住民のメディア活動という動きをどのように捉えるのか。確かに住民によるメディア活動を、メインカルチャーに対するオルタナティブメディアやコミュニケーション網の多様性としての側面は評価できる。一方で、個別の事例を金科玉条のごとく持ち上げすぎると、事例への対象化スタンスを見失ってしまいかねないことも指摘しておかなくてはならない。それらメディア活動が果たしている現実の機能と、理念としての可能性をふまえて冷静に観察していくことが必要であろう。

（1）　メディア活動といってもさまざまなバリエーションが存在する。従来のミニコミとよばれるようなプリントメディアを初め、映像メディア、ラジオメディア、そしてインターネットによるものなどがその代表格といえよう。各々の表現様式は相互に排他的であるわけではなく、映像をインターネットのストリーミング技術で放送するなど、融合して活用されている場合も多いように見受けられる。

（2）　インターネットとは単体の表現媒体ではなく、それ自体さまざまな技術の複合体である。周知の通り、インターネットメディアのなかでも、（1）ホームページなどにおいて運営者によって情報発信がなされていく場合や、（2）メーリングリストや掲示板などのコミュニティウェア上で、ボランタリーな個人同士のコミュニケーションによって情報が自然発生的に産出されるという二つの形が考えられる。本稿では注記をしない限り、インターネットという場合は、この両方ともを併せもつメディア特性として進めていきたい。

（3）　全国各地の住民主導による電子的なコミュニティ活動の事例については浅岡（二〇〇四）を参照のこと。

（4）総務省統計局の「家計消費状況調査結果（ＩＴ関連項目）」による。詳細は、同ホームページ http://www.stat.go.jp/data/joukyou/2003ni/gaiyou/参照。

（5）シビックメディアに対する聞き取り調査は、二〇〇二年九月五日に専務理事の杉山氏、二〇〇三年九月九日杉山氏と事務局長の清水氏に対して行った。また行政側として札幌市ＩＴ推進課の村椿氏（二〇〇二年九月四日）、ほかＣａｎフォーラム（二〇〇三年一〇月七日）での札幌市ＩＴ推進課の岡氏による報告「ウェブシティさっぽろ─さっぽろの地域情報サイト─」市民メディア全国交流集会（二〇〇四年一月二四日）での代表理事の吉村氏の報告を参考にしている。また公刊されている関連資料としては、吉村氏の座談会記録（二〇〇三）、松本（二〇〇三）など。

（6）札幌市の市民電子会議室「ｅトークさっぽろ」とよばれるもので、この名称自身も公募によって決まった。執筆当時は停止中である。二〇〇二年の時点では札幌市民と市の職員も参加して、さまざまなテーマの会議室が開かれていた。

（7）札幌市の岡氏作成の資料によれば、平成六年八月―七年三月にかけて、財団法人　札幌エレクトロニクスセンターが中心となり、市民参加によるマルチメディアデータベース「ハイパー風土記」構築実験が行われた、とのことである。

（8）ＵＲＬに関しては、本稿執筆時点のものである。

（9）吉村氏がいう「シビック・ジャーナリズム（Civic Journalism）」は、アメリカでその原初形態をもち、「市民が地域の情報を市民の立場で取材・編集し、様々なメディアで社会に向けて発信するもの」とされている。このような活動が「地域コミュニティに対する理解を深め、地方自治の担い手を育てるのに必要ではないか」と考えるようになったという。引用部分は、松本（二〇〇三）による。

（10）吉村氏は一〇万ヒット／一カ月という数字の評価について、地域の自治体のサイトで一〇万というのは「結構多い」との評価を示している。

（11）電子会議室のｅトークさっぽろでいくつかの会議室の世話人を経験しているなど、札幌市の情報化の初期から関わっていたという経歴をもつ。また、ＩＴコンサルタントをするなど、情報技術にも知悉している。

参考文献

浅岡隆裕「地域社会という文脈の中でのインターネット・コミュニティの動向」情報通信学会『平成十五年度　情報通信学会年報』二〇〇四年、七七–八八ページ。

阿部潔『公共圏とコミュニケーション』ミネルヴァ書房、一九九八年。

生島典明「インターネット時代におけるコミュニケーション」札幌市総務局都市政策研究室『都市問題調査報』No.22、二〇〇〇年、一三–一七ページ。

大石裕『地域情報化』世界思想社、一九九二年。

児島和人「受け手の送り手化」児島和人編『個人と社会のインターフェイス：メディア空間の生成と変容』新曜社、一九九九年。

齋藤純一『公共性』岩波書店、二〇〇〇年。

田村紀雄『コミュニティ・メディア論』現代ジャーナリズム出版会、一九七二年。

津田正夫・平塚千尋『パブリック・アクセスを学ぶ人のために』世界思想社、二〇〇三年。

坪郷實編『新しい公共空間を作る』日本評論社、二〇〇三年。

東京放送編成局「市民がつくる放送」『新・調査情報』No. 38, 2002.11–12、東京放送、二〇〇二年、八–三九ページ。

永井浩・きくちまゆみ・吉村卓也「座談会　インターネットメディアの可能性と危険性」『世界』二〇〇三年八月号、一五七–一六四ページ。

長谷川公一「NPOと新しい公共性」佐々木毅、金泰昌編『公共哲学7、中間集団が開く公共性』東京大学出版会、二〇〇二年、一–一七ページ。

林茂樹　編著『情報化と社会心理』中央大学出版部、二〇〇三年。

干川剛史『公共圏とデジタル・ネットワーキング』法律文化社、二〇〇三年。

松浦さと子『そして、干潟は残った–インターネットとNPO』リベルタ出版、一九九九年。

――「オータナティヴ・メディアとしての非営利組織（ＮＰＯ）」日本ＮＰＯ学会編『情報革命とＮＰＯ報告書』、二〇〇〇年、一七一二六ページ。

松本恭幸「メディアでまちづくりＩＮ北海道」『放送レポート』一八五号、二〇〇三年一一月、五八―六一ページ。

水越伸・吉見俊哉『メディア・プラクティス』せりか書房、二〇〇三年。

吉村卓也ほか「インターネットメディアの可能性と危険」岩波書店『世界』二〇〇三年八月号、一五七―一六四ページ。

――「『シビックメディア』と市民によるジャーナリズム」札幌学院大学社会情報学部『社会情報』一三号二巻、二〇〇四年、一七三―一七八ページ。

米田公則『情報ネットワーク社会とコミュニティ』文化書房博文社、二〇〇三年。

Calhoun, Craig (ed). 1992, *Harbermas and the Public Sphere*, MIT Press（邦訳山本啓・新田滋『ハーバーマスと公共圏』未来社、一九九九年。

L,A. Friedland. 2001, Communication, Community and Democracy, *Communication Research*, vol.28 No.4, Sage Publication, pp358-391.

第九章　デジタル化時代と日本の放送界

早川　善治郎

はじめに

一九九〇年代に、日本の放送・通信界は〈革命〉の時代に入ったといわれる。日本マス・コミュニケーション学会の『マス・コミュニケーション研究』一九九九年版から年次を追って事項を拾ってみると、

一九八四年　衛星放送（BS放送）、本放送は一九八九年。
一九八九年　「多チャンネル化元年」。
一九九一年　WOWOW本放送開始。
一九九三年　CSテレビ放送開始（米、スーパーハイウェイ）。
一九九五年　「インターネット元年」。
一九九六年　CSデジタル本放送開始。「通信ビッグバン」（通信と放送の垣根を取り払った）。
二〇〇〇年　BSデジタル本放送開始、などがあげられている。

確かに〈激動ぶり〉が示されている。そして、今年二〇〇三年は地上波テレビ放送のデジタル化の開始が決定され

ている。本稿では、二〇〇三年一二月一日から三大広域圏で開始された地上波テレビ放送のアナログ→デジタル化に関する、進展状況とその問題点を中心に考察を試みる。なお、本稿の内容の多くは既に中央大学の『紀要』および『年報』などに発表されている。(1)本稿はそれら既発表の内容を補足・修正して作成されたものである。

第一節　地上波デジタル化構想——政府主導の計画経緯

一　形成経緯

政府(旧郵政省および総務省)の本「計画・政策」の一形成経緯と、二〇〇一年一一月に判明した新事態に関して、本稿の冒頭で記述しておくこととする。

まず一に関しては『民放』二〇〇一年九月号に前川英樹(TBS上席執行委員)がその経緯を克明に報告している。その報告内容を参照しつつ以下のように整理しておこう。一九九四年二月、旧郵政省放送行政局長・前川更正は「世界の趨勢に遅れたアナログのハイビジョンは見直す」と発言した。放送のデジタル化にむけた日本で最初の発言であった。その背景には、一九八〇年代後半の米国での地上波をATV(Advanced TV)にという方針が出されていた点に注目しておきたい。一九九四年五月、同省・電気通信審議会は「二一世紀の知的社会への改革に向けて——情報通信基盤整備プログラム」を発表した。

地上波のデジタル化が、政策スケジュールと関係づけて始めて議論されたのは、先記別稿で記した、一九九四年—一九九五年の「マルチメディア時代における放送のあり方に関する懇談会」(「マルチ懇」)である。当時は、通信のデジタル化とコンピューターの普及によって放送が取り残されるのではないかという空気が濃厚であったといわれていた。なかには「放送無用論」もあったくらいだ。これは、今でもないわけではない。行政府内でも、放送担当者はせめて「地上デジタル放送」という文言くらい盛りこまないわけにはいかなかったようだ。この「放送無用論」が放送電波の専門家にとって単なる杞憂でないことは、純粋技術論的にも当然であった。二〇〇三年一〇月三日、総務省はKDDIに対して放送事業者の資格を認可したことがそれを物語っている。NTTの電話局から直接に各家庭に光ファイバーで、(一回線で)放送、高速インターネット、IP電話を同時提供できる「KDDI光プラス」が二〇〇三年一二月から開始された。テレビ画面で有料・無料の番組が放送可能になるのである。通信と放送の融合は予想を超えた速度で実現している。

地上波のデジタル化がにわかに脚光を浴びるのは、一九九七年三月の「二〇〇〇年までに地上波放送の制度整備」という、旧郵政省放送行政局長・楠田修司の記者会見における公式の〈前倒し〉発言による。これを受けて六月に「地上デジタル放送懇談会」(「デジ懇」)が設置された。ここまでは明らかに「官主導」の展開であった。一方、放送事業者が地上放送のデジタル化を全面的に反対したかといえば、そうではなかったようだ。放送事業者がこだわった主なポイントは、デジタル用周波数の確保と、デジタル化にともなう投資負担額の二点であったといわれている。

その年の暮れに、行政側は「デジ懇」の議論の途中で懸念されていた周波数事情の厳しさによる「アナログチャンネル変更世帯数」が一、〇〇〇万(一九九八年九月、六一六万に修正)と推定されることから、「検討の出発点たりえない」と主張した民放連の強硬な反論に遭遇する。しかし、この政策=計画実現のために不可欠な当局側と与党との了解は、「デジタル化は世界の趨勢」という〈基本認識〉で成立していた。しかしながら、「事業者との合意を得ることを求める」必要から、「合意形成」の目途は依然として困難であったのである。

もし、「合意形成」が不成立で、「デジ懇」報告が白紙還元されたらどうなるか。政策として地上デジタル放送を実現するとすれば、〈選択肢〉として新規参入に道を開くことも考えられた。地上デジタル放送の新規参入者のインセンティブは全国都市型放送ネットワークに求められたのである。そうこうするうちに、行政側の〈基本認識〉がひとつの契機となって。一九九九年九月「地上デジタル放送に関する共同検討委員会」が発足した。民放・NHK・行政の三者が対等の立場（傍線は引用者、以下同じ）で地上波デジタル化問題を検討し共通認識を得るという主旨であり、「対等」ということを明確にした点で、従来の懇談会型協議組織とは異なるものがここに実現したのであった。

さて、この共同委員会・第二部会（経費調査検討部会）の算出したアナログチャンネル変更経費に関する措置問題があった。この部会では「受信世帯対策は事業者に法的義務はない」ことと、「周波数監理は国の専権事項」であることという事業者の主張の上に立って、国として対策措置を講ずることが三者共通の認識として成立し、アナログチャンネル変更対策の全額を「予算要求する」との結論に達したのである。なお、この委員会では、（デジタル受信世帯八五％の条件で）二〇一〇年を目途にアナログ放送を終了し、その時点で既使用波は一定の周波数放送以外の目的に変更することが予算要求の条件とされた。同委員会の予算要求額は、二〇〇一年度は一二三億円、総額推定は七二七億円であった。

こうした経緯と結論内容をもって「共同検討委員会」は六月一四日最終会合を開催し、「全国地上デジタル放送推進協議会」の設立を承認し、七月一七日に「全国地上デジタル放送推進協議会」（「全国協議会」）の総会が開かれるに至った。「全国協議会」はデジタル化のいわば〈実行＝実働〉協議会の性格をもっている。この協議会では、①デジタル放送においても「あまねく普及」が求められること、②HDTV放送中心のサービスであること、③アナログ放送の大部分がサイマルキャストされること、④二〇一一年段階で、現行のテレビ放送用周波数のうち三分の一程度が他の目的に変更されること、などを明らかにしている。地上デジタル放送の制度的骨格が固まったことになる。

つぎに、地上波のデジタル化に向けた〈組織〉の歴史的経緯を要約すれば、

①　一九九四年―一九九五年「マルチメディア時代における放送のあり方に関する懇談会」（「マルチ懇」）
②　一九九七年六月「地上デジタル放送懇談会」（「デジ懇」）
③　一九九九年九月「地上デジタル放送に関する共同検討委員会」
④　二〇〇一年七月「全国地上デジタル放送推進協議会」（「全国協議会」）
⑤　「地上デジタル放送推進協会」（D―PA）

という四段階を経て進展してきたが、二〇〇三年八月に全民放テレビ・NHK・主要メーカーによって「地上デジタル放送推進協会」（D―PA）が設立された。

この「協会」の具体的業務は、受信エリア情報の提供、技術規格化の推進、エンジニアリングサービス（ES）の運用、放送コンテンツの権利保障（RMP）の連絡・調整・契約、などデジタル化に関わる広範囲な「実務」を手がけつつ現在に至っているのである。

ここでデジタル放送波のスクランブル化についてもみておこう。

二〇〇〇年一一月二二日、政府の規制改革委員会（委員長・宮内義彦オリックス会長、民間二六人で構成）は年内にまとめる草案で、現行の放送受信料制度に代えて有料放送（ペイテレビ）の導入を検討するよう明記していることが判明した。各メディアはこの草案内容をめぐって報道した。『朝日新聞』（一一月二三日）は「NHK・デジタル　スクランブル化盛る　契約世帯以外はみられない方式　規制改革委草案　一律負担見直し」という見出しで報じ、リード記事で「民間有料放送のように契約世帯以外は視聴できないスクランブル機能を働かせ、視聴者の選択にゆだねるのが目的だ。地上波とは別にBSでも受信料を取っている現状をデジタル放送時代の到来を契機に見直し、インターネット事業進出を図るNHKに財源の分割を迫る意味も含んでいる」と指摘している。一方、同委員会のヒアリングで

このスクランブル化に対しては、NHKは「有料放送にすると視聴率におもねる番組となり、受信料制度で支える公共放送の経営形態にも影響を及ぼす」として反対の意見を述べていることを紹介した。

NHKの〈反対意見〉はどうであれ、有料化はWOWOW（一九九一年本放送開始）、CS（一九九六年本放送開始）などで既に経験済みの制度である。また、現行のNHK（アナログ）衛星放送受信者は一、〇〇〇万をはるかに超えている。NHKは衛星放送の受信料を徴収している。ほかの箇所で触れるように、NHKは衛星デジタル受像機の普及がすすむと、現行の衛星放送受信料にかわる（さらに高額の）受信料を徴収する（政府の方針）ことが想定されているのであり、このスクランブル化もその方向に沿った意向とみなければならない。

NHKと民放五社は、二〇〇四年四月から「番組などの著作権保護」を目的としてB–CAS（「限定受信方式」）カードキー（ICカード）をTVに差し込む方式を決めた（二〇〇三年九月三〇日）。両者のこの決定は地上デジタル放送にも応用する方針を含んでいる。このICカードは二〇〇四年四月から使用されることとなっている。

他方、民放側では有料放送＝スクランブル化に関しては、「CAS（限定受信方式）」を実行するために「B–CAS」（BS Conditional Access System Co., Ltd.）を委託放送事業者八者と東芝、松下、日立、NTT東日本などによって設立している。

二　二〇〇一年一一月に判明した新実態

つぎに取り上げておかなければならないのは、先記の共同検討委員会が出した計画を根底から揺さぶりかねない〈新事態〉である。デジタル化の完了および二〇一一年七月二四日をサイマル放送の終了とした計画は、二〇〇一年一一月二〇日時点で〈練り直し〉を余儀なくされる事態に直面した。上記、「アナログチャンネル変更世帯数六一六万」（民放連）ほどの規模ではないにせよ、先に国会に予算案を上程した時点（二四六万世帯）よりも遥かに多い「要変更」世帯数（四三六万世帯、これは現在の全国TV受信世帯数の一割弱）が判明し、そのために投入必要と見積もられる国費額が、前記「共同検討委員会」が予定した総額の三倍近い約二、〇〇〇億円に達することが判明したのである。

地上波デジタルの実施にあたり、総務省は二〇〇一年二月に、国会に電波法七一条第二項（国の事情で周波数を移すときは国が負担する）を改正提案し、〈A→A〉変換に伴う全国世帯の混信対策予算の承認を得た。なお、注目すべきは、この予算案の上程に際してデジタル受信世帯普及八五％の条件を外している。しかるに、わずか九カ月後の二〇〇一年一一月二〇日の記者会見で同省は二月の国会提案内容が誤りだったことを公表した。〈新混信世帯数〉とその対策費用が、二月の法案内容不備のまま国会で提案・可決された予算額の三倍弱に達する、という記者発表であったのだ。〈A→A〉変換政策の前途はこの時点で極めて不透明な状況となっている。放送事業者の責任範疇外の事態である。この事態は二つの点で問題を露呈している。そのひとつは、放送界が予測した混信世帯数を総務省が正確に検証しなかった結果であり、その責任は重大であるということである。二つめは、監督官庁の行政責任である。事は立法機関＝国会の審議を経て決定された（政策）予算である。予算提案権者の政府＝行政府が虚偽の（といわれても致し方ない）積算基礎に基づく提案をした責任は無視することはできまい。民間企業であれば提案担当者の〈虚偽〉行為として引責処分は免れない。しかし、総務省の放送関係担当者は現時点まで引責処分はされていない。公務員に課されている職務責任とはどういうものなのか。政策立案行為はこのままでよいのだろうか。一も二も、官僚（国家公務員）の現実無視かつ無責任な机上（on the desk）の〈杜撰な〉計算と安易な判断の結果であると指摘しなければなるまい。これは担当者＝官僚＝公務員（bueacrats）の定期（二―三年）的職場移動政策の副産物であり、その人事政策と無関係ではないであろう。

おそらく、混信世帯の数はこの二〇〇一年一一月の総務省発表が最終的実数とは限らないと想定される。放送現場の担当者が指摘するように、〈A→A〉変換による混信世帯の数が焦点となっている地域の実態把握からスタートして、隣接する混信地域へと順次に点検作業が進んでいかなければ、最終的な実数は確定しないのが電波状況検証の手法ではなかろうか。二〇〇四年四月現在でも、全国各地域の放送局は混信世帯数の確定とその対応（予算措置）策の明確化を凝視中である。デジタル放送の究極の課題は、いうまでもないが全世帯受信の実現であったはずだ。

放送のデジタル化については、「視聴者にメリット、事業者にインセンティブ」。これがキーワードとされていたが、現状ではその将来はまことに不確定である。アナログ放送終了まで「受信者保護」という立場からサイマル放送が条件づけられていた一九九九年の構想を覆した二〇〇一年二月の総務省提案→国会決定は、現時点ではもう一つの現実的障害に直面したといわざるを得ないであろう。もし事態の早急な解決策が提示されないならば、サイマル放送の延長は避けられなくなるのではないか。「受信世帯対策は事業者に法的義務はない」ことが確定している以上、この事態は政府のデジタルTVの普及阻害要因となるとも考えられるからだ。

この混信世帯対策費と直接の関係はないが、放送業界にとってはもうひとつの課題がある。先記別稿で紹介しておいたように、〈A→A〉変換のために取り替え・更新を必要とする全国の中継所・鉄塔の数はNHKと民放を合計すると一万数千カ所にのぼるとされている。地上波のデジタル化は、二〇〇三年までに三大広域圏を、二〇〇六年までに他の全国全域を完了する計画だが、このことと関連して厄介な問題が未解決である。すなわち、全国の地上放送波の中継所（局）と中継塔の〈A→A〉変換工事＝作業は、経費面は別として、電気知識と工事技能をもつ若・壮年の鳶職人が担当することになっている。二〇〇三年、二〇〇六年という期限つきのこの工事を完遂するためには、膨大な延べ人数の鳶職人を全国から採用しなければならないのだ。家屋建築では有能なベテラン鳶職人も、その老若全員

図９－１　放送デジタル化のスケジュール

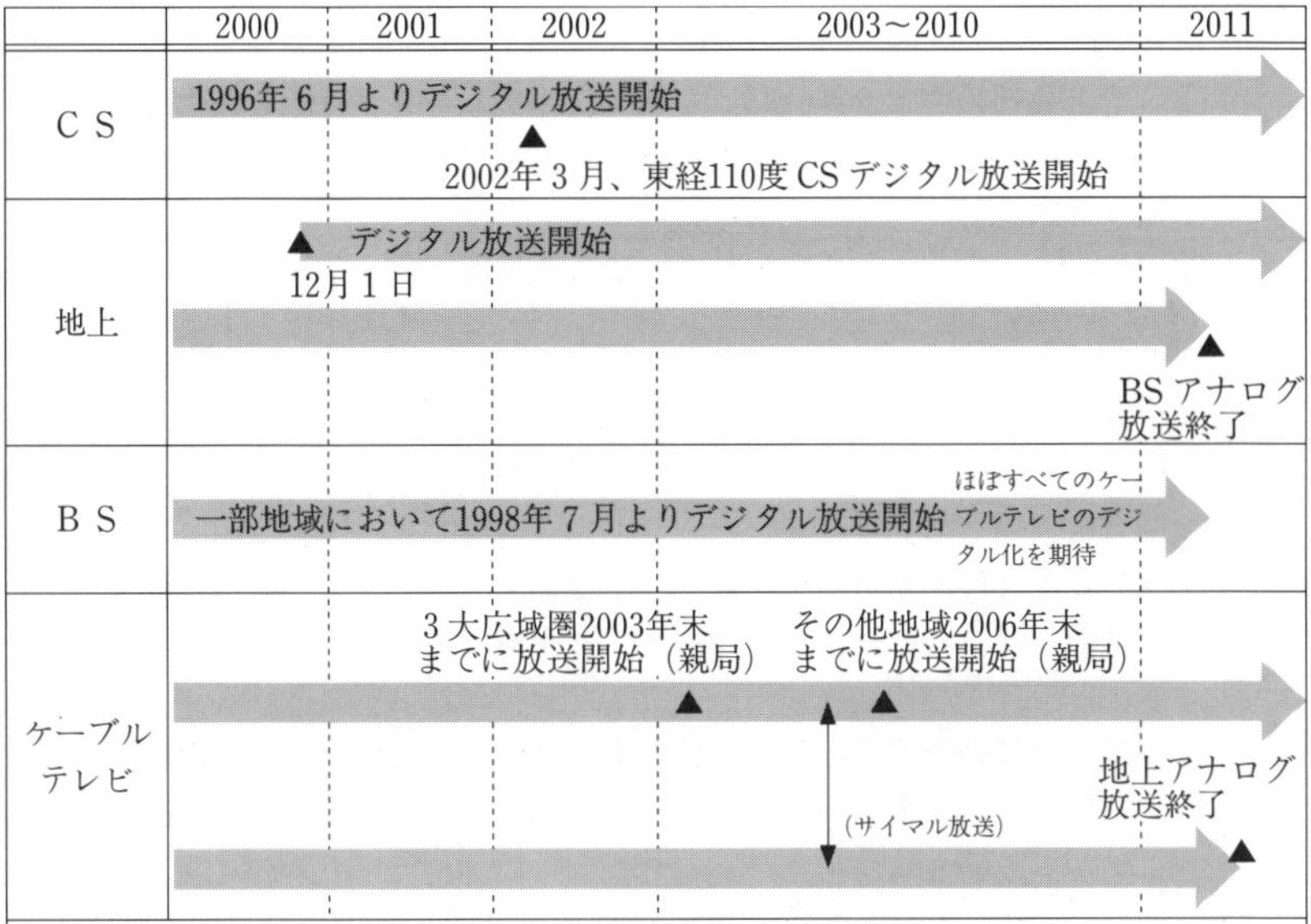

①CS放送は1996年、ケーブルテレビは1998年、BS放送は2000年に、デジタル放送を一部で開始。2011年までにBSアナログ放送を終了。

②地上デジタル放送については、三大広域圏（関東、近畿、中京）で2003年末まで、その他の地域で2006年までに放送開始。2011年までに地上アナログ放送を終了。

出典：メディア総合研究所『メディア関連資料－39』，177ページ。

が高所での電気技術作業に従事することは不可能である。総務省は年限の定められた期間内に、多数の適能な鳶職人をいかにして採用することができるのであろうか。このことは決して無視出来る事柄ではない。

総務省は二〇〇三年三月になって、二〇〇三年末に開始する地上デジタル放送は、東京都内二三区や大阪市など一部の親局地域に限定（縮小?）するという後退計画を発表せざるを得なくなった。かつて（二〇〇一年）政府（放送業界・家電メーカー業界などは合唱して）は「デジタル化はIT社会のゲートウェイ」と大々的に銘打ち、①四、七〇〇万世帯のほぼ全世帯に普及しているテレビ（約一億台）のデジタル化。全家庭における身近で簡便なIT基盤形成。②インターネッ

表9－1　地上テレビジョン放送のデジタル化の意義

1	IT 会社のゲートウェイ ①　地上放送のデジタル化は、4,800万のほぼ全世帯に広く普及しているテレビ（約1億台）のデジタル化。全家庭における身近で簡単なIT 基盤を形成 ②　インターネットと連携したサービスを可能に （例）【テレビ番組】　　【インターネット】 ○自治体からのお知らせ → 関心を持った地域の催しをクリック（内容、日時、場所等の詳細情報） → インターネットに連動して申込み ○紀行情報番組 → 気に入った温泉宿をクリック（空き情報、部屋の種類、価格等の詳細情報） → インターネットに連動して予約
2	視聴者にとってのメリット ①高品質な映像・音声サービス（ハイビジョンやゴーストのない画像） ②高齢者・障害者にやさしいサービスの充実（例：セリフの速度が調節可能に） ③安定した移動受信の実現（自動車等でクリアな映像を受信可能に） ④データ放送の充実（例：ニュース、天気予報をいつでも視聴可能に）
3	新たな周波数資源の創出 アナログ方式と比較して使用周波数を大幅に節減可能 ⇨　移動体通信など新しい周波数ニーズへの対応
4	経済効果 ①受信機、放送設備だけでも今後10年間で40兆円の経済効果（大手家電メーカー試算） ②関連産業への波及効果まで含めると212兆円（「地上デジタル放送懇談会報告」H10年）

出典：メディア総合研究所『メディア関連資料－39』，178ページ。

ト と連携したサービス可能。などを強調していたではないか。一方、テレビ視聴者にとってのメリットとして、①高品質な映像・音声サービス、②高齢者・障害者にやさしいサービスの提供（セルフ速度が調節可能）、③安定した移動受信の実施、④データ放送の充実、などをも謳っていた。また、「新たな周波数資源の創出……移動体通信など新しい周波数ニーズへの対応（約一二〇ＭＨｚ）」に加えて、①受信機、放送設備だけでも今後一〇年間で四〇兆円の経済効果（大手家電メーカー）、②関連産業への波及効果まで含めると二一〇兆円、などの経済効果が期待できるというバラ色の〈夢〉が喧伝されていた。それはわずか三年前のことであった。

表9－1の2の①が明示しているように、「高品質な映像・音声サービス」つまりHDTVが最も強調されている。このことは「画像・音声」の〈高品質〉を担保とするが、番組内容（意味内容）の〈向上〉や〈良質〉とは無関係である。

ともあれ、今（二〇〇三）年一二月に開始したデジタル放送は、関東一、六〇〇万世帯のうち、民放は東京都千代田区、中央、港区などでわずか一二万世帯。NHK総合は都内ほぼ全域と千葉県西部の七〇〇万世帯。近畿八〇〇万世帯のうち、大阪市（のみ）のほぼ全域の二八〇万世帯。中京四〇〇万世帯のうち、民放は名古屋市など二四〇万世帯。NHK総合は二三〇万世帯。などが受信可能であるらしい。しかし、〈A→A〉変換がうまくできるか。できたとして四〇万円程度のデジタル受信機を買う世帯がどれほどあるのか。絶対的＝不可避の難問が待っている。

目下進行中の地上波のデジタル化のための地方局の設備投資負担が、その経営体力の限界を超えるレベルに達しているいると強調されてから久しい。デジタル化に伴うハードウエア構築のため経営赤字を続ける地方局には、今後さらにソフトウエアのコスト負担が大きくのしかかってくるのは避けられない。他方、デジタル波による放送を開始しても、放送局の収入が増加するわけではない。過去一〇年間の放送局の営業収益（図9－4）状況にも注目しなければならない。民放の場合、営業収入の多くはスポンサーからの広告収入である。

なお、市村元はこのグラフについて「グラフは四本ある。局の技術陣が提案した投資スケジュール「第一案」をもとに計算した二〇〇三年以降の単年度収支（実線）と累積赤字（波線）。それを経営陣と財務担当者が修正した「第二案」での単年度収支（実線）と累積赤字（波線）である。」と説明を加えている。[2]

表9－2　三大広域圏の地上デジタルテレビ放送の視聴可能世帯（予定）

	放送局名	リモコン番号	周波数 ch	視聴可能世帯		
				2003年末	2004年末	2005年末
関東広域圏	NHK総合	1	27	約690万	約880万	約1400万
	NHK教育	2	26	約12万	約640万	約1400万
	日本テレビ	4	25	約12万	約640万	約1400万
	TBS	6	22	約12万	約640万	約1400万
	フジテレビ	8	21	約12万	約640万	約1400万
	テレビ朝日	5	24	約12万	約640万	約1400万
	テレビ東京	7	23	約12万	約640万	約1400万
	東京MXテレビ*	9	20	約12万	約470万	約690万
中京広域圏	NHK総合	3	20	約230万	約310万	同左
	NHK教育	2	13	約230万	約310万	同左
	中部日本放送	5	18	約240万	約290万	同左
	東海テレビ	1	21	約240万	約290万	同左
	名古屋テレビ	6	22	約240万	約290万	同左
	中京テレビ	4	19	約240万	約290万	同左
	テレビ愛知*	10	23	約160万	約230万	同左
近畿広域圏	NHK総合	1	24	約280万	約460万	約570万
	NHK教育	2	13	約280万	約460万	約570万
	読売テレビ	10	14	約280万	約540万	約580万
	朝日放送	6	15	約280万	約540万	約580万
	毎日放送	4	16	約280万	約540万	約580万
	関西テレビ	8	17	約280万	約540万	約580万
	テレビ大阪*	7	18	約170万	約300万	約380万
	視聴可能世帯合計			約1200万	約1700万	約2300万

（注）①*は県域（都域）放送
②網掛けは、現行アナログ放送と同じ規模
③フル出力となる予定時期は、関東と近畿が2005年末，中京が2004年末。アナログ周波数変更対策との関係で前後する可能性あり。

出典：総務省資料から作成。

図９－３　地上波デジタル開始予想

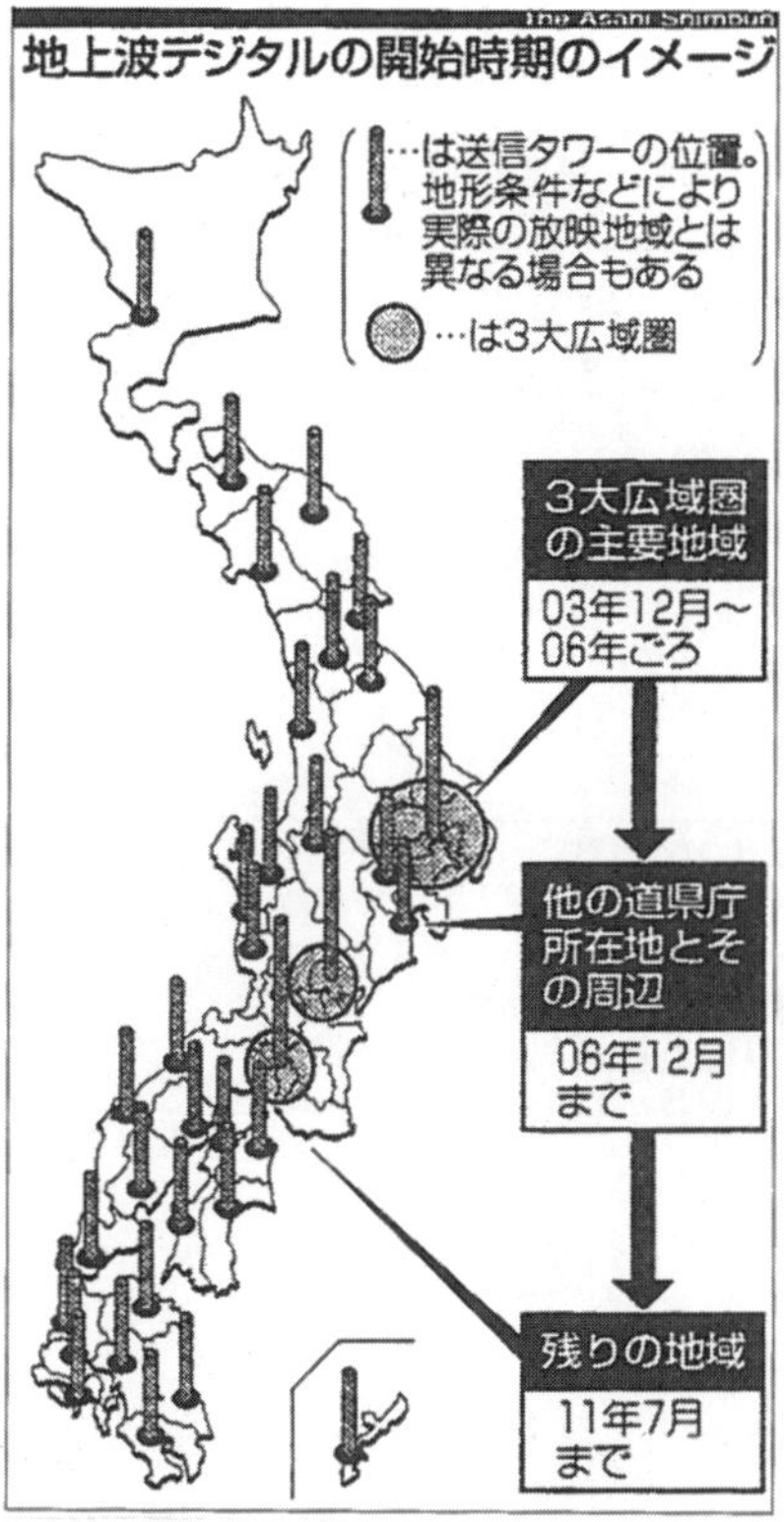

出典：『朝日新聞』2002年11月30日（夕刊）

図９－２　地上デジタルテレビ放送のエリア（関東広域圏）

(2003年12月１日放送開始時)
NHK 総合
NHK 教育、民放各局

(2004年末目途)
NHK 総合(放送開始時エリアに追加)
NHK 教育、民放各局
(NHK 総合の放送開始時エリアにほぼ同等)

(2005年末目途)
NHK、民放各局(最大出力時)

(注) MX テレビは出力が異なるため，エリアが異なる。

出典：『月刊　民放』2003年６月，５ページ。

図９－４　放送局の営業収益総計と地方局投資計画シミュレーション

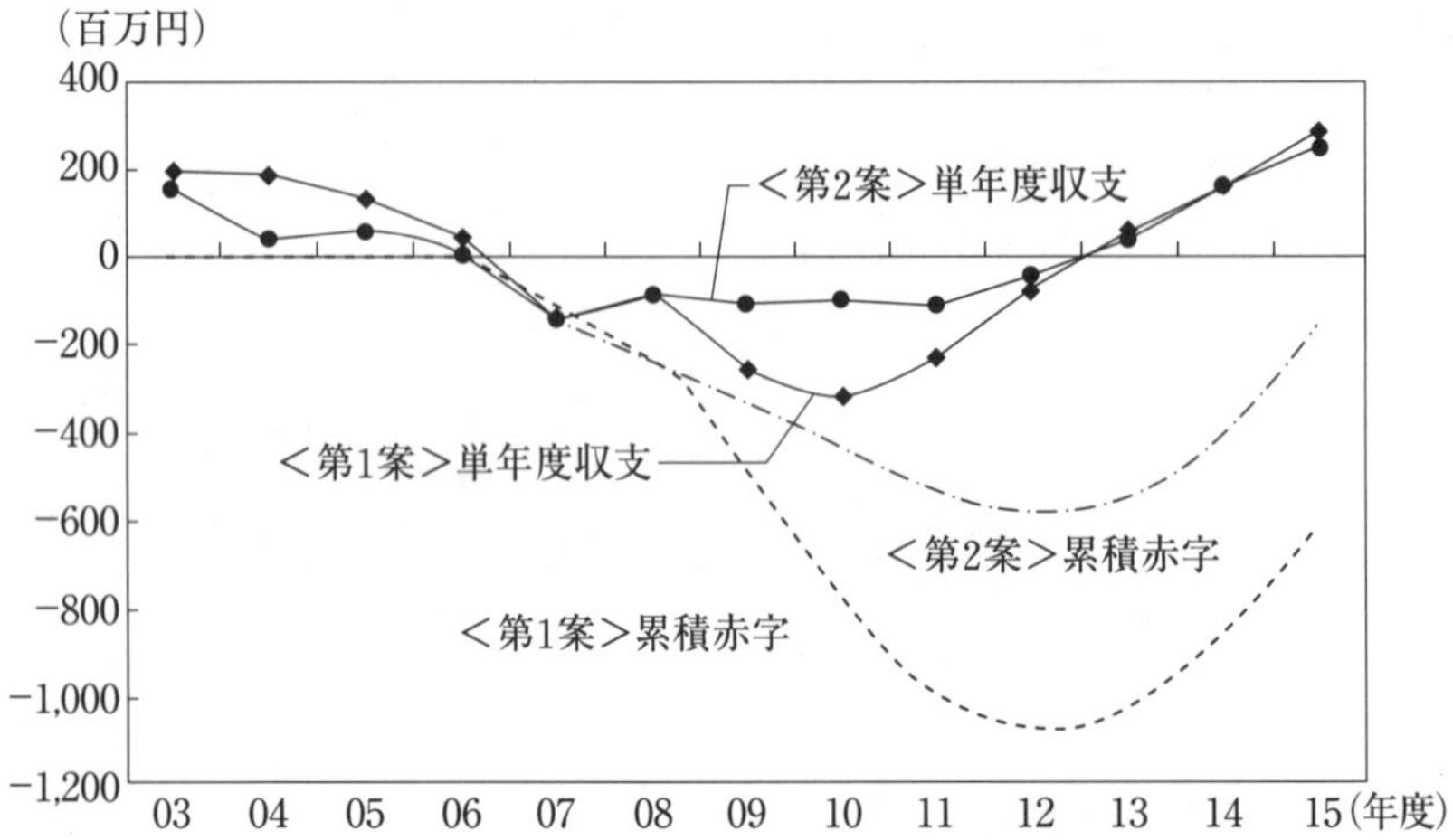

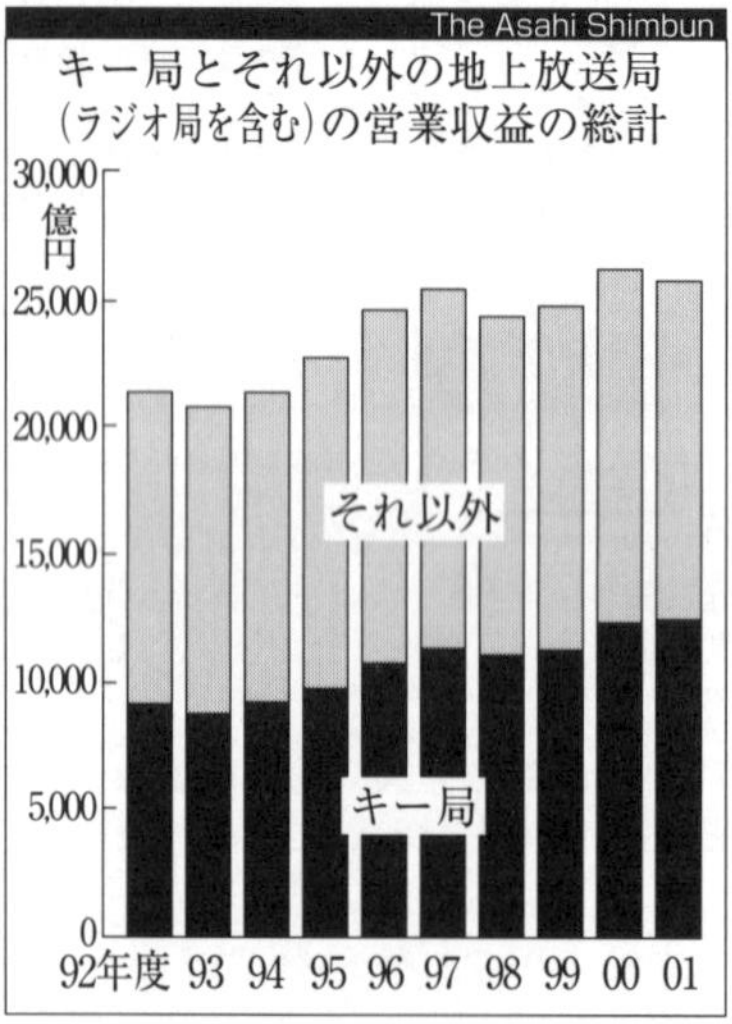

出典：市村元「テレビの未来」『マス・コミュニケーション研究』2003年，84ページ。および、『朝日新聞』2003年２月27日。

第二節　マスコミ過程の必要条件――（一）放送界の態勢

いうまでもなく、デジタル・テレビ放送の発信―受信はマスコミ過程にほかならない。したがって、そこにはメディア・コミュニケーション過程を構成するための必須の要件が備わっていなければならない。すなわちつぎの①―③の三要件である。

① メッセージの発信者（放送局）↓放送局のデジタル化、電波発射の親局（放送塔）。

② メッセージそのもの（放送番組）↓継続的な番組制作能力。

③ メッセージの受信者（視聴者）↓デジタル受信機の購入とその作動。

これら三要件からみた場合、本計画の実態はどうなっているか。まず放送界の現状・態勢から改めてみていこう。

一　放送局のデジタル化

（1）海老沢NHK会長の二〇〇〇年頭挨拶

NHKの海老沢会長は二〇〇〇年頭の挨拶でこの年を「デジタル元年」と位置づけた。この年の九月にはシドニーオリンピックがあり、各社は衛星（BS）を使ってデジタル放送の試験放送を行った。（W杯サッカーは二〇〇二年であった。）二〇〇〇年一二月一日からはデジタル放送用のBS4a―後機経由で本格放送も開始された。電気メーカー各社も同年秋頃から外付けチューナーやデジタル対応受信機を売り出した。NHK『BUNKEN Report NO.8』（二〇〇一年四月）の「デジタル革命の予感　放送が変わる、視聴者が変わる」のなかでは、「二〇〇〇年一二月のデジタル放送を皮切りに、ＣＳ１１０度放送、地上波デジタル放送、そしてＡＤＳＬやＦＴＴＨなどのブロードバンド放送が今後順次始まっていく。デジタルインフラが日本に何重にも張り巡らされることになる……。アナログ時代の放送は、受信料制度のＮＨＫと広告放送の民放で支えてきた。しかし放送開始から五〇年を経ようとしている今、デジタルへと転換するなかで放送事業は大きく変身をとげようとしている。それは、単に伝送技術がアナログからデジタルに取って代わることを意味したり、「広告放送」から「有料放送」や「その他の収入の道」へというビジネス形態の変化だけにとどまっているのではない。実は放送が運ぶ情報の中身や放送の位置づけ、放送の役割の問題にまでおよんでいる。[3]」（傍線は引用者）と述べられているが、まさにその通りであろう。

　周知のように、各種の活字メディアならびに電波メディアは、こぞってデジタル放送の幕開けを喧伝した。しかしながら、現実はその後どのように推移したであろうか。デジタル放送も放送である。放送が実現するためには、放送の①発信側（放送局）と②受信側（視聴者）の双方に放送波の送−受装置が完備され、送−受される③放送内容（番組）が流れていなければならない。ＴＶであれラジオであれ、これは放送現象にとっての不可欠の要件である。以下では、まず、①の発信側（放送局）のデジタル化の実態から見ていくこととする。

　発信側（放送局）のデジタル化〈対応〉の実態に関して、ＮＨＫ西東京営業センター長・稲永新悟は中央大学での講演[4]で、地上波のデジタル化に要する費用はＮＨＫと民放の合計が推計では約一兆円近くになると述べた。ＮＨＫは受信料でまかなうとしても、民放では、特に地方局がその負担に耐えられるだろうか問題であるとも指摘した。放送局のあらゆる器機（全国に設置されている中継所と一万数千カ所にある鉄塔の機械の取り換えを含む）の更新に要する費用の莫大さを強調したのである。すなわち、巨大な情報インフラの「部分的」再構築の費用である。放送のデジタル化は、ＨＤＴＶ（ＮＨＫはハイビジョンといっている）で高画質の映像と繊細な音響を送信できるし、双方向交信可能な高度情報機能のシステム構築を実現するとはいうものの、施設・機器費用の額が問題とされるのだ。前記のようにＮＨＫは受信料でデジタル化の費用を捻出することとしている。ＮＨＫとしては政府・郵政省の〈国策〉とあれば〈否〉はいえない立場にある。一方の民放では、全国一二七社の年収総額＝二兆数千億円のなかから支出しなければならない。後にも触れるが、地方の民放局はいまデジタル化にどこまで耐えられるか苦慮中である。要するに、一二七社全体の年間売上高が自動車メーカー・トヨタ自工一社のそれにもおよばない〈小規模な〉経営規模の産業界なのである。この経済・経営的構造のゆえに、稲永新悟は〈民放ローカル局炭焼き小屋〉化を回避するためには、ローカル局の再編・合併・統合が起こるのではないかと予言した。

放送のデジタル・インフラには莫大な金額が必要であるが、〈デジタル化〉には①送信電波のデジタル化と、②送信内容（番組）の制作過程のデジタル化の二者を含んでいる。①には従来使用の analogue 波の整理〈A→A〉変換と digital 波設定〈A→D〉変換の両面でのコストがかかる。②の制作過程では、マスター（副調整室）のデジタル化や専用機器の他にも番組制作に際して投入される諸経費がかかる。これらの総額は地方民放単局の企業「体力」を超える額だといわれている。

二　民放連の公費助成要請

日本民間放送連盟（以下、民放連）の試算によれば、放送局の関連施設のデジタル化経費は六、四〇〇億円（七、〇〇〇億円説、八五〇〇億円説、さらには一兆円説もある）とされる。各局のサービスエリアの大小（中継塔数でみれば、最多は北海道、次が長野県、以下広島県と続く）はあるが、平均すると一局あたりの設備投資額は六三億円。一方、二〇〇二年度当期利益は平均七億円であり、実に九年分の利益を投資する計算になる。その費用の大半はテレビ局が負担し、一部は旧郵政省が「放送の高度化と周波数の有効利用を目指す国策」という理由により盛り込んだ二〇〇一年度（当時）予算で賄うことになるようだ（一部は承認された）。旧郵政省の計画による「第一期＝二〇〇三年まで」の地上波デジタル化地域の関東・中京・近畿の三大広域圏は、経済力と人口集中度からみて、それら圏内の民放各社は借金してでも、デジタル化に必要な経費を用意することは可能であろう。東京のキー局は既にその第一歩を完了しているようだ。問題なのはそれら三大広域圏以外の全国各地のローカル民放局である。一〇〇以上のローカル民放局のなかには、自力でデジタル化を実現することのできるもの（福岡地域）もあるらしい。が、それが可能なのはごく少数局であり、大多数のローカル局は二〇〇六年までのデジタル化は至難のことといわれている。

ローカル民放局にとってデジタル化がなぜ至難のテーマであるか。それは、それらの局の経済的・経営的構造に起因する。第一に放送局の設立地域の経済的脆弱性とエリア内人口の過疎性であり、これは上記の三大広域圏のそれとは対照的である。つぎに、放送局の経営構造の脆弱性である。すなわち、ローカル民放局の収入源は、三―四割のネット収入プラス五割のネット広告費収入の計七―八割がキー局から、他の二―三割が地域スポンサーからの広告収入で構成されている。ローカル民放局は収入源の五割を占めるネット広告費を、キー局に依存しているのである。そのキー局の広告収入自体がデジタル放送実施後にかなり厳しい状況になることが指摘されているのだ。民放連の試算によれば「現在はテレビ広告費全体の九九％を占める地上波テレビがBSデジタルに奪われる結果、二〇一〇年には七七％に減る。広告費全体の伸びがさほど期待できない中で、地上波の広告費シェアの低下は地方局を直撃する。」（『朝日新聞』二〇〇〇年一一月一一日、夕刊）この点は地方局の幹部レベルの予測と一致している。

このように、ローカル民放局は在京キー局の系列ネットワークの傘下で経営され、企業体として放送メディアたりえたのである。しかも、デジタル化で経済的にも追い込まれているキー局に、系列傘下の多数の地方民放局のデジタル化費用の援助を期待することは望み得ないであろう。しかも後に触れるが、デジタル化によって放送波が増えチャンネル数が増加する。キー局はその波で発信する番組の制作に要する費用とスタッフの調達に現在すでに四苦八苦している。二〇〇一年は民放局全体の約三分の二にのぼる局が免許（再）認可申請の年にあたっていたが、旧郵政省は二〇〇六年までにデジタル化を行うという申請をするようにと〈示唆〉した。某・地方民放局の担当者によれば、デジタル化に取りかかるならば、初年度（二〇〇一年度）は〈A→A〉変換に約一八〇億円がかかり、完成までは計八五〇億円を要するという。この事態に関しても国は〈全面的〉な援助はしない方針であり、ローカル民放局はいま開局以来の最大危機に直面していると言っていい。

『Kyodo Weekly』（二〇〇〇年四月一〇日号）に掲載されているように、民放連はデジタル化には国の支援が必要であるとして、旧郵政省にたいしてその点を要請していた（二〇〇〇年）。その内容は、①極めて大きい社会的、経済的効果を生むので国が積極的に支援をするべきである。②デジタル開始で最大課題になっているアナログ周波数変更にあたり国が経費を負担すべきである、と。民放連のこの〈要請〉は各民放局の経営実態に鑑みる限り妥当なものといっていいだろう。デジタル化は民放から提案された政策ではなく、国策として政府（旧郵政省）が決定したものである。しかも放送は国家免許事業であり、その興廃の責任は免許認可権者の行政府にある。

民放連が要請する国費の支援要請の点（前記の①）極めて大きい社会的、経済的効果を生むので国が積極的に支援をするべきである。）と関連して、つぎのような提案すら出されている。津田　正（元自治省事務次官）は「景気対策デジタルテレビ配布も一案」と題して『朝日新聞』（二〇〇一年四月一三日）につぎのような意見を開陳している。

「……わが国の経済はデフレスパイラルのがけっぷちにある。さらなる景気対策を講じざるを得ないであろう。……わが国の全世帯にデジタルテレビを無償で配るという具体的提案をたたき台にして、……情報家電の玄関口といわれるデジタルテレビは多種多様な周辺機器利用への出発点となり、……パソコンのキーボードに拒否反応を示す人も、デジタルとはいえ家電であればユーザーになりやすいから、新しいビジネスチャンスも生まれよう。……所用経費は五、〇〇〇万世帯×一世帯二〇万円限度＝約一〇兆円。これをどう賄うか。……一つは道路特定財源の年間収入分約五兆円。もう一つは現在特別措置として行われている所得税などの定率減税を廃止し、その税収約三兆円も充当する。」この津田正の意見の主眼点は、景気対策としての国費投入説であるが、「多種多様な周辺機器利用への出発点」「家電であればユーザーになりやすい」という指摘は、この本稿の他の箇所でも触れることになる「視聴＝受信者側のデジタル化」の現状とも密接に関連する内容を含んでいる。

実情に改めて触れておこう。メッセージの発信者として、在京各キー局は先行的にデジタル一波の放送（ハード、ソフトとも）を可能にしている、といわれるがその実質的内容は極めて弱体である。民放系列のローカル局は数年度にわたる「単年度赤字」を続ける方針で、まずマスター（副調整室）のデジタル化を完了し、他の機器への投資を今後準備することにしている局がほとんどである。したがって、政府がデジタル化計画を変更しようものなら、ローカル民放局は「目もあてられない」借金地獄に突き落とされるのは必然である。つぎに、電波発射の親局（放送塔）に関してはどうか。現在のアナログ波は東京タワーを発信親局とし、その波を約一、五〇〇の放送局・中継塔で中継して国内全域に届けている。〈A→D〉変換により、デジタル波を発射するためには東京タワーの発信位置の二倍の高さから発射しなければ、全国各地域には到達しない。そのため、二〇〇二年に東京では上野地域（二〇〇四年にはさいたま市）を新しい高層タワーの建設地点に計画していた。中京圏と近畿圏でも新タワーを建設しなければならない。筆者が二〇〇二年五月末に行った長崎市での聴取調査でも、同市の民放社は稲佐山頂に共用の新タワーを建設する計画が決まり、その設計図がやっと出来上がったという状態であった。他地域のローカル各局でも事情は同様であろう。

関東地区に限っていえば、政府は二〇〇三年のデジタル放送開始（一二月一日）という計画を変更していない。同年末には是が非でもデジタル波を発射する姿勢を〈堅持〉した。発射するデジタル波はＮＨＫ総合（チャンネル番号一）のみであり、民放各波は「試験放送」にとどめるという計画である。在京の民放各局は「東京タワーの現在位置から発射されるデジタル波放送が総務省のブラウン管に映れば、それで政府の免罪符は得られるのであろうよ」と冷淡（？）そのものである。その日のデジタル波が到達する範囲は東京都二三区全域には達しないことが確定している。全国に中継されるデジタル放送波の発信位置（高さ）を装備し上野地区などでの放送タワーが完成するのは、何年何月何日のことであろうか。今後一年間に完成するとはとても考えられないであろう。かくして、①のメッセージの発信者（放送局）が稼働しなければ、メディア・コミュニケーションとしてのデジタル波放送は不可能である。なぜならば、〈送り手〉が存在しないに等しいからである。

三　放送局のデジタル化費用

われわれ（中央大学・早川研究室）のチームが二〇〇〇年に実施したアンケート調査「『デジタル化』の設備投資額の見込み」についての設問に対して以下のような回答が寄せられている。(5)

① 番組制作用機材を別に送信設備だけで五〇億－一〇〇億円の間（北海道テレビ放送）。
② 概ね四〇－五〇億程度が必要とされている。いきなり四〇億という資金は困難、徐々に整備を整える方法になると予想している（岩手めんこいテレビ）。
③ 六〇億円（東日本放送）。
④ デジタル化費用の区分は難しいが、あえて分けると五〇億を超える（福島中央テレビ）。

⑤　富山県は地理的に恵まれており、親局だけで全県の九六％がカバーできる。このため全国的に見て投資額は低く設定できるが、およそ三〇億は超える模様（富山テレビ放送）。
⑥　数十億円（石川テレビ放送）。
⑦　まだ詳細な全貌がみえないのではっきりいえないが、最低三五億円程度（北陸朝日放送）。
⑧　約五五億円。状況、条件、デジタル化の範疇の捉え方で大きく変わる（テレビ広島）。
⑨　四〇・二億円（制作設備は除く）。一二億円＝自己資本　二八・二億円＝借り入れ（愛媛放送）。
⑩　数十億円を予定している（四国放送）。
⑪　最終的には（全域カバー）はっきりしないが、当面、親局中心に主要地域カバーで五〇億円前後の見込み（長崎文化放送）。

少し長い紹介になったが、列記した①－⑪の各局の回答は、放送波の〈A→D〉化に「直接必要な経費」のみをあげているのであり、自局「エリア全体での変換を、一挙に」実施するのではなく段階的に進める、という内容である。また、デジタル化に必要な放送局内の施設・設備や機材等に支出される「関連費用」は、この金額には含まれてはいない。

〈A→A〉変換に要する費用は、放送エリアが広いほど多くかかるとみなければなるまい。民放で放送エリアが広く、かつそのための費用が多くかかるとみられるのは、北海道・長野県・広島県の順であることは既に記したとおりである。たとえば北海道のSTVの場合、中継所数は一六九カ所である。北海道の民放全局での〈A→A〉変換箇所は一九カ所であり、要する費用の総額は約一四億円（二〇〇一年五月現在）だが、これには国費が当てられることとなっている。山陰放送（BSS）ではデジタル化を二〇〇四－五年までに「前倒し」で行う計画を検討しているが、八六箇所の中継局(塔)を一挙に変換するのは困難であり段階的に実施するという。それでも当面約一一億円が必要である(エリア全部だと三〇億円はかかる)。マスター(約二〇億円)、機器(約一二億円)などなどで、当面、約六三億円が必要とされている(二〇〇一年二月現在)。完了時までには少なくとも八二億円を見込まなくてはならないとされていた。

総務省は二〇〇一年二月の第一五一回通常国会に、二〇一一年のアナログ放送終了を盛り込んだ電波法の一部改正案を提出した。この法案のなかには、二〇〇〇年四月二六日に開かれたNHK、民放、旧郵政省からなる共同検討委員会の見解が組み込まれている。すなわち、周波数の変更必要世帯が全国で約二四六万世帯にのぼり、その対策経費は約八五二億円という試算である。電波法の一部を改正し、この対策経費を国費(電波利用料＝総額四〇〇億円から)で賄うことを含んだ提案であった。この提案のなかで見落としてはならない問題点がある。それは、旧郵政省案が前提とした〈二〇一〇年のデジタル受像機普及率八五％の条件〉が外され、普及率の如何にかかわらずサイマル放送を打ち切るという点である。二〇一一年までにデジタル波を受信可能なテレビ受像機をもたない者は放送番組を視聴できなくなるのだ。

ローカル民放局の直面する危機について大倉文雄はつぎのように述べている。「民放ローカル局は、地元(県域)の経済力の弱さのために単局で自立経営するのは極めて困難であり、①系列内でブロック化されるか、②他系列局と広域地域内でブロックを結成するか、の選択を迫られるのではないか。」と述べ、さらに将来を予測すると「再編成のきっかけはまずBSをめぐる番組供給である。東京キー局がBSに軸足を置けば別会社とはいえ、東京キー局プラス系列BSを中心に再編成が進み、ネットワークの地方局は切り捨てられる。地方局は放送地域のなかで生き延びるための再編成を模索しなければならない。その場合まず関東、東北、中部、四国、九州といったブロック単位の合併が想定される。」つまり、「キー局中心の吸収合併になるか、地域のなかで統合されるか、新規参入者の軍門に下る

か、いずれにしても淘汰される運命をたどるだろう。」(6)

つまり、大倉によればBSデジタル放送の全国化が進むと、①は放送内容（番組）の制作能力の有無で現行の民放系列内のローカル民放局は選別され、BS経由の番組制作↓発信能力を有する局だけが新規のネットワーク系列にとどまることが許される、ということになる。番組制作↓発信能力のないローカル民放局はこの新規ネットワークから除外されるのだ。②は、現在の全民放一二七社が五つの広域圏の中でブロック化され、私企業連合体を結成する道である。そして最後の道は、放送以外の産業・企業によってローカル民放局が買収されることである。

ローカル民放局がデジタル化費用捻出に甚大な苦難を経験していることは既にみたとおりである。しからば資本金の大きさや収支の安定を謳歌してきた民放キー局のデジタル化経費状況はどうであろうか。『朝日新聞』は二〇〇三年六月五日の紙面に「『デジタル化』負担ずっしり」の見出しで、つぎのように書いている。

「九年連続の視聴率四冠を達成し、今年一〇月から東京・汐留の新社屋で放送を始める日本テレビ。新社屋はデジタル対応の最新機器を備えているが、高価なだけに減価償却費は巨額だ。建物や機器の価値が年々減っていく分を経費として計上しなければならず、今年度の減価償却は前年度より一〇〇億円増の一六〇億円。ピークとなる来年度は二一〇億円、〇五年度は一七〇億円、〇六年度は一四〇億円と『とても重い負担』（氏家一郎会長）が続く。

日テレ同様、新社屋を東京・六本木に建て、今年九月から放送を開始するテレビ朝日も原価償却費の負担は重い。二〇〇三年度下期に九〇億円、次年度は一一五億円の計上を見込んでおり、当期の利益予想は前期比五八％減の八億円にとどまっている。」

キー局の事情はこれら二社に限られるものではない。いずれも大同小異である。また、『朝日新聞』は同日記事で「民放各社は一一年の地上波デジタル放送への完全移行にむけて、これから地方局の設備投資を本格的に進めていかなければならない。二〇〇二年度決算では、すでに各局とも減益を強いられており、今後の負担に耐えられるかは微妙だ。」と悲観的（？）見通しを出している。

第三節　マスコミ過程の必要条件――（二）継続的な番組制作能力

つぎに②メッセージそのもの（放送番組）についてはどうか。先述のように、NHKはともかくとして、民放全キー局のコンテンツ（放送番組）制作能力は現在でもほぼ限界にあるとみなければならない。〈A↓D〉の変換が実現したら、地上波だけでもアナログ波の三倍の波数の使用が可能となる。現行一チャンネルのほかに二チャンネル分のコンテンツを制作・放送するはめに要する予算と人員をいかにして獲得するというのか。二〇〇〇年一二月開始のBSのコンテンツの制作状況の実績からみても、その事情の深刻さが推察されよう。

デジタル化によって放送波は従来より数が増え、多メディア・多チャンネルの時代が本格化する。二〇〇七年まで、衛星からはNHKと民放の一〇波にデータ放送と音声波の計二〇のデジタル波が発射される、まさに多チャンネル放送（二〇〇〇年一二月一日現在では一七チャンネル）の実現である。各放送局は現在のアナログ放送のほかにデジタル放送用の番組を制作・発信しなければならない理屈だ。NHKは既に衛星放送（二波）を行っていて民放よりもゆとりがある。民放はBSデジタル放送開始まではCS（Communication Satellite＝通信衛星）で部分的にデジタル放送を始めていたが、これからが本番である。はたして番組＝ソフト制作・供給態勢は確立されているであろうか。

民放局の担当者によれば、現在、各民放キー局が番組制作のために投入している金額は年間平均約一、〇〇〇億円であり、BS用の制作費は四〇億円―一〇〇億円程度である。先に触れたように、アナログ波をデジタル波に変換した場合、デジタル波三波での送信が可能となる。従来の放送形態を考えるならば、一波をほかの目的に使用するとしても他の二波を放送用に充当することが想定されよう。つまり、従来の（アナログ波）放送内容（番組）のほかにもう一波分の番組を制作・編成しなければならなくなっているわけだ。年間一、〇〇〇億円の番組制作費を二倍に増加することは、はたして現在のキー局にとって可能であろうか。なお、最近の報告によれば、「民放テレビで二兆三、〇〇〇億円、NHKで六、七〇〇億円、計三兆円が今、番組制作に」(7)投入されているという。

ここから、キー局自体の放送番組の編成にとって重大な状況が生起する。同時に、それはネットワーク傘下のローカル民放局への番組供給に関して重大な問題局面を提起することとなる。まず、キー局は現在のアナログ放送番組のなかで〈強い〉番組をデジタル放送用に編成する必要に迫られるだろう。もう一波のデジタル放送用の番組編成には残りの番組と新しく制作する番組を使用する。新しい制作番組に投入する制作費は必ずしも大きくはないであろう。他方、このままだとローカル民放局には〈強い〉番組は供給されなくなる。

他方、放送番組＝内容素材（contents）（業界用語でいうコンテンツ）つまり〈ソフト〉は、①情報系コンテンツと、②制作系コンテンツの双方での不足事態が起きる。①の情報系コンテンツとは、フロー情報、すなわち、時事ニュース、マーケット情報、気象情報、インターネット情報、などである。これらはコスト的には低コストのものである。もう一つの②の制作系コンテンツとは、取材・加工さらには解説を要するジャンルの制作コンテンツのことであり、ドラマ・ドキュメンタリーなどに代表される放送番組である。それらの生産過程は従来放送局とプロダクションが担当してきた。こちらには多額の制作費と従事する人材の用意が必要である。これらのソフト制作部門は従来のスタイルを継続するであろう。放送分野固有の領域である。デジタル化の進行でチャンネル数が増加すると、ソフト部門は従来以上に増大されなければ需要に応えられなくなるのは当然である。他方、ハード（流通）部門は通信分野との競合もしくは融合といった状況に分離されていく可能性が大である。

ここでBSデジタル放送の本放送が開始されてから一〇〇日経過した（二〇〇一年春）頃の放送現場の制作者たちの述懐を紹介しておこう。

「自前の報道は一つもないわけで、地上波のネットワーク工場でつくられる一つのニュースをタコ足的に取って出しているにすぎない。」

「BS用の別のコンテンツをつくったとしたら、それをBSに渡すときに、BSからカネを取らないと贈与ということで税法上の問題が出てきます。」

「地上波でも不振の番組はいっぱいあるわけですから、BSにカネをかけようなどとは、とても考えないですよ。」

「三カ月余りが過ぎたわけですが、いまのBSデジタル報道の内容……率直に言って面白くない。」

「映像はHDで撮っているのですが、VTRは全部SD（現在の標準テレビ）です。」

「そもそも制作費……は地上波の……十分の一でしょうね。」

「有料放送……何がネックだったのですか。……結局、課金と加入促進、顧客管理です。このノウハウがいまの民放に全くない……」

「……制作者の間でも、BSやCSに参入することでモチベーションが上がったという話しは聞いたことがない。」

「……無料放送の地上波とＢＳの棲み分けはどうなるのでしょう。」

「……有料放送と無料（広告）放送とでは、視聴者が放送に求めるものが全く違うのです。」

「……ＢＳに多くの問題があるとしても、ローカル局の命運をキー局が握っている状況に変わりはないということ……。」

「……普及のカギを握るのはコンテンツです。放送の原点は結局そこにあるのですから。(8)」


テレビマンたちがＢＳデジタル放送の開始以前からこの放送に情熱をもたず、懐疑的であったことは知る人ぞ知る事実である。が、しかし、あまりにも絶望的過ぎる述懐が吐露されていて、やはりそうかといわざるを得ないのが現在の放送メディア現場の実態である。しかし、それは予想されていたことであり、驚くまでもないのだ。それよりも、この状態がＢＳデジタル放送の展開されていく歴史の最初の一里塚であって欲しいもである。そしてそれが真に一里塚であるためには、放送界にとっての必要要件はなにかを明確にすることであろう。

なお、注記別稿（一）の「放送局のデジタル化」の記述内容にも関係のある報告が『ＧＡＲＡＣ』（二〇〇二年四月号の〈座談会〉に掲載されているので、ここで紹介しておこう。


「報道は放送局が自前で持っている最大のコンテンツだと思う。」

「報道機関としての社会的責任は計り知れないほど大きいのに、すっかり忘れている。」

「役所が決めた。業界トップも《やる》といった。うちの社長も専務も《やる》といった。すでにおカネも出しちゃった。出しちゃったからには、カネ儲けしなければならない。」

「役所は、電波を整理してテレビをどかして、儲かりそうな通信をやらせたいんでしょう。」

「制作現場は大荒れ。《人は増えない》《給料も増えない》が、生き残りのために《番組はたくさん作らなければダメ》だから、《頑張れ》。こんな無茶な理屈で頑張れる人間はいません。現場の士気、モチベーションは著しく低下している。」

「正論を吐く役員や局長はサヨナラされちゃう。ここ二、三年の役員の異動は、完全にデジタルシフト。志のある経営者や幹部たちは《もう俺の時代ではない》と一斉に去ってしまった。」

「テレビが一家に一台の総合情報端末になる。」

「最近では、デジタルがもたらす三つ――高画質、サブチャンネル、データ放送は三つともダメというのが結論だ、……」

「きれいな絵って感じは最初の三分くらいだけで、あとは忘れる。」

「HDTVは絶対に普及しません。受像機が全家庭に行き渡らない。」

「ローカル局は、地域の人びとのために、……それはアナログでもできる。むしろHDTVではダメ。」

「毎日の生活における心配事――たとえば病院や健康の話しとか、働き口とか、そういう問題を視聴者との距離を密着させて報じるメディアがない。これはローカルの一つの行き方ではないか。もっとも、これだってアナログのままで、できるけど。」

「北陸あたりのように鉄塔一本で県域の九〇%をカバーできるところと、北海道のように鉄塔が百何十本か必要なところでも、全然違う。(9)」

放送には、コンテンツ制作、マスターコントロール、送出、の三要素があるが、日本ではこれら全てを一放送局が維持する、いわゆるユニバーサルサービスが根幹になっている。放送メディアのコンテンツを作れるのは、現在のところ国内で放送番組を制作しているのは放送局と映画会社とプロダクションだけだ。デジタル化でさらに二チャンネル分の放送用コンテンツを十全に用意することができない場合、国内外からのソフト購入、再放送、社外からのビデオ購入などによって糊塗する以外に道はないのではないか。この②のメッセージそのもの（放送番組）がなければ、これまた、メディア・コミュニケーションとしてのデジタル波放送は不可能である。以上本節で述べてきたことは、先記別稿（一）の「放送局のデジタル化」に関連する補足である。

二〇〇〇年秋のシドニーオリンピック、続いて冬季オリンピック、さらには二〇〇二年の日韓共同W杯サッカーなど、業界語のいわゆる「キラーコンテンツ」があっても、デジタル受信機の売れ行きは政府・業界の期待ほどには伸びなかったことを、ここで改めて想起しておきたい。

第四節　マスコミ過程の必要条件――(三) デジタル受信機の購入とその作動

視聴者＝受信者側のデジタル化

つぎに③メッセージの受信者（視聴者）の実態に目を転じよう。旧郵政省はBSデジタル放送の視聴世帯は、初年度（二〇〇〇年度）は地上波の一〇分の一程度と予測していた。現在の地上波（アナログ放送の受信＝視聴世帯は四、五〇〇万世帯を超える）であるから、その一割＝四五〇万台以上という、とてつもない数字をあげたものである。参考までに記しておくが、厚生労働省の二〇〇〇年六月実施の国民生活基礎調査（標本調査）によれば、日本の世帯総数

図9－5　デジタルテレビとBSデジタルチューナーの国内出荷台数

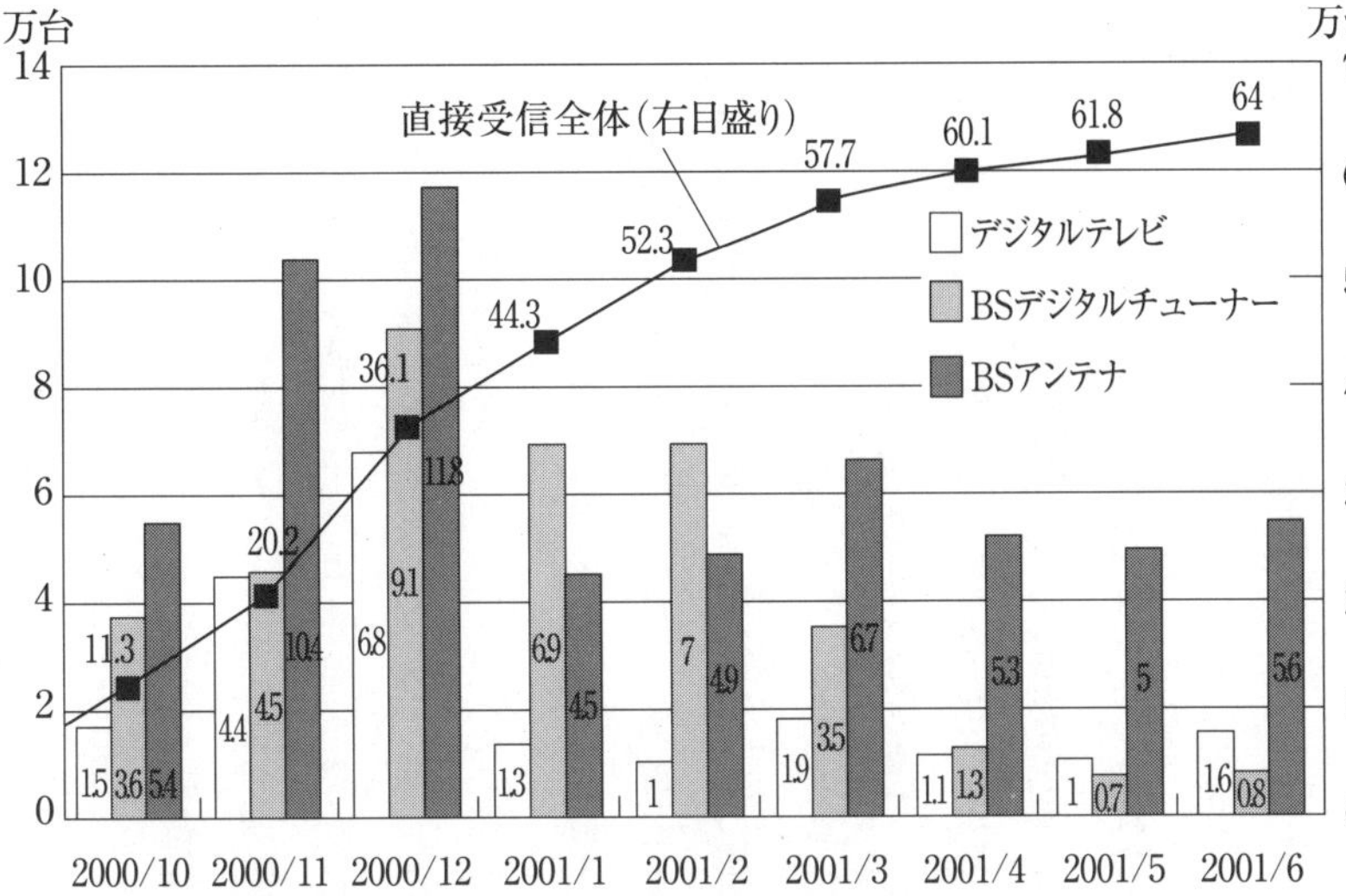

出典：NHK 放送文化研究所『放送研究と調査』2001年９月，20ページ。

は四、五五四万五、〇〇〇世帯と推定され、世帯平均人員は二・七六人である。

一　二〇〇一年現在のデジタル放送の受信状況

さて、二〇〇一年六月現在、デジタル放送の受信機の普及状況はどうなっているであろうか。NHKの資料（図9－5）はその状況を示している。

日本リサーチセンターが行った全国調査（二〇〇一年二月一日発表、『朝日新聞』二月二日掲載）によれば、自宅でBSデジタル（NHKはハイビジョンと呼称）放送をみている人は四・五％となっている。「みている」人は、アンテナを設置して、現在のアナログ波受像機にチューナーを用意したか、チューナー内蔵のデジタル対応受信機を購入した人であろう。あるいはCATV経由でみている人も含まれているであろう。デジタル放送の受信状況については、NHK放送文化研究所『放送研究と調査』（二〇〇一年五月）につぎのような表現もある。「BSデジタル放送は、開始三カ月で約一五〇〇万世帯に普及しました。その内訳は直接受信者が約五〇万、残り約一〇〇万はケーブル経由で、アナログテレビとしてみています。」ここでいう「開始三カ月」とは二〇〇一年二月のことであろう。

『朝日新聞』は一九九九年一二月二日と三日付けの特別記事「迫る放送ビッグバン」のなかでローカル民放TV局の危機に触れている。BSデジタル本放送の開始によって、BS、CS、地上波が〈入り乱れ〉「放送ビッグバン」状況が出現すると予測した。たとえば、〈入り乱れ〉状況下では、「巨人」キャンプ地の宮崎県民が放送業界語の〈キラーコンテンツ〉（必殺番組素材）の「巨人戦」をCSやCATV経由で視聴するようになり、地元のテレビ宮崎は危機に陥ると書いている。「CS日テレ」は全国どこでもみられるし、受信装置さえ購入すれば、そして、その波にスクランブルがかけられていなければ、受信→視聴は〈無料〉である。CSやBS経由のデジタル放送波は一波で全国をカバーすることが可能であるから、その波をCATVが受信→送信することは可能なのである。そのような状況が拡大すれば、従来のU波・V波を中継してきた地方TV局の存在意義は重大な危機に直面することになる。先記したように、ローカル民放局の収入のほとんどが①「ネット負担金」（三―四割）、②「ナショナルスポンサーの広告費」（約五割）、③「ローカルスポンサーの広告費」（二―三割）で構成されている。このなかで①と②でローカル民放局の収入全体の約七割を占めているのだから、確かに〈危機〉といわなければなるまい。

全国各地域のテレビ視聴者が、受信装置を購入すれば、〈キラーコンテンツ〉すら無料で視聴可能であるけれども、実態はどうであろうか。先の『朝日新聞』にはつぎのような取材記事が掲載されている。Aさんは「家の改築で応接間と居間用に二台、計五十三万円……」を支出し、Bさんは「五年くらいしたらデジタルに買い換える。その頃はチューナー内蔵型も出て、値段も下がるだろう……」と今は様子見の買い控えである。『朝日新聞』（二〇〇〇年一二月一日、夕刊）は衛星デジタル本放送開始日の様子を、「視聴者――高価で様子見・操作煩雑　放送局――バグ発見、修正大わらわ」と題してつぎのように報じている。

三四歳会社員「受像機高い。一年ぐらいは様子を見たい」

六九歳主婦「見る時間もないし、今のテレビで十分」

二一歳大学生　両親に「リモコンのボタンが多すぎるから、いらない」

二二歳会社員「番組表をみるとバラエティーや歌番組は少ない……」など、その不人気ぶりを印象づけていた。

BSデジタル放送では、データ放送や双方向サービスも提供され、クレジット決済も可能であるのだが、インターネットとは直接繋がらない。BSデジタルでは、パソコンではなく、テレビと電話回線を主体としたネットワーク化が構想されているからだ。BSデータ放送では、番組と連動した企画やクイズに反応し、広告商品はクレジットカードによる決済も可能だが、それがインターネットには繋がらない。テレビをみながら買い物もできるという話しはこうだ。「テレビの画面に並んだ三つのノートパソコンからひとつを選び、リモコンの決定ボタンを押す。支払い方法を決め、自分の名前やパスワードを入力すると、《三五万円です。お買い上げありがとうございました。》」（『朝日新聞』一九九九年一二月一日）となる。

しかしながら、デジタル放送の〈受け手〉側の事情は、総務省や放送発信者側の思惑とはかなり隔絶した反応を示しているようである。先に紹介したNHK放送文化研究所の報告（『放送研究と調査』二〇〇一年九月）にはつぎのようなコメントが掲載されている。「普及状況としては、二〇〇一年六月末現在で、直接受信が約六四万、ケーブル経由が約一二六万となっている。《一、〇〇〇日一、〇〇〇万世帯》の普及目標からすれば、全体の数字はまずまずといえるが、直接受信の普及状況としては四月以降きわめて低調と言わざるを得ない。」（傍線－引用者）と。旧郵政省が「放送開始初年度現在台数の一割」つまり四五〇万台超という見込みがいかに〈大胆な予想〉であったかが、事実によって証明されてしまった。再び記すが、旧郵政省はBSデジタル放送開始から約三年間で、「一、〇〇〇日で一、〇〇〇万台の普及」状況を予想した（業界語でいう〈千・千戦略〉）。また、電通は一〇年後のテレビ広告の市場規模は地上波で約三兆円、BS放送は五、〇〇〇億円―六、〇〇〇億円と予測していた。しかし、それが単なる〈期待〉と〈願望〉にすぎなかったことが次第に明らかになろうとしている。「……BSデジタル放送の《一、〇〇〇日一、〇〇〇万台》の目標が、いつしか《一、〇〇〇万人》になり、最近、《五〇〇万人》に下方修正された……」（『週刊朝日』二〇〇〇年九月二九日）という揶揄的なレポートもある。デジタル放送受信機の購入は「視聴者の購買行動」であり、旧郵政省の〈予想〉や〈期待〉は、当然ながら視聴者＝国民の意思と行動によって左右される性質のものである。

二　視聴者のデジタル受信機購入（≠普及）のモメント

さて、デジタル放送の受信に人びとが動くとしたら、それ相応の動機と条件が揃わなければならない。以下ではその事情について考察していこう。視聴者のデジタル受信機購入（≠普及）の「動機づけ（motivation）」のモメントを考える場合、この国のテレビ放送開始（一九五三年）以降の受信機普及過程を点検してみるならば、経験的につぎのような四要因を組み込んで構成される関係式をヒントにして考えることが可能ではなかろうか。

M＝f（p.c.o.i.）

この関係式で：

M＝motivation（購入動機づけ）→購買＝普及台数（≠普及率）、

p＝price（デジタル受信機の価格↓現行アナログ受像機との価格差は適切か）、

c＝content（放送＝番組内容）視聴者にとって魅力ある番組内容＝視聴〈動機づけ〉、

図９－６　BSデジタル視聴者の限界コスト

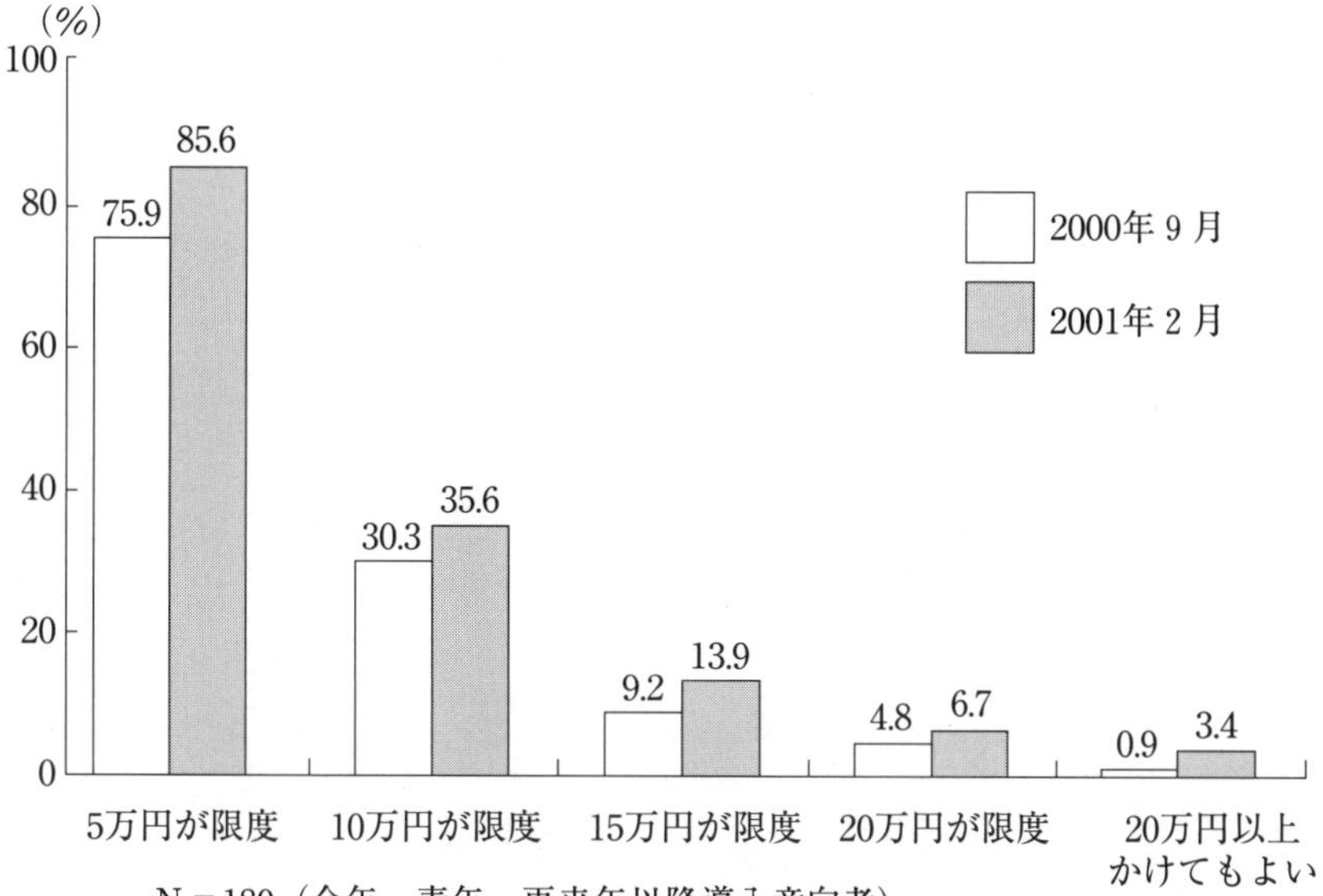

N＝180（今年，青年，再来年以降導入意向者）

出典：NHK放送文化研究所『放送研究と調査』2001年９月，22ページ。

o＝operation（操作→簡便性）受信機および付帯リモコンの操作（簡便）性、

i＝internet→パソコンのインターネット機能との競合（可能）性、

をそれぞれ示している。

前の〈式〉をデジタル受信機の購買＝普及予測に関する関係式として提起しておきたい。ここでは、視聴者が従来のアナログ受信機からデジタル受信機に買い換えるには、それなりの〈動機づけ（motivation）〉が働かなければならない、という経験的前提に立っている。もしくは、「状況証拠」的認識の結果といってもいい。従来使用していたアナログ受信機が耐用年数を越え、調子が悪くなったり使いものにならなくなった。買い換えるならばデジタル受信機にしよう。だが、デジタル受信機の価格（p）はまだ高い。そして、この関係式の価格（p）は現時点では四要因なかでは最も大きなウェイトを占めることを強調しておきたい。

この点に関連するが、NHK放送文化研究所『放送研究と調査』(二〇〇一年九月)はつぎのように述べている。「ハイビジョンを見るためには、受信機だけでは不十分で、一、〇八〇本の走査線で映像を再現するハイビジョン対応テレビが必要となる。最も安価な対応テレビはプログレッシブTVとなるが、それでも二〇万円前後となっている。つまりBSデジタル放送で、データ放送を受信するためには、従来のテレビに加えて六―八万円ほど必要となり、ハイビジョンを楽しむためには二五万円以上のコスト負担が視聴者にかかるというわけである。」と指摘し、さらに「二〇万円以上するハイビジョンテレビを二〇〇三年までに購入する可能性があるのは全国民の約一%、四七万世帯程度ということになる。」と予測する。

しからば、「《一、〇〇〇日一、〇〇〇万世帯》に達するためには、視聴者の新たな出費は幾らが妥当な線となるであろうか。

1,000万世帯÷4,700万世帯＝21.3%

21.3%÷30.5%(導入意向世帯)＝69.9%

この数字を図9－6に当てはめると、六万円前後となる。つまり今年(二〇〇一年―引用者)末に登場する六万円以下のチューナーなら、SDTV画質とデータ放送のみの受信となるが、《一、〇〇〇日一、〇〇〇万世帯》普及が直接受信者だけで計算しても可能となる。そしてハイビジョン画質となると、二〇万円を切ったとしても九六万世帯程度にとどまることになる。[10]」という試算を行っているのだ。このNHK文研調査の単純明快な予測計算方法による結論が〈正解〉となるかどうかは速断できないにせよ、先に提示した関係式の「価格」が〈鍵〉となるであろうことは否めないであろう。

デジタル受信機の購入⇔普及促進要因として、放送業界は「価格」低下を要望するが、家電(受信機)メーカー側は魅力ある放送内容の制作・編成を求める。視聴者としてはその双方を期待するのはいうまでもない。ともあれ、デジタル波受信機がこの試算のように一台六万円という安価で売り出されるのは、はたしていつのことか。高画＝音質、双方向、データ放送を喧伝しているデジタル・ハイビジョンの受信機の急速な普及は、次年以降も続くこの国の経済不況下では、放送・家電・政界の熱烈な期待に反してその展望は極めて暗いといわざるを得ないだろう。現環境下では人びとはデジタル波受信に魅力を感じない。デジタルTV購入動機はまだ熟していない。という人びとの状況だけは強調しておかねばならない。

デジタル受信機購入動機の関係式のなかの要因についてもう少しみておこう。ハイビジョンの画面で音響も良質といわれるが、番組は従来通り（c）らしいし、一四―一六インチ程度なら音響はともかくとして画像上では決定的な差異はあまり感じられないだろう。若年層やマニアは別として、TVショッピングとかクイズへの参加が可能だとか、データを引き出すことができるといっても、日常生活でそれほど利用意欲が著しくかき立てられることはないだろう。デジタルTVの使い方もこれまでのアナログTVで馴れたセンスとしては、リモコンで〈操作（o）〉するには（特に高齢者にとっては）どうも複雑で厄介である。綺麗な画面と繊細な音響を求めるならば、新式のPCや他の器機でOKだし、双方向の交信はこれまでもPCのインターネット〈チャット〉でやれる（i）。ショッピングもチケットの予約だってソフトの改良著しいPCで簡単にOKだ。双方向サービスができるとはいえ、その中身はこれまでのテレビショッピングと大差はないだろう。ついでに触れておくが、TVショッピングやクイズ番組への参加行為は、ブラウン管上の「選択肢を選ぶ」式の「反応型コミュニケーション」であり、正確な意味での「双方向コミュニケーション」ではない。つまり、前者は「反応＝発信」行為であり、後者は「相互・交信」行為である。

加えて、全国をカバーした従来の地上波アナログ放送の視聴は、情報の共有空間を形成してきたので、他人と情報を共有しているという一種の〈情報共同体〉感覚をもつことができた。テレビのジャーナリズム機能がじつはこの感覚を基盤にして発現している点は重要である。インターネットだったら情報を他人と共有しているという実感はさほど強いとは思われない。

大事件のニュースや社会的問題の情報に関しても、従来型の（アナログ）TVで格別の不満を感じなかったし(c)、新聞だってかえって〈一覧性〉と〈包括性〉などの特性によって分かり易い、などと思う向きは依然として多いのではないか。……などなど、どうも購入のための要因群が容易には作動しそうにない。ここでも需要と供給の関係が市場原理として厳然と機能している。

三　デジタル受信機の普及予想

右ではデジタル受信機の普及（率）に関連する〈方程式〉を紹介した。以下はその補足である。「普及」に関連する見解が発表されているので、ここで取り上げておこう。坂本衛はデジタル受信機の国内普及に関連してつぎの点を指摘している。

「多チャンネルと高画質放送は両立しない。……デジタル化の第一の効果が多チャンネルである……。ただし、高画質のHDTVだけを流すときは必要な帯域が広いから、多チャンネル化はできない。……多チャンネルのデジタルCSは、画質がたいしてよくない。……年金の月額が数万円というようなお年寄りは、金輪際絶対に二〇数万円の高画質テレビなど買わない。いや、買えない。国民年金の老齢年金受給者は一、五〇〇万人で、その平均の月額はわずか五万円である。（更生年金の老齢年金は八〇〇万人で平均一八万円弱）。……厚い雲があれば、デ

図９－７　デジタル放送への認知度

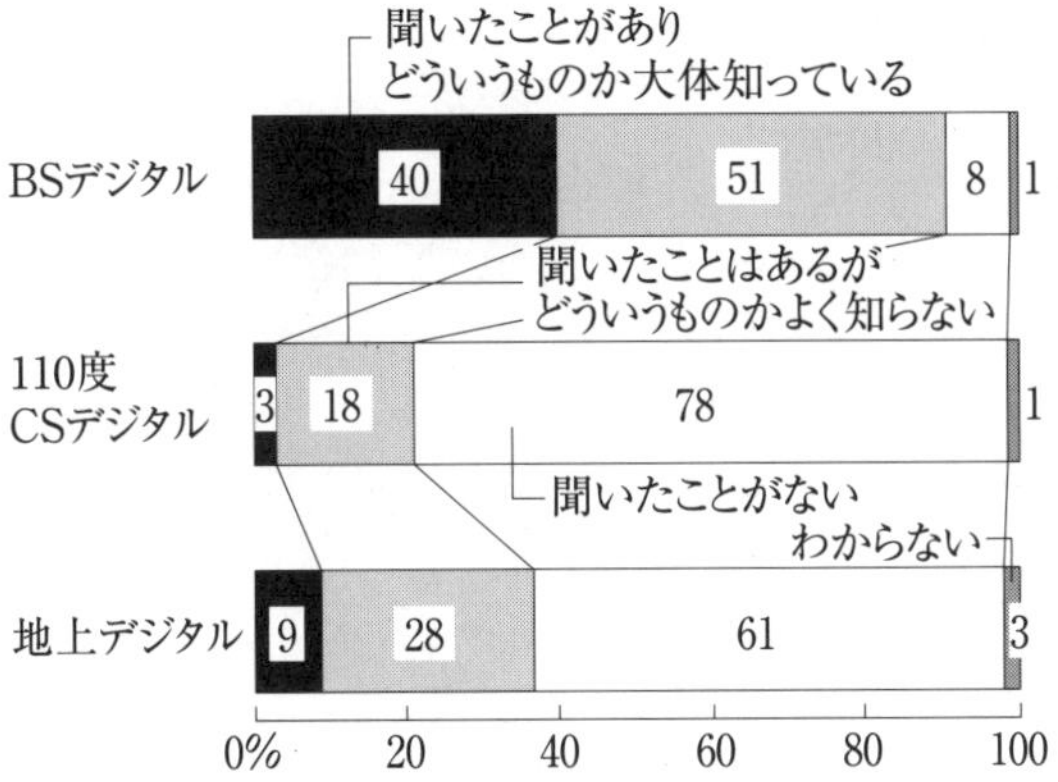

（注）　小数点以下四捨五入のため合計100％とは限らない。

ジタル放送の信号は急激に減衰する。……直下型地震で家が何ミリか動けば受信できない。阪神・淡路大地震のような大地震のとき、被災地域で地震情報を得るという用途には使えない。……日本は実に国土の五一・四％が「豪雪地帯」である。この地域に全人口の一六・〇％にあたる二、〇〇〇万人、七五〇万世帯前後が住む。この地域－国土の半分以上の広大な地域では、アナログ放送が一〇年でなくなろうが、受信セットをタダで配ろうが、直接受信のデジタルＢＳ・ＣＳの普及は絶望的である。……デジタルＢＳ・ＣＳ放送は、国土の半分以上の広い地域でＣＡＴＶを利用しなければ、全国に普及しない。……結局は日本の太平洋側の半分に住む金持ちやマニアがみるプラス・アルファの放送に落ち着くだろう。普及数はアナログＢＳハイビジョン（一〇〇万）の何倍かに達するだろうが、それでも「アナログハイビジョンの二の舞」に終わる。……ＮＨＫの契約者一、一〇〇万、……大都市圏にしか普及しない。……現行ＣＳの顧客は無料サービスでもしない限りアンテナの向きを変えることはないだろうから、視聴者を増やすことはできない。[11]」

図9－8　デジタル放送の視聴（契約）意向

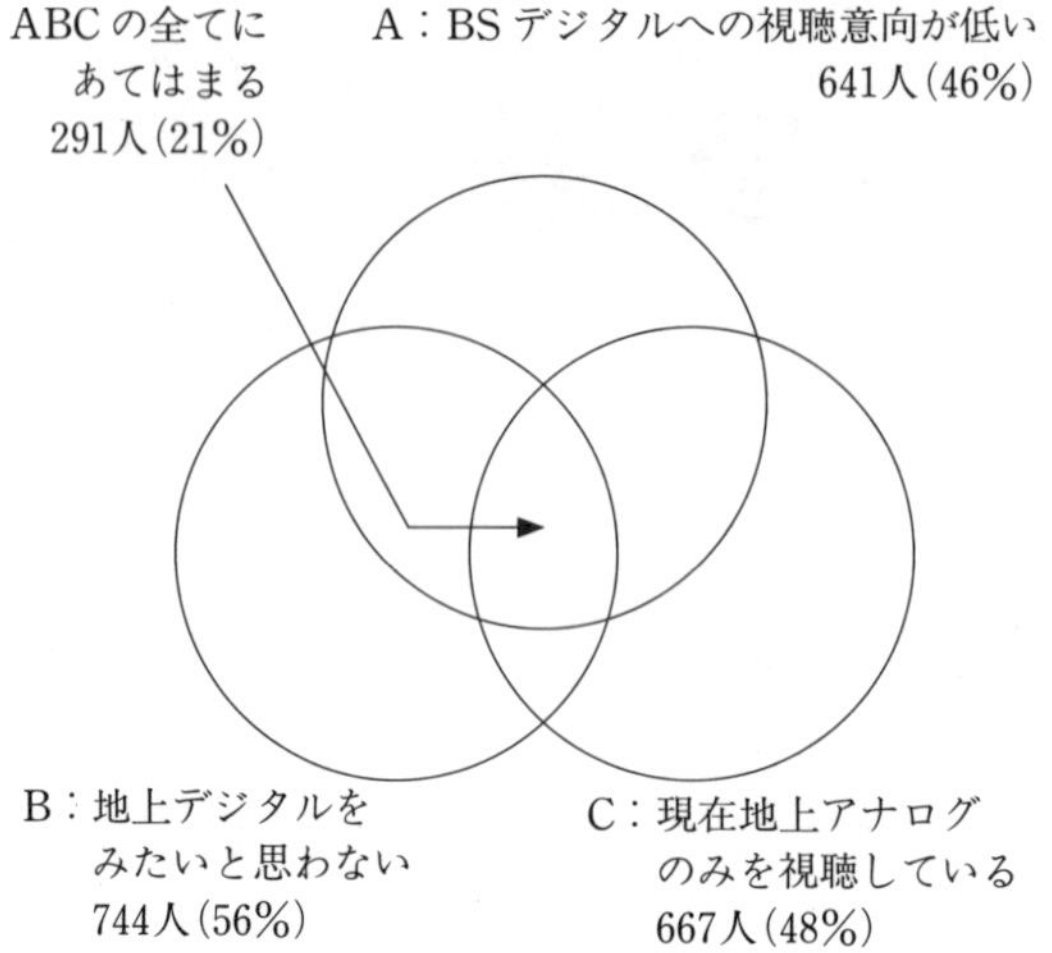

図9－9　現在の通常のテレビとの価格差が幾らぐらいであればBSデジタルの受信機を購入したいと思いますか？

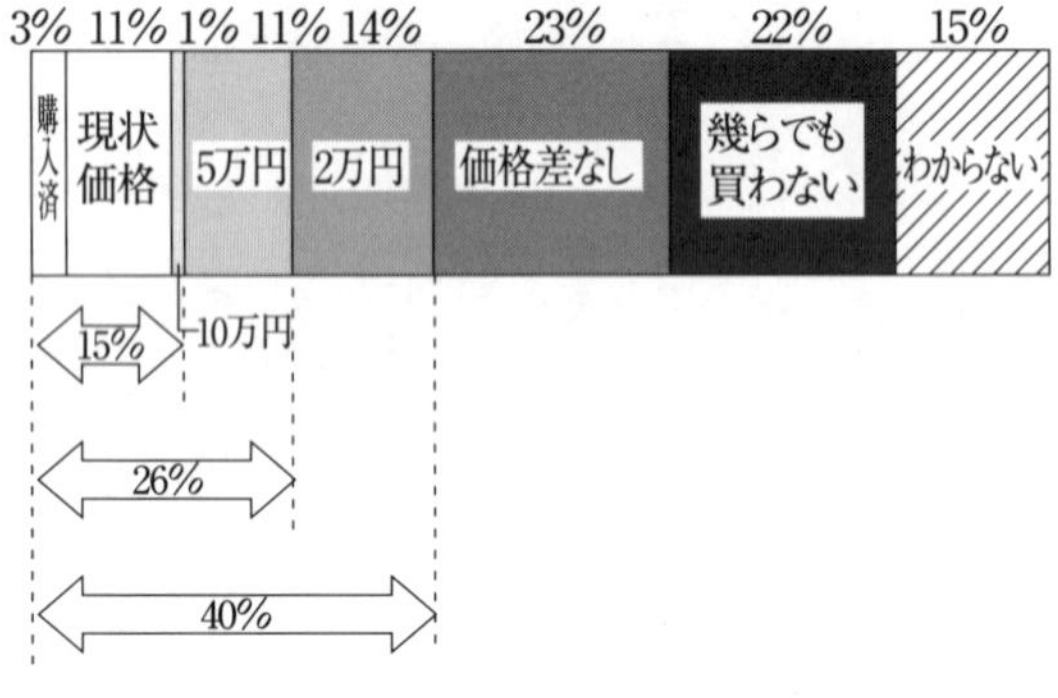

デジタル受信機の普及に関して参考となるNHKの最近の調査結果の内容から、関連項目の特徴を以下に紹介しておこう。

NHK放送文化研究所は二〇〇二年二月に、BSデジタル、一一〇度CSデジタル、地上デジタルの各放送に対する視聴者の認知度調査を実施した。その調査結果から本稿の考察に関係深い事項をみるとつぎの通りで

図9−10　デジタル放送に対する人々の視聴意向

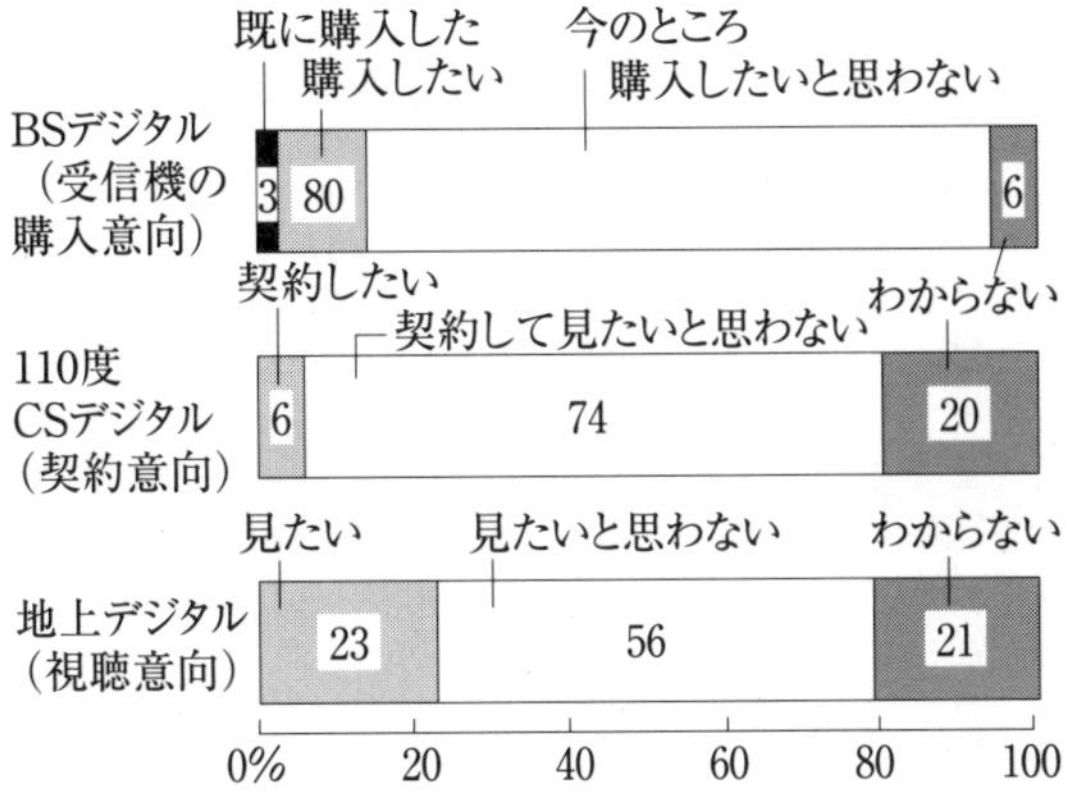

小数点以下四捨五入のため合計100%とは限らない

出典：NHK 放送文化研究所『放送研究と調査』2002年8月，3−6ページから作成。

ある。まず、図9−7では「デジタル放送への認知度が極めて低いことが示されている。そして図9−10「デジタル放送の視聴意向」では地上波デジタル放送を「みたいと思う」ものは二三%に過ぎないことが示されている。反対に「みたいと思わない」ものは五六%と過半数である。この結果から「デジタル無関心派が約二割いるという結果である」ことを報告者は指摘している。図9−9はデジタル受信機の価格に関する設問である。この図から示されているように、「価格差が二万円にまで下がれば、国民の四割がBSデジタルの受信機を《購入したい》と考えている」ことにも言及している。さらに図9−8では、報告者は「地上波デジタルをあまねく普及させていくためには、五割の現状維持派と二割のデジタル無関心派にどう取り組むかが、今後の鍵となりそうである。」と結んでいる。(12)

以上に紹介した調査結果が示唆するところは、本論の注記別稿（2）「〈視聴＝受信者〉側のデジタル化」の「価格（p）」に関するところで触れられている。また、本稿の各所の記述と関連させてみれば、納得すべき内容である。

以上のように、政府（総務省）の地上波デジタル化計画に関する現状は極めて困難な状況に置かれている。政府・与党の内部でもこの計画＝政策に対しては完全な意見の一致はないのである。

第五節　諸外国の現状と今後の課題

つぎにデジタル化に関して提起されている複数の課題を洗い出しておこう。

一　海外諸国のデジタル化状況

地上波テレビのデジタル化計画を実行する理由として政府が掲げた最大の項目には、①世界の趨勢でありこれに遅れをとってはならない、②景気低迷下の国内経済への波及効果、があった。では世界の諸国のデジタル化状況はどうなっているであろうか。

まず、日本政府がモデル（?）としているらしいアメリカのデジタル化状況からみていこう。

広告収入もないのに新たなチャンネルを増やすモチベーションはない。双方向といっても、そもそも空中波は一方通行だから、これは夢物語でしかない。二つ電波をもらっても、地上波デジタルが八五％以上普及しないとこれまでのアナログ地上波は打ち切れないという制約があるから、サイマル放送、つまりアナログでやっている番組と同じものをデジタルで送り出しているのだ。電気代もさることながら、アナログ放送をいつ打ち切るかという目算もたたないという現状である。(13)

アメリカの地上放送のデジタル化がなぜ失敗に終わったかについて触れておこう。「当初計画では、二〇〇六年までに（傍線—引用者）全ての放送及びテレビ端末がデジタル化される予定で、クリントン政権下ではデジタル化で空いた電波帯域を主に通信事業者に販売して国庫収入にするという計画であった。ところが二〇〇一年九月までのデジタルテレビ販売台数は僅か四〇万台弱であり完全な見込み違いとなっている。ＦＣＣは二〇〇一年に入って二〇〇六年のデジタル化を事実上放棄する「全米家庭八五％にデジタルテレビ（受像機）が普及するまでアナログ放送を維持する」というコメントを発表している。（全米テレビ台数は推定二億七、〇〇〇万台）。アメリカでも「放送デジタル化に関しては犯人探しが行われている」（放送メディア研究者）ようで計画倒れに終わっている。(14)

他方。放送と通信の融合についてはどうか。ハードの面では確かに共通化するかも知れないが、コンテンツの側からみた場合には、放送という機能は必ず残ることに疑義はないようだ。アメリカのこの実情には日本として学ぶところが大きいといってよい。

ＦＣＣは、また、二〇〇六年までの放送完全デジタル化の実現を目指しＡＶ電機メーカーに対して、つぎのような要求を提示している。

① 二〇〇六年までに一三インチ以上の全てのＴＶにデジタル放送用チューナーを内蔵すること。
② 三六インチ以上の大型ＴＶでは二〇〇三年中に五〇％以上、二〇〇四年中に一〇〇％のチューナーを内蔵すること。

このように、サイズ別に期限が異なる要求となっている。その背景には、市場ではＤＶＤソフトのモニターとしてのデジタルＴＶの需要はあっても、デジタル対応番組が少ないとの理由から、ＳＴＢ（Set Top Box＝アナログテレビ受信機に取り付けるＤ↓Ａ変換装置）や内蔵型ＴＶの進まない現状があるためである。

では、アメリカ以外の諸国のデジタル化状況はどうか。イギリス、フランス、ドイツなどのＥＵでは、デジタル化の国内普及に今後一五年—二〇年を予想している。イギリスではSTBを無料で配布しているが、それとて、日本政府の進めているHDTV方式のデジタル放送システムとは異なる。一方アジアではどうか。隣国の韓国ではデジタル放送はCATVネットワークを利用しているものの、地上波のデジタル受像機の普及は極めて低く、その普及にはかなりの時間がかかると見込まれている。中国では二〇〇三年にデジタル化を開始し、二〇〇八年のオリンピックを大都市でデジタル放送する計画を目下推進中である。ただし、広大な全国土にデジタル放送を実現するには、相当長い時間的スパンで考えなければならないとされている。

地上波デジタル化の先行国であるイギリス（一九九八年開始）の普及が一二〇万世帯、同じく一九九八年にデジタル放送を開始したアメリカのデジタル受信機の販売数がまだ二〇〇万台。なお、デジタル化の事情を知るためにも、海外諸国のデジタル化動向をみておく必要がある。

イギリス　一九九八年六月開始、二〇〇六—二〇一〇年アナログ終了
アメリカ　一九九八年一一月開始、二〇〇六年アナログ放送終了
スウェーデン　一九九八年四月開始、二〇〇九年以内終了
スペイン　二〇〇〇年五月開始、二〇一二年終了
オーストラリア　二〇〇一年一月開始、二〇〇八年終了
フィンランド　二〇〇一年八月開始、二〇〇六年末終了
シンガポール　二〇〇一年二月開始、
韓国　二〇〇一年一〇月開始、二〇〇六年再検討
ドイツ　二〇〇二年開始予定、二〇一〇年終了

フランス　二〇〇二年開始予定
中国　二〇〇一年より北京、上海、深圳で試験放送
日本　二〇〇三年開始、二〇一一年終了

海外諸国のデジタル化スケジュールは一応このようになっていたが、イギリス、アメリカ、そして、既に本稿で紹介した中国や韓国の現状をみると、スケジュールどおりに進行するとはいえまい。日本もまた同様である。デジタル波（使用波などの差異があるにせよ）の送－受信過程そのものは世界共通のものであることを想起しておこう。

二　もう一つの障壁――電磁波問題

数年以前から日本国内でも携帯電話の使用者が増加の一途であり、現在ではその普及は数千万台（二〇〇三年九月現在で七、七二一万台）である。電車内ではかつて「近辺の人に迷惑をかけるから使用は遠慮されたい」「ペースメーカーにも支障をきたす」と放送していた。最近では、大声での携帯電話使用は減っているが、メール交信の増加は著しい。現在、電車は「まるで電子レンジに似ている」とさえいわれている。電磁波の問題は極めて深刻である。航空機の発着時には電子機器の使用が禁じられている。アナログ波からデジタル波に切り替えられたとき、この電磁波の影響は無視できないといわれている（『放送レポート』二〇〇二年九月）。デジタルの電磁波については、これまでのデータは使えないことがWHO（世界保健機構）のレポートに書かれている。この電磁波の人体に対する影響については、先進各国の専門分野でも継続的に研究されていた。WHOへの研究協力の一環として、日本の国立環境研究所と国立がんセンターが一九九九年から実施した研究調査結果が二〇〇二年に発表された。『朝日新聞』（二〇〇二年八月二四日の一面トップ・一一段抜き）はつぎの見出しでその調査結果を報告している。

《電磁波　健康に影響
超低周波　全国疫学調査で確認
小児白血病磁界強いと発生率が倍増》

同記事のなかで『朝日新聞』は、

「WHOは一九九六年から《国際電磁波プロジェクト》を組織し、一〇年計画で研究の推進と新しい基準作りを進めている。プロジェクトには八つの国際機関と五四カ国が参加し、今回の日本の調査も、国際協力として実施したものだ。……今回の日本の疫学調査は一週間連続の磁界測定など、精度が高いとの評価もある。WHOは今後、八七年の環境保険基準（急性の人体障害で五千マイクロテラス以下）を見直し、長期的・慢性的な人体への影響を考慮する新基準を来年度中にまとめる方向で、その際、日本の調査も参考資料となる。」

ことを強調している。電磁波問題はデジタル化にとっての新たな課題となることは間違いないであろう。

第六節　デジタル化計画に対する批判・反対論

二〇〇三年にはつぎのような表現が出始めていた。「一億二、〇〇〇万台ともいわれる現在のアナログ受信機が全面的にデジタル化されるのは、二〇一五年から二〇二五年と想定される。」(15)

放送業界内・外には遅まきながら、政府主導のこのデジタル化計画に対して最近激しい批判と反対論が猛烈に展開されている。そのなかから典型的なものを以下に紹介しておこう。川島正は以下のように述べている。

「民放連研究所の試算によれば、ローカル民放テレビ局がデジタル化のために投資する額の平均は四五億円。大部分の放送局で一年間の売り上げに匹敵、ないしは上回る投資を必要とする。売り上げを上回る投資をする経営は、たしかに《経営》ではない。……《デジタル化は世界の潮流》をキャッチフレーズに《二〇一〇年にすべての放送メディア（衛星・地上・CATV）をデジタル化する》と郵政省（当時）がぶちあげたのが一九九六年四月。……二〇〇三年一二月一日から東京・大阪・名古屋の三大広域圏で、二〇〇六年からはそれ以外の全国各地域での開始を予定する。そして二〇一一年七月二四日には、いまのアナログテレビの電波は停止され、デジタル放送に全面移行する。……しかし、山地を多く抱える日本ではNHK・民放あわせて約一万五、〇〇〇局のアナログ中継局によって、地上放送用の周波数帯すべてを満遍なく使っている。……二〇〇二年八月に全国地上デジタル放送推進協議会は《地上デジタル放送の今後の進め方について》として、《アナアナ変更の経費は一、八〇〇億円程度、対策世帯数は全国八〇一局所・四二六万世帯》と発表した。《地上デジタル放送に関する共同研究会》での試算の二倍以上に、経費が膨らんだのだ。地域別の経費は、北海道が一五億円、東北が一八億円、関東が五八七億円、信越が一八億円、北陸が二〇億円、東海が五二億円、近畿が一七八億円、中国が二一〇億円、四国が二一〇億円、九州が四七八億円となっている。ちなみに、この試算に東京キー局と大阪の準キー局（テレビ大阪除く）の経費は含まれていない。」しかし「本当の額は、じつは《やってみなければわからない》（民放キー局技術担当役員）ということになる。」

川島は続けてこう述べている。

「総務省のパンフレットによれば、《アナアナ変更》の主な対策手法として、①テレビのチャンネル再設定、②アンテナの取り替え、③アンテナ方向の変更、④アンテナの高性能化、⑤ブースターの追加・取り替えの六つがあげられている。いずれも、各家庭に上がり込んでの作業が必要となる。NHKの受信料集金以上にたいへんな作業だ。……しかし、全国に一億二、〇〇〇万台以上あるというテレビ受信機を、実質八年間ですべてデジタル化するには、単純平均で一年に一、五〇〇万台、一日四万台のテレビが売れなければならない。一日に四万台もテレビが売れれば、この国の景気も上向くことだろうが、それはまさに机上の空論。サッカーW杯やオリンピックがあったときでも、そんな台数は出てない。……民放連研究所が、カラーテレビという、家電でも、東阪名では二〇一一年末で七八％、ローカル局ではなんと二七％にとどまるとしている。同予測では、八五％普及というレベルに達するのに《東阪名で二〇一二年秋、ローカル局で二〇一五年秋までかかる》として《二〇一一年のアナログ停止は不可能》と結論づけている。(16)」

ながながと紹介した川島の文章のなかで、補足されるべき点が幾つかある。そのひとつは、二〇〇二年八月に全国地上デジタル放送推進協議会が発表した《アナアナ変更の経費は一、八〇〇億円程度、対策世帯数は全国八〇一局所・四二六万世帯》は、国会で承認され予算化された数字ではないことである。第二点は、一、八〇〇億円なる新数字は、アナアナ〈A→A〉変換による電波混信＝影響世帯対策用の国費支出金額であり（だから国会の承認が必要なのだ）、「日本ではNHK・民放あわせて約一万五、〇〇〇局のアナログ中継局」のアナアナ〈A→A〉変換経費は放送局の負担である。二〇〇三年中に送信開始計画によるデジタル波の発信親局は、東京圏の場合（上野地域、他が予定されている）東京タワーの約二倍の高位置でなければならない。それは地上六〇〇メートルの放送塔である。新タワー建設には数年を要するであろう。大阪、名古屋でも新タワーが建設されなければならない。二〇〇六年から放送開始予定の各地域でもデジタル放送タワーを新設することとされている。こうした放送タワーの建設経費はどうするのか。こうして、新タワー建設およびデジタル「本放送」開始時期が、政府計画のスケジュールどおりにはならないことは明瞭となった。

そして、三つめは、民放連研究所の予測による「最速の普及……係数」なるものは、まさしく「最速」（という条件＝予測での）係数でしかない、という点だ。この国の長びく経済的不況環境下で、アナログ波受信のために視聴者＝国民が高価なデジタル受信機を容易に購入するなどと考えるのは、少々無理ではないか。

四つめに、全国四二六万の〈影響世帯〉という「各家庭に上がり込んでの作業」担当者の確保予想がたっているのか。さらには、日本列島に設置されている「約一万五、〇〇〇局のアナログ中継局」（中継塔）で〈A→A〉装置変換担当技術者は確保され得るのか。

もう一点だけ付け加えておこう。《地上デジタル放送に関する共同研究会》での試算をもとに、二〇〇一年二月国会で電波法七二条第二項を改正してまで成立させた地上波デジタル化予算には、この《共同研究会》の案に盛られていた「八五％普及」の条件が外されていることを無視することはできない。二〇一一年七月二四日までにデジタル受信機を購入していない国民は、「国民的メディア」としてのテレビ放送視聴＝受益状態から疎外されることを意味する。それは、日本国憲法が保証する国民の基本的人権の否定に繋がりかねない深刻な事態を招来する恐れがある。

現行のデジタル化計画に対する批判・反対論としてつぎに紹介するのは、衆議院自民党議員・平井拓也の見解である。題目はずばり「地上波デジタル計画は凍結せよ」である。彼は電通、西日本放送社長を経験したその道の「専門家」でもある。視聴者＝国民の意思を汲み上げていないデジタル化計画に対する厳しい批判である。

「日本国内でのアナログテレビの普及台数は、実に一億台を突破している。なぜかくも急いでデジタルに移行しなければならないのか。そこには本来、強力な理由づけと、十分な協議および内容の説論が必要なはずである。殊に、視聴者である国民の視点に立った説明が不十分である。（略）あえて国会を通過した電波法改正に異を唱え、地上波デジタル化を撤回し、当面凍結することを提唱する。（略）電波は本来、公共物である。地上波デジタルをめぐる一連の議論は、その本質を忘れ、電波を官庁や一部業界の独占財に貶めているという誇りを免れない。繰り返し言うが、利用者である国民の便益を無視した電波行政などあってはならないのだ。」

平井の前記文言は二〇〇二年四月に発表されたもの[17]である。彼はその後もホームページ（http://www.hirataku.com.）で「地上波デジタル計画は破綻する！　～勇気ある一旦停止を！　二〇〇三年広域本放送開始を延期せよ～」と題して主張を続けている。以下やや長文になるが、政権与党の国会議員の立場にある者の意見なので紹介しておきたい。

「党内でも疑義を唱える声が高まった」として平井は書いている。

「ドッグイヤーの名のとおり、その間にも状況は刻々と変容する。デジタルテレビの需要の起爆剤と期待されたBSデジタルの不振。地上波デジタル化で先行する欧米諸国の混迷ぶりも深刻の度合いを増して伝わってくる。難視聴対象の拡大など、新たな問題も健在化。さらに私の予想どおり、再調査の後に発表されたアナアナ変換費が大幅増に修正されている事態を目の当たりにし、国会議員として傍観する訳にはいかなくなった。いうまでもなく、テレビ放送は国民にとって重要な情報入手手段であり、かけがえのない娯楽である。にも関わらず、その公器の将来を決定づける政策において、経費の大幅な読み違いや見込まれていなかった問題点、関係各所からのクレームなどが後からあとから噴出する状況は、国策として異常だといわざるを得ない。

すべては、国民の視点を外した政策スタンスに問題の根源がある。官庁の理屈や企業の都合で政策を盲進してはならない。（略）従来はビルが電波塔の後から建てられていたので、ビルの事業者が難視聴対策を講じていたが、今回はデジタル波のほうが後だ。では、一体だれがこの補償措置を施すのか。総務省がそのための財源を確保したという話は聞かない。

（略）そもそも地上波デジタルは国民に自発的なニーズがあるものではなく、《時代の必然、世界の趨勢》という理由において行政主導でなされてきた。ゆえに、認知を高め、ニーズを喚起する方策を常より徹底せねばならないはずである。

ＢＳデジタルの低迷ぶりをみてもそれは明白だ。地上波デジタルの牽引役と期待され、二〇〇〇年一二月にスタートしたＢＳデジタル放送だが、各局とも視聴者獲得に大苦戦。《一、〇〇〇日一、〇〇〇万台》の皮算用も空しく、デジタル受像機の販売台数は伸び悩み、放送開始二年近くを経て一四三万台（二〇〇二年八月末時点。ＪＥＴＡ調べ）にしか至っていない。ソルトレーク冬季五輪や日韓Ｗ杯といった目玉コンテンツがあったにもかかわらず、だ。ニーズどころか、デジタル転換政策すら満足に周知されていないのに、この不況下で買い替えが促進されるわけがない。

（略）地上波デジタル化は国策として進められており、放送局自体は実はあまり積極的でないとの声も聞こえる。アナアナが物議を醸し、電波料値上げやサイマル期間延長でさらなる負担増の危機に晒されているのだからなおさらだろう。ある民放幹部は《アナアナでこれだけ停滞しているのに、一一年のアナログ停止なんてどだい

無理。なし崩しに延期を繰り返すのが関の山だ》」と吐露する。(18)

この平井の引用している民放幹部の《アナアナでこれだけ停滞しているのに、二〇一一年のアナログ停止なんてどだい無理。なし崩しに延期を繰り返すのが関の山だ》という「判断」や「見通し」は、二〇〇〇年六月に筆者が行った聴取調査の際に、北海道民放局の某幹部が《二〇〇七年以降もサイマル放送がだらだら続いていることだろうよ》という言葉の内容と一致する。この幹部は、当時、既に現在の事態を読み切っていたわけだ。

つぎに民放労連の見解・態度をみておこう。民放労連は二〇〇三年一月二六日の第九六回臨時大会で以下のことを決定している。「地上デジタル放送計画に反対する特別方針」をタイトルとするもので、この臨時大会では「地上デジタルテレビ放送計画に対する要求」として、一現行の地上デジタル放送計画を中止すること。二地上アナログ放送の二〇一一年終了計画を撤回すること。の二項目が掲げられた。その「要求」の理由として、つぎの文言が付けられている。

「私たちは、地上放送デジタル化について、放送局やプロダクションが番組制作部門で進めているデジタル化を否定するものではない。しかし、その伝送路におけるデジタル化計画は、視聴者・国民にとって多大な負担を強いるなど大きな問題がある。このことから私たちは、放送送信のキャリア部分のデジタル化について反対し、二〇〇二年四月に行った《地上デジタル放送送信計画の凍結提言》から一歩踏み込んで、現行の地上デジタル放送計画の中止を要求する。要求は、つぎの一〇項目の理由による。(19)」

一〇項目の要求として掲げられたものを箇条書きすれば、

①　破綻した地上デジタルテレビ放送計画
②　アナログ放送停止は放送文化の破棄
③　デザインがない電波の有効利用
④　世界では地上デジタル放送の破綻も
⑤　視聴者への説明責任を果たさず
⑥　その場しのぎの電波利用料の充当
⑦　テレビ媒体価値の低下も
⑧　「経済波及効果」は新たな視聴者負担に
⑨　アナログ・デジタルは視聴者の選択に
⑩　第二の「諫早湾干拓事業」にするな

である。

坂本衛も、二〇〇三年三月七日の衆議院第二議員会館で開催された緊急国会シンポジューム「地上波テレビのデジタル化を考える」での発言資料のなかで、つぎのように述べている。「現行計画は、今後のスケジュールや進め方や内容を抜本的に見直すべきである」として「とくにつぎの三点が重要である」と強調している。すなわち「①見直しを見当する組織に国民・視聴者の立場を代表する者を入れる、国民・視聴者の意向、ニーズ、視聴環境や経済的条件などについて客観的な調査をおこない参考にするなど、これまでの**《視聴者不在》を徹底的に改める必要**がある（太字は原文のまま。以下同じ）。②地上放送のデジタル化は国のＩＴ戦略の柱。放送局やメーカーだけが関与して済む問題ではなく、放送以外のメディア動向も視野に入れた**総合的な計画**が必要だ。見直しは、**省庁の枠を越えたより高次の国家レベルで検討**されるべきである。③過去日本では、国の失政や企業の失敗が顕在化する頃には担当者がおらず、誰も責任を取らないまま税金を投入して尻ぬぐいするというパターンが繰り返されてきた（例　ムダな公共事業やバブル崩壊の後処理）。同じことを繰り返してはならず、**実現不可能な計画が立案され国会まで通ってしまった経緯を、真剣に反省する必要**がある。」

坂本のいう「実現不可能な計画が立案され国会まで通ってしまった経緯」については、筆者も注記別稿（2）で行政府（総務省）の責任問題として厳しく言及する文章を書いた。

ところで、前に紹介した批判や反対論を十分に点検してみればわかるように、いずれも地上波のデジタル化を無条件に反対しているのではない。デジタル化に関して、政府の現行計画が現存する諸課題を軽視もしくは無視して進めようとする施策に反対し警鐘を鳴らしているのだ。その点を理解しなければなるまい。

おわりに

注記別稿（3）で述べたように、考察対象課題は本稿作成開始（二〇〇三年三月）の時点で極めて流動的かつ不分明な状況となっている。その事態は政府計画の杜撰さによる「五里霧中」状況によるためであり、もう一つは放送業界の経営・制作「視界不明」事情に起因する。

本稿の結語（に値しないが）として、繰り返して強調しておかなければならない事項がいくつかある。

①　地上波のデジタル化は、本年を含むいずれかの時点で政府（総務省）の国会にむけた（追加予算措置等）新提案

がなされなければ、諸外国と同様の方向にむかわざるを得ないであろう。政府がその行為に踏み切らなければ、この国の地上波のデジタル化計画は挫折しかねない。

② デジタル・ブラウン管の普及率の急速上昇方策の提起に対する期待は極めて困難であり、サイマル放送が続けられるならばその普及率八五％に達するのは何時のことか。

③ 二〇一一年七月二四日をもってサイマル放送の終了、は不可能であろう。デジタル受信機の普及率が八五％に達しても、サイマル放送を打ち切ることは社会不安を醸成しかねず多分実行できないからだ。

④ 電磁波問題の解決がますます緊急性をもって迫ってくるであろう。

⑤ 地上デジタルテレビ放送をマスコミ過程を前提とするかぎり、その前提を充足するためのステップには相当に困難な諸条件が存在するであろう。その諸条件を避けて進むわけにはいかない。

〈付記〉

本稿作成に関連して、放送・新聞各社のデジタル化業務に携わる多数くの担当者から、直接、現況および将来展望につい貴重な話しを聞くことができた。なかでも長時間かつ複数の聴取機会を提供して頂いた以下の方々に対しては、特記（順不同）して謝意を表明する次第である。日本テレビの石井修平氏、同・足立久男氏、印旛潔氏、札幌テレビの佐藤順彦氏、同・坪内弘樹氏、南日本放送の中村耕治氏、同・丸山健太郎氏、南日本新聞社の山口健一氏、広島テレビの竹内亘氏、山陰放送の栗原康郎氏、琉球朝日放送の平田嗣浩氏、長崎文化放送の松本成比氏、長崎放送の松尾弘氏、北山信博氏、仁田豊文氏、映像プロ・杜の風の伊藤裕顕氏、大分ケーブルテレコムの佐藤英生氏、新日本海新聞社の村上慶吾氏、朝日新聞社の森治郎氏、電子出版コンソーシャムの及川昭雄氏、講談社の服部徹氏、新潮社の森史郎氏、電通衛星メディアの福田忠雄氏、（社）日本新聞協会の辻唯志氏、（社）日本民間放送連盟の砂川浩慶氏、同・赤塚重之氏、の諸氏である。

つぎに、本稿作成過程では中央大学から以下の研究助成を受けたことを記しておく。中央大学から①一九九八年度－二〇〇一年度の「個人研究費」、②二〇〇〇年度の「特殊研究費」、③二〇〇一年度の中央大学・社会科学研究所プロジェクト費、④二〇〇二年度の「基礎研究費」の各助成を受けた。これらの助成によって本稿作成に関する研究を進めることができた。なお、当研究は目下進行中であり、本稿の内容はその研究成果の一部に止まる。本稿に含まれていない研究成果は別の機会に発表する予定である。

(1) 既発表稿は、(1) 中央大学文学部紀要『社会学科第一二号』二〇〇二年二月、(2) 中央大学社会科学研究所『年報第六号』二〇〇二年六月、(3) 中央大学文学部紀要『社会学科第一三号』二〇〇三年三月、(4) 中央大学社会科学研究所『年報第七号』二〇〇三年六月、などに掲載されている。
(2) 市村元『マス・コミュニケーション研究』二〇〇三年、八四ページ。
(3) NHK『BUNKEN report No.8』二〇〇一年四月。
(4) NHK西東京営業センター長・稲永新悟「デジタル時代の放送メディア～デジタル技術の発達で激変する放送の将来展望～」(中央大学講演、二〇〇〇年五月二三日)。
(5) 中央大学・早川研究室、『日本におけるマルチメディアの構想と現実(四)』二〇〇一年一月。
(6) 大倉文雄『二〇〇〇年代　テレビはデジタル化で変わる』日本図書刊行会、二〇〇〇年。
(7) 『放送レポート』二〇〇三年五月、二三ページ。
(8) 『放送レポート』二〇〇一年五－八月。
(9) 『GARAC』二〇〇二年四月。
(10) 『放送研究と調査』二〇〇一年九月。
(11) 坂本衛「絶対破れないデジタルの《掟》」『GARAC』二〇〇二年四月。

(12) 鈴木祐司「地上デジタルとブロードバンドの新たな展開」『放送研究と調査』二〇〇二年八月。
(13) 『OJO』二〇〇二年March。
(14) ビデオリサーチ『デジタルテレビ読本―デジタルメディア総合調査別冊―』二〇〇一―二〇〇二年。
(15) 『放送レポート』二〇〇三年五月、二六ページ。
(16) 川島　正「難問山積・五里霧中」『放送レポート』二〇〇三年三月、二一六ページ。
(17) 平井　卓「地上波デジタル計画は凍結せよ」『中央公論』二〇〇二年四月。
(18) http://www.hirataku.com.
(19) 民放労連第九六回臨時大会決定、二〇〇三年一月二六日「地上デジタル放送計画に反対する特別方針」

参考文献・資料

市村　元「テレビの未来―地方局の視点から」『マス・コミュニケーション研究』No.63。

伊藤裕顕『放送ってなんだ？　テレビってなんだ？』新風舎、二〇〇三年。

NTTメディアスコープ『マルチメディアはこれからどうなる？』かんき出版、一九九五年。

大倉文雄『二〇〇〇年代　テレビはデジタル化で変わる』日本図書刊行会、二〇〇〇年。

『OJO』二〇〇二年March。

『GARAC』二〇〇二年四月。

月刊『民放』二〇〇二年一月。

月刊『民放』二〇〇二年三月。

斎藤　孝「ユビキタス社会と情報からの開放」日本コンピューター・ユーティリティ協会『TWIN'ET』No. 77。

(社)日本新聞協会『新聞の挑戦』一九九八年。

(社)日本民間放送連盟『平成一一年度放送計画委員会・業務報告会』一九九九年。

衆議院議員平井たくやホームページ　http://www.hirataku.com.

『新・調査情報』二〇〇三年九月。

須藤春夫『デジタル放送で何が起こるか』大月書店、二〇〇一年。

『中央公論』二〇〇二年四月。

西　正『今のテレビが使えなく日』日本実業出版社、二〇〇一年。

『日経産業』二〇〇二年二月二六日。

林紘一郎・牧野二郎・村井純（監修）『IT2001　なにが問題か』岩波書店、二〇〇〇年。

林茂樹編『日本の地方CATV』中央大学出版部、二〇〇一年。

ビデオリサーチ『デジタルテレビ読本―デジタルメディア総合調査別冊―』二〇〇一―二〇〇二年。

『放送研究と調査』二〇〇二年七月。

『放送研究と調査』二〇〇二年八月。

『放送ジャーナル』二〇〇一年六月。

『放送ジャーナル』二〇〇二年六月。

『放送レポート』二〇〇一年五―八月。

『放送レポート』二〇〇二年五月。

『放送レポート』二〇〇二年七月。

『放送レポート』二〇〇二年九月。

『放送レポート』二〇〇三年三月。

水越　伸『デジタル・メディア社会』岩波書店、一九九九年。

水澤純一『コミュニケーション・ネットワーク』（中公新書）、一九九八年。

メディア総合研究所『メディア関連資料―二五』二〇〇一年二月。

メディア総合研究所編『デジタル放送用語事典二〇〇四』花伝社、二〇〇三年。

執筆者紹介（執筆順）

早《はや》 川《かわ》 善治郎《ぜんじろう》 中央大学元教授（まえがき，第九章）

田野崎《たのさき》 昭《あき》 夫《お》 中央大学名誉教授（第一章）

松《まつ》 本《もと》 和《かず》 良《よし》 創価大学名誉教授（第二章）

原《はら》 田《だ》 美《よし》 樹《き》 淑徳大学社会学部兼任講師（第三章）

種《たね》 村《むら》 剛《たけし》 中央大学文学部兼任講師（第四章）

平川《ひらかわ》モーリス あずさ 中央大学文学部兼任講師（第五章）

岡《おか》 村《むら》 圭《けい》 子《こ》 獨協大学外国語学部専任講師（第六章）

林《はやし》 茂《しげ》 樹《じゅ》 中央大学文学部教授（第七章）

浅《あさ》 岡《おか》 隆《たか》 裕《ひろ》 立教大学社会学部助手（第八章）

現代社会理論とメディアの諸相

中央大学社会科学研究所研究叢書12

2004年 8 月 5 日　発行

編　　者　　早　川　善治郎

発 行 者　　中央大学出版部

代表者　辰　川　弘　敬

192-0393　東京都八王子市東中野742-1

発行所　中 央 大 学 出 版 部

電話 0426(74)2351　FAX 0426(74)2354

藤原印刷㈱

ISBN4-8057-1312-7

坂本正弘・滝田賢治編著

7 現代アメリカ外交の研究

A 5 判264頁・定価3045円

冷戦終結後のアメリカ外交に焦点を当て，21世紀，アメリカはパクス・アメリカーナIIを享受できるのか，それとも「黄金の帝国」になっていくのかを多面的に検討。

鶴田満彦・渡辺俊彦編著

8 グローバル化のなかの現代国家

A 5 判316頁・定価3675円

情報や金融におけるグローバル化が現代国家の社会システムに矛盾や軋轢を生じさせている。諸分野の専門家が変容を遂げようとする現代国家像の核心に迫る。

林　茂樹編著

9 日本の地方CATV

A 5 判256頁・定価3045円
〈品切〉

自主製作番組を核として地域住民の連帯やコミュニティ意識の醸成さらには地域の活性化に結び付けている地域情報化の実態を地方のCATVシステムを通して実証的に解明。

池庄司敬信編

10 体制擁護と変革の思想

A 5 判520頁・定価6090円

A.スミス，E.バーク，J.S.ミル，J.J.ルソー，P.J.プルードン，Φ.N.チュッチェフ，安藤昌益，中江兆民，梯明秀，P.ゴベッティなどの思想と体制との関わりを究明。

園田茂人編著

11 現代中国の階層変動

A 5 判216頁・定価2625円

改革・開放後の中国社会の変貌を，中間層，階層移動，階層意識などのキーワードから読み解く試み。大規模サンプル調査をもとにした，本格的な中国階層研究の誕生。

定価は消費税５％を含みます。

中央大学社会科学研究所研究叢書

1 中央大学社会科学研究所編

自主管理の構造分析

－ユーゴスラヴィアの事例研究－

A 5 判328頁・定価2940円

80年代のユーゴの事例を通して，これまで解析のメスが入らなかった農業・大学・地域社会にも踏み込んだ最新の国際的な学際的事例研究である。

2 中央大学社会科学研究所編

現代国家の理論と現実

A 5 判464頁・定価4515円

激動のさなかにある現代国家について，理論的・思想史的フレームワークを拡大して，既存の狭い領域を超える意欲的で大胆な問題提起を含む共同研究の集大成。

3 中央大学社会科学研究所編

地域社会の構造と変容

－多摩地域の総合研究－

A 5 判462頁・定価5145円

経済・社会・政治・行財政・文化等の各分野の専門研究者が協力し合い，多摩地域の複合的な諸相を総合的に捉え，その特性に根差した学問を展開。

4 中央大学社会科学研究所編

革命思想の系譜学

－宗教・政治・モラリティ－

A 5 判380頁・定価3990円

18世紀のルソーから現代のサルトルまで，西欧とロシアの革命思想を宗教・政治・モラリティに焦点をあてて雄弁に語る。

5 高柳先男編著

ヨーロッパ統合と日欧関係

－国際共同研究Ⅰ－

A 5 判504頁・定価5250円

EU 統合にともなう欧州諸国の政治・経済・社会面での構造変動が日欧関係へもたらす影響を，各国研究者の共同研究により学際的な視点から総合的に解明。

6 高柳先男編著

ヨーロッパ新秩序と民族問題

－国際共同研究Ⅱ－

A 5 判496頁・定価5250円

冷戦の終了と EU 統合にともなう欧州諸国の新秩序形成の動きを，民族問題に焦点をあて各国研究者の共同研究により学際的な視点から総合的に解明。